11/12
Politik aktuell

Gesellschaft, politische Systeme und internationale Politik im 21. Jahrhundert

Unterrichtswerk für das Gymnasium in Bayern

Bearbeitet von:
Christine Betz
Jan Castner
Margit Grossmann
Anita Hitzler
Sabine Hoffmann
Thomas Volkert
Friedrich Wölfl

C.C. Buchner Verlag, Bamberg

Politik aktuell 11/12
Gesellschaft, politische Systeme und
internationale Politik im 21. Jahrhundert

Bearbeitet von:
Christine Betz
Jan Castner
Margit Grossmann
Anita Hitzler
Sabine Hoffmann
Thomas Volkert
Friedrich Wölfl

1. Auflage, 2. Druck 2015
Alle Drucke dieser Auflage sind, weil untereinander unverändert, nebeneinander benutzbar.

Dieses Werk folgt der reformierten Rechtschreibung und Zeichensetzung. Ausnahmen bilden Texte, bei denen künstlerische, philologische oder lizenzrechtliche Gründe einer Änderung entgegenstehen.

Die Mediencodes enthalten ausschließlich optionale Unterrichtsmaterialien; sie unterliegen nicht den staatlichen Zulassungsverfahren.

© 2014 C.C.Buchner Verlag, Bamberg
Das Werk und seine Teile sind urheberrechtlich geschützt. Jede Nutzung in anderen als den gesetzlich zugelassenen Fällen bedarf der vorherigen schriftlichen Einwilligung des Verlages. Das gilt insbesondere auch für Vervielfältigungen, Übersetzungen und Mikroverfilmungen.
Hinweis zu § 52 a UrhG: Weder das Werk noch seine Teile dürfen ohne eine solche Einwilligung eingescannt und in ein Netzwerk eingestellt werden. Dies gilt auch für Intranets von Schulen und sonstigen Bildungseinrichtungen.

Redaktion: Markus Willers
Layout und Satz: Wildner + Designer GmbH, Fürth
Umschlaggestaltung: Wildner + Designer GmbH, Fürth
Druck und Bindung: Stürtz GmbH, Würzburg

www.ccbuchner.de

ISBN 978-3-661-**71011**-2

Zur Arbeit mit dem Buch

Politik aktuell 11/12 ist ein vollständig neu erarbeitetes, lebens- und unterrichtsnahes Lern- und Arbeitsbuch. Es ist besonders für den einstündigen Sozialkundeunterricht in der elften und zwölften Jahrgangsstufe in Bayern geeignet.

Der Aufbau der Kapitel

Auftaktseite

Die Auftaktseiten bieten ansprechende einleitende Materialien und Aufgaben. Damit dienen sie der Lernstandserhebung und der Annäherung an das jeweilige Oberthema. Die zu erwerbenden Kompetenzen werden für jedes Kapitel ausformuliert.

Materialien und Verfassertexte

In den jeweiligen Unterkapiteln werden die Lehrplaninhalte über sorgfältig ausgewählte, authentische Materialien (Zeitungsartikel, Bilder, Karikaturen, Grafiken, ...) Schritt für Schritt erschlossen. Ein Unterkapitel entspricht in etwa zwei Unterrichtsstunden und umfasst in der Regel vier Seiten. Direkt im Anschluss schließt sich eine Doppelseite mit den Rubriken *Wissen kompakt* und *Wissen im Kontext* an. Diese Rubriken helfen, sich die Lehrplaninhalte anhand verständlicher Verfassertexte effizient und nachhaltig anzuzeigen.

Aufgaben

Jede Themeneinheit schließt mit *kompetenzorientierten Aufgaben* ab, die gezielt auf die Probleme und Zusammenhänge vorangegangener Lernsequenzen eingehen. Angebote in der Randspalte zum Helfen **H** und Fordern **F** unterstützen die Binnendifferenzierung des Unterrichts.

Methoden

An geeigneten Inhalten werden *fachspezifische Methoden* und Arbeitsweisen exemplarisch dargestellt. Im Laufe der Reihe *Politik aktuell* werden sämtliche für das Abitur relevanten Methoden in schülergerechter Progression eingeführt (→ S. 4 – 5).

Erklärfilme

Zu einigen Materialien finden sich in der Randspalte *QR- bzw. Mediencodes*, über die drei- bis fünfminütige Erklärfilme zu wichtigen Grundbegriffen direkt abgerufen werden können. Um den Film zu starten, scannen Sie entweder mithilfe eines Smartphones den QR-Code oder geben den Mediencode auf der Verlagshomepage in die Suchmaske ein.

Kompetenzen anwenden

Die Rubrik *Kompetenzen anwenden* beendet die Großkapitel. Sie wendet das Gelernte auf weiterführende Beispiele an und ermöglicht somit den berühmten „Blick über den Tellerrand."

Hinweise

- Aufgrund der besseren Lesbarkeit wird im Folgenden darauf verzichtet, immer beide Geschlechter anzusprechen („Bürgerinnen und Bürger" ...), auch wenn selbstverständlich beide gemeint sind.
- Materialien ohne Quellenangaben sind vom Bearbeiter verfasst.
- Wenn bei Materialien aus dem Internet kein Verfasserdatum ermittelt werden konnte, wird das Abrufdatum genannt.

Zur Arbeit mit der Reihe Politik aktuell – Methodenprogression

Methodengruppe	Politik aktuell 10		Politik aktuell 11 + 12	
Erhebungs-methoden	**Umfrage** S. 44	**Erkundung** S. 134	**Experten-befragung** S. 121	**Qualitatives Interview** S. 214
				Ergebnisse strukturiert und nachvollziehbar analysieren
			sich auf einen Gesprächs-partner einstellen	
	planen, durchführen und auswerten			
Auswertungs-methoden	**Sachtexte** S. 28		**Meinungs-beiträge** S. 57	**Politische Reden** S. 134
				ideologie-kritisch hinterfragen
			strukturiert analysieren	
	bearbeiten und verstehen			
	Karikaturen S. 61		**Bilder** S. 182	**Filmbeiträge** S. 224
				Einsatz filmtechnischer Mittel kritisch beurteilen
			vergleichen und in größere Zusammenhänge einordnen	
	beschreiben, interpretieren und bewerten			
	Diagramme und Schaubilder S. 125		**Struktur-modelle** S. 162	**Infografiken** S. 258
				die Funktionali-tät diskutieren
			mit der Realität konfrontieren und den Aussagewert beurteilen	
	auswerten und interpretieren			

Methodengruppe	Politik aktuell 10		Politik aktuell 11 + 12	
Präsentations-methoden	**Wochenbericht** S. 99	**Präsentation** S. 135	**Fachreferat** S. 22	**Politischer Essay** S. 106
				Fakten und subjektive Wertung in ein ausgewogenes Verhältnis bringen
			Material strukturieren und publikumsgerecht aufbereiten	
	recherchieren; ein Thema vor anderen präsentieren und den eigenen Standpunkt äußern			
Artikulations-methoden	**Pro-Kontra-Diskussion** S. 76		**Politische Debatte** S. 149	**Talkshow** S. 242
				eine Spielrolle übernehmen und situationsgerecht agieren
			formalisierte Gesprächsregeln einhalten	
	die eigene Meinung vertreten und im Austausch mit anderen überprüfen			

Inhaltsverzeichnis

Kapitel 1

1. Struktur der Gesellschaft in Grundzügen **10**

1.1 Demografie – wie geht es weiter? 12

1.2 Demografische Entwicklungen –
Folgen und Herausforderungen 18
Methode: Fachreferat 22

1.3 Dimensionen sozialer Ungleichheit –
bleibt alles (un-)gleich? 26

1.4 Modelle sozialer Ungleichheit –
soziale Schichten, Lagen und Milieus 32
Kompetenzen anwenden 38

Kapitel 2

2. Kontinuität und Wandel in der Gesellschaft **40**

2.1 Funktionen der Familie –
was leisten Familien und ihre Mitglieder? 42

2.2 Mutter, Vater, Kinder –
Evergreen oder Auslaufmodell? 48

2.3 Berufliche Flexibilität und Mobilität –
wie wird künftig gearbeitet? 54
Methode: Meinungsbeiträge strukturiert analysieren 57

2.4 Werte im Wandel – was ist uns heilig? 62
Kompetenzen anwenden 68

Kapitel 3

3. Sozialstaat und soziale Sicherung **70**

3.1 Grundlagen des Sozialstaats – was ist heute sozial? 72

3.2 Herausforderungen für die Sozialpolitik –
wovon leben die Deutschen? 78
Kompetenzen anwenden 84

Kapitel 4

4. Demokratischer Verfassungsstaat und freiheitsgefährdende politische Ordnungen ... 86

4.1 Macht – Herrschaft – Staat:
Grundprobleme des Politischen ... 88

4.2 Demokratie fängt „unten" an –
Partizipation in der pluralistischen Gesellschaft ... 94

4.3 Menschenrechte und Rechtsstaatlichkeit ... 100
Methode: Einen politischen Essay schreiben ... 106

4.4 Herrschaftskontrolle
in der repräsentativen Demokratie –
Gewaltenteilung und Gewaltenverschränkung ... 108

4.5 Formen diktatorischer Herrschaft und
defekter Demokratien ... 116
Methode: Eine Expertenbefragung durchführen ... 121
Kompetenzen anwenden ... 124

Kapitel 5

5. Die Sicherung der Zukunftsfähigkeit der Demokratie ... 126

5.1 Bürger und Demokratie –
wie eng ist die Beziehung? ... 128
Methode: Sprach- und ideologiekritische Analyse
einer politischen Rede ... 134

5.2 Demokratie –
wie kann sie gestärkt werden? ... 138

5.3 Demokratie weltweit –
Hoffnung, Vision oder Illusion? ... 144
Methode: Politische Debatte ... 149
Kompetenzen anwenden ... 152

Kapitel 6

6. Aspekte der europäischen Einigung **154**

6.1 Die EU – was ist das eigentlich? 156

6.2 Die Organe der EU – wer macht was? 162
Methode: Analyse eines Strukturmodells 162

6.3 EU-Recht und nationales Recht:
Wer beeinflusst wen? 170

6.4 Die EU – welche Herausforderungen
hat sie zu bewältigen? 176

6.5 Die EU – was sind ihre Perspektiven? 182
Methode: Auswertung von Bildern 182
Kompetenzen anwenden 188

Kapitel 7

**7. Frieden und Sicherheit als Aufgabe der
internationalen Politik** **190**

7.1 Globale Herausforderungen und Gefahren 192

7.2 Krieg und Frieden 198

7.3 Das System internationaler Akteure –
die Vereinten Nationen 204

7.4 Die NATO –
the North Atlantic Treaty Organization 210
Methode: Qualitatives Interview 214

7.5 Sicherung des Friedens
durch präventive Maßnahmen 218
Methode: Analyse von Film- und Videobeiträgen 224
Kompetenzen anwenden 226

Kapitel 8

8. Herausforderungen für die nationale Politik in einer globalisierten Welt **228**

8.1 Deutsche Außenpolitik –
Akteure und Einflussfaktoren 230

8.2 Deutsche Außenpolitik in der Diskussion 236
Methode: Talkshow 242

8.3 Globalisierung – Herausforderung und Chance
für die nationale Politik 246

8.4 Die Folgen der Globalisierung –
wer kann die Probleme der Welt lösen? 252
Methode: Infografik auswerten und diskutieren 258
Kompetenzen anwenden 262

Fehler vermeiden – Aufgaben clever lösen **264**

Register **274**

Methoden

Fachreferat 22
Meinungsbeiträge strukturiert analysieren 57
Einen politischen Essay schreiben 106
Eine Expertenbefragung durchführen 121
Sprach- und ideologiekritische Analyse einer politischen Rede 134
Politische Debatte 149
Analyse eines Strukturmodells 162
Auswertung von Bildern 182
Qualitatives Interview 214
Analyse von Film- und Videobeiträgen 224
Talkshow 242
Infografik auswerten und diskutieren 258

Eine Polizistin erklärt Senioren in Schwerin im Rahmen eines „Rollator-Trainings" die Gefahren des Straßenverkehrs. Das „Rollator-Training" wurde von der Landesverkehrswacht Mecklenburg-Vorpommern wegen vermehrter Unfälle älterer Menschen mit Rollatoren ins Leben gerufen.
dpa, Jens Büttner, 2012

Ein neugeborenes Baby auf der Säuglingsstation in einem Krankenhaus
Mauritius Images, Tom Reich, 2004

Senioren mit Surfbrettern am Strand
Corbis images, 2007

1

Struktur der Gesellschaft in Grundzügen

Viele Bevölkerungsexperten prophezeien: Bis zum Jahr 2060 wird die Bevölkerung in Deutschland von derzeit 82 Millionen Menschen auf 65 bis 70 Millionen Menschen schrumpfen, trotz 200.000 Einwanderern pro Jahr.

Die demografische Entwicklung und der fortschreitende Strukturwandel werden demnach unsere Gesellschaft spürbar verändern und zu massiven Problemen führen. Eine seit langem niedrige Geburtenrate und der Anstieg der Lebenserwartung haben die Bevölkerungspyramide auf den Kopf gestellt: Deutschland vergreist und das Rentensystem scheint zur Perspektivlosigkeit in Sachen Alterssicherung der jungen Generation zu führen. Es heißt, ohne Privatvorsorge drohe die Altersarmut, denn die Mittel für sozialstaatliche Eingriffe würden sich aufgrund der demografischen Veränderungen und der hohen Staatsschulden in Grenzen halten. Die Kluft zwischen Arm und Reich würde kontinuierlich anwachsen und damit die soziale Ungleichheit weiter verschärfen.

Am Ende des Kapitels sollten Sie Folgendes können:

- den Wandel der Gesellschaft beschreiben
- Ursachen und mögliche Folgen dieses Wandels beurteilen
- Möglichkeiten und Grenzen der Zuwanderung kennen
- Formen von sozialer Ungleichheit und sozialer Mobilität benennen
- die Bedeutung von Bildung, Beruf und Einkommen für die Platzierung in der Gesellschaft erkennen

Was Sie schon wissen ...

Diskutieren Sie, was die links stehenden Bilder mit dem Thema dieses Kapitels zu tun haben könnten. Berücksichtigen Sie hierbei den oben stehenden Text zur Kapiteleinführung.

1 Struktur der Gesellschaft in Grundzügen

1.1 Demografie – wie geht es weiter?

M1 Altersaufbau der Bevölkerung 2012: „Urne" / „Pilz"

Deutsche Lebensbäume im Wandel

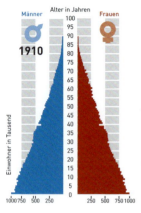

„Pyramide"

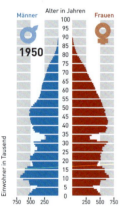

„Glocke" / „Zwiebel"

Globus-Grafik 4301; Quelle: Statistisches Bundesamt, 2014

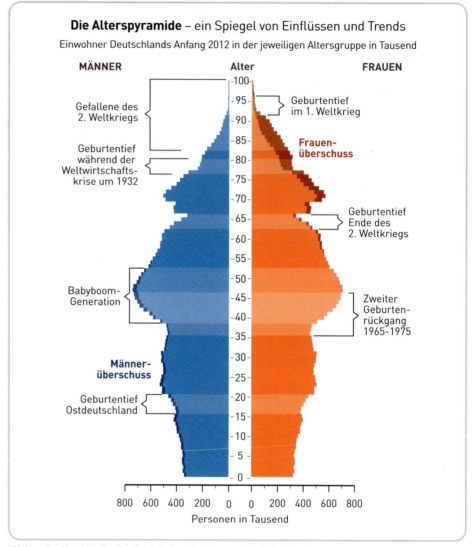

Globus-Grafik 5649; Quelle: Statistisches Bundesamt, Bundesinstitut für Bevölkerungsforschung, 2014

M2 Geburtenentwicklung

Globus-Grafik 4453; Quelle: Statistisches Bundesamt, 2013

M3 Geburtenrückgang in der Karikatur

Karikatur: Horst Haitzinger, 2001

M4 Deutschland trotzt dem demografischen Wandel – mit erfolgreicher Familienpolitik hat das allerdings nichts zu tun

Zum zweiten Mal in Folge stieg die Einwohnerzahl der Bundesrepublik. Lebten zu Beginn des Jahres 2012 etwa 81,8 Millionen Menschen in Deutschland, waren es nach Schätzungen des Statistischen Bundesamts Ende des Jahres 200.000 mehr. Vor 2011 war die Bevölkerungszahl acht Jahre lang ununterbrochen gesunken. Nach wie vor sterben in Deutschland wesentlich mehr Menschen, als Kinder auf die Welt kommen. Den Schätzungen des Statistischen Bundesamts zufolge wurden 2012 zwischen 660.000 und 680.000 Kinder geboren. Bei 860.000 bis 880.000 Verstorbenen ergibt sich für die Bevölkerung daraus ein mögliches Defizit von 180.000 bis 220.000, voraussichtlich wird es tatsächlich zwischen 185.000 und 200.000 liegen. Im Jahr davor waren 190.000 Menschen mehr gestorben, als im gleichen Zeitraum zur Welt gekommen waren. [...] Trotz des hohen Defizits aus Geburtenzahl und Sterbefällen wuchs die Bevölkerung Deutschlands im Verlauf des Jahres 2012 um etwa 200.000 Menschen. Grund dafür ist die Zuwanderung. 2011 waren bereits etwa 279.000 Menschen mehr aus dem Ausland zugezogen, als ins Ausland abwanderten. Dieser Wanderungsgewinn fiel den Statistikern des Bundesamts zufolge für 2012 erheblich höher aus, die Schätzung liegt bei mindestens 340.000 Migranten. Damit verstärkt sich der Zuwanderungstrend, in den Jahren 2002 bis 2010 lag die Netto-Einwanderung bei jeweils etwa 100.000 Menschen. Einen Überschuss von mehr als 300.000 hatte es zuletzt 1995 gegeben.

Süddeutsche Zeitung, Zuwanderung gleicht niedrige Geburtenzahl wieder aus, www.sueddeutsche.de, 14.1.2013

Geburtenrate (Geburtenziffer)
Anzahl der Lebendgeborenen pro Jahr auf 1.000 Einwohner bezogen

Geburtendefizit
Sterberate liegt über der Geburtenrate.

M5 Ursachen des Geburtenrückgangs

Der Geburtenrückgang ist ein offensichtlich unumkehrbarer säkularer Prozess, dem ein vielschichtiges Ursachengefüge zu Grunde liegt. Eine wesentliche Rolle könnten dabei u. a. folgende Ursachenkomplexe sein, wobei unklar bleibt, welches Gewicht den verschiedenen Faktoren zukommt:

Rainer Geißler, deutscher Soziologe, beschäftigt sich in seinen Studien mit der Erforschung sozialer Ungleichheit und der Sozialstrukturanalyse mit dem besonderen Schwerpunkt des Vergleichs von Ost- und Westdeutschland.

1. **Funktions- und Strukturwandel der Familie.** Die Mithilfe der Kinder in der Familienwirtschaft und die Fürsorge der Kinder bei Krankheit und im Alter waren früher Motive für hohe Kinderzahlen. Der kontinuierliche Rückgang der Familienbetriebe und die stärkere Übernahme der Fürsorgeleistungen durch gesellschaftliche und staatliche Einrichtungen verminderte die „ökonomische" Bedeutung der Kinder für die Eltern. Heute dominiert das Ideal der Zweikindfamilie, die Statistiken verzeichnen bei deutschen Ehepaaren durchschnittlich 1,7 Kinder pro Familie, bei ausländischen knapp 2,0.

2. **„Emanzipation" und „Enthäuslichung" der Frau.** Kinder binden – angesichts der derzeitigen geschlechtstypischen Arbeitsteilung mit einem extrem traditionellen Verständnis von Karriere und Familie – insbesondere die Mütter im Haus. Sie kollidieren daher zum Teil mit dem sich ausbreitenden Wunsch der Frauen, einer Berufstätigkeit nachzugehen und sich auch anderweitig aus den engen Bindungen des häuslichen Bereichs zu lösen. Bekannt ist, dass Frauen mit höherem Bildungsniveau zunehmend häufiger auf Kinder verzichten. [...]

3. **Die mangelnde Versorgung mit Kinderbetreuungsplätzen.** Besonders in Westdeutschland haben viele junge Eltern keine Möglichkeit, ihre Kinder in Kindergärten, Vorschulen oder Nachmittagseinrichtungen betreuen zu lassen. Zudem haben viele Eltern Zweifel an der Qualität der Einrichtungen.

4. **Konsumdenken und anspruchsvoller Lebensstil.** Kinder bedeuten für die Familien nicht nur einen erheblichen Kostenaufwand, der zur sozio-ökonomischen Benachteiligung beiträgt, sondern der Erziehungsaufwand schränkt die Bewegungsfreiheit der Eltern, insbesondere die der Mütter, räumlich und zeitlich ein. [...]

5. **Strukturelle Rücksichtslosigkeit gegenüber der Familie.** Die gesellschaftlichen Strukturen werden mit ihrer fortschreitenden Spezialisierung und Rationalisierung immer ausschließlicher auf die Bedürfnisse der Erwachsenen zugeschnitten, während gegenüber den spezifischen Bedürfnissen von Kindern mehr oder weniger Gleichgültigkeit vorherrscht. Kinder werden zwar nicht abgelehnt, aber den familiären Leistungen fehlt es an gesellschaftlicher Anerkennung und materieller Unterstützung. [...]

6. **Rationalisierung und Familienplanung.** Die Geburt eines Kindes wird durch Aufklärung und bessere Methoden der Empfängnisverhütung (z. B. durch die Pille) planbarer. Die heiße Diskussion um den Schwangerschaftsabbruch weist allerdings darauf hin, dass nicht jede Elternschaft bewusst und geplant entsteht. Auch das generative Verhalten unterliegt zwar dem allgemeinen Rationalisierungs- und Säkularisierungsprozess, aber „Irrationalitäten" sind weiterhin im Spiel.

Rainer Geißler, Die Sozialstruktur Deutschlands. Zur gesellschaftlichen Entwicklung mit einer Bilanz zur Vereinigung, Wiesbaden 2011, S. 47 ff.

M6 Lebenserwartung

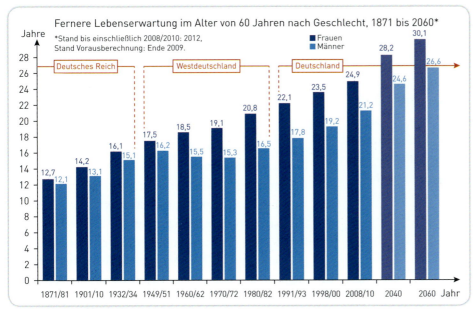

Quelle: Statistisches Bundesamt: 10, 11 und 12 koordinierte Bevölkerungsvorausberechnung; Lizenz: Creative Commons by-nc-nd/3.0/de; Bundeszentrale für politische Bildung, 2012, www.bpb.de

M7 Generationenvertrag

Mit dem Begriff Generationenvertrag wird der Sachverhalt bezeichnet, dass die erwerbstätige Generation über ihre Beiträge zur Rentenversicherung im Wesentlichen die Renten der Ruhestandsgeneration bezahlt. Diesem „Umlageverfahren" schmilzt zunehmend die demografische Basis weg, weil immer weniger Erwerbstätige immer mehr Rentner finanzieren müssen. [...]
Wollte man die mit der fortschreitenden Alterung verbundenen Probleme über die Verlängerung der Lebensarbeitszeit lösen, müsste das Ruhestandsalter auf 73 Jahre angehoben werden. Damit ist absehbar, dass der traditionelle „Generationenvertrag" der Alterssicherung über kurz oder lang nicht mehr bezahlbar ist. Die Belastungen für die Erwerbsgeneration werden die Grenzen des Erträglichen überschreiten, oder die Höhe der Renten wird unter die Grenze des Erträglichen absinken.

Rainer Geißler, Die Sozialstruktur Deutschlands. Zur gesellschaftlichen Entwicklung mit einer Bilanz zur Vereinigung, Wiesbaden 2011, S. 55

Aufgaben

1. Beschreiben Sie die grafischen Darstellungen in M 1 und der Randspalte.
2. Skizzieren Sie eine Bevölkerungspyramide des Jahres 2060 und geben Sie ihr einen einprägsamen Namen.
3. Erarbeiten Sie Ursachen für den demografischen Wandel (M 2 – M 4) und vergleichen Sie Ihre Ergebnisse mit M 5.
4. Analysieren Sie die Grafik in M 6 und setzen Sie sie in Bezug zu M 7.

Wissen kompakt

Gesellschaft

Gesellschaft besteht in der Soziologie (= Wissenschaft von der Gesellschaft) aus einer Vielzahl von Gruppen zusammenlebender Menschen, deren Verhältnis zueinander durch Normen, Konventionen und Gesetze bestimmt ist. Eine Gemeinschaft unterscheidet sich von einer Gesellschaft durch eine größere Nähe und Verbundenheit der Menschen, während in einer Gesellschaft die individuelle Freiheit im Fokus steht und das Zusammenleben zweck- und nutzenorientiert begründet ist. Die Soziologie untersucht das soziale Verhalten in einer Gesellschaft, d. h. Aufbau und Aufgaben der Gruppen und deren Beziehungen untereinander.

Sozialstruktur

Der Begriff Sozialstruktur bezeichnet Einteilungsmöglichkeiten von Gesellschaften nach sozialen Merkmalen und deren vergleichende Beschreibung. Wichtige Bereiche der Sozialstruktur einer Gesellschaft sind u. a. Altersaufbau, Lebensformen, Bildung und Ausbildung, Arbeitswelt und Beschäftigung, Einkommensverhältnisse, Aufstiegschancen, Zuwanderung, ethnische Zusammensetzung.

Sozialer Wandel

Verändert sich die Sozialstruktur einer Gesellschaft in einem bestimmten Zeitraum umfangreich, spricht man von sozialem Wandel. Sozialer Wandel umfasst daher die Gesamtheit der Veränderungen im Normen- und Wertesystem, der Institutionen und Organisationen, der Ökonomie und Kultur, der Politik und Verwaltung, der Religion und der Kommunikation. Als Beispiel für sozialen Wandel kann beispielsweise der Wandel von der vormodernen Agrargesellschaft (Vorrang des primären Sektors) über die moderne Industriegesellschaft (Vorrang des sekundären Sektors) zur modernen postindustriellen Wissens- und Dienstleistungsgesellschaft (Vorrang des tertiären Sektors) gesehen werden.

Demografischer Wandel

Demografischer Wandel beschreibt Veränderungen in der Bevölkerungsentwicklung hinsichtlich Altersstruktur, quantitativem Verhältnis von Männern und Frauen, Geburten- und Sterbefallentwicklung, Migration, Emigration, ethnische Zusammensetzung.

Demografie

Die Demografie (= Bevölkerungswissenschaft) erforscht die soziale Struktur der Bevölkerung und deren Veränderung. Die Sozialstruktur einer Bevölkerung wird durch drei Faktoren bestimmt: Geburten, Lebensdauer, Migration.

Generationenvertrag

Die gesetzliche Rentenversicherung ist für Arbeitnehmer in der Bundesrepublik verpflichtend. Sie ist nach dem Prinzip des Umlageverfahrens konstruiert. Danach werden die Beiträge der Arbeitnehmer und Arbeitgeber, die in die gesetzlichen Rentenkassen eingezahlt werden, sofort zur Finanzierung der aktuellen Renten verwendet. Die heutigen Einzahler (Arbeitnehmer und Arbeitgeber) finanzieren also die Renten der jetzigen Rentnergeneration. Das bedeutet, dass die Kinder und Enkel der jetzigen Einzahler einmal deren Renten aufbringen müssen. Dieses Prinzip wird auch Generationenvertrag genannt.

Selbständige können der gesetzlichen Rentenversicherung beitreten, müssen es aber nicht. Beamte werden später vom Staat durch Pensionen aus Steuermitteln versorgt.

Der Generationenvertrag ist derzeit wegen der alternden Bevölkerung in Gefahr. Immer weniger Arbeitnehmer müssen immer mehr Renten finanzieren. Die Erhöhung des Renteneintrittsalters auf 67 Jahre soll dem entgegen wirken.

Kritiker bezweifeln dies. Nicht demografische Gründe seien für das Scheitern des Umlageverfahrens verantwortlich, sondern vor allem die fehlende Weiterleitung sogenannter Produktivitätsgewinne. Die Kritiker argumentieren wie folgt: Angenommen die Produktivitätssteigerung je Arbeitnehmer betrüge ab dem Jahr 2014 jährlich nur ein Prozent, dann wäre im Jahre 2064 jeder Arbeitnehmer in der Lage, ca. dreißig Prozent Rentenbeitrag zu zahlen. Gleichzeitig wäre sein eigenes Einkommen um über vierzig Prozent gestiegen. Voraussetzung dafür ist die Auszahlung der Produktivitätsgewinne an die Arbeitnehmer.

Wissen im Kontext

Nach dem Zweiten Weltkrieg stiegen die Einwohnerzahlen von 46 Millionen auf 62 Millionen im Jahr 1974. Grund hierfür sind die bis 1964 ansteigenden Geburtenzahlen des so genannten „Babybooms" in den 50er und 60er Jahren und der damit verbundene Geburtenüberschuss, der bis 1972 zu einem „Geburtenberg" führte. Zudem sind drei Einwanderungswellen in die BRD zu verzeichnen:
1944-1950: 8 Mio. Flüchtlinge und Vertriebene aus den ehemaligen deutschen Ostgebieten
1949-1961: 3 Mio. DDR-Bürger
1961-1974: 3,5 Mio. Ausländer (Gastarbeiter)

Wieso hatten wir in Deutschland bis Mitte der 1970er Jahre eine Wachstumsphase in der Bevölkerung?
M 1

Mit der Emanzipation und „Enthäuslichung" der Frau sowie der Einführung der Pille ist seit 1964 ein Rückgang der Geburten zu verzeichnen („Pillenknick"). Lag die Fertilität in Deutschland 1860 bei 5 Kindern pro gebärfähiger Frau, waren es 2010 gerade einmal 1,39. Die für die Bestandserhaltung der Gesellschaft notwendigen 2,1 Kinder werden demnach nicht erreicht. Zudem stagnierten die Einwanderungen durch den Mauerbau 1961 sowie den Anwerbestopp für Ausländer 1973.

Warum stagniert das Bevölkerungswachstum ab 1964?
M 1 – M 3

Die Krise des Kommunismus in Osteuropa und der folgende Zusammenbruch der Sowjetunion lösten 1988 eine vierte Einwanderungswelle aus. Neben den Spätaussiedlern aus Osteuropa folgten schließlich 1989 durch den Fall der Berliner Mauer auch Übersiedler aus der DDR. Die geburtenstarken Jahrgänge der Nachkriegszeit befinden sich nun im Elternalter und können dadurch Geburtendefizite ausgleichen.

Womit ist das erneute Bevölkerungswachstum ab 1988 zu erklären?
M 1

Seit 2005 ist ein irreversibler Rückgang der Bevölkerung bei einer Fruchtbarkeitsrate unter 2 Kindern und 100.000 bis 200.000 Einwanderern pro Jahr zu verzeichnen. Trotz kontinuierlich steigender Lebenserwartung wird auch die Zahl der Sterbefälle zunehmen, da die geburtenstarken Jahrgänge allmählich ins hohe Alter kommen. Rechnet man diese Faktoren zusammen, ist mit einem Bevölkerungsrückgang von derzeit 82 Millionen Menschen auf 65 bis 70 Millionen Menschen 2060 zu rechnen, trotz 200.000 Einwanderern pro Jahr. Auch die Altersstruktur wird sich gravierend verschieben. Verringerte Säuglingssterblichkeit und Anstieg der Lebenserwartung sind die Folge von verbesserter Medizin, Gesundheitsvorsorge und allgemeiner Wohlstandssteigerung. Im 20. Jahrhundert erhöhte sich so die Lebensdauer um 30 Jahre, so dass Männer zu Beginn des 21. Jahrhunderts eine Lebenserwartung von 75,6 und Frauen von 81,3 Jahren hatten. 2008 setzte sich die Bevölkerung noch zu 20 Prozent aus über 65-Jährigen zusammen, 2060 wird deren Anteil auf rund 34 Prozent gestiegen sein. Außerdem werden doppelt so viele 70-Jährige in Deutschland leben wie Kinder geboren werden. Jeder Siebente wird dann 80 Jahre oder älter sein.

Blick in die Zukunft: Irreversibler Rückgang der Bevölkerung
M 4 – M 7

1 Struktur der Gesellschaft in Grundzügen

1.2 Demografische Entwicklungen – Folgen und Herausforderungen

M1 Die „Bevölkerungspyramide" 2050 – in der Karikatur

Karikatur: Horst Haitzinger, Baaske Cartoons, 2007

M2 Die schon wieder! Eine Polemik

Wann habe ich eigentlich angefangen, mich zu wundern? War es im März, als der Altpunker Campino (50) für den wichtigsten deutschen Musikpreis Echo nominiert wurde, gemeinsam mit den Altrockern Bruce Springsteen (63), Joe Cocker (68) und Peter Maffay (63)? War es im Winter, als die Altpolitiker Peer Steinbrück (66) und Rainer Brüderle (67) zu Hoffnungsträgern ihrer Parteien gekürt wurden? [...] In der Schule habe ich gelernt, dass der Bevölkerungsaufbau unserer Gesellschaft an eine Zwiebel erinnert, [doch] bald, so prognostiziert es das Statistische Bundesamt, wird aus der Zwiebel ein Pilz werden: ein schmaler Stiel (wir), darüber ein breiter Hut, die Menschen über 60. Ich frage mich: Was macht das mit einer Gesellschaft? [...] Nie zuvor und nie danach wurden so viele Kinder geboren wie zwischen 1946 und 1965. Die sogenannten Babyboomer sind die größte und wohlhabendste Alterskohorte aller Zeiten. [...] Die Babyboomer sind und waren immer: die Mehrheit. Sie sind es gewohnt, dass das, was sie beschäftigt, auch die ganze Gesellschaft beschäftigt. [...] Die Babyboomer kaufen 80 Prozent aller deutschen Neuwagen. Sie sorgen für die Hälfte des Jahresumsatzes in der Tourismusbranche, sogar Banken entwerfen ihre Bausparpläne inzwischen für die über 48-Jährigen. [...] Früher war es so, dass die jeweils neue Generation die Alltagskultur prägte. Die Babyboomer aber werden wohl bis zu ihrem Tod bestimmen, was wir sehen und was wir hören. Ihretwegen touren die Rolling Stones noch heute durch die Welt, [...] fahren Mini Cooper und VW Beetle durch die Straßen – die neu aufgelegten Ikonen aus der Jugend der Babyboomer. [...] Kaum schalte ich den Fernseher ein, sitzen sie da wie die unverrückbaren Möbelstücke einer Kulisse. [...], die nicht für, sondern gegen etwas sind: gegen den Euro, gegen die Energiewende, gegen Zuwanderung, gegen Schulreform, gegen die Frauenquote. Meist orientieren sie sich an der Vergangenheit, nicht an der Zukunft. [...] Ich frage mich nur: Was passiert, wenn die Abwehr zur Grundhaltung der Gesellschaft wird? Die Abwehr von Moscheen und Kopftüchern, die Abwehr [...] von Müttern, die Karriere machen, und Männern, die Kinder erziehen. [...] Zum ersten Mal in der Geschichte ist die junge Generation zahlenmäßig kleiner als die alte. Es gibt keinen Druck von unten, die alten Paradigmen durch neue zu ersetzen. Es ist seltsam: Obwohl die Welt sich in rasendem Tempo ändert, steht das Land still. Die Menschen blicken lieber nach hinten als nach vorn. [...] Vom Jahr 2015 an werden so viele Deutsche in Rente gehen, so wenige Junge ins Arbeitsleben eintreten wie nie zuvor. [...] Die halbe Welt diskutiert heute über die wachsende Kluft zwischen Ober- und Unterschicht, doch nahezu unbemerkt hat sich eine neue Schere geöffnet: die zwischen Jung und Alt. In deutschen Unternehmen sitzen Ältere, die großzügige Betriebsrenten kassieren werden – neben Jüngeren, denen jeglicher Anspruch verwehrt bleibt. Die Einstiegsgehälter sinken oder stagnieren, während die Einkommen der über 50-Jährigen weiter steigen. [...] Die Jüngeren produzieren, die Älteren konsumieren. In ganz Europa schiebt sich parallel zum demografischen Bauch auch die Wohlstandskugel der Gesellschaft nach oben. Trotzdem schreiben die Zeitungen regelmäßig, wir Jungen hätten eine glänzende Zukunft vor uns. [...] Aber jeder Altersgruppe, die kleiner ist als ihre, prognostizieren die Babyboomer, sie werde von ihrer geringen Größe profitieren. Wir werden ihren Reichtum einmal erben, heißt es. Experten aber glauben: Bis zu ihrem Tod werden die Babyboomer ihr Vermögen verbraucht haben. Erst für ihren Lebensstil, dann für ihre Gesundheit. Sicher ist: Wir Jüngeren werden länger und mehr arbeiten müssen für weniger Geld. [...] Mich überrascht es nicht, dass sich inzwischen in halb Europa der Protest der Jungen formiert. In Spanien erheben sich die Indignados, in Italien rennen Studenten an gegen „die Gerontokratie". [...] Die Deutschen haben nur Wolfgang Gründinger. [...] Gründinger ist ein 28-jähriger Rentenexperte, er [...] hat ein Buch geschrieben, das Aufstand der Jungen heißt. Gründinger fordert ein Wahlrecht von Geburt an, er fordert eine neue Rentenformel. [...] Als Gründinger einmal in der Talkshow von Maybrit Illner saß, stellte die ihn vor mit den Worten, er sei „27 Jahre jung". [...] Das Thema hieß „Arm im Alter". Gründinger sagte: „Wir Jungen glauben doch sowieso nicht mehr an unsere Rente, der Generationenvertrag ist gekündigt – von den Alten." Die Runde lächelte gequält. [...] Gründinger ist das, was Sozialforscher seiner gesamten Generation attestieren: pragmatisch. Mehr als alles andere haben wir Jungen gelernt zu funktionieren, die Erwartungen der Älteren zu erfüllen. [...] Früher waren die Alten pragmatisch und die Jungen idealistisch. Heute sind die Jungen desillusioniert. Sie wagen es nicht einmal mehr zu kämpfen. Es ist absurd: Während die Jungen vor der Zeit altern, genießen die Alten die Privilegien der Jugend – Unbekümmertheit und Unvernunft.

Anita Blasberg, Die schon wieder!, www.zeit.de, 20.4.2013

Der demografische Wandel – im Film erklärt

Mediencode:
71011-01

1 Struktur der Gesellschaft in Grundzügen

Betreuungsgeld
Seit dem 1.8.2013 wird Eltern Betreuungsgeld in Höhe von 150 € (Stand: 2014) gezahlt, wenn sie ihre Kinder von ein bis drei Jahren nicht in Einrichtungen betreuen lassen.

M3 Veränderte Familienpolitik – Elterngeld / Elternzeit

Elterngeld

für Mütter oder Väter
- die ihr Kind selbst betreuen und
- nicht mehr als 30 Wochenstunden erwerbstätig sind

Höhe des Elterngeldes
- 65-67 % des wegfallenden Nettoeinkommens (bei Einkommen ab 1000 Euro; darunter auf bis zu 100 % ansteigend)
  – monatlich mindestens 300*, höchstens 1800 Euro
- Laufzeit: 14 Monate (bei Beteiligung beider Partner und für Alleinerziehende) oder: doppelte Laufzeit mit dem halben Monatsbetrag
- Geschwisterbonus, wenn mehrere kleine Kinder vorhanden sind

*aber: Anrechnung auf ALG II

Elternzeit

für Mütter oder Väter
- die ihr Kind selbst betreuen
- und als Arbeitnehmer/innen beschäftigt sind

Dauer der Elternzeit
- nach Wunsch der Eltern – auch gemeinsam – bis zum dritten Geburtstag des Kindes
- Stimmt der Arbeitgeber zu, können davon bis zu 12 Monate in spätere Zeiten bis zum achten Geburtstag des Kindes (z.B. das erste Schuljahr) verlegt werden
- Während der Elternzeit ist Teilzeitarbeit (bis zu 30 Wochenstunden) möglich

© Bergmoser + Höller Verlag AG   Zahlenbilder 141 214

M4 Migration: Eine Lösung des demografischen Problems?

Karikatur: Thomas Plaßmann, Baaske Cartoons, 2011

M5 Bevölkerung mit Migrationshintergrund in Deutschland

Globus-Grafik 4906; Quelle: Ausländerzentralregister, Statistisches Bundesamt, 2012

M6 Integration nach dem Zuwanderungsgesetz vom 1. Januar 2005

Ausländer, die sich dauerhaft im Bundesgebiet aufhalten, haben einen Anspruch auf die Teilnahme an den Integrationskursen. Wer unzureichend
5 Deutsch spricht und weniger als sechs Jahre in Deutschland ist, muss nach dem Gesetz an einem Kurs teilnehmen. Künftig sind bei einer Verletzung der Teilnahmepflicht an einem Inte-
10 grationskurs finanzielle Sanktionen möglich, etwa eine Kürzung von Sozialleistungen. Ehepartner aus Nicht-EU-Staaten dürfen erst nach Deutschland ziehen, wenn sie mindestens 18 Jahre alt sind und deutsche Sprach-
15 kenntnisse nachweisen können. Diese Maßnahmen sollen sog. „Zwangsehen" vermeiden helfen und Integration erleichtern.

Bearbeiter

Zuwanderungsgesetz
Mit dem Zuwanderungsgesetz (§ 43 Abs. 1 AufenthG) wird erstmals eine gesetzliche Selbstverpflichtung des Bundes und der Länder zur Förderung der Integration von Ausländern formuliert. Ein Mindestrahmen staatlicher Integrationsangebote (Sprachkurse, Einführungen in die Rechtsordnung, die Kultur und die Geschichte Deutschlands) ist damit nun gesetzlich festgeschrieben.

Aufgaben

1. Gruppenarbeit: Erläutern Sie anhand von M 1 und M 2 mögliche Folgen des demografischen Wandels für Deutschland und erarbeiten Sie mithilfe von M 3 die politische Reaktion auf den demografischen Wandel. Informieren Sie sich über die Erfolge der familienpolitischen Maßnahmen in Deutschland und deren Auswirkungen auf die demografische Situation. Stellen Sie abschließend Ihre Ergebnisse mithilfe der umseitigen Methode in einem Fachreferat vor.
2. Fassen Sie die Polemik in M 2 thesenartig zusammen und antworten Sie aus der Sicht eines/r 65-Jährigen in einem Leserbrief.
3. Führen Sie eine Gruppendiskussion, ob Migration das demografische Problem lösen kann (M 4 – M 6).

F Aufgaben 1 – 3
Vor einer Einbürgerung müssen die Antragsteller einen Einbürgerungstest bestehen. Besorgen Sie sich über das Internet (Suchmaschine „Einbürgerungstest Bayern") die Fragen, die beantwortet werden müssen, und testen Sie sich selbst. Bewerten Sie abschließend den Sinn derartiger Tests.

Methode

Fachreferat

I. Erarbeitung

1. Leitfragen formulieren

Verschaffen Sie sich mithilfe einer Mind-Map einen Überblick über Ziele und Aufbau des Referats. Formulieren Sie einige Leitfragen, die das Thema des Referats eingrenzen und strukturieren. Dabei müssen Sie vor allem berücksichtigen, für wen das Referat gehalten wird und über welches Vorwissen der Adressatenkreis verfügt.

2. Informationen sammeln und systematisch auswerten

Während es früher Nachschlagewerke und Enzyklopädien nur in Buchform gab, können Sie heute bei der Suche nach Informationen für Ihr Fachreferat bequem im Internet recherchieren. Zwar können Sie unter dem bekannten Online-Lexikon Wikipedia zu einer Vielzahl an Themen Fachwissen sammeln, allerdings ist vor einer unkritischen Nutzung dieser Internetseite zu warnen, da jeder Benutzer eigene Beiträge einstellen oder korrigieren kann, so dass sich dort immer wieder fehlerhafte oder manipulierte Einträge finden lassen. Es empfiehlt sich daher gezielt auf seriöse Nachschlagewerke zurückgreifen, wie beispielsweise das Online-Lexikon der Bundeszentrale für politische Bildung (bpb). Zudem bietet die Homepage der Zeitschrift „Das Parlament" in der Beilage „Aus Politik und Zeitgeschichte" Aufsätze aus Fachzeitschriften an. Konzentrieren Sie sich bei der Recherche stets auf die aktuelle Literatur.

Nützliche Internetadressen können weiterhin sein: Auswärtiges Amt, Bundeszentrale für politische Bildung, Landeszentralen für politische Bildung, Homepage der Europäischen Union, ...

Nach einer erfolgreichen Recherche müssen Sie die Ergebnisse sorgfältig auswerten, d. h. Texte genau lesen, unbekannte Wörter klären, zentrale Aussagen zusammenfassen, Statistiken und Schaubilder genau auswerten. Informationen eines wissenschaftlichen Textes lassen sich mithilfe eines Exzerpts (Textzusammenfassung) verdichten. Exzerpieren Sie den Text aber nur im Hinblick auf die für ihr Thema relevanten Gesichtspunkte, indem Sie diese auf das Wesentliche kürzen. Dabei richtet sich die Fülle an zentralen Informationen, die ihr Referat enthalten kann, stets nach dem Zeitrahmen, den Sie zur Verfügung haben. Die strukturierten und reduzierten Ergebnisse notiert man sich dann am besten auf einer Karteikarte.

3. Eine Gliederung erstellen

Allgemein gliedert sich jedes Referat in Einleitung, Hauptteil und Schluss. Strukturieren Sie das aus dem Exzerpt gewonnene Material und beschränken Sie sich inhaltlich auf wenige Schwerpunkte. Bringen Sie über- und untergeordnete Gliederungspunkte in eine logische Struktur und formulieren Sie aussagekräftige, inhaltliche Gliederungspunkte (also z. B. nicht „Einleitung" oder „Hauptteil", sondern das Thema der Einleitung, des Hauptteils) im Nominalstil.

4. Niederschrift des Referats

Erstellen Sie eine übersichtlich gegliederte Niederschrift des Referats (am besten in Stichpunkten), die sich auf eine themenbezogene Darstellung des Wesentlichen konzentriert. Die wichtigsten Informationen aus der Niederschrift fassen Sie schließlich auf klar gegliederten und gut lesbaren Karteikarten zusammen, die später bei der Präsentation Ihren Ausführungen dienen. Die Niederschrift können Sie zudem auf ein strukturiertes Thesenpapier im Format DIN A4 mit Gliederung und den wichtigsten Fakten publikumsgerecht aufbereiten, um es der Lehrkraft vorzulegen. Vergessen Sie hierbei nicht, die Literaturangaben der verwendeten Quellen anzugeben.

II. Präsentation

1. Vortragsvorlage erstellen

Erstellen Sie eine Vortragsvorlage, in der Sie Ihr Vorgehen in Einleitung, Hauptteil und Schluss des Referats strukturieren. Die Einleitung soll das Interesse der Zuhörer wecken. Deshalb setzt man an den Anfang des Referats gerne einen Einstieg mit einer Statistik, einem Diagramm, Foto, Karikatur, Zeichnung, Tonaufzeichnung, etc. Um das Zuhören zu erleichtern, sollten Sie am Ende der Einleitung eine kurze Übersicht über den Hauptteil geben. Im Schlussteil fassen Sie nochmals die wichtigsten Aussagen zusammen und geben einen Ausblick oder ein Fazit ab. Wenn möglich, kann auch an die Fragestellung der Einleitung angeknüpft werden.

2. Vortrag

Außer bei Zitaten ist ein direktes Vorlesen aus einem vorformulierten Manuskript nicht akzeptabel und auch von einem Auswendiglernen muss dringend abgeraten werden. Konzentrieren Sie sich deshalb auf einen freien Vortrag, den Sie mithilfe eines Stichwortzettels oder von Karteikarten mit Stichpunkten präsentieren und bleiben Sie dabei stets in Blickkontakt zu den Zuhörern. Der mündliche Vortrag sollte auch durch eine angemessene Mimik, Gestik und Körpersprache unterstützt werden. Eine attraktive und kreative Vermittlung des Inhalts durch Visualisierungen wie Bildfolien am Overhead-Projektor, Filmsequenzen, PowerPoint, usw. unterstützt die Wirkung des Vortrags.

Bewertungskriterien:

1. Vortragsweise (freie Rede)
2. Erklärungen / Tempo / Lautstärke / Hochsprache
3. Aufbau / Inhalt / Umfang
4. Thesenblatt
5. Medieneinsatz / Interaktivität (Arbeit mit dem Kurs)

Wissen kompakt

Folgen des demografischen Wandels

Die beschriebene Alters- und Geburtenentwicklung hat weit reichende Folgen für unsere Gesellschaft. So wird sich das Bild vieler Kommunen in den nächsten Jahrzehnten deutlich verändern, da mehr Einrichtungen für ältere Menschen geschaffen und deren Bedürfnisse stärker berücksichtigt werden müssen. Ob dies auf Kosten des zahlenmäßig kleiner werdenden Anteils jüngerer bzw. erwerbstätiger Menschen geht und ob es vielleicht sogar zu einem den sozialen Frieden gefährdenden „Generationenkampf" kommen könnte, wird kontrovers diskutiert.

Familienpolitische Maßnahmen

Bislang setzt die Bundesregierung mit Kinderfreibetrag/Kindergeld, Ehegattensplitting, BAföG und Elterngeld überwiegend auf fiskalische Maßnahmen, um Familien zu entlasten. Andere Instrumente sind der Kündigungsschutz für werdende Mütter sowie der Anspruch beider Elternteile auf Elternzeit, um sich für begrenzte Zeit ausschließlich der Erziehung ihres Kindes zu widmen.

Deutsche Staatsbürgerschaft, Art. 116 (1) GG

Deutscher im Sinne dieses Grundgesetzes ist vorbehaltlich anderweitiger gesetzlicher Regelung, wer die deutsche Staatsangehörigkeit besitzt oder als Flüchtling oder Vertriebener deutscher Volkszugehörigkeit oder als dessen Ehegatte oder Abkömmling in dem Gebiete des Deutschen Reiches nach dem Stande vom 31. Dezember 1937 Aufnahme gefunden hat.

Menschen mit Migrationshintergrund

Diese Umschreibung umfasst sowohl alle in Deutschland lebenden Ausländer (ohne deutschen Pass) als auch Personen mit Migrationshintergrund (Zuwanderung ab 1950) und deutscher Staatsbürgerschaft:

- Spätaussiedler und Eingebürgerte
- Kinder von Spätaussiedlern und Eingebürgerten
- Kinder ausländischer Eltern, die bei der Geburt zusätzlich die deutsche Staatsbürgerschaft erhalten haben („ius-soli"-Regelung)
- Kinder, bei denen nur ein Elternteil Migrant ist
- eingebürgerte nicht zugewanderter Ausländer

Erwerb der deutschen Staatsbürgerschaft

Jeder Ausländer, der in Deutschland lebt, kann unter bestimmten Voraussetzungen (Einbürgerungstest, ...) die deutsche Staatsbürgerschaft erlangen. Vorteile der Einbürgerung:

- aktives und passives Wahlrecht bei Kommunal-, Landtags-, Bundestags- und Europaparlamentswahlen
- freie Wahl des Aufenthaltsortes, des Wohnsitzes und Arbeitsplatzes in Deutschland (Freizügigkeit) sowie in allen anderen Ländern der Europäischen Union
- Reisefreiheit ohne Visum in viele Länder innerhalb und außerhalb Europas
- freier Zugang zu allen Berufen (Berufsfreiheit)
- Versammlungsfreiheit, Vereinigungsfreiheit und das Recht zur Gründung von politischen Parteien
- Schutz in allen Systemen der sozialen Sicherung
- Reise- und Visumserleichterungen für viele außereuropäische Staaten
- keine Aufenthaltserlaubnis mehr nötig
- wegen Passausstellung nicht mehr zu ausländischen Konsulaten oder Botschaften
- Erleichterung beim Familiennachzug und Einbürgerung naher Angehöriger
- Schutz im Ausland durch die deutsche Auslandsvertretung (Konsulat oder Botschaft)

Wissen im Kontext

Der Rückgang der Geburten und der Anstieg der Lebensdauer haben zur Folge, dass die Gesellschaft überaltert und der Geburtenrückgang den Sterbeausfall nicht mehr ausgleicht. Dies führt zur Schrumpfung der Gesellschaft, so dass sich der Lebensbaum der deutschen Bevölkerung von der Pyramide zur Urne bzw. zum Pilz entwickelt.

Der Generationenvertrag (Altersversorgung) kann nicht mehr erfüllt werden. Zudem verändert sich langfristig die Infrastruktur von Gemeinden und Städten, indem Schulen schließen und Betreuungs- und Pflegeplätze für die große Anzahl älterer Menschen geschaffen werden. Der Anstieg der Anzahl von älteren Menschen ohne Familie und einer höheren Anzahl von Einzelkindern verändert auch das soziale Klima. Durch die verlängerte Lebensphase nach dem Berufsleben muss sich die Konsum- und Freizeitindustrie auf eine Zielgruppenumstellung einrichten und Werbung und Marketing den neuen Gegebenheiten entsprechend anpassen. Ferner muss die Finanzierung des Gesundheitssektors neue Herausforderungen schultern bzw. neu organisiert werden.

Auf der anderen Seite können die Schrumpfung und die Überalterung der Gesellschaft aber auch positive Konsequenzen haben: mehr Arbeitsplätze, weniger Arbeitslose, weniger Kriminalität, weniger Raubbau an der Natur, weniger Verkehrslärm, etc.

Welche Konsequenzen ergeben sich aus der Schrumpfung und Überalterung der Gesellschaft?
M 1, M 2

Da der Generationenvertrag die Altersversorgung der zukünftigen Rentner, nach gegenwärtiger Auffassung, nicht mehr wird gewährleisten können, erfolgt eine Reform der Renten- und Pflegeversicherung sowie eine Förderung der Eigenvorsorge.

Als Anreize zur Erhöhung der Geburtenzahl gibt es Kindergeld, Steuerfreibeträge, Erziehungsurlaub, Elterngeld, rechtlichen Schutz von Müttern und eine Erleichterung von Teilzeitarbeit. Aber auch die Sicherstellung von ausreichenden Betreuungsplätzen (Kinderkrippen, Kindergärten, etc.) muss gewährleistet sein. Durch das Zuwanderungsgesetz von 2005 soll eine kontrollierte Zuwanderung nach Deutschland erfolgen. Es gilt, die Integrationschancen der Zuwanderer zu fördern, aber auch deren Integrationsbereitschaft (z. B. durch den „Einbürgerungstest") zu fordern.

Wie reagiert die Politik auf den demografischen Wandel?
M 3, M 4

Zuwanderung hilft im Kampf gegen Bevölkerungsschwund und den damit verbundenen Verlust von Arbeitskräften. Dadurch besteht die Chance, die Finanzierbarkeit der sozialen Sicherungssysteme zu erhalten. Allerdings birgt die Zuwanderung auch Probleme: So herrscht bei den Ausländern eine doppelt so hohe Arbeitslosenquote wegen unterdurchschnittlicher schulischer und beruflicher Qualifikation. 60 Prozent der in Deutschland geborenen Kinder ausländischer Eltern verlassen das Schulsystem „nur" mit oder sogar ohne Hauptschulabschluss. Als weiteres Problem gilt die Isolation der Zugewanderten und Entwicklung von Parallelgesellschaften.

Löst Migration das demografische Problem?
M 4 – M 6

1.3 Dimensionen sozialer Ungleichheit – bleibt alles (un-)gleich?

M1 Chancengleichheit ...

Soziale Ungleichheit
„Soziale Ungleichheit bezeichnet jenen Zustand der sozialen Differenzierung, in dem die ungleiche Verteilung von Ressourcen und sozialen Positionen ein gesellschaftliches Problem darstellt und eine Änderung angestrebt wird."
Bernhard Schäfers, Sozialstruktur und sozialer Wandel in Deutschland, 9. Aufl., München 2012, S. 230

Karikatur: Hans Traxler

M2 Soziale Selektion beim Zugang zum Studium

Dimensionen sozialer Ungleichheit
– Beruf
– Einkommen und Vermögen
– Bildung
– Macht und Einfluss
– Sozialprestige

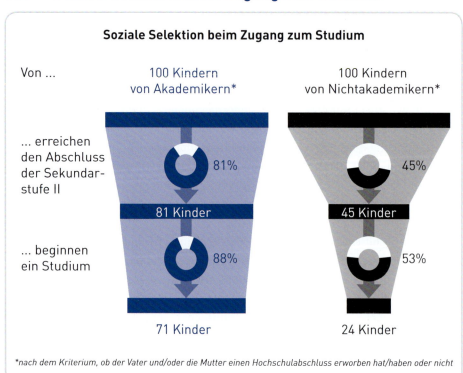

© Hans-Böckler-Stiftung 2010; Quelle: DSW/HIS 2010

M3 „Ihr liegt euren Eltern auf der Tasche, um dann Taxifahrer zu werden"

Arbeiterkind.de-Gründerin Katja Urbatsch im Interview mit heute.de

Sie sagen, es gibt kein Recht auf Bildung für alle in Deutschland. Wer ist benachteiligt?

Natürlich alle, die aus einer Familie mit schwachem Bildungshintergrund kommen, in der die Eltern nicht studiert haben. Denn die Eltern gelten in Deutschland als Bildungsgaranten. Es wird erwartet, dass sie sich inhaltlich, emotional und finanziell engagieren. Ohne Unterstützung von zu Hause wird's schwierig.

Spielt denn nur das Elternhaus eine Rolle für die Bildungskarriere der Kinder?

Das Elternhaus spielt eine große Rolle bei den Bildungsambitionen der Kinder. Aber nicht allein. Es stellt sich immer die Frage, hat schon mal jemand in der Familie studiert und welchen Bildungsweg haben die Familienmitglieder genommen? Die Kinder tendieren dazu, den Bildungsweg der Eltern einzuschlagen, wenn diese eine Ausbildung gemacht haben. Die Schulen fördern die Kinder leider gemäß ihrer Herkunft und nicht nach ihren Fähigkeiten und trauen ihnen weniger zu.

Welche Hürden gibt es für Kinder aus Arbeiterfamilien?

Alle denken, die schaffen es nicht mal zum Abitur. Hürden gibt es immer an den Übergängen - also nach der Grundschule, nach der zehnten Klasse und nach dem Abitur. Immer dann, wenn eine eigenständige Entscheidung getroffen werden muss. Denn die Eltern kennen sich nicht aus und haben Angst, ihre Kinder zu überfordern. Bei Akademikerkindern ist das keine Frage, dass sie studieren. Da heißt es: „Ich habe studiert, du machst das auch!" Bei den anderen denkt man: Die sind nicht so selbstbewusst, die schaffen das nicht.

Wo ist die Politik gefordert, wo das Bildungssystem?

Die Politik muss dafür sorgen, dass der Bildungserfolg eines Kindes nicht vom Elternhaus abhängt. Lehrer wollen Kinder aus bildungsfernen Schichten oft vor dem Scheitern schützen und trauen ihnen nichts zu. Was gut gemeint ist, nimmt den Kindern die Chancen. Beim Studieren geht es darum, eine sichere Studienfinanzierung für alle herzustellen.

Ihr Engagement beruht auf eigenen Erfahrungen als Arbeiterkind. Welche sind das?

Ich hatte das Glück einen älteren Bruder zu haben, der den Weg geebnet hat. Als erster in unserer Familie hat er studiert und ging aufs Gymnasium. Im größeren Familienkreis war das alles nicht einfach. Da hieß es: „Ihr liegt euren Eltern auf der Tasche, um zum Schluss dann Taxifahrer zu werden." Der ständige Rechtfertigungsdruck war anstrengend.

Sie haben die Organisation Arbeiterkind.de gegründet. Was ist Ihr Ziel?

Wir versuchen die Betroffenen zu stärken, zu sagen, trefft eure eigenen Entscheidungen! Mit Vorbildern möchten wir zeigen: Alles ist möglich, wenn ihr es wollt. Wir wollen Entscheidungshilfen und praktische Informationen geben. Und Mut machen.

Das Interview führte Panja Schollbach, Ihr liegt euren Eltern auf der Tasche, um dann Taxifahrer zu werden, www.heute.de, 25.2.2012

Bildungsexpansion

Seit den 1960er Jahren wurde das Bildungswesen enorm ausgedehnt (Ausbau der Realschulen, der Gymnasien sowie der Fachhochschulen und Universitäten) und immer mehr junge Menschen besuchten weiterführende Bildungseinrichtungen, um mittlere und höhere Bildungsabschlüsse zu erwerben. „Zweifellos hat die Bildungsexpansion der sechziger und siebziger Jahre insgesamt zu einer Steigerung des Bildungsniveaus in allen Sozialgruppen geführt. [Insbesondere Mädchen haben von der Bildungsexpansion profitiert, Anm. d. R.] War die Hauptschule zu Beginn der fünfziger Jahre noch die Regelschule, an der drei Viertel der Schülerinnen und Schüler lernten, so belief sich deren Anteil 2003 nur noch auf 30 Prozent. Im gleichen Zeitraum hat sich der Anteil der Schülerinnen und Schüler an den Realschulen (von 7 auf 23,5 Prozent) verdreifacht und an den Gymnasien (von 15 auf 32,5 Prozent) verdoppelt. Von 1952 bis 2003 hat sich somit das Bildungsniveau insgesamt erhöht; die Chancenunterschiede haben sich zwar abgeschwächt, kennzeichnen jedoch die Bildungsergebnisse weiterhin."

Jutta Allmendinger, Rita Nikolai, Bildung und Herkunft, APuZ 44-45, 2006, S. 32

M4 Durchschnittseinkommen (brutto) von Männern und Frauen in der gleichen Position im Vergleich (Stand: 2012)

	Westdeutschland		Ostdeutschland	
	Mann	Frau	Mann	Frau
Reisebürokaufmann	1.889 €	1.773 €	1.586 €	1.488 €
Verkäufer	1.916 €	1.740 €	1.732 €	1.573 €
Zahntechniker	2.021 €	1.742 €	1.636 €	1.410 €
Bürokaufmann	2.297 €	2.083 €	1.879 €	1.704 €
Industriekaufmann	2.743 €	2.407 €	2.302 €	2.020 €
Bankkaufmann	2.834 €	2.454 €	2.624 €	2.272 €
Bauingenieur	3.496 €	3.097 €	2.854 €	2.529 €
Architekt	3.277 €	3.066 €	2.957 €	2.766 €
IT-Berater	3.693 €	3.414 €	3.157 €	2.839 €
Informatiker	3.796 €	3.414 €	3.157 €	2.839 €
Journalist	4.321 €	3.808 €	3.892 €	3.430 €
Jurist	4.264 €	3.971 €	3.749 €	3.492 €

Quelle: Hans-Böckler-Stiftung, 2013

M5 „Wir brauchen eine Frauenquote!"

Christine Lüders leitet seit 2010 die Antidiskriminierungsstelle des Bundes, die im Zuge des Allgemeinen Gleichbehandlungsgesetzes (AGG) eingerichtet worden ist. Das AGG ist seit 2006 in Kraft und verbietet Diskriminierungen in der Arbeitswelt und im Alltag. Nach dem Gesetz darf niemand wegen seines Alters, Geschlechts, seiner Herkunft, Religion, sexuellen Identität oder einer Behinderung benachteiligt werden.

Die Antidiskriminierungsbeauftragte des Bundes Christine Lüders fordert im Interview mit tagesspiegel.de eine Quote für weibliche Führungskräfte.

Frauen verdienen weniger und kommen seltener in Führungspositionen. Warum?
Weil sie keine Männer sind. Deshalb verdienen sie weniger, und deshalb sitzen sie so selten in Führungspositionen. Frauen haben nicht so gute Netzwerke wie Männer. Ab einer bestimmten Position werden Jobs aber fast nur noch von Männern vergeben, und die bleiben gern unter sich. Frauen gelten ganz offensichtlich als Eindringlinge.

Brauchen wir eine Frauenquote?
Ja. Das ist aus meiner Sicht der einzige Weg. Die Selbstverpflichtungen der Wirtschaft haben wenig gebracht. Nehmen Sie doch nur die Banken. Da finden Sie so gut wie keine Frau im Vorstand oder Aufsichtsrat. [...] Wir brauchen eine Frauenquote für Vorstands- und Aufsichtsratsposten. Alles andere ergibt sich dann von selbst.

Um die Frauenquote aufzufüllen, müssten vorübergehend Frauen den Männern vorgezogen werden. Wäre das nicht automatisch eine Diskriminierung der Männer?
Das Grundgesetz und das AGG erlauben ganz ausdrücklich Regelungen zur Beseitigung tatsächlicher Nachteile von Frauen. Dazu können auch Quoten zählen. Andere Länder sind hier viel weiter als wir, wir hinken hinterher. Warum muss erst die EU-Justizkommissarin Viviane Reding kommen und mit einer Frauenquote auf EU-Ebene drohen? Aber die Quote ist das eine, Überzeugungsarbeit ist das andere. Es geht doch bei der ganzen Diskussion nicht darum, Unternehmen an den Pranger zu stellen. Im Gegenteil: Firmen, die Frauen und Migranten ins Boot holen, sind erfahrungsgemäß erfolgreicher und kommen viel weiter. Man muss die guten Vorbilder, die es

schon gibt, auch würdigen – und andere Unternehmen davon überzeugen.
Worüber beschweren sich Frauen?
Frauen haben in Bewerbungsverfahren oft das Gefühl, nur deshalb nicht zum Zuge zu kommen, weil sie Kinder haben oder Kinder haben könnten. So lange es nicht genug Betreuungsmöglichkeiten für die Kinder gibt, schrecken Arbeitgeber oft davor zurück, Frauen einzustellen. Aber das ist schwer nachzuweisen. Erfahrungsgemäß haben Beschwerden und Klagen von Frauen, die bereits im Unternehmen arbeiten, mehr Aussicht auf Erfolg als die von Bewerberinnen, weil diese Arbeitnehmerinnen ihre Ansprüche besser mit Fakten belegen können.

Ist eine Frau, die wegen Diskriminierung gegen ihre Firma klagt, nicht automatisch unten durch?
Man braucht verdammt viel Mut, um sich gegen eine Diskriminierung im Job zu wehren und vor Gericht zu gehen. Natürlich läuft man immer Gefahr, seinen Job zu verlieren – vor allem, wenn man eine befristete Stelle hat oder gering qualifiziert ist. Wir brauchen aber diese mutigen Menschen, damit sich etwas ändert. Es gab den Fall einer Sony-Beschäftigten, die wegen ihrer Schwangerschaft nicht befördert wurde. Das Verfahren dauerte fünf Jahre.

Das Interview führte Heike Jahberg, Frauen gelten als Eindringlinge, Potsdamer Neueste Nachrichten, 16.4.2012, S. 16.

Frauenquote – im Film erklärt

Mediencode: 71011-02

M6 Kann soziale Ungleichheit zweckmäßig sein?

Unter den so genannten „Funktionalisten" der US-amerikanischen Soziologen wurde bereits in den 1940er Jahren die Theorie entwickelt, dass eine Leistungsgesellschaft auch soziale Ungleichheit benötigt. Materielle Leistungsanreize sind erforderlich („funktional"), um das Leistungspotenzial der Individuen und damit der gesamten Wirtschaft und Gesellschaft zu mobilisieren.

Die Kritiker dieser Theorie haben darauf hingewiesen, dass nicht alle Ungleichheiten beim Einkommen – und erst recht nicht beim Vermögen – etwas mit individueller Leistung zu tun haben, dass in der Konkurrenz um gute Einkommen nicht alle Leistungsfähigen auch wirklich zum Zuge kommen und dass die Solidarität mit den sozial Schwachen Umverteilungen auch unabhängig vom Leistungsprinzip erforderlich macht. Dennoch ist das Prinzip „Leistung muss sich lohnen" ein wichtiges legitimes Verteilungsprinzip.

Rainer Geißler, Die Sozialstruktur Deutschlands. Zur gesellschaftlichen Entwicklung mit einer Bilanz zur Vereinigung, 6. Aufl., Wiesbaden 2011, S. 84 f.

Aufgaben

1. Beschreiben Sie die Karikatur in M 1 und analysieren Sie die Aussageabsicht. Übertragen Sie die abgebildeten Tiere auf Menschen.
2. Erarbeiten Sie den Zusammenhang von Herkunft und Bildung (M 2, M 3).
3. Diskutieren Sie die Einführung einer gesetzlichen Frauenquote (M 4, M 5) und setzen Sie Ihre Ergebnisse anschließend in Bezug zu M 6.

Wissen kompakt

Soziale Ungleichheit

Durch die ungleiche Verteilung materieller (Einkommen, Vermögen) und immaterieller (Bildung, Macht, Einfluss, Prestige) Güter und den daraus folgenden Möglichkeiten für den Einzelnen in einer Gesellschaft entsteht soziale Ungleichheit.

Soziale Ungleichheit (Einkommensstufungen, ungleiche Bildungschancen, unterschiedliches Vermögen, etc.) existiert in allen Gesellschaften in unterschiedlichem Ausmaß und wird z. B. durch höhere Qualifikationen einzelner Personen hervorgerufen. Negative Auswirkungen sind beispielsweise, dass Arbeiter- und Migrantenkinder hinsichtlich der Bildungsmöglichkeiten benachteiligt sind oder dass sie ein gesundheitlich höheres Erkrankungsrisiko haben.

Soziale Schicht

Gesellschaftsmitglieder, die aufgrund gemeinsamer sozialer Merkmale wie Bildung, Beruf, Einkommen eine ähnliche soziale Position einnehmen, bilden eine soziale Schicht. Im Allgemeinen wird grob zwischen Unter-, Mittel- und Oberschicht unterschieden, wobei innerhalb der einzelnen Schichten beliebig viele Differenzierungen möglich sind.

Funktionalistische Theorie der Ungleichheit

Die funktionalistische Theorie der Ungleichheit rechtfertigt die Verteilungsungleichheit. Sie besagt, dass eine Leistungsgesellschaft ohne soziale Ungleichheit nicht auskommt. Zur Mobilisierung von Leistungspotential müssen Leistungsanreize geschaffen werden.

Soziale Position

Jede Person hat aufgrund ihrer materiellen und immateriellen Güter eine bestimmte Stellung innerhalb der Gesellschaft, eine soziale Position.

Forderungen an die Arbeitswelt

Die vollständige und gleichberechtigte Einbeziehung von Frauen und Personen mit Migrationshintergrund in den Arbeitsprozess ist nicht nur gesellschaftlich wünschenswert und gesetzlich vorgeschrieben, sondern ist auch unter dem Aspekt des akuten Fachkräftemangels in Deutschland zu bedenken. Dafür müssen neue und alternative Formen des Arbeitens stärker etabliert werden. Teilzeitmodelle, Arbeitszeitkonten, Jobsharing, Väter, die sich über die zwei Partnermonate der Elternzeit hinaus intensiver in die Erziehung ihrer Kinder einbringen wollen, usw. dürfen keine Besonderheit mehr sein. Das partnerschaftliche Aushandeln von Aufgaben zur besseren Vereinbarkeit von Familie und Beruf ist für beide Geschlechter und die gesamte Gesellschaft von enormer Bedeutung.

Frauenquote

Mit der Quote sollen die Führungspositionen von großen Firmen und Unternehmen mit einer gesetzlich festgelegten Anzahl von Frauen besetzt werden. Damit soll gewährleistet werden, dass Frauen tatsächlich die gleichen Chancen wie ihre männlichen Kollegen bekommen und nicht an der sogenannten „gläsernen Decke" scheitern. Man erhofft sich, dass durch die Präsenz von Frauen in höheren Positionen eine Sogwirkung auf weitere Bereiche der Arbeits- und Berufswelt entsteht.

Wissen im Kontext

Bildung beeinflusst maßgeblich die Verortung einer Person in einer sozialen Schicht. Infolge der „Bildungsexpansion" in den 1960er Jahren stieg die Anzahl der Abiturienten, so dass heute etwa ein Drittel der Sekundarschüler das Gymnasium besucht. Allerdings hatte die gestiegene Bildungsbeteiligung nicht zur Folge, dass die sozialen Ungleichheiten im Bildungssystem beseitigt werden konnten.

Die jeweilige Finanzsituation der Familie und v. a. der Bildungsgrad der Eltern spielen eine entscheidende Rolle bei Übergangsentscheidungen nach der Grundschule und nach dem Abitur.

Kindern mit Migrationshintergrund und aus sozial schwächeren Familien gelingt es oft nicht, die ungleichen Startbedingungen in der Grundschule zu überwinden, so dass ihre schulische Laufbahn sie später meist in geringer qualifizierte Berufe mit niedrigerem Einkommen führt. Angestrebt wird deshalb nicht zuletzt aufgrund des in Deutschland herrschenden Fachkräftemangels sowie der internationalen Konkurrenzfähigkeit Chancengleichheit bzw. Chancengerechtigkeit.

Warum ist Bildung ein wichtiger Maßstab für soziale Ungleichheit?
M 2, M 3, M 4

Obwohl das Grundgesetz in Art. 3 Abs. 1 das Gleichheitspostulat „Männer und Frauen sind gleichberechtigt" festsetzt, haben es Frauen immer noch erheblich schwerer als Männer, beruflich Karriere zu machen. Zwar gelingt es Frauen zunehmend in höhere und leitende Positionen vorzurücken, dennoch zeigt sich: Je höher die Ebene der beruflichen Hierarchie ist, desto kleiner wird der Anteil der Frauen.

Männer dominieren nach wie vor in den Chefetagen der Berufswelt. Dabei ist zu beobachten, dass typische geschlechtsspezifische Einstellungs- und Verhaltensunterschiede zwischen Männern und Frauen bei der Besetzung von Führungspositionen eine Rolle spielen.

Als Vorteil für viele Männer erweist sich deren ausgeprägte Berufs- und Karriereorientierung, ihr Selbstvertrauen, Dominanzstreben und Durchsetzungsvermögen. Nachteilig in der Konkurrenz um begehrte Positionen und häufig ein Hemmnis für berufliche Spitzenkarrieren sind für Frauen dagegen „weibliche" Tendenzen zur Zurückhaltung, ein geringeres Zutrauen in eigene Fähigkeiten und Erfolgschancen.

Eine weitere Ungleichheit zeigt sich beim Verdienst in gleicher Position. Obwohl Frauen heute häufig die gleichen Qualifikationen besitzen oder gleiche Leistung erbringen, werden sie doch in fast allen beruflichen Tätigkeiten schlechter bezahlt als ihre männlichen Kollegen. Als Ursachen hierfür werden u. a. geschlechtsspezifische Diskriminierungen genannt, wonach die Arbeitsleistung von Frauen immer noch als „minderwertiger" angesehen wird, sowie die beruflichen Unterbrechungen von Frauen in der Familienphase (→ S. 81, M 6).

Warum sind Männer und Frauen beruflich nicht gleichberechtigt?
M 5

1.4 Modelle sozialer Ungleichheit – soziale Schichten, Lagen und Milieus

M1 Schichtmodelle nach Dahrendorf und Geißler

Ständegesellschaft
(Mittelalter, Frühe Neuzeit) Hierarchische Gliederung der Gesellschaft nach Herkunft: Klerus, Adel, Bürgertum und Bauern

Klassengesellschaft
(19. Jhd./Zeitalter der Industrialisierung) Nach Karl Marx sind Menschen durch ihre ökonomische Position gegensätzlich in zwei Klassen geteilt: Kapitalisten/Bourgeoisie (Besitzende von Produktionsmitteln) vs. Proletariat (Nichtbesitzende).

Schichtengesellschaft
(Seit den 1930ern) Einteilung der Gesellschaft in vertikale Schichten nach Dimension der sozialen Ungleichheit (Beruf, Einkommen, Bildung, Macht, Prestige)

Soziale Milieus
(Seit den 1980ern) Unter „sozialen Milieus" werden Gruppen Gleichgesinnter verstanden, die jeweils ähnliche Werthaltungen, Prinzipien der Lebensgestaltung, Beziehungen zu Mitmenschen und Mentalitäten aufweisen. [...] Die Menschen, die einem bestimmten sozialen Milieu angehören, denken und verhalten sich in der Praxis relativ ähnlich; Menschen, die verschiedenen sozialen Milieus angehören, denken und handeln oft unterschiedlich.
Stefan Hradil, Soziale Milieus – eine praxisorientierte Forschungsperspektive, APuZ 44-45/2006, S. 4 f.

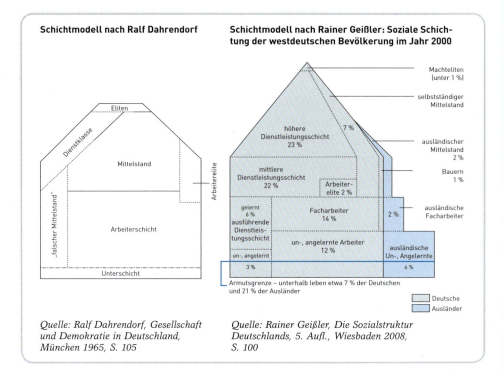

Quelle: Ralf Dahrendorf, Gesellschaft und Demokratie in Deutschland, München 1965, S. 105

Quelle: Rainer Geißler, Die Sozialstruktur Deutschlands, 5. Aufl., Wiesbaden 2008, S. 100

M2 Soziale Milieus in den 1980er Jahren und im Jahr 2013

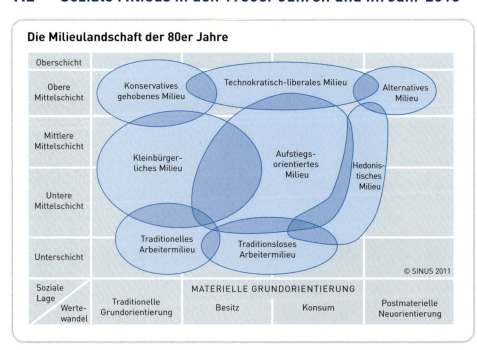

1.4 Modelle sozialer Ungleichheit – soziale Schichten, Lagen und Milieus

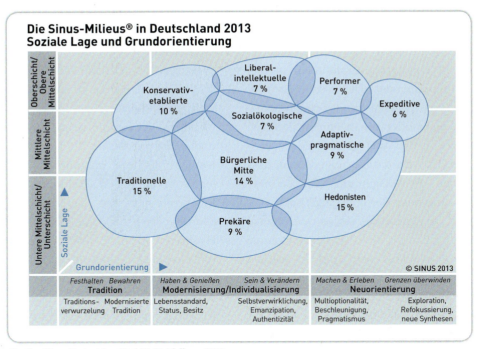

Quelle: Sinus Sociovision GmbH, Heidelberg 2013

M3 Tabelle mit Kurzcharakteristik der Milieus

	Milieu	Kurzcharakteristik der Sinus-Milieus®
Sozial gehobene Milieus	Konservativ-etabliert 10%	Das klassische Establishment: Verantwortungs- und Erfolgsethik; Exklusivitäts- und Führungsansprüche; Standesbewusstsein, Entre-nous-Abgrenzung
	Liberal-intellektuell 7%	Die aufgeklärte Bildungselite: liberale Grundhaltung und postmaterielle Wurzeln; Wunsch nach selbstbestimmtem Leben, vielfältige intellektuelle Interessen
	Performer 7%	Die multi-optionale, effizienzorientierte Leistungselite: global-ökonomisches Denken; Konsum- und Stil-Avantgarde; hohe IT- und Multimedia-Kompetenz
	Expeditiv 6%	Die ambitionierte kreative Avantgarde: mental und geografisch mobil, online und offline vernetzt und auf der Suche nach neuen Grenzen und neuen Lösungen
Milieus der Mitte	Bürgerliche Mitte 14%	Der leistungs- und anpassungsbereite bürgerliche Mainstream: generelle Bejahung der gesellschaftlichen Ordnung; Wunsch nach beruflicher und sozialer Etablierung, nach gesicherten und harmonischen Verhältnissen
	Adaptiv-pragmatisch 9%	Die moderne junge Mitte unserer Gesellschaft mit ausgeprägtem Lebenspragmatismus und Nutzenkalkül: zielstrebig und kompromissbereit, hedonistisch und konventionell, flexibel und sicherheitsorientiert; starkes Bedürfnis nach Verankerung und Zugehörigkeit
	Sozialökologisch 7%	Konsumkritisches/-bewusstes Milieu mit normativen Vorstellungen vom „richtigen" Leben: ausgeprägtes ökologisches und soziales Gewissen; Globalisierungs-Skeptiker, Bannerträger von Political Correctness und Diversity
Milieus der unteren Mitte	Traditionell 15%	Die Sicherheit und Ordnung liebende Kriegs-/Nachkriegsgeneration: verhaftet in der alten kleinbürgerlichen Welt bzw. in der traditionellen Arbeiterkultur; Sparsamkeit, Konformismus und Anpassung an die Notwendigkeiten
	Prekär 9%	Die um Orientierung und Teilhabe bemühte Unterschicht mit starken Zukunftsängsten und Ressentiments: Häufung sozialer Benachteiligungen, geringe Aufstiegsperspektiven, reaktive Grundhaltung; bemüht, Anschluss zu halten an die Konsumstandards der breiten Mitte
	Hedonisten 15%	Die spaß- und erlebnisorientierte moderne Unterschicht/untere Mittelschicht: Leben im Hier und Jetzt, Verweigerung von Konventionen und Verhaltenserwartungen der Leistungsgesellschaft

Ebd.

M4 „Neue" soziale Ungleichheiten

Soziale Lagen
Ergänzung der traditionellen Schichtmodelle durch horizontale („neue") soziale Ungleichheiten

Dimensionen sozialer Ungleichheit

1. Vertikale Aufgliederung der Gesellschaft
– Bildung
– Beruf
– materieller Wohlstand
– Macht
– Einfluss
– Ansehen

2. Horizontale („neue") Ungleichheiten
– Regionale Disparitäten
– Ethnische Herkunft
– Geschlecht
– Alter
– Kohortenzugehörigkeit
– Konsumverhalten
– Wertorientierung

Seit Beginn der 80er-Jahre sind verstärkt Ungleichheitsrelationen in den Mittelpunkt der Diskussion gerückt, die von Klassen- und Schichtmodellen nicht oder nur in einem geringen Maße in die Analyse einbezogen werden. Es wird darauf hingewiesen, dass neben Privateigentum, Einkommen, Bildung oder Berufsprestige noch weitere ungleichheitsrelevante Dimensionen für die Sozialstrukturforschung von Bedeutung sind. [...] So werden z. B. sämtliche Benachteiligungen von Frauen durch Schichtmodelle verschleiert, wenn Schichtungsindizes nicht für Männer und Frauen getrennt berechnet werden. Im Folgenden werden einige wichtige dieser „neuen" Dimensionen kurz und exemplarisch vorgestellt.

- **Regionale Disparitäten**

  Es ist festzustellen, dass Unterschiede zwischen Stadt und Land, z.B. hinsichtlich weiterführender Bildung, nach wie vor existieren. Zudem hat das Thema der Disparität von Regionen mit der deutschen Vereinigung eine neue Aktualität und Brisanz erhalten.

- **Ethnische Herkunft**

  Tendenziell vernachlässigt wurde auch der Aspekt der ethnischen Herkunft, obwohl dieser Aspekt mit anderen Dimensionen sozialer Ungleichheit in Zusammenhang steht. So verdienen ausländische Arbeitnehmer in der Regel weniger als ihre deutschen Kollegen, sind häufiger belastender Arbeit ausgesetzt und konzentrieren sich auf Berufe mit besonders geringem Sozialprestige. Zudem ist bei Ausländern eine besonders hohe Arbeitslosenquote zu konstatieren.

- **Geschlecht**

  Zwischen Männern und Frauen herrschen Ungleichheiten in der Arbeitswelt, im Bildungssystem, in der Politik oder in der Familie. Arbeiterinnen und weibliche Angestellte verdienen weniger als ihre männlichen Kollegen in ähnlichen Positionen. In Elitepositionen der unterschiedlichen Funktionsbereiche (Wirtschaft, Hochschule, Politik, Gesundheitswesen etc.) sind Frauen in drastischer Weise unterrepräsentiert.

- **Alter**

  Ausgangspunkt der Überlegung für das Einbeziehen des Alters in die Ungleichheitsforschung ist das Schwanken der zur Verfügung stehenden Ressourcen im Lebenslauf. Bei Klassentheorien wird das Problem der Klassenzuordnung in der Nacherwerbsphase wenig konzentriert bearbeitet, was vor dem Hintergrund der Änderung von Ressourcen (z. B. Einkommen) und des Wegfalls von lebensweltlicher Statuserfahrung problematisch erscheint.

- **Kohortenzugehörigkeit**

  Lebensbedingungen sind, so die Kernaussage, auch abhängig von Kohortenzugehörigkeit. Zeiten der Über- und Unterbevölkerung üben Einfluss auf die Handlungsspielräume des Einzelnen aus. Denn Knappheit oder Überfluss an Arbeitskräften behindert oder fördert soziale Mobilität und wirkt damit auf individuelle Lebenschancen ein.

Christian Schilcher, Der Beitrag von Pierre Bourdieu zur Sozialstrukturanalyse der gegenwärtigen Gesellschaften, in: Sic et Non, Zeitschrift für Philosophie und Kultur im Netz, Dezember 2005, S. 77-79

M5 Soziale Mobilität

Unter sozialer Mobilität versteht man Bewegungen von Menschen zwischen sozialen Positionen aller Art. Damit können Bewegungen zwischen Wohnorten, Berufen, Familienständen, Lebensstilen, religiösen Bekenntnissen, politischen Parteien, Schichten, Klassen, bestimmten Lebenslagen usw. gemeint sein. Vertikale Mobilität heißt eine Bewegung zwischen sozialen Positionen, die sich besser oder schlechter bzw. als höher oder tiefer unterscheiden lassen (z. B. Berufspositionen mit geringerem und höherem Einkommen). Horizontale Mobilität wird dagegen die Bewegung zwischen Positionen genannt, die sich nur nach ihrer „Art" und nicht nach ihrem „Rang" oder „Grad" unterscheiden. Dies ist z. B. beim Wechsel eines Wohnortes oder des Familienstands der Fall. Im Zusammenhang mit der Thematik sozialer Ungleichheit steht die vertikale Mobilität und nicht die horizontale Mobilität im Vordergrund. Da der Beruf die wichtigstes Determinante sozialer Ungleichheit ist und vergleichsweise leicht registriert werden kann, und weil Klassen und Schichten die gebräuchlichsten vertikalen Gruppierungen von Berufen darstellen, wird vertikale soziale Mobilität in der Forschungspraxis meist als berufliche Mobilität zwischen Klassen und Schichten erfasst. Vertikale Mobilität in diesem Sinne kann als Generationenmobilität oder als Karrieremobilität untersucht werden. Von Generationenmobilität oder intergenerationaler Mobilität wird gesprochen, wenn die in der Elterngeneration erreichten Berufspositionen mit den Berufsstellungen der Kindergenerationen verglichen werden. [...] Wird dagegen die soziale Mobilität im Lebenslauf betrachtet, so spricht man von intergenerationaler Mobilität oder von Karrieremobilität.

Stefan Hradil, Soziale Ungleichheit in Deutschland, 8. Aufl., Wiesbaden 2005, S. 377

Klassen-Herkunft

„Die Herkunft aus einer bestimmten sozialen Klassenlage hat trotz der Betonung von Chancengleichheit im Bildungswesen und der Hervorhebung des Leistungsgedankens in der Berufswelt nach wie vor einen starken Einfluss auf die spätere Klassenposition von Männern und Frauen in Deutschland. Viele Personen, die heute eine bestimmte Klassenposition innehaben, kommen aus Familien, in denen bereits der Vater die gleiche Klassenposition hatte. Dies trifft insbesondere für Landwirte und Facharbeiter zu, aber auch abgeschwächt für die obere Dienstklasse und die Klasse der ungelernten Arbeiter und Angestellten."

Reinhard Pollak, Soziale Mobilität, in: BpB (Hg.), Datenreport 2011. Ein Sozialbericht für die Bundesrepublik Deutschland, S. 187

Aufgaben

1. Analysieren Sie die Abbildungen in M 1 und M 2 und grenzen Sie die Gesellschaftsmodelle voneinander ab (M 1 – M 3, Randspalte auf S. 32).

2. Erläutern Sie, warum die Modelle zur Beschreibung der Gesellschaft immer stärker ausdifferenziert wurden und bewerten Sie die Aussagekraft bzw. die Möglichkeiten und Grenzen von Gesellschaftsmodellen (M 1, M 2).

3. Der Autor von M 4 spricht von „neuen" Dimensionen sozialer Ungleichheit. Kritiker wenden ein, die Spannungslinien etwa zwischen den Generationen habe es schon immer gegeben. Mit welchen Argumenten lässt sich die Position des Autors stützen, mit welchen lässt sie sich widerlegen?

4. Immer häufiger wird als weitere Dimension der sozialen Ungleichheit das „soziale Kapital" genannt. Darunter verstehen Fachleute die Aktivierungsmöglichkeiten von Beziehungsressourcen eines Menschen, also z. B. das familiäre Netz, Freundschafts- und Kollegenkontakte, die Zugehörigkeit zu Gruppen, Vereinen, Organisationen. Überprüfen Sie, ob Unterschiede beim „sozialen Kapital" zu sozialen Ungleichheiten führen können.

5. Überlegen Sie sich Faktoren, die soziale Mobilität (M 5) bremsen können und beurteilen Sie, ob man diesen Faktoren entgegenwirken kann.

F Aufgaben 1 – 5

Soziale Ungleichheit hatte in den verschiedenen Phasen der gesellschaftlichen Entwicklung unterschiedliche Ursachen: Ziehen Sie unter diesem Aspekt einen Bogen von der spätmittelalterlichen Ständegesellschaft über die Industriegesellschaft des 19. Jahrhunderts bis zur heutigen Dienstleistungsgesellschaft. Sehen Sie im Wandel auch Kontinuitäten [→ Geschichtslehrplan (G) 11.1]?

Wissen kompakt

Soziale Differenzierung

Gliedert sich eine ursprünglich homogen strukturierte Gesellschaft auf, spricht man von sozialer Differenzierung. Mit sozialer Ungleichheit wird die vertikale („oben – unten") Differenzierung einer Gesellschaft nach Kriterien wie Berufstand, Einkommen, Vermögen, Bildung, Macht, Einfluss und Ansehen beschrieben. Die ungleiche Verteilung von Ressourcen und sozialen Positionen in dieser Perspektive stellt ein gesellschaftliches Problem dar, das es zu lösen gilt.

Ständegesellschaft

In der Ständegesellschaft werden die Gesellschaftsmitglieder nach ihrer Herkunft unterschieden. Die jeweiligen Stände verfügen in der Regel über eigene rechtliche, soziale und kulturelle Normen. Beispielhaft kann die mittelalterliche Ständeordnung genannt werden: Klerus (erster Stand), Adel (zweiter Stand), Bürgertum und Bauernstand (dritter Stand). Die Ständegesellschaft ist sehr starr und ermöglicht den in ihr lebenden Individuen nur selten einen Standeswechsel.

Klassengesellschaft

In der Klassengesellschaft befinden sich die Kapitalisten (Besitzer von Produktionsmitteln) am oberen Ende der Hierarchie, während das Proletariat (Nicht-Besitzende, die gezwungen sind, ihre Arbeitskraft zu verkaufen, um den Lebensunterhalt bestreiten zu können) am unteren Rand der Gesellschaft steht. Hauptvertreter dieses Gesellschaftsmodells waren Karl Marx und Friedrich Engels.

Schichtengesellschaft

Schichtungsmodelle legen den Schwerpunkt auf horizontale Dimensionen bei der Gesellschaftsanalyse, berücksichtigen jedoch daneben einige horizontale Aspekte (z. B. schichttypische Mentalitäten, Verhaltensweisen). Das Wechseln der Schichten ist um ein Vielfaches einfacher als in der oben beschriebenen Stände- bzw. Klassengesellschaft.

Soziale Milieus

Aufgrund der fortschreitenden Differenzierung der Gesellschaft haben sich auch die Gesellschaftsmodelle weiter ausdifferenziert und sind detaillierter geworden. So haben neuere Ansätze wie die der „sozialen Milieus" in ihren Analysen die vertikale Achse um eine horizontale („nebeneinander") mit Kriterien wie z. B. Alter, Geschlecht, Region, Konsumverhalten, Wertorientierung, etc. erweitert. Dadurch passt sich das Milieumodell der Individualisierung und Pluralisierung der Lebensformen an und spiegelt aktuelle gesellschaftliche Entwicklungen wider. Kritiker bemängeln neben den geringen Erkenntnisgewinn, den diese Modelle bieten, die Überbetonung der horizontalen Dimension: Auch heute beeinflussen die vertikalen Faktoren die Verteilung von Lebenschancen (z. B. im Bereich Bildung, Arbeitsmarktchancen) entscheidend. Die Milieutheorie unterschätze und kaschiere die Bedeutung vertikaler Faktoren.

Soziale Mobilität

Kennzeichnend für die moderne Gesellschaft wurde die soziale Mobilität. Durch den Strukturwandel in den 1970er Jahren (Entwicklung von der Industrie- zur Dienstleistungsgesellschaft) kann sich das Individuum zwischen den Schichten bewegen, so dass man auch von vertikaler Mobilität spricht. Während der Bedarf an einfachen (Fabrik-)Arbeitern und niedriger Qualifikation sank, stieg der Bedarf an hoch qualifizierten Fachkräften und Akademikern. Man unterscheidet zwischen der Karrieremobilität (Auf- und Abstiegsprozesse innerhalb eines Lebenslaufs) und der Intergenerationenmobilität (Auf- und Abstiegsprozesse zwischen Generationen).

Soziale Mobilität kann u. a. durch Erbschaften, sozialhomogene Heiratsmuster, unterschiedliche Startchancen von Kindern unterschiedlicher sozialer Herkunft gebremst werden.

Wissen im Kontext

In Schichtenmodellen ("Dahrendorf-Haus", "Geißler-Haus") werden die Menschen zunächst nach ausgewählten objektiven Faktoren (Beruf, Einkommen, Bildung) in verschiedene Gruppen eingeteilt und anschließend wird danach gefragt, wie damit bestimmte schichtspezifische Mentalitäten, Lebenschancen, Lebensstile zusammenhängen. Milieukonzepte ("Sinus-Milieus") verbinden demografische Eigenschaften (Beruf, Einkommen, Bildung) mit der subjektiven Seite der Gesellschaft (Wertorientierung, Lebensweise, Konsumverhalten, etc.).

Wodurch unterscheiden sich Schichtenmodelle von Sinus-Milieus?
M 1, M 2, M 3

Durch eindeutig definierbare vertikale Kriterien wie "Einkommen" und "Berufsstatus" ist die Zuordnung einer Person in ein Schichtmodell erleichtert. Allerdings berücksichtigt diese stereotype Zuordnung keine individuellen Persönlichkeitsmerkmale. Die "neuen" sozialen Ungleichheiten (= horizontale Kriterien wie Alter, Geschlecht, Religion, private Lebensform, Konsumverhalten, Werteorientierung) sind außen vor.

Welche Vor- bzw. Nachteile haben Schichtmodelle?
M 1

Durch die Erweiterung der vertikalen Analyse um eine horizontale Achse ("neue" soziale Ungleichheiten) werden Milieukonzepte eher individuellen Lebenseinstellungen gerecht und sind damit differenzierter als Schichtmodelle. Aktuelle gesellschaftliche Entwicklungen wie Individualisierung und Pluralisierung der Lebensformen können so widergespiegelt werden. Nachteilig wirkt sich aber sicherlich immer noch die Vielfalt der Individualitäten aus, so dass eine Person nicht immer eindeutig einem einzigen Milieu zugeordnet werden kann. Außerdem beeinflussen nach wie vor die vertikalen Faktoren wie z. B. Einkommen die Verteilung der Lebenschancen wesentlich, die jedoch aufgrund der Fokussierung der horizontalen Dimensionen nicht genügend Beachtung finden.

Welche Vor- bzw. Nachteile haben Milieukonzepte?
M 2, M 3

Der Soziologe Helmut Schelsky geht in seiner These von der "nivellierten Mittelstandsgesellschaft" von einer hochmobilen Sozialstruktur aus. Durch kollektive Auf- und Abstiegsprozesse seien bereits im Zuge des Übergangs vom sekundären (Industrie) zum tertiären Sektor (Dienstleistung) Industriearbeiter und technische Angestellte kollektiv aufgestiegen. Die Nivellierung (Angleichung) in der gesellschaftlichen Mitte zeigt sich auch durch gleiche politische Rechte, ähnliche materielle Lebensbedingungen, etc. Durch den Massenkonsum von materiellen und geistigen Gütern ähneln sich die Lebensstile, so dass sich die Mittellagen in der Gesellschaft zahlenmäßig ausdehnen.
Die Kritiker Schelskys zeigen jedoch weiterhin bestehende, erhebliche soziale Unterschiede hinsichtlich deutlicher Mobilitätsbarrieren sowie schichttypischer Verteilung von Lebenschancen und Ressourcen (Besitz, Einkommen, Bildung, Macht) auf. Zudem führen die Kritiker Studien an, die belegen, dass in Deutschland die Reichen immer reicher und die Armen immer ärmer werden bzw. arm bleiben, so dass sie unsere Gesellschaft heute nach wie vor als Klassengesellschaft sehen.

Ist unsere Gesellschaft heute jenseits von Klasse und Schicht?
M 4, M 5

Kompetenzen anwenden

Milieu-Landschaft in Deutschland

M1 Deutsche Milieus und ihre Lieblingsmoderatoren

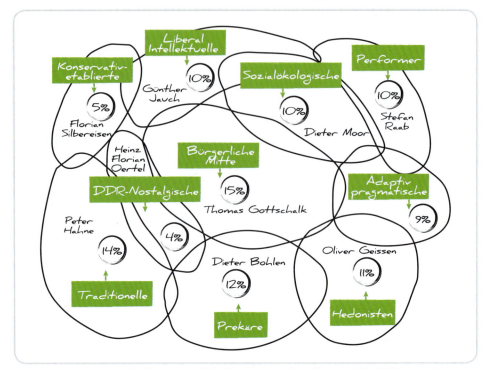

Nach: Christian Ankowitsch, Illustration: Dirk Schmidt, Deutsche Milieus und ihre Lieblingsmoderatoren, Süddeutsche Zeitungs-Magazin, 18/2010

M2 Milieubeispiel: Bürgerliche Mitte

Peter Meinhardt, 39, mit den Kindern Oskar, 6, und Frieda, 9
Familie: verheiratet, zwei Kinder
Bildung: Jurastudium
Beruf: Angestellter der Bundesagentur für Arbeit
Nettoeinkommen: circa 2.500 Euro monatlich
Wohnform: 4-Zimmer-Eigentumswohnung
Auto: VW Touran Cross
Hobbies: Politik, Reisen, An-Autos-Schrauben
wählt: SPD

Das Milieu und seine Parteiensympathie:

Der Name sagt es. Mittlere Bildung, mittlere Position, mittleres Einkommen. Vernünftig, vorsichtig und zielstrebig. Strebt nach gesicherten Verhältnissen, hat latente Ängste vor sozialem Abstieg. Viele Angestellte im öffentlichen Dienst, zwischen 30 und 50 Jahre alt. Größe: 9,7 Millionen (15 Prozent).

Das typische Wohnzimmer: Rattan, Terrakotta und was an die Toskana (wahlweise an Schweden) erinnert – und bei Möbel Kraft zu haben ist. Meist konventionell, aber hell und Ton in Ton.

Politik sollte ...

sehr typisch: ... dafür sorgen, dass Leute, die mehr leisten, auch mehr verdienen.
sehr untypisch: ... die Eingliederung von Ausländern erleichtern.

Jan Rosenkranz, So sind die Deutschen, Stern 31/2009, S. 40

Aufgaben

1. Erläutern Sie mithilfe der Tabelle in M 3 auf S. 33 (Tabelle mit Kurzcharakteristik der Milieus) M 1 und M 2.

2. Entwerfen und gestalten Sie in Gruppenarbeit die Charakterisierung einer fiktiven Familie eines weiteren Milieus (→ M 3, S. 33).
   Orden Sie der erfundenen Familie mit ihrer Lebenssituation (Lebensform, Ausbildung, Berufe, Arbeitsstelle, Arbeitsverteilung innerhalb der Familie) möglichst konkret folgende Aspekte zu:
   – wahrscheinliche Wohngegend in der Stadt
   – eine passende Wohnzimmerausstattung (ggf. auch Bad, Küche, etc.)
   – bevorzugte Geschäfte (Lebensmittel, Bekleidung, Wohnungseinrichtung)
   – ein Einkaufswagen mit aussagekräftigen Artikeln
   – abonnierte Zeitungen und Zeitschriften
   – konsumierte Fernsehprogramme und Sendungen
   – Alltagskleidung bzw. Kleidung bei festlichen Anlässen
   – bevorzugte Restaurants und Veranstaltungen in der Stadt
   – Art der Freizeitbeschäftigungen der einzelnen Familienmitglieder
   – gesellschaftliches oder politisches Engagement, wahrscheinliche Vereinszugehörigkeit
   – Zugehörigkeit zu milieutypischen sozialen Netzen
   – wahrscheinliche Urlaubsziele
   – Gestaltung von Festen (Geburtstage, Weihnachten)
   – Lebensziele und Lebensträume der Eltern bzw. der Kinder
   – Konsumgüter und Verhaltensweisen, die als Statussymbole eingesetzt werden
   Konkretisieren Sie Ihre Ergebnisse mit Fotos, Collagen und Beispielen und veranschaulichen Sie diese (Mind-Map, Wandzeitung, Schaubilder, Fotoserien, konstruierte Interviews, etc.) bei der Vorstellung vor dem Kurs.

3. Setzen Sie sich kritisch mit den Schwierigkeiten, die sich bei der Realisierung einer „Familien-Charakterisierung" ergeben, auseinander.

Hinweis
Vermeiden Sie eine Kategorisierung und Stigmatisierung Einzelner. Die Aufgaben können nur zu einer idealtypischen Darstellung eines Milieus führen. Die Ergebnisse dürfen der Bildung von Vorurteilen oder Diskriminierungen von realen Personen oder Personengruppen keinen Vorschub leisten.

Hinweis
Hilfen zur Bearbeitung der Aufgaben finden Sie ab S. 264.

Speisekarte

Vorspeisen

- Ohne Schulabschluss
- Qualifizierender Mittelschulabschluss
- Mittlere Reife
- Abitur

Hauptspeisen

Setzen Sie sich Ihre Hauptspeise wunschgemäß zusammen

- **Beruf**
  Arbeitssuchend, Handwerker, Angestellter in Erziehung, Gesundheit, Industrie, Büro usw., Abteilungsleiter, Selbstständiger …
- **Familie**
  Mit den Eltern lebend, Single, mit Partner, geschieden, mit oder ohne Kinder, die Eltern pflegend …
- **Freizeit**
  Clubs, Theater, Sport, Reisen, Freunde treffen, Musik, Weiterbildung gemäß persönlicher Interessen, keine Zeit …

Cocktailkarte

Wir mixen Ihren persönlichen Wertecocktail aus fünf Zutaten Ihrer Wahl:
Wohlstand, Rücksichtnahme, Fleiß, Liebe, Besitz, Mut, Nächstenliebe, Vertrauen, Geld, Wissen, Verständnis, Weisheit, Freundschaft, Erkenntnis, Verlässlichkeit, Selbstkritik, Disziplin, Zusammenhalt, Glaube, Treue

2

Kontinuität und Wandel in der Gesellschaft

Realschulabschluss, Lehre zur Krankenschwester, Verlobung, Heirat, Hausfrau und Mutter. So geradlinig und vorstrukturiert war das idealtypische Leben eines Mädchens bis in die Mitte des 20. Jahrhunderts – und auch der Weg eines jungen Mannes war meist durch seine Eltern vorgezeichnet. Langweilig, korsettartig, unflexibel? Heute gleichen Lebensentwürfe und Lebensläufe oft eher verworrenen Schlangenlinien, da wir in allen Bereichen des Lebens aus einer Vielzahl von Möglichkeiten auswählen können – aber auch müssen. Vor Fragen wie diesen werden Sie in den nächsten Jahren stehen: Möchte ich einmal / bald / jetzt Kinder bekommen? Ergreife ich die berufliche Chance, die sich mir bietet, auch wenn dafür Freunde und Familie zurückstecken müssen?
Gesellschaftliche Prozesse in Familien, der Berufs- und Arbeitswelt sowie verbreitete Wertvorstellungen sind Thema dieses Kapitels. Damit bietet sich auch Ihnen persönlich die Chance, erste Planungen über Ihre eigene mögliche Zukunft anzustellen.

Am Ende des Kapitels sollten Sie Folgendes können:
- Funktionen und Erscheinungsformen von Familien erläutern
- Veränderungen in der Arbeitswelt benennen
- den Wertewandel erklären
- die aktuellen Veränderungen von Familie, Arbeitswelt und Wertesystem differenziert diskutieren
- Grundlagen unseres Sozialstaats kennen
- Herausforderungen des Sozialstaats bewerten

Was Sie schon wissen ...

1. Kreieren Sie mithilfe der Speisekarte auf S. 40 ein Menü der persönlichen Lebensführung nach Ihrem persönlichen Geschmack. Achten Sie darauf, dass jedoch alle Bestandteile miteinander harmonieren. Das gilt selbstverständlich auch für Ihren Cocktail.
2. Der Menükarte wurden keine Preise beigefügt. Die freie Wahlmöglichkeit, die Ihnen hier suggeriert wird, existiert in der Realität so nicht für alle Menschen. Benennen Sie jeweils mögliche Einschränkungen.

2.1 Funktionen der Familie – was leisten Familien und ihre Mitglieder?

M1 Funktionen der Familie

a)	Erziehungs- und Sozialisationsfunktion
b)	Generative Funktion
c)	Platzierungsfunktion
d)	Erholungsfunktion
e)	Haushaltsfunktion

1.	Die Familie versorgt ihre Mitglieder mit allem, was sie zum Leben brauchen wie Nahrung, Wohnraum, Kleidung.
2.	Eltern sorgen dafür, dass ihre Kinder (später) eine bestimmte soziale Position im Leben erhalten.
3.	Ohne Nachwuchs würde jede Familie und schließlich auch die Gesellschaft aussterben.
4.	Eltern vermitteln ihren Kindern Werte und Normen. Dadurch wächst die nächst jüngere Generation jeweils in die bestehende Gesellschaft hinein.
5.	Im Gegensatz zur Außenwelt findet man in der Familie bedingungslosen Rückhalt und die Möglichkeit, sich fallen zu lassen.

Bearbeiter

M2a Was ist, wenn …

Es hatte sich zwar schon länger angedeutet, trotzdem trifft es Meike hart: Ihre Firma hat ihr gekündigt. Ihr wird ganz mulmig zumute: Mit dem bisherigen Familieneinkommen kamen sie gerade mal so über die Runden. Wird sie auf dem Arbeitsmarkt überhaupt noch gebraucht?	Die Diagnose riss ihr den Boden unter den Füßen weg. Die Prognosen der Ärzte geben zwar Grund zur Hoffnung, aber es wird noch ein langer Weg sein, bis Katja wieder am „normalen" Leben teilnehmen kann. Solange befinden sich neben ihrem Mann auch Annika (8) und Leni (3) im Ausnahmezustand.	Endlich das erhoffte Stellenangebot und damit auch der berufliche Aufstieg. Allerdings muss Tobias – und mit ihm seine Familie – dafür von Augsburg nach Hannover ziehen. Ob sie das mitmachen? Oder soll er sich dort zunächst alleine eine Zweitwohnung mieten und das Familienleben aufs Wochenende verschieben?
→ Arbeitslosigkeit	→ Krankheit	→ Umzug

Bearbeiter

M2b … Papa plötzlich eine neue Familie hat?

Marco war 5 Jahre alt, als seine Eltern sich scheiden ließen. Heute ist er 22 und lebt mit seiner Mutter zusammen. Was das für ihn bedeutet und was er über klassische Familienformen denkt, erzählt er hier.

Die Scheidung meiner Eltern war von beiden gewollt, soviel kann ich sagen. Aber ob sie sich einfach auseinander gelebt haben, oder ob es andere Gründe für die Scheidung gab, daran kann ich mich nicht mehr erinnern. Ganz verstehen konnte ich das als Fünfjähriger sowieso noch nicht. Irgendwann ist mein Vater halt ausgezogen. Bis ich zwölf war, war ich dann noch jedes zweite Wochenende bei ihm. Das war dann immer was Besonderes, wir haben zusammen verschiedene Sachen unternommen, auch Ausflüge gemacht.

Wir hatten ein gutes Verhältnis. Man streitet sich ja doch meistens wegen Alltagsdingen mit seinen Eltern, und die haben bei uns ja komplett gefehlt. Es gab dann keinen Streit, weil ich mein Zimmer nicht aufgeräumt hatte oder meine Hausaufgaben nicht gemacht hab, das gab es nur mit meiner Mutter. Das ging so lange gut, bis mein Vater eine neue Freundin hatte, mit der ich mich gar nicht verstanden habe. Irgendwann hat mein Vater diese Frau geheiratet und eine neue Familie mit ihr und ihren beiden Kindern gegründet. Er hat es dann einfach so hingenommen, dass wir uns seitdem nicht mehr gesehen haben. Das verstehe ich bis heute nicht wirklich.

In der Pubertät wurde es komplizierter

Das Zusammenleben mit meiner Mutter war immer ganz schön. Erst als ich in die Pubertät gekommen bin, wurde es komplizierter. Über Themen wie „Verliebtsein" konnte ich mit meiner Mutter zum Beispiel gar nicht reden. [...] Da hat eine Vater-Figur gefehlt, die einem väterlich auf die Schulter klopft und dazu Anekdoten von seiner eigenen Jugend preis gibt. Früher haben mein Vater und ich uns zum Beispiel geschworen, dass ich mein erstes Bier mit ihm zusammen trinken werde, als symbolischer Akt sozusagen. Mein erstes Bier habe ich dann mit 13 getrunken – allein. Und bei dem einen Bier ist es an dem Abend auch nicht geblieben. [...] So hatte ich am nächsten Morgen schrecklichen Streit mit meiner Mutter, weil sie mir vorgeworfen hat, ich würde ihr nur Ärger machen. [...] Ich glaube es gibt einige Sachen, die einfach anders ablaufen, wenn man nur mit einem Elternteil aufwächst. Ich habe zum Beispiel sehr früh mit meiner Mutter über ihre Probleme geredet. Wenn sie einen neuen Mann kennen gelernt hatte, hat sie da zum Beispiel mit mir drüber geredet. Ich glaube man setzt sich als Scheidungskind viel früher mit Themen wie Partnerschaft auseinander.

Klar hat mir oft das klassische Familienbild gefehlt: Gemeinsame Mahlzeiten, bei denen man über Probleme und andere Dinge redet, gab und gibt es bei uns zum Beispiel nie, weil meine Mutter meistens später als ich nach Hause kommt. Um so etwas beneide ich meine Freunde schon manchmal. Andererseits kenne ich es ja auch gar nicht anders und kann nicht beurteilen, wie ich über solche Dinge denken würde, wenn ich in einer intakten Familie leben würde. Grundsätzlich kann ich schon sagen, dass ich gerne mit meiner Mutter zusammenlebe, aber oft frage ich mich auch, wie mein Leben wäre, wenn meine Eltern sich nicht getrennt hätten.

Presse- und Informationsamt der Bundesregierung (Hg.), Er hatte dann halt eine neue Familie, www.schekker.de, Abruf am 21.11.2013

M3 Auszüge aus dem Ratgeber „Die gute Ehe" von 1959

Die gute alte Zeit? Was wir heute aus hübsch anzusehenden „Vintagewerbungen" kennen, war für Frauen hierzulande vor wenigen Jahrzehnten noch tägliche Realität – ihr klarer Aufgabenbereich: Kinderbetreuung und -erziehung, ein gepflegtes Zuhause und das Wohl des Mannes. Ob dieser Alltag so bunt war wie diese Werbung suggeriert?

Zwischen den beiden [...] Extremen (Putzteufel und Schlampe) liegt für die Hausfrau das, worauf es ankommt: ihrem Mann ein Heim zu schaffen, in dem er wirklich zu Hause ist, in das er nach des Tages Arbeit gern zurückkehrt. Dabei muss immer das im Vordergrund stehen, was ihm besonders am Herzen liegt, und das kann ganz verschiedenartig sein. Der eine verlangt unbedingte Ordnung. Er liebt es, wenn alle Gegenstände immer am gleichen Platz liegen, damit er seinen Zigarrenabschneider oder eine bestimmte Krawatte auch im Dunkeln finden kann. Wenn diese Wünsche nicht in lästige Pedanterie oder in Schikane ausarten, sollte man sie ruhig erfüllen, man erspart sich Ärger und Szenen. Einem anderen Ehemann ist wichtiger als absolute Ordnung, dass seine Frau immer gepflegt aussieht und hübsch angezogen ist, ein dritter legt großen Wert darauf, dass ihm nicht nur Allerweltsgerichte auf den Tisch gestellt werden, sondern Dinge, die seinem Gaumen immer von Neuem schmeicheln. Es gilt also, das Wesentliche herauszufinden und sich darauf einzustellen, auch wenn es den eigenen Neigungen nicht ganz entspricht.

Frau und Beruf

Wie kann man nun die Frage der Berufsarbeit der Ehefrau lösen, dass Konflikte nach Möglichkeit vermieden werden? Nichts einzuwenden ist gegen die Berufsarbeit der Ehefrau, solange keine Kinder da sind. Anders sieht die Lage aus, wenn Kinder kommen. Die moderne Kinderpsychologie weiß sehr genau um die Notwendigkeit der „Nestwärme" gerade für das Kleinkind. [...] Sehr oft treibt gar nicht finanzielle Notlage die Ehefrau zur weiteren Berufsarbeit, sondern der Dämon „Lebensstandard". Gegen ein gesundes Streben, seinen Lebensstandard zu erhöhen, wird niemand etwas einwenden. Aber man hat heute allgemein ein wenig den Begriff verloren für das, was zu diesem Lebensstandard gehören muss und was nicht.

Der Beruf des Mannes

Männer haben ihrer Berufsarbeit gegenüber ein anderes Verhältnis als Frauen. Sie spielt in ihrem Leben eine weitaus größere Rolle als im Leben der Frauen. Wenn eine Ehefrau sich auf diese Tatsache nicht einstellt, kann es leicht zu Zerwürfnissen kommen. [...] Lohnt es sich also nicht, sich anzupassen, sich einzufühlen und auch einmal kleine Opfer zu bringen? Dazu muss man natürlich seinen Mann studieren und wissen, was ihn stärkt und was ihn nervös macht, was seine berufliche Leistungsfähigkeit steigern könnte und was sie untergräbt. Das ist meistens gar nicht so schwer. [...] Gefühl ist alles, und es kann manchmal sogar vorkommen, dass sich auch das richtig Erfühlte und Erahnte als falsch erweist. Die Ehe ist eben ein Abenteuer!

SPIEGEL SPECIAL, Sehnsucht nach Familie, 4/2007, S. 103

M4 „Haushaltsführung" – der § 1356 BGB im Wandel der Zeiten

Fassung von 1896	Die Frau ist ... berechtigt und verpflichtet, das gemeinschaftliche Hauswesen zu leiten. Zu Arbeiten im Hauswesen und im Geschäfte des Mannes ist die Frau verpflichtet, so weit eine solche Tätigkeit nach den Verhältnissen, in denen die Ehegatten leben, üblich ist.
Fassung von 1958	Die Frau führt den Haushalt in eigener Verantwortung. Sie ist berechtigt, erwerbstätig zu sein, so weit dies mit ihren Pflichten in Ehe und Familie vereinbar ist. Jeder Ehegatte ist verpflichtet, im Beruf oder Geschäft des anderen Ehegatten mitzuarbeiten, so weit dies nach den Verhältnissen, in denen die Ehegatten leben, üblich ist.
Fassung von 1977	Die Ehegatten regeln die Haushaltsführung im eigenen Einvernehmen. Ist die Haushaltsführung einem der Ehegatten überlassen, so leitet dieser den Haushalt in eigener Verantwortung. Beide Ehegatten sind berechtigt, erwerbstätig zu sein. Bei der Wahl und Ausübung einer Erwerbstätigkeit haben sie auf die Belange des anderen Ehegatten und der Familie die gebotene Rücksicht zu nehmen.

Bearbeiter

Aufgaben

1. Ordnen Sie den Begriffen aus der Randspalte die Erklärungen aus M 1 zu und erläutern Sie die Funktionen der Familie mit eigenen Worten.
2. Im Spannungsverhältnis zwischen Anspruch und Realität: Erörtern Sie, inwieweit Familien unter erschwerten Bedingungen ihre Funktionen (M 1) erfüllen können (M 2a – b). Entwerfen Sie weitere denkbare Szenarien.
3. Vergleichen Sie die Aufgabenverteilung zwischen Mann und Frau zwischen früher (M 3, M 4) und heute. Beziehen Sie jeweils Stellung zu Ihren Ergebnissen.

Wissen kompakt

Sozialisation

Erst durch die Sozialisation wird der Mensch befähigt, sich der Gesellschaft, in der er lebt, anzupassen und ein Teil von ihr zu werden. Vor allem durch den Umgang mit anderen Menschen lernen Kinder die Normen und Regeln der Gesellschaft kennen. Sie erlernen quasi automatisch soziale Verhaltensweisen und verinnerlichen diese dauerhaft und unbewusst (Enkulturation). Zur Sozialisation eines Individuums gehört ferner der Prozess der Personalisation (→ S. 47).

Sozialisationsinstanzen

Wer nicht früh von seinen Eltern beigebracht bekommt, wie man sich z. B. angemessen gegenüber anderen verhält, wird bereits im Sandkasten und im Kindergarten Probleme damit haben, Spielpartner zu finden. Da die Eltern und deren engste Vertraute diejenigen sind, die das Kind sozialisieren, bevor es in Kontakt mit der „Außenwelt" tritt, spricht man von der Familie als **„primärer Sozialisationsinstanz"**.

Hat der junge Mensch hier die Grundregeln des gemeinschaftlichen Miteinanders erfahren, kann er sein Umfeld mehr und mehr erweitern und trifft zunehmend auf **„sekundäre Sozialisationsinstanzen"** wie Kindergärtner/innen, Gleichaltrige, Lehrer/innen. Auch die Medien gelten als sekundäre Sozialisationsinstanz, da sie den Einzelnen prägen. Man kann sich demnach die primäre Sozialisation als eine Art „Landkarte" in Form von Einstellungen und Verhaltensweisen vorstellen, mit deren Hilfe man sein Leben gestaltet. Erfolgt die familiäre Sozialisation defizitär, hat es das Kind bzw. später der Jugendliche ungleich schwerer als andere, sich in der Gesellschaft zurechtzufinden.

Aufgaben der Familie – Haushaltsfunktion

In der Familie werden alle lebensnotwendigen Grundbedürfnisse befriedigt. So wird dafür gesorgt, dass alle ausreichend Nahrung sowie einen Platz zum Leben haben und im Winter nicht frieren müssen.

Erziehungs- und Sozialisationsfunktion

Eltern sind dafür verantwortlich, die Entwicklung ihrer Kinder zu fördern und dafür zu sorgen, dass sie zu gesellschaftsfähigen Wesen heranwachsen. Dazu bringen sie ihm von Kindesbeinen an bei, welche Werte und Normen in der Gesellschaft gelten, in der es lebt. Dieser Aneignungsprozess verläuft unbewusst und unmerklich im Alltag (Sozialisation) oder gezielt (Erziehung).

Platzierungsfunktion

Jeder Mensch hat eine bestimmte soziale Position und damit verbunden individuelle Fähigkeiten und Möglichkeiten. Diese werden zunächst von der Familie, in die man hineingeboren wird, vermittelt bzw. gefördert, und sie haben Auswirkungen auf die künftige Lebensgestaltung (Schule, Beruf, Freizeit, politische, gesellschaftliche und soziale Teilhabe etc.).

Reproduktionsfunktion

Indem zwei Menschen eine Familie gründen, sorgen sie dafür, dass ihr Stammbaum fortgeführt und die Gesellschaft erhalten wird. Um die Reproduktionsfunktion zu erfüllen, wären pro Paar etwa zwei Kinder erforderlich (→ Demografischer Wandel, S. 12 f.).

Erholungsfunktion

Neben der materiellen Grundversorgung (Haushaltfunktion) bedeutet die Familie für den Einzelnen vor allem einen Ort des seelischen Wohlbefindens. Hier findet man Trost, Rückhalt und Geborgenheit, man verbringt seine Freizeit miteinander und teilt gemeinsame Erlebnisse. So sammelt man innerhalb der Familie Kraft für die Anforderungen des Alltags.

Wissen im Kontext

Jeder Vater und jede Mutter wollen grundsätzlich nur das Beste für ihr Kind. Sie möchten ihm möglichst viel „bieten" – wobei die Vorstellungen dessen, was *das Beste* ist und *was* man ihm bieten möchte, stark differieren: der Besuch im Freizeitpark oder im Museum, teure Markenklamotten, ein eigenes Zimmer, Geigenunterricht ab dem dritten Lebensjahr, tägliche Hausaufgabenbetreuung durch die Eltern, möglichst viel Freiraum zur Entfaltung der eigenen Persönlichkeit? Neben den Ansichten über den besten Erziehungs- und Sozialisationsweg unterscheiden sich auch die Möglichkeiten von Eltern, ihre Funktionen zu erfüllen – hier können temporär oder dauerhaft Defizite auftreten. Hat ein Elternteil in der eigenen Kindheit z. B. wenig Zuneigung, dafür aber ständig Gewalt erfahren, fällt es ihm oft schwer, mit seinen Kindern immer liebevoll und geduldig umzugehen.

Welche Auswirkungen hat die Sozialisation auf den Lebensweg des Einzelnen?
M 2

Parallel zur Sozialisation verläuft die **Enkulturation**, die ebenfalls einen unbewussten Lernprozess darstellt. Das Kind wächst in die Kultur der Eltern – hierunter fallen auch deren Schicht, Religion usw. – hinein. Dabei übernimmt und internalisiert es die Werte und Normen, die in dieser Kultur gelten. Hierzu zählen neben der Sprache, moralischen Einstellungen und Weltanschauungen auch kulturspezifische Verhaltenweisen wie zum Beispiel Essgewohnheiten: Während Heuschrecken hierzulande kaum auf den Tisch kommen, stellen sie auf anderen Teilen der Erde wahre Delikatessen dar. Auch ob wir auf Stühlen am Tisch mit Messer und Gabel essen oder ob wir dazu auf dem Boden sitzen und Stäbchen oder die rechte Hand verwenden, ist Teil der Enkulturation.
Sozialisation und Enkulturation ermöglichen es dem Einzelnen, eine eigene Persönlichkeit (**Personalisation**) auszubilden. Der Mensch reift während seiner Entwicklung zu einem relativ autonomen und gleichzeitig integrierten Individuum heran, das selbst wiederum aktiv auf seine soziale Umwelt einwirkt und sich übermäßigem Anpassungsdruck der Gesellschaft widersetzen kann.

Welche Prozesse tragen noch dazu bei, dass wir später sind, wie wir sind?

Rollenbilder unterliegen immer wieder einem Wandel. So war lange Zeit der Arbeitsplatz der (verheirateten) Frau zu Hause in der Küche und bei ihren Kindern. Dem Mann stand es u. a. rechtlich zu, den gemeinsamen Wohnort zu bestimmen (bis 1958) oder seiner Frau die Erwerbstätigkeit zu verwehren (bis 1977). Heute wäre dies undenkbar!
Mit den Rollenbildern ändern sich auch die Aufgaben der einzelnen Familienmitglieder sowie die gesellschaftliche Vorstellung dessen, welche Bedeutung den einzelnen Funktionen der Familie jeweils zukommt. So war man sich z. B. lange Zeit nicht über die weitreichenden Auswirkungen der Sozialisation bewusst. Abgenommen hat hingegen die Bedeutung der Familie als Produktionsort: Während früher fast alles, was die Familie zum Überleben (Nahrung, Kleidung usw.) benötigte, hier hergestellt wurde, verlagert sich dies zunehmend in die Außenwelt. Hierunter fallen sogar Dienstleistungen wie Kochen, Kinderbetreuung und Pflege.

Wie haben sich die Funktionen der Familie mit der Zeit verändert?
M 3, M 4

47

2.2 Mutter, Vater, Kinder – Evergreen oder Auslaufmodell?

M1 Pluralistische Lebensformen – die Familie hat viele Gesichter

Familienformen
a) Doppelverdiener Familie
b) Alleinerziehende Mütter
c) Familie mit Hausmann
d) Singles
e) Kinderlose Ehe oder Partnerschaft
f) Gleichgeschlechtliche Partnerschaften / Ehen
g) Stief- oder Fortsetzungsfamilien
h) Alleinerziehende Väter
i) Familie mit Tagesmutter
j) Freie Wohn- und Lebensgemeinschaften
k) Wochenendbeziehung
l) Wochenendfamilie

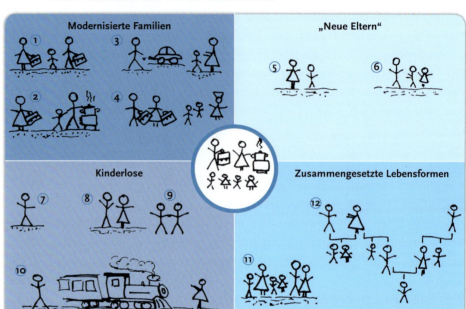

Grafik: Jutta Kleinert

M2 Familien mit minderjährigen Kindern 2012

Zahl der minderjährigen Kinder	Insgesamt	Ehepaare	Lebensgemeinschaften	Alleinerziehende
			in 1.000	
Insgesamt	8 061	5 699	755	1 607
1 minderjähriges Kind	4 310	2 690	510	1 110
2 minderjährige Kinder	2 901	2 306	198	397
3 minderjährige Kinder und mehr	850	703	47	100
		%		
Insgesamt	100	79,5	6,8	13,7
1 minderjähriges Kind	100	70,7	9,4	19,9
2 minderjährige Kinder	100	62,4	11,8	25,8
3 minderjährige Kinder und mehr	100	82,7	5,5	11,8

*Ergebnisse des Mikrozensus – Bevölkerung in Familie/Lebensform am Hauptwohnsitz,
Quelle: www.destatis.de, Abruf am 8.8.2013*

M3 Wann ist man eine Familie?

„Als konstitutives Merkmal von Familie kann die Zusammengehörigkeit von zwei oder mehreren aufeinander bezogenen Generationen aufgefasst werden, die zueinander in einer besonderen persönlichen Beziehung stehen, welche die Position ‚Eltern' und ‚Kind' umfasst und dadurch als Eltern-Kind-Beziehung bezeichnet werden kann [...].

Ein solcher Familienbegriff lässt offen, ob zwischen „Eltern" und „Kind" eine Blutsverwandtschaft besteht oder ob eine soziale Elternrolle an-
5 genommen wird, ob die Familie aus zwei Eltern oder nur aus einem Elternteil und dem Kind besteht, und wie viele weitere Verwandte sich dem Netz der Solidarität zugehörig fühlen.

Offen bleibt auch, ob die zur „Fami- 10 lie" gehörenden Personen eine Haushaltsgemeinschaft bilden und welche emotionale Qualität die Beziehung hat. Zentral für den Familienbegriff ist also, dass mindestens die Positio- 15 nen „Eltern" und „Kind" besetzt sind.

BMFSFJ (Hg.), Familien- und Lebensformen von Frauen und Männern, www.bmfsfj.de, Abruf am 8.8.2013

M4 Vielfalt (mobiler) Lebensformen?

Als Ursachen für die Diversifikation von Lebensformen werden die Wohlstandssteigerung, die Bildungsexpansion, die veränderten Anforderungen
5 des Arbeitsmarktes, der Wertewandel mit einer stärkeren Betonung von Selbstverwirklichungs- statt Pflicht- und Akzeptanzwerten sowie die Entwicklung des Wohlfahrtsstaates ange-
10 führt. Kritische postmoderne Stimmen verwenden angesichts dieser Zunahme an Wahlfreiheit und Optionsspielräumen die Metapher eines „Supermarktes" mit einem breiten Sortiment von
15 Alternativen und Akteuren, die eine Auswahl treffen. Unstrittige Kriterien für die Klassifizierung von Lebensformen sind der Partnerschafts- und Elternschaftsstatus, der Familienstand
20 und die Haushaltsformen. Strittig ist hingegen, ob nicht Zweitwohnsitze, die sozialen Netzwerkbeziehungen sowie insbesondere die räumliche Mobilität stärker berücksichtigt werden
25 sollten, da sie nachhaltig die alltägliche Organisation des partnerschaftli-

chen und familialen Zusammenlebens beeinflussen. Die Aufnahme zusätzlicher Kriterien zur Beschreibung und Analyse von Lebensformen wird mit 30 der zunehmenden gesellschaftlichen Komplexität begründet. So haben insbesondere beruflich bedingte Mobilitätserfordernisse im Zuge der Umstrukturierung des Arbeitsmarktes in 35 den vergangenen Jahren zugenommen. Ebenso dürfte die gestiegene Erwerbstätigkeit von Frauen zu einer Erhöhung der Mobilitätsanforderungen insbesondere von Partnerschaften 40 beitragen. [...]
Wie verteilen sich nun die verschiedenen Lebensformen? In der Gruppe der 15–17-Jährigen leben 26% in einer Partnerschaft, bei den beiden 45 älteren Gruppen beträgt der Anteil bereits 76%, wobei etwas mehr als 10% vorher schon einmal mit ihrem jetzigen Partner zusammen waren und Partnerschaftsentwicklungen keines- 50 wegs immer gradlinig verlaufen. Nahezu 82% der Befragungspersonen

Diversifikation
Veränderung, Abwechslung, Vielfalt

familial
die Familie als soziale Gruppe betreffend

familiale Lebensformen
Kernfamilie, Alleinerziehende, Stieffamilie usw.

nichtfamiliale Lebensformen
kinderlose Alleinlebende oder Paare

2 Kontinuität und Wandel in der Gesellschaft

deskriptiv
beschreibend

der älteren Gruppen leben mit ihrer Partnerin bzw. ihrem Partner zusam-
55 men. Eine Betrachtung der Lebensfor-
men im Haushalt ergibt folgende Verteilung: Mehr als 90% der jüngsten
Gruppe wohnen mit ihren Eltern und
Geschwistern zusammen; der Anteil
60 der Drei-Generationen-Familien liegt
hier bei etwa 4%.

Bei den älteren Gruppen zeigt sich
ein differenzierteres Bild: Hier ergeben sich höhere Anteile für die Allein-
65 lebenden (15,3%), für diejenigen, die
nur mit ihrem Partner zusammenleben (knapp 18%), und vor allem für
diejenigen, die mit ihrem Partner und
ihren Kindern alleine in einem Haus-
70 halt leben (41,8%). Insgesamt zeigt die
Verteilung, dass sich der Grad an Aus-
differenzierung von Lebensformen
bei diesen Kriterien in Grenzen hält.

Wie wirkt sich der Einbezug weite-
75 rer Kriterien, wie der zweite Wohn-
sitz und die verschiedenen partner-
schaftlichen Mobilitätstypen aus? Die
Analysen ergeben, dass der Anteil derer, die angeben, dass sie noch einen
80 zweiten oder mehr Haushalte haben,
in den beiden älteren Kohorten bei lediglich 5% liegt. Bei der Frage, wie
mobil diese Alterskohorten sind, beziehen wir uns auf die von Norbert
85 Schneider (et al.) eingeführten Mobilitätstypen:

Kohorte
Geburtskohorte: In einem
bestimmten Zeitintervall
geborene Individuen, die
in ähnlichem Alter gleiche
Ereignisse erlebt haben

a) Shuttles (Wochenendpendler, die
sich arbeitsbedingt für einen Zweit-
haushalt am Arbeitsort eines Part-
90 ners entscheiden) treten in den beiden älteren Gruppen nur bei knapp
1% der Stichprobe auf.

b) Fernbeziehungen, definiert als
Partnerschaften mit zwei getrenn-
95 ten, eigenständigen Haushalten,
kommen in 18,5% der bestehenden
Partnerschaften der älteren Gruppen vor. Fragt man jedoch zum Bei-

spiel rein deskriptiv, wie „fern"
denn diese Fernbeziehungen sind 100
und zieht als Angabe die Information nach der Häufigkeit gemeinsam verbrachter Nächte im vergangenen Monat heran, zeigt sich, dass
37,8% zwei bis drei Nächte pro Wo- 105
che, 11,8% vier bis fünf Nächte
und 15% fast jede Nacht angeben.

c) Fernpendler (täglicher einfacher
Arbeitsweg von mehr als einer
Stunde) sind in 6% der Partner- 110
schaften zu finden. Dieser Anteil
wird jedoch zu gering eingeschätzt,
da uns dazu die entsprechenden
Angaben der Partnerinnen bzw.
Partner fehlen. 115

d) Varimobile (Personen mit variieren-
den Mobilitätserfordernissen und
längeren Abwesenheiten). Bildet
man eine Gruppe aus denjenigen,
die in den vergangenen drei Mo- 120
naten mehr als 30 Tage „auswärts"
übernachteten, so sind 3% der Partnerschaften von dieser Situation
betroffen. Auch hier wird der Anteil eher noch unterschätzt, da eine 125
entsprechende Angabe der Partner
nicht verfügbar ist.

Unsere Ergebnisse zeigen, dass sich
bei einer ersten groben Übersicht keine starken Differenzierungen hin- 130
sichtlich der Lebensformen ergeben.
Werden jedoch weitere Kriterien mit-
einbezogen, welche die alltägliche
Haushaltsorganisation, die Partner-
schafts- und Familienzeit in zentra- 135
ler Hinsicht beeinflussen, wie die Angaben zur Mobilität, ergibt sich ein
etwas anderes Bild.

*Michael Feldhaus, Monika Schlegel, Vielfalt
(mobiler) Lebensformen? in: APuZ 41/2009, S. 37 f.
Anmerkung: Die dem Text zugrundeliegende Studie
umfasst 12.402 Befragungspersonen, verteilt auf
die Altersstufen der 15–17-Jährigen (= 4.334
Befragte), der 25–27-Jährigen (= 4.016) sowie der
35–37-Jährigen (= 4.052).*

M5 Lebensformen verändern sich ...

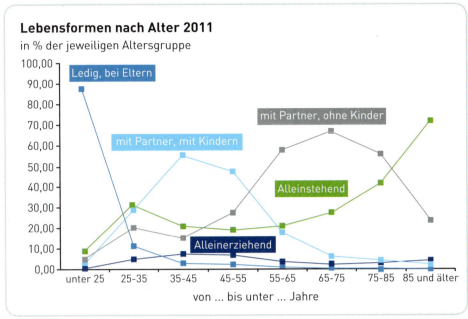

Quelle: Statistisches Bundesamt, Fachserie 1, Reihe 3, „Bevölkerung und Erwerbstätigkeit: Haushalte und Familien", Wiesbaden 2012

M6 Ich will keine Kinder

Die Geburtenrate soll gesteigert werden, das ist ein großes Thema in der Politik. Ich gehöre zur Zielgruppe, habe aber einfach keine Lust auf Kinder. [...]
Zum einen habe ich angesichts der Debatten über Familienpolitik den Eindruck, es sei heutzutage unmöglich, ohne Hilfe ein Kind großzuziehen. Kinder müssen betreut werden und sind teuer. Eltern müssen beruflich zurückstecken. Aber dafür arbeite ich zu gerne, in meinem Job bekomme ich Anerkennung. [...] Ich empfinde einen starken Erfolgsdruck, eine perfekte Familie zustande zu bringen. Das würde bedeuten, im Job und zu Hause erfolgreich sein zu müssen.
Zum anderen stört mich die Haltung potenzieller Väter. Ich habe noch keinen Mann getroffen, der sagt: „Ich würde mich um die Kinder kümmern!"

Anne Heidmann, Ich will keine Kinder, www.zeit.de, 28.3.2013

Aufgaben

1. Ordnen Sie die Begriffe in der Randspalte von S. 48 den Lebensformen in M1 zu. Benennen Sie anschließend, inwiefern sich die Familie in den vergangenen Jahrzehnten verändert hat (M 1, M 3).
2. Erklären Sie, was mit „Pluralisierung der Lebensformen" gemeint ist, und ermitteln Sie die Ursachen für diese Entwicklung (M 4).
3. Zählen Sie heute existierende Lebensformen auf (M 2 – M 6). Diskutieren Sie anschließend, welche für Sie persönlich künftig erstrebenswert, welche akzeptabel sind und welche nicht infrage kommen.

F Aufgaben 1 – 3
Erstellen Sie eine Wandzeitung zur Entwicklung des Ehe- und Familienrechts in Deutschland seit dem Inkrafttreten des Bürgerlichen Gesetzbuches zum 1.1.1900. Gehen Sie dabei auch auf die Ehegesetzgebung in der Zeit des Nationalsozialismus ein [→ G 11.2].

Wissen kompakt

Familie

Lange Zeit galt eine Heiratsurkunde als Grundvoraussetzung dafür, eine Familie zu sein. Demnach zählten zwar kinderlose Ehepaare als Familie, nicht so jedoch unverheiratete Partner mit Kindern. Bis in die 1960er Jahre gab es keine gesellschaftlich akzeptierte Alternative zur konventionellen Familie.

Umfassende gesellschaftliche Veränderungen führten dazu, dass die Familienkonstellationen komplexer und unkonventionelle Lebensformen immer häufiger wurden. Damit verbunden wurde es zunehmend schwerer, den vermeintlich einfachen Begriff „Familie" zeitgemäß und angemessen zu definieren.

2005 reagierte das Statistische Bundesamt auf den gesellschaftlichen Wandel und bezeichnet seitdem „Eltern-Kind-Gemeinschaften" als Familie. Möglichst kurz und pragmatisch zusammengefasst lässt sich demnach mit Brigitte Zypries (Bundesjustizministerin a. D.) sagen: „Familie ist dort, wo Kinder sind."

Familiale Lebensformen

Befragt man junge Erwachsene nach deren Vorstellungen von Familie, so ist das dauerhafte Zusammenleben von Vater, Mutter und Kind(ern) nach wie vor am meisten in den Köpfen verankert. Die Erhebungen des Mikrozensus 2012 belegen, dass die überwiegende Mehrheit der minderjährigen Kinder bei deren verheirateten (70,7 %) und meist auch leiblichen Eltern lebt.

Dennoch existiert eine Vielzahl verschiedener Lebensformen mit Kind(ern), denen trotz aller Unterschiedlichkeit eines gemeinsam ist: Sie gelten als Familie.

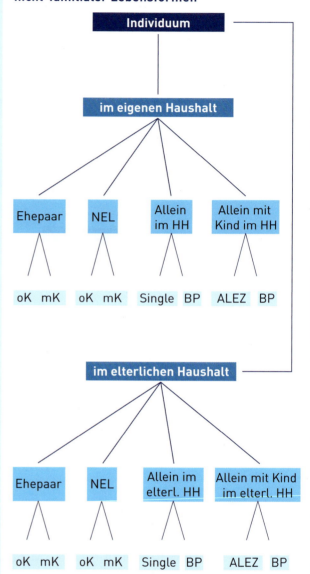

Zusammenstellung familialer und nicht-familialer Lebensformen

Abkürzungen: NEL-Nichteheliche Lebensgemeinschaft, HH-Haushalt, BP- Bilokale Paarbeziehung, oK-ohne Kind, mK-mit Kind(ern), ALEZ-Alleinerziehende

Bundesinstitut für Bevölkerungsforschung (BiB) (Hrsg.): (Keine) Lust auf Kinder? Geburtenentwicklung in Deutschland, Wiesbaden 2012, S. 20

Wissen im Kontext

Diese Bezeichnung umfasst die Vielzahl unterschiedlicher familialer und nicht-familialer Lebensformen. Da kinderlose Lebensformen, nichteheliche Lebens-gemeinschaften mit Kindern, Regenbogen- und Stieffamilien usw. häufig als „moderne" Lebensformen bezeichnet werden, könnte man fälschlicherweise annehmen, es handle sich dabei um neuere „Erfindungen".

Tatsächlich existierten solche Lebensformen in Deutschland als Folge der bei-den Weltkriege gar nicht so selten. Viele Kriegswitwen waren alleinerziehend, andere hatten zwar einen neuen Lebenspartner gefunden, verzichteten aber darauf, diese Beziehung durch einen Trauschein zu „legalisieren", um den An-spruch auf die Witwenrente nicht zu verlieren. Auch Kinderlosigkeit kam unter Frauen vor, da aufgrund des Männermangels viele Frauen alleinstehend blieben. Im Unterschied zu heute waren diese unkonventionellen Lebensformen nicht per se gesellschaftlich akzeptiert, sondern wurden lediglich als Provisorien toleriert bzw. „übersehen". Das Ziel des Einzelnen und der Gesellschaft war es, mit dem materiellen Wiederaufbau des Landes auch das traditionelle Familienideal wie-der herzustellen. Dies gelang jedoch nur kurzfristig.

Pluralisierung der Lebensformen
M 1 – M 3

In den 1950er und 1960er Jahren erlebte das bürgerliche Familienideal noch einmal eine Renaissance, bevor sich im Laufe der 1970er Jahre die gesell-schaftlichen Einstellungen zu ändern begannen.

Ursache und Wirkung lassen sich nicht immer eindeutig bestimmen. So ver-hält es sich auch mit folgenden Entwicklungen, die sich jeweils wechselseitig beeinflussen können: Höherqualifizierung der Bevölkerung (insbesondere auch der weiblichen) und damit verbunden auch längere Ausbildungszeiten, Emanzi-pation der Frau bzw. aufgebrochene geschlechtsspezifische Rollenverteilungen, Individualisierungsprozesse, Zunahme von Scheidungszahlen, Mobilitätsanfor-derungen der modernen Gesellschaft und der heutigen Arbeitswelt etc.

Warum sind unkon-ventionelle Lebens-formen heute so verbreitet?
M 4

Erfüllung in der Partnerschaft, Selbstverwirklichung im Beruf, uneingeschränkte Konsumfreuden und grenzenloses Elternglück – so stellen sich viele ein perfektes Leben vor. Die Realität sieht jedoch oft anders aus und man muss sich entschei-den, für das eine und gegen das andere, oder einiges ergibt sich auch von selbst, ohne dass wir es so wollen. Die Bezugsgröße bildet hier jeweils das individuelle Verständnis von Glück.

Während sich manche bewusst dazu entschließen, kinderlos zu bleiben und da-mit glücklich sind, wollen andere unbedingt eine Familie gründen, finden jedoch nicht den passenden Partner oder verschieben den Zeitpunkt aus beruflichen oder privaten Gründen – bis es irgendwann zu spät ist. Kinder selbst hingegen haben kaum die Chance, auf die Familienform, in der sie aufwachsen, einzuwirken – obwohl sie unmittelbar von Veränderungen im Leben ihrer Eltern betroffen sind. Sie müssen darauf vertrauen, dass die Erwachsenen es „richtig" machen.

Das eigene Lebens-modell: Was darf es denn sein?
M 6

2.3 Berufliche Flexibilität und Mobilität – wie wird künftig gearbeitet?

M1 Stellenangebote

Empfangsdame/Team-Assistentin

Wir suchen wir für unser 10-Mann-Büro in München zum nächstmöglichen Zeitpunkt eine freundliche, flexible

Tätigkeit:
- Empfang von Gästen und Dienstleistern
- Telefonzentrale (D/E)
- Unterstützung des dyn. Teams bei Termin- und Reiseplanungen
- Allg. Büromanagement (Material/Reisekosten/Datenbank/Serienbrief)

Sie beherrschen D/E in Wort und Schrift, verfügen durch Berufserfahrung über sehr gute MSOffice Kenntnisse, sind verlässlich und haben Spaß am Umgang mit Menschen? Dann freuen wir uns über die Zusendung ihrer Bewerbungsunterlagen!

Junior Key Account Manager m/w

zum schnellstmöglichen Eintritt.

Nach einer intensiven Einarbeitung gewährleisten Sie eine optimale Betreuung unserer Kunden im Werklohn, GV-, C&C- und LEH-Bereich. Weiterhin gehört zu Ihrem Zuständigkeitsbereich eine qualifizierte Vertriebsleiterassistenz, u.a. die detaillierte Erstellung von Angebots-Kalkulationen. Dabei berichten Sie direkt an den Vertriebsleiter D/A/CH. Bei schneller Einarbeitung ist eine rasche Weiterentwicklung zum Key Account Manager geplant.

Ihre Aufgaben:
- Umfassende, aktive Betreuung von Kunden (nach Einarbeitung in Eigenverantwortung)
- Markt-, Absatz- und Ertragsanalysen
- Durchführung von Kundengesprächen inklusive Vor-und Nachbereitung
- Operative und administrative Unterstützung des Vertriebsleiters D/A/CH
- Projektarbeit im Vertriebsbereich
- Messeteilnahmen
- Kalkulationserstellung, DB-Analysen

Ihr Profil:
- Betriebswirtschaftliches Studium mit Schwerpunkt Vertrieb und Marketing oder vergleichbare kaufmännische Ausbildung mit entsprechender Weiterqualifizierung
- Fundierte EDV-Kenntnisse im MS-Office und Internet
- Erste Berufserfahrung im Vertrieb – vorzugsweise in der Konsumgüterindustrie – ist von Vorteil. Gerne geben wir auch überzeugenden Berufseinsteigern/-innen mit entsprechender Ausbildung eine Chance.
- Für die Tätigkeit ist ein hohes Maß an Eigenmotivation, Flexibilität, ein überzeugendes Auftreten und Reisebereitschaft Voraussetzung.

Wir bieten:
- Einen modernen Arbeitsplatz in einem wirtschaftlich stabilen Unternehmen
- Eine anspruchsvolle Tätigkeit in einem sehr motivierten, sympathischen und sehr gut eingespielten Team
- Eine leistungsorientierte Vergütung und weitere interessante Sozialleistungen

---

Zur Verstärkung unseres Teams suchen wir Sie als

Zeitungszusteller/-in

- Wir bieten Ihnen einen **sicheren Arbeitsplatz** in der Nähe Ihrer Wohnung!
- Sie haben Ihr Geld schon verdient, wenn andere in die Arbeit gehen!
- Optimaler Zusatzverdienst für **Rentner, Hausfrauen und Berufstätige!**

Wir suchen Sie als zuverlässigen und verantwortungsbewussten Zeitungszusteller/-in, ab 18 Jahre, zwischen 3.30 Uhr und 6.00 Uhr morgens für die Stadt und den Landkreis München.

Nutzen Sie diese lukrative Verdienstmöglichkeit und kommen Sie ins Team.

- auf 450-Euro-Basis
- mit 25% steuerfreiem Nachtzuschlag
- in Teilzeit mit Lohnsteuerkarte

Wir freuen uns auf Ihr Interesse!

Bearbeiter

M2 Wandel der Erwerbstätigen von 1950 bis heute

Tertiarisierung
Spezifische Form des wirtschaftlichen Strukturwandels, in dessen Verlauf Dienstleistungen zum relativ oder absolut wichtigsten Zweig wirtschaftlicher Aktivitäten werden. Der Begriff fußt auf der Einteilung wirtschaftlicher Aktivitäten in drei Sektoren: Land- und Forstwirtschaft, Industrie (verarbeitendes Gewerbe einschließlich des Baugewerbes) und Dienstleistungen (Handel, Banken, Versicherungen, private und öffentliche Dienstleistungen).

© Bergmoser + Höller Verlag AG

Zahlenbilder 247 130

2.3 Berufliche Flexibilität und Mobilität – wie wird künftig gearbeitet?

M3 Heute hier, morgen dort

In der neuen Deutschlandzentrale des Mobilfunkkonzerns Vodafone in Düsseldorf haben die Mitarbeiter künftig kein festes Büro mehr. Sie bekommen einen mobilen Schreibtisch und können sich dort niederlassen, wo sie ihr Projekt am besten erledigen. [...] Jeder Mitarbeiter hat ein Handy und einen Laptop. Einen Schrank, der bis zur Hüfte reicht und, bei ausgestreckten Armen, von der linken bis zur rechten Fingerspitze. Und: einen Trolley. Jeder Mitarbeiter kann sich dort niederlassen, wo er das am besten erledigen kann, was gerade ansteht: In der Bibliothek mit Handy-Verbot. Auf der Terrasse mit drahtlosem Internet. Auf einem der Sofas. In einem der Telefonhäuschen aus Stoff. Oder: in einem der kleinen Räume mit Videokonferenzschalte und roten Plastikstühlen, die aussehen wie aus der Kinderecke eines Einkaufszentrums, aber trotzdem bequem sind. [Personalchef] Barnard hat sich einen Spaß daraus gemacht, solch einen Stuhl denen anzubieten, die besonders skeptisch sind.

Arbeiten von zu Hause aus

„Früher hatte man einen festen Platz, an den man alles andere angebaut hat: den Computer für die Arbeit, den Kaffeebecher zur Erholung. Und wenn es mit dem Kollegen etwas zu besprechen gab, dann hat man einen Stuhl rangezogen. Das aber entspricht nicht mehr den wirtschaftlichen Anforderungen unseres Unternehmens", sagt Barnard. Er meint damit nicht nur, dass jemandem, der sich hinter seiner Kaffeetasse verschanzt, irgendwann die Anregungen fehlen. Er meint damit auch, dass es sich ein Unternehmen unter Kostendruck nicht mehr leisten kann, dass jeden Tag gut 40 Prozent aller Büroarbeitsplätze leer sind. Auf dem neuen Campus gibt es deshalb gut 1000 Schreibtische weniger, als es Mitarbeiter gibt. Und dennoch sorgt sich niemand, dass es eng werden könnte. Die Hälfte ihrer Arbeit dürfen die Mitarbeiter nun von zu Hause aus erledigen.

Varinia Bernau, Heute hier, morgen dort, www.sueddeutsche.de, 22.12.2012

Flexibilität pur – arbeiten, wo und wie man will.

M4 Plädoyer für die Präsenzpflicht

Gerade ist sie Mutter geworden, und nun das: Statt die von vielen Eltern ersehnten flexiblen Arbeitsbedingungen zu fördern, verordnet Yahoo-Chefin Marissa Mayer allen Heimarbeitern des Internet-Konzerns die Rückkehr ins Büro. Die Aufregung in den Foren der elektronischen Welt ist groß. Wird das Trend? Dabei war man doch gerade dabei, das alles abzuschaffen: den Neun-bis-17-Uhr-Arbeitstag mit gemeinsamem Kantinengang, die Präsenzpflicht in der Tagesbesprechung, das Einzelbüro als Statussymbol.

Scharen von selbsternannten Trendforschern verkaufen seit Jahren Studien zur Arbeitswelt von morgen mit immer dem einen Inhalt: Arbeiten, das werde man künftig jederzeit mit jedem und von überall können. Und dabei zwischendrin die Kinder bekochen, Angeln gehen, Blumen umtopfen, die Mutter im Seniorenheim besuchen und so unglaubliche Mengen an Benzin sparen.

Für Eltern ist Heimarbeit gar nicht so vorteilhaft

Ist das nicht die Welt, die sich viele wünschen? Oder ist es doch Maris-

Zur Arbeit im Büro gehört oft auch die Mittagspause in der Kantine – Kollegenplausch inklusive.

sa Mayers Welt, in der Gespräche auf dem Büroflur oder eine Plauderei in der Cafeteria die Quelle von Kreativität, Teamgeist und damit letztlich Produktivität sind?

Mayer wird mit dieser Position in Deutschland viele Gewerkschafter erfreuen, die sich vehement gegen Job-Aktivitäten von Mitarbeitern jenseits des Firmengeländes wehren. Und tatsächlich ist die Heimarbeit gerade für Eltern gar nicht so vorteilhaft, wie dies manchen auf den ersten Blick erscheinen mag. Denn ein geregelter Arbeitstag lässt sich mitunter besser mit Familienaufgaben kombinieren als ständige Erreichbarkeit.

Und speziell Frauen finden sich mit dem Heim-Büro oft in Konstellationen wieder, in denen sie bienenfleißig arbeiten und ansonsten unsichtbar bleiben. Karriere machen die anderen.

In Amerika, wo man Heimarbeit vornehm telecommuting nennt, ist das Modell auch nicht deshalb beliebt, weil es Müttern und Vätern das Leben so angenehm macht. Mehr als drei Millionen Amerikaner arbeiten von daheim aus – vor allem, weil sie ihren Arbeitgebern damit kräftig Geld sparen. Jeder nach Hause verbannte Beschäftigte bringt 11.000 Dollar pro Jahr, wie eine Beraterfirma kalkuliert. Schließlich bekommt die Firma dann das Büro samt Betrieb gratis. Zudem steigt die Produktivität, wenn nur Ergebnisse gemessen werden und nicht die Arbeitszeit, in der vom privaten Schwatz mit dem Kollegen bis hin zur Büro-Intrige diverse arbeitsfremde Aktivitäten den Tag durchziehen. Hinzu kommen die volkswirtschaftlichen Ersparnisse. Der Energieverbrauch, die Umweltbelastung und alle Kosten des Straßenverkehrs sinken erheblich, wenn der tägliche Weg zur Arbeit entfällt.

Abkehr vom reinen Kostenmodell

Insofern lässt sich die Verordnung der Yahoo-Chefin auch als eine Abkehr vom reinen Kostenmodell verstehen. Mayer sagt damit: Kommunikation schafft Werte, Zusammenhalt, Identifikation mit der Firma, gemeinsames Ideenspinnen, all das hilft dem Unternehmensziel. Und nur ein gesundes Unternehmen macht seine Mitarbeiter zufrieden. Jede Führungskraft, die ihre Aufgabe ernst nimmt, weiß es zu schätzen, wenn sie mit ihren Mitarbeitern zuweilen persönlich reden, das Team auch mal spontan versammeln kann. Natürlich spricht absolut nichts dagegen, Mitarbeiter tageweise oder in bestimmten Projekten auch mal vom heimischen Schreibtisch aus werkeln zu lassen, zumal Kommunikation selbst innerhalb von Büros sehr oft elektronisch fließt. Das ist ein Vertrauensbeweis der Vorgesetzten, die Mitarbeiter werden es ihnen danken.

Alexandra Borchardt, Plädoyer für die Präsenzpflicht, www.sueddeutsche.de, 26.2.2013

F Aufgaben 1 – 3
Sprechen Sie mit einem Personalverantwortlichen eines größeren Betriebes: Welche Möglichkeiten bietet das Unternehmen für Eltern, Beruf und Familie zu vereinbaren?

Aufgaben

1. Welches Stellenangebot würde Sie am ehesten ansprechen? Vergleichen Sie Anforderungen und Perspektiven (M 1).
2. Stellen Sie dar, inwiefern sich die Arbeitswelt seit 1950 verändert hat (M 2 – M 4).
3. Bewerten Sie Vor- und Nachteile der Flexibilisierung von Arbeitszeit und -ort (M 3, M 4).

Meinungsbeiträge strukturiert analysieren

Methode

Wollen die auch arbeiten?

Der Berliner Jugendforscher Klaus Hurrelmann spricht von der dritten Generation nach 1945, die Deutschland verändert: Zuerst waren da die Skeptiker der Nachkriegsjahre, ernste, von Trauma und Entbehrung gezeichnete Trümmermenschen. In der von ihnen wieder aufgebauten Welt wuchs die Generation Golf heran, in der Blütezeit der Republik. Ihre Vertreter sind kämpferisch und konsumorientiert, repräsentabel und busy. Und nun also die Generation Y. Die hat erfahren: Alles ist möglich. Und alles ist ständig im Fluss, nichts bleibt, wie es einmal war. Die Y-Vertreter sind mit unzähligen Optionen groß geworden, im Alltag und im Internet. Von Anfang an mussten sie »biografisches Selbstmanagement« betreiben, wie Hurrelmann es nennt, und sich stark um sich selbst kümmern. Ihr Problem sind nicht die Grenzen, sondern es ist die Grenzenlosigkeit. Sie wollen alles und alles auf einmal: Familie plus Feierabend. Beruf plus Freude plus Sinn. Und das verfolgen sie kompromisslos.

Von den Unternehmen erwartet die Generation Y, dass sie umdenken und sich auf ihre Ansprüche einstellen. Selbstbestimmt und flexibel wollen sie arbeiten, das fand die Wirtschaftsprüfungsgesellschaft PwC heraus. Autoritäten zweifeln sie erst einmal an, es sei denn, der Chef beeindruckt sie. Kollegialität und persönliche Entwicklung rangieren bei ihnen ganz oben, und erst am Schluss von insgesamt 19 Kategorien stehen bei ihnen – laut einer Studie des Berliner Instituts trendence – Status und Prestige.

Y wird im Englischen ausgesprochen wie why, das englische Wort für warum. Und tatsächlich hinterfragen die »Millennials« so ziemlich alles: Muss das Unternehmen der Umwelt schaden? Ist das, was der Chef sagt, immer richtig und gut für alle? Und: Warum sollten Familie und Karriere nicht vereinbar sein? Die Generation Y/Why ist auch die Generation »Warum nicht?«.

Sie hatten immer schon die Wahl. Von Geburt an wurden sie von der Generation X ihrer Eltern gefördert und gefeiert. Die volle Aufmerksamkeit ihrer »Helikopter-Eltern« war ihnen gewiss. Schon als Hosenmatze durften sie mitentscheiden, wohin die Familie in Urlaub fährt oder welches Auto angeschafft wird. Sie sind daran gewöhnt, sich entfalten und verwirklichen zu dürfen. Und all das, was sie in der Kindheit erfahren haben, erwarten die Neuen nun auch vom Arbeitgeber: Aufmerksamkeit, Fürsorge, Mitsprache. Ständiges Feedback. Sie wollen Chefs, die wie Eltern sind und auf ihre Bedürfnisse eingehen.

Es könnte sein, dass sie ihre Erwartungen auch durchsetzen. Denn diese Generation hat eine Macht, die ihren Eltern und Großeltern vorenthalten war. Es ist die Macht der Demografie, die Macht der Knappheit in einem hochgebildeten und wirtschaftlich florierenden Land. Vielen Branchen gehen die Fachkräfte aus. Und sie werden noch weniger, wenn die starken Geburtsjahrgänge 1960 bis 1970 erst einmal in Rente sind. Zwar dürfte sich bis 2050 auch die Zahl der Pflegefälle im alternden Deutschland verdoppeln, und diese Aufgabe muss die Generation Y schultern. Doch das ändert nichts daran: »Die Mitglieder der Generation Y können

---

Leserstimmen zum nebenstehenden Text „Wollen die auch arbeiten?"

Generation Y?

oder vielleicht doch die breite Masse, die es ein für alle Mal leid ist, dabei zuzusehen, wie die „Leistungsträger" der Gesellschaft hochgejubelt und ihre Taschen mit Geld vollgestopft werden, während einem selbst Lohn und Rente an oder gar unterhalb der Armutsgrenze als „gerecht" und dem Wettbewerb halber „alternativlos" verkauft werden.

deDude, 11.03.2013 um 8:28 Uhr

Mehr Lebensqualität...

Dazu passen dann aber nicht Artikel wie z. B. Elternzeit schlecht für die Karriere.

Monaco Franze, 11.03.2013 um 9:51 Uhr

Einseitig

Interessanter Artikel, der allerdings die Wirklichkeit wahrscheinlich nur sehr verkürzt darstellt. Zum einen gibt es nach wie vor Tätigkeiten, die zuverlässig ausgeführt werden müssen, in einem früheren Posting sind sie bereits dargestellt worden. Zum anderen könnte man bei der statistisch kürzeren Verweildauer von U30-Angestellten wenigstens darauf eingehen, dass gerade diese Generation wie keine davor in befristeten (manchmal nur für Monate!) Verträgen hängen und mitnichten die Arbeitsplatzsicherheit kennen, wie

→

Methode

sie für die Generationen davor selbstverständlich war. Insbesondere das Wissenschaftsbefristungsgesetz ist hier zu nennen (wenn man sich schon auf Akademiker beschränkt). Außerdem muss sich dieser Artikel für nichtakademische U30 in manchen Landstrichen wie eine pure Verhöhnung lesen. Vor kurzem hatten wir in Mecklenburg das Skandälchen, dass die SPD beim Empfang des Kanzlerkandidaten in einem Hotel tagte, das unterhalb des von der SPD favorisierten Mindestlohns von 8,50 zahlte (genau waren es 6,62) – wobei der hiesige Verantwortliche schulterzuckend meinte, ein Hotel, das min. 8,50 zahle, habe er nicht gefunden. Wie viel Selbstverwirklichung und Freiraum bleibt einem wohl, der im Schichtdienst 6,62 / Stunde verdient?
Hafensonne, 11.03.2013 um 8:49 Uhr

ihre Vorstellungen in die Berufswelt retten, weil sie davon profitieren, dass es nur wenige von ihnen gibt«, sagt Jutta Rump vom Institut für Beschäftigung und Employability in Ludwigshafen. Und Gerhard Rübling, der Personalchef des schwäbischen Maschinenbau-Unternehmens Trumpf, fügt hinzu: »Solange die Ansprüche erfüllt werden, sind die neuen Arbeitnehmer 150-prozentig loyal. Genügt der Arbeitgeber ihren Anforderungen nicht mehr, gehen sie ohne Schmerz.« Im Schnitt blieben die Jungen nur noch 18 Monate, sagen Zahlen des Instituts für Arbeitsmarkt- und Berufsforschung (IAB): Währte die durchschnittliche Beschäftigung der unter 30-Jährigen in den achtziger Jahren noch 814 Tage, sank sie demnach in zwei Jahrzehnten auf 536 Tage. [...]

Dass die Generation Y weniger leistet, geben Untersuchungen allerdings nicht her: [...] »Null Bock« ist heute ein Fremdwort. Die Lebensläufe der Nachwuchskräfte sind prall voll von Praktika, Kursen, Auslandsaufenthalten und sozialen Engagements. Die Ys fordern nicht nur ihre Arbeitgeber, sie verlangen auch sich selbst einiges ab. [...]

Zwar hat etwa ein Fünftel der Generation Y heute keinen Schulabschluss und – laut Hurrelmann – sehr schlechte Berufsperspektiven. Unter den Verlierern sind auffällig viele junge Männer. Früher hätten die einen Job als Hilfsarbeiter gefunden, heute sitzen sie vor dem Fernseher oder Computer, weil niemand mehr Ungelernte brauchen kann. Da sieht der Soziologe ein Problem auf die Gesellschaft zukommen. Für alle anderen aber gilt: Sie wollen arbeiten – bloß anders. Auch Azubis werden umworben. Die Zahl der Schulabgänger ohne Abitur ist in den ver-

gangenen sechs Jahren von über 700.000 auf rund 550.000 geschmolzen. Firmen in der Provinz fangen damit an, herausragenden Lehrlingen kleine Dienstwagen zu offerieren. [...] Die Jungen haben die Durchlässigkeit des Bildungssystems kapiert. Im Vorstellungsgespräch fragen die angehenden Azubis nach ihren Karrieremöglichkeiten. Früher wurden sie technischer Meister, wenn es gut lief, heute wollen sie wissen, ob sie auch promovieren können, wenn sie als Mechaniker hier anfangen. Sie können. [...]

Glücksstudien relativieren die herkömmliche Überzeugung, dass Status und Besitz selig machen. Der Nobelpreisträger für Ökonomie Daniel Kahneman formuliert das so: »Glück erlebt man in Momenten, in denen man seine Aufmerksamkeit auf etwas Angenehmes richtet. Ich kann mir zwar ein tolles Auto kaufen, aber ich kann mich nicht über lange Zeit darauf konzentrieren.« Erleben erzeugt demnach mehr Zufriedenheit als Haben. Enge soziale Kontakte und eine Balance im Leben sind wichtiger als ein etwas besser bezahlter Job, der keine Freude macht. [...] Kämen nun tatsächlich die besten Frauen und Männer nach oben, dann wachse auch der Wohlstand, sagen Ökonomen fast einstimmig. Außerdem benehmen sich die Mitglieder der Generation Y zwar manchmal wie Gören, die nicht erwachsen werden wollen. Aber sie sind auch weltoffen, engagiert und auf eine spielerische Art kreativ. In einer Weltwirtschaft, in der Ideen oft mehr zählen als Produkte und das Neue zunehmend in Sozialen Netzwerken entsteht, sind das keine schlechten Voraussetzungen.

Kerstin Bund, Uwe Jean Heuser, Anne Kunze, Wollen die auch arbeiten?, www.zeit.de, 7.3.2012

2.3 Berufliche Flexibilität und Mobilität – wie wird künftig gearbeitet?

Textanalyse – Fünf-Schritt-Methode

Methode

Zur Analyse eines Textes empfiehlt es sich, strukturiert nach der „Fünf-Schritt-Methode" vorzugehen.

1. Sich einen Überblick verschaffen

Zunächst verschafft man sich einen groben Überblick über den Text, indem man ihn überfliegt. Zwischenüberschriften, die Anfänge der einzelnen Abschnitte oder besonders hervorgehobene Begriffe dienen hierbei als Ankerpunkte.

2. Grundfragen stellen und beantworten

Welche Fragen stellt bzw. beantwortet der Text, welche (Unter-)Themen werden behandelt?

3. Gründlich und aktiv lesen

Parallel zum genauen Lesen werden wichtige Textstellen markiert. Dazu empfiehlt es sich, unterschiedliche Textmarker zu verwenden. Notieren Sie nach jedem Absatz jeweils eine Überschrift oder eine stichpunktartige Zusammenfassung zum eben gelesenen Sinnabschnitt.

4. Exzerpieren: Die Struktur des Textes erkennen und seine Aussagen nutzbar machen

Machen Sie sich die wichtigsten Informationen des Textes zu eigen und halten Sie das Gelesene fest, um es selbst weiterverarbeiten zu können.

Hierzu formulieren Sie auf einem Notizzettel von Ihren Ergebnissen aus dem dritten Arbeitsschritt ausgehend die wesentlichen Aussagen des Textes.

- Wählen Sie hierzu eine geeignete Darstellungsform – dies kann eine Art Gliederung, eine Tabelle oder eine grafische Darstellung der Textinhalte sein (z. B. MindMap: Man setzt die Schlüsselbegriffe des Textes durch eine entsprechende Anordnung und passende Symbole optisch zueinander in Beziehung).
- Achten Sie hierbei auf einen präzisen Umgang mit den Formulierungen aus dem Text, um Plagiate zu vermeiden: Setzen Sie Textstellen, die Sie wörtlich übernehmen, in Anführungszeichen und notieren Sie sich gleich die entsprechenden Zeilenangaben oder formulieren Sie die Aussagen des Textes mit eigenen Worten.

5. Zusammenhänge verstehen

Nachdem Sie den Text nun in seinen Details verstanden haben, können Sie abschließend den Blick wieder auf das große Ganze richten: Lesen Sie den gesamten Text noch einmal durch und konzentrieren Sie sich dabei auf die genauen Zusammenhänge und deren Bezug zur Gesamtaussage des Textes.

Aufgabe

Analysieren Sie den nebenstehenden Meinungsbeitrag.

Wissen kompakt

Veränderungen auf dem Arbeitsmarkt

Für die vormoderne Agrargesellschaft war es charakteristisch, dass Arbeits- und Wohnort zusammenfielen und Arbeit und Freizeit nur schwer von einander trennbar waren. Dies änderte sich, als der sekundäre Wirtschaftssektor (Industrie, Handwerk) in Deutschland dominierte.

Im Laufe der 1950er Jahre entwickelte sich dann der Dienstleistungssektor zum stärksten Wirtschaftsbereich und brachte weitere gesellschaftliche Veränderungen wie zum Beispiel die Bildungsexpansion mit sich. Diese Entwicklung wird auch Tertiarisierung genannt.

Mittlerweile wurde aufgrund der immensen Bedeutungszunahme der Neuen Medien ein vierter Sektor (Informationssektor) etabliert. Der Strukturwandel auf dem Arbeitsmarkt spiegelt sich in gesellschaftlichen Veränderungen wider – und umgekehrt.

Heimarbeit

Heimarbeit wird jene unselbständige Erwerbsarbeit genannt, die meistens zuhause für Dritte gegen Bezahlung geleistet wird.

Mit anderen Worten: Heimarbeit ist eine Form der Lohnarbeit. Der Arbeitsplatz ist entweder in der eigenen Wohnung oder an einem anderen selbst gewählten Ort. Der Arbeitgeber stellt die Produktionsmittel (meistens Computer und Handy) zur Verfügung.

Befürworter argumentieren u. a., dass sich durch Heimarbeit Familie und Beruf besser verbinden oder die Produktivität steigern lasse.

Gegner der Heimarbeit sehen vor allem Nachteile darin, wenn es um Erreichbarkeit, Karrierechancen oder Zusammenhalt und Identifikation in und mit dem entsprechenden Unternehmen geht.

Flexibilität – Hauptmerkmal der modernen Arbeitswelt

Die Veränderungen auf dem Arbeitsmarkt brachten Entwicklungen mit sich, die einerseits ein wesentlich höheres Maß an Individualität erlauben, andererseits aber genau deswegen zu fehlender Planbarkeit und Stabilität führen können. „Flexibilität" wurde in verschiedener Hinsicht zum Hauptmerkmal modernen Arbeitens:

- **Temporale Flexibilisierung:** Die Stechuhr war gestern – heute können bzw. müssen Arbeitszeiten flexibel gestaltet werden: Man arbeitet dann, wenn Arbeitgeber oder Kunde danach verlangen oder wenn es einem selbst zeitlich passt.

- **Lokale Variabilität / Mobilität:** Der moderne Arbeiter bestimmt seinen Wohnort nach seiner Arbeitsstelle. Räumliche Flexibilität ist heute möglich oder wird vom modernen Arbeitnehmer vielmehr erwartet – dies kann das Homeoffice sein, berufsbedingte Umzüge innerhalb oder außerhalb Deutschlands, der Zweitwohnsitz in der Nähe des Arbeitsplatzes, ständige Reisebereitschaft zum nächsten Auftrag irgendwo auf der Welt.

- **Neue Arbeitsverhältnisse:** Vom Beginn der Ausbildung bis zum Eintritt in den Ruhestand immer im selben Betrieb? Was für unsere Großeltern nichts Ungewöhnliches war, ist heute fast nicht mehr denkbar: Weder Arbeitgeber noch Arbeitnehmer wollen lebenslange Bindungen miteinander eingehen. Gut-Ausgebildete behalten oft mit einem Auge die Stellenangebote im Blick, um keine Chance zu verpassen, die eigene Erwerbsbiografie noch weiter zu optimieren. Der Arbeitstag Schlecht-Ausgebildeter setzt sich oft aus stundenweisen Beschäftigungen in mehreren Jobs zusammen. Mit der Zeitarbeit ist eine völlig neue Form der Beschäftigung entstanden.

- **Flexibles Wissen:** Wissen ist das Kapital des Arbeitnehmers, daher muss er dieses ständig aktuell halten, um wettbewerbsfähig zu bleiben. Lebenslanges Lernen gehört in Form von ständiger Weiterbildung oder ggf. Umqualifizierung daher zur heutigen Erwerbsbiografie.

Wissen im Kontext

Auch weiterhin ist damit zu rechnen, dass der dritte und vierte Wirtschaftssektor steigende Beschäftigungszahlen verzeichnen. Dabei sind allerdings deutliche Unterschiede zwischen verschiedenen Branchen und Regionen erkennbar. Besonders erfolgversprechend erscheinen die Bereiche Naturwissenschaft, Ingenieurs-, Erziehungs-, Gesundheits- und Pflegewesen.

Welche Berufe haben Zukunft?
M 2

Die Merkmale der modernen Arbeitswelt erfordern ein Privatleben, das sich flexibel gestalten lässt. Dies kann in manchen Lebensphasen interessante Erlebnisse sowie ständig neue Herausforderungen und Erfahrungen ermöglichen, andererseits aber auch zu Entscheidungszwängen oder schwierigen privaten Situationen führen: Langfristige oder lebenslange Bindungen, ob freundschaftlich, partnerschaftlich oder zwischen verschiedenen Generationen, harmonieren oft nicht mit den Erwartungen an den heutigen Arbeitnehmer.
Die Erwerbstätigkeit beider Geschlechter gilt einerseits als Ursache, andererseits als Folge der Entwicklungen auf dem modernen Arbeitsmarkt. Daher zeigen sich analog zu den Flexibilisierungstendenzen in der Arbeitswelt ähnliche Entwicklungen auch im Bereich der Familie: Das Familienleben muss sich den beruflichen Anforderungen zeitlich und räumlich anpassen. Andererseits setzen angesichts des drohenden Fachkräftemangels immer mehr Unternehmen auf langfristige Mitarbeiterbindungen, indem sie ihren Angestellten u. a. familienfreundliche Arbeitszeitmodelle ermöglichen.

Welche Konsequenzen ergeben sich aus den neuen Arbeitsmarktstrukturen?
M 3, M 4

Deutschland weist mittlerweile auch Züge einer Wissensgesellschaft auf, daher entscheidet in erster Linie die Qualität der Ausbildung über Berufs- und Lebenschancen. Bildung spielt deshalb sowohl für den Einzelnen als auch für den Standort Deutschland im internationalen Vergleich die entscheidende Rolle. Unqualifizierte Arbeiter werden auch bei abnehmenden Arbeitslosenquoten auf Dauer die Verlierer auf dem Arbeitsmarkt sein, da sie in vielen Bereichen durch Maschinen ersetzt werden. Unter den Arbeitslosen schlummert hinsichtlich des Fachkräftemangels ebenso ungenutztes Potenzial wie unter den gut ausgebildeten Frauen, die trotz hoher Qualifikationen nach der Familiengründung oft längerfristig zu Hause bleiben.
Ob sich der Trend zur universellen Flexibilität in der Arbeitswelt weiter fortsetzen wird oder ob hier bewusst gegenläufige Entwicklungen gefördert werden, ist derzeit noch nicht abzusehen.

Wohin entwickelt sich die Berufswelt künftig?
Methode

2.4 Werte im Wandel – was ist uns heilig?

M1 Nicht ohne mein Handy

Handysucht

„Ich werde ein bisschen unruhig, wenn das Handy summt und ich nicht gleich gucken kann. Ich halte es nicht aus, die Nachricht nicht zu lesen und einfach weiter meine Hausaufgaben zu machen. [...] Bei Facebook irgendwelche Statusmeldungen von irgendwelchen Leuten angucken, das muss ja eigentlich nicht permanent sein. Aber wenn ich die Möglichkeit habe, tue ich es trotzdem. Paradox, ich weiß."

Benedict, 15, in: Yasmin Ortega Quiñonez, Schüler und ihre Smartphones: „Am Esstisch ist handyfreie Zone", www.spiegel.de, 11.1.2013

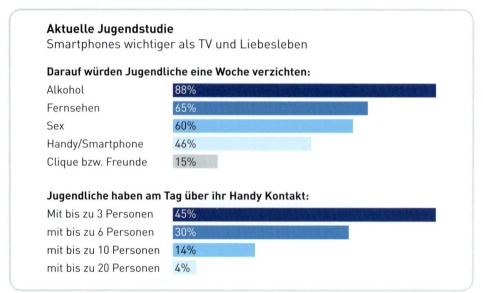

Nach: Sandra Eger, Steffen Kludt, Typische Gruppenrollen, in: Wochenschau – Politik und Wirtschaft unterrichten, Jugend-Familie-Gesellschaft, Heft 2/2012, S. 17, Quelle: Forsa Umfrage 2012 im Auftrag der congstar GmbH, n= 600 Handybesitzer im Alter zwischen 14 und 19 Jahren

M2 Das Handy als Ausdruck der eigenen Persönlichkeit?

Die mobile Kommunikation hat das Leben von Millionen Menschen vor allem in einem Punkt entscheidend verändert: Wer ein Handy nutzt, ist praktisch überall erreichbar und kann jederzeit mit den Menschen Kontakt aufnehmen, die ihm wichtig sind. Das beeinflusst nicht nur die Art und Weise, wie Menschen miteinander kommunizieren, sondern auch ihr soziales Verhalten. So hat das Handy im Umgang mit Freunden, Verwandten und Bekannten einen neuen Grad an Flexibilität und manchmal sogar Unverbindlichkeit eingeführt. Anstatt sich gleich an einem Ort zu einer bestimmten Zeit zu verabreden, wird heute oft zunächst erst einmal ein Termin vereinbart und Ort bzw. Zeitpunkt erst später – wiederum per Handy – festgelegt. Während früher Verabredungen einmal getroffen und in der Regel auch eingehalten wurden, ist heute die persönliche und berufliche Zeitplanung immer neuen Verhandlungen, Vereinbarungen und Umdisponierungen unterworfen. Treffen finden oft unter Vorbehalt statt. Das Handy dient dazu, den Kontakt aufrechtzuerhalten, ohne jedoch die eigene Entscheidungsfreiheit aufgeben und sich zu sehr verpflichten zu müssen.

Leben mit digitalen Medien

Im Zeitalter digitaler Medien zeigt sich: Kinder und Jugendliche kommunizieren heute anders als die Generationen vor ihnen. Faktoren wie Unabhängigkeit, Offenheit, Toleranz, Meinungsfreiheit und Unmittelbarkeit kennzeichnen ihre Lebenskultur. [...]

2.4 Werte im Wandel – was ist uns heilig?

Handy – Lust oder Last?

Der Mobilfunk bedeutet [...] einen deutlichen Zugewinn an Freiheit und Spontaneität. Ständig und überall erreichbar zu sein, kann Segen und Fluch zugleich bedeuten. Wer sich in die Öffentlichkeit begibt, ist – ob er will oder nicht – der Situation ausgesetzt, zum unfreiwilligen Zeugen privater wie geschäftlicher Gespräche zu werden. Dadurch hat das Mobiltelefon auch als Statussymbol Bedeutung. Wer mobil telefoniert, vermittelt seinen Mitmenschen die Botschaft: Ich bin integriert, habe soziale Kontakte und bin ein aktives Mitglied der Gesellschaft. Darüber hinaus bietet das Handy Identifikationsfläche. Das eigene Mobiltelefon kann mit Hilfe von Klingeltönen, speziellen Display-Anzeigen und Accessoires individuell gestaltet werden und Ausdruck der eigenen Persönlichkeit sein.

Informationszentrum Mobilfunk e.V. (IZMF), Wie beeinflusst die Nutzung von Mobiltelefonen unser Sozialverhalten?, www.izmf.de, Abruf am 4.12.2013

M3 Warum Geld nicht immer glücklicher macht

Die Ergebnisse sind eindeutig: Personen mit höherem Einkommen bewerten ihr subjektives Wohlbefinden höher als ärmere Personen. [...] Zusätzliches Einkommen und Vermögen erhöht die Lebenszufriedenheit allerdings nicht unbegrenzt. Die Beziehung zwischen Einkommen und Glück ist nicht linear; es besteht vielmehr ein abnehmender Grenznutzen. Das ökonomische Gesetz des abnehmenden Grenznutzens kennen wir auch aus anderen Bereichen: Das erste Stück Pizza stiftet einen hohen Nutzen, das zweite Stück ist auch noch willkommen, macht aber schon weniger zufrieden. Mit dem fünften Stück ist allerdings im Normalfall der Hunger definitiv gestillt. Ähnlich verhält es sich mit dem Einkommen. [...] Obwohl das durchschnittliche Pro-Kopf-Einkommen in den vergangenen Jahrzehnten stark angestiegen ist, blieb das durchschnittliche Glücksniveau konstant oder sank sogar. Die Menschen können sich viel mehr Güter und Dienstleistungen leisten, sind damit jedoch nicht wesentlich glücklicher geworden. So hat sich zwischen 1970 und 2000 das um Preissteigerungen bereinigte Pro-Kopf-Einkommen in Deutschland beinahe verdoppelt. Diese Steigerung beim materiellen Wohlergehen ging jedoch nicht mit einem Anstieg der durchschnittlichen Lebenszufriedenheit einher. [...]

Andere Faktoren sind wichtiger, wenn es darum geht, Unterschiede in der Lebenszufriedenheit verschiedener Länder zu erklären. Mit zunehmendem Durchschnittseinkommen sind die Demokratien stabiler, die Menschenrechte sicherer, die durchschnittliche Gesundheit höher und die Einkommensverteilung gleichmäßiger. Damit steigt auch die Lebenszufriedenheit. [...] Auch die allgemeinen gesellschaftlichen Bedingungen spielen eine große Rolle, allen voran die Möglichkeit der Menschen, sich politisch zu betätigen. Überdies sind gute soziale Beziehungen, insbesondere Freundschaften, und ein gutes Familienleben von zentraler Bedeutung für das Glück.

Nach: Bruno S. Frey, Claudia Frey Marti, „Glück. Die Sicht der Ökonomie", in: „Wertewandel mitgestalten. Gut handeln in Gesellschaft und Wirtschaft", www.spiegel.de, 28.5.2013

Einkommen und Glück
Personen mit höherem Einkommen verfügen über einen größeren Spielraum, sich ihre persönlichen materiellen Wünsche zu erfüllen. Sie können mehr Güter und Dienstleistungen erwerben. Zusätzlich haben sie einen höheren gesellschaftlichen Status inne. Die Beziehung zwischen Einkommen und Glück – zu einem bestimmten Zeitpunkt und in einem bestimmten Land – war und ist das Thema von umfangreicher empirischer Forschung.

M4   Werte – die treibende Kraft

Werte

Wenn Soziologen von „Werten" sprechen, denken sie nicht an Materielles. Vielmehr meinen sie die Vorstellung davon, was nach individueller und sozialer Einschätzung als erstrebenswert, gut oder nützlich angesehen wird. Darunter fallen etwa gesellschaftliche Tugenden und Haltungen wie Treue, Solidarität und Gerechtigkeit. Solche Werte spielen eine wichtige Rolle für unser Verhalten und fungieren als Maßstäbe für „richtiges" und „anständiges" Handeln. [...] Werte müssen dabei nicht artikuliert werden, sie werden empfunden und oftmals gar nicht aktiv hinterfragt. Sie sind konstitutive Elemente einer Kultur und definieren Sinn und Bedeutung innerhalb einer Gesellschaft oder Gruppe. Im Vergleich zu Bedürfnissen und Interessen sind sie von größerer Bedeutung – ein tief verankerter Wert wird als Verpflichtung wahrgenommen. Diese Verpflichtung wird aber nicht als negativ empfunden: Werte reduzieren Komplexität, stiften Identität und ordnen die Welt.

Mia Hofmann, Werte. Die treibende Kraft hinter dem Verhalten der Menschen, in: impact, April/2013, S. 4-11

Obwohl Werte tief sitzende und dauerhafte Haltungen sind, verändern sie sich mit der Zeit. Ein Beispiel dafür ist die Haltung gegenüber der Ehe, die sich
5 über die letzten Jahrzehnte stark gewandelt hat. Wurde die Ehe lange als selbstverständlicher Bestandteil eines erfüllten Lebens wahrgenommen, so ist sie nunmehr nur noch eine Option un-
10 ter vielen Lebensentwürfen geworden. [...] Strukturelle Veränderungen wie Globalisierung oder Technologisierung führen dazu, dass das einst «Normale» nicht mehr normal erscheint und An-
15 passungen vorgenommen werden müssen. Die Grundsteine unserer Gesellschaft wandeln sich also laufend.

Gründe für den Wertewandel

Ändern sich die Lebensumstände, än-
20 dern sich auch die Werte – dies ist die Grundthese der Forschung von Ronald Inglehart. Der amerikanische Politologe untersucht Werte und ihren Wandel seit den 1970er-Jahren. Ihn interessiert, wie
25 sich die Werte global verändern, welche Prioritäten es in den unterschiedlichen Nationen gibt und unter welchen Umständen sich die Wünsche und ihre Wichtigkeit ändern.
30 Als treibende Kräfte für den Wertewandel nennt Inglehart neben den demografischen Veränderungen die technologische Entwicklung, die Erfahrung von außenpolitischem Frieden, das steigen-
35 de Bildungsniveau, die Ausbreitung der Massenkommunikation und die wachsende geografische Mobilität. Als entscheidenden Faktor streicht Inglehart die «Prosperität» heraus. Darunter ver-
40 steht er die Sicherung der existenziellen Bedürfnisse, welche überhaupt erst Spielraum für weiterführende Gedanken und Ideen lasse. Sein Modell basiert auf der Bedürfnispyramide von

Abraham Maslow, die besagt, dass erst 45 nach der Befriedigung von Grundbedürfnissen (Nahrung, Sicherheit) überhaupt Gedanken an Werte wie Selbstverwirklichung aufkommen können. Dies ist der Grund dafür, dass es enor- 50 me Unterschiede im Wertesystem von wohlhabenden und armen Ländern gibt. Bei steigendem Wohlstand rücken gemäß Inglehart die materialistischen Werte (Verdienst, Vermögen, Besitz) in 55 den Hintergrund, während die postmaterialistischen Werte (Wunsch nach politischer Freiheit, Umweltschutz, Selbstverwirklichung, Kommunikation) wichtiger werden. 60

Das Tempo des Wandels nimmt zu [...]

Grundsätzlich ist die Veränderung der Werte ein langsamer, schleichender Prozess und kein plötzlicher Umbruch. Dennoch können sich Wertevorstellun- 65 gen auch schubartig verändern – etwa durch prägende Ereignisse von großer Tragweite oder technische Fortschritte. Genau das wird in den letzten Jahren beobachtet: «Die Finanzkrise, De- 70 mografie- und Klimawandel und der Vertrauensverlust in die Politik führen zu neuen Lebensstilen, die durch Megatrends, Märkte und Werte gebildet werden und künftig unsere Konsum- 75 gewohnheiten dominieren», beschreibt Trendforscher Eike Wenzel im 2012 erschienenen Buch „Wie wir morgen leben werden". Neben der Veränderung der wirtschaftlichen Rahmenbedingun- 80 gen haben vor allem die Entwicklungen der Kommunikationstechnologie großen Einfluss auf unseren Lebensstil: Der Wertewandel in unserer Gesellschaft vollzieht sich in immer kürzeren 85 Zeitabständen.

Mia Hofmann, Werte. Die treibende Kraft hinter dem Verhalten der Menschen, in: impact, April/2013, S. 4-11

M5 Zwischen Sicherheitsbedürfnis und Anpassungsfähigkeit

Warum hat sich dieser Wandel in den letzten zehn Jahren beschleunigt?
Ein wichtiger Faktor ist die Digitalisierung. Damit verbunden sind neue Möglichkeiten und Chancen. Und gleichzeitig gibt es gewisse Bevölkerungsgruppen, die dadurch in den Bereich der Überforderung gedrängt werden. Wir nennen sie «Digital Remotes», weil sie sich nur mithilfe anderer im Internet zurechtfinden können. Wir befinden uns im Jahrzehnt der Entgrenzung, der Loslösung vom Raum. Man kann heute überall aktiv, verbunden und mit der ganzen Welt in Kontakt sein. Auch die Wirtschaft ist ein Faktor für den beschleunigten Wertewandel: Hier in Westeuropa haben wir erstmals keine Aufstiegsgesellschaft mehr. Die junge Generation steht heute unter Druck, den Wohlstand der Eltern überhaupt halten zu können. […] Früher hatte man sein Leben mit einer guten Bildung bis zu einem gewissen Grad abgesichert – heute ist das nicht mehr der Fall. […]

Welche Werte sind denn heute in unserer Gesellschaft am wichtigsten?
Auf der einen Seite gibt es das Phänomen des „Re-Grounding". In Zeiten, in denen das Bedürfnis nach Sicherheit wächst, gewinnen Werte wie Sicherheit, Familie und soziale Zugehörigkeit wieder an Bedeutung. Es kommt vor, dass die junge Generation konservativer ist als ihre Eltern. Auf der anderen Seite gibt es durch die Digitalisierung neue Möglichkeiten und Raum für Veränderung. Die Anpassungsfähigkeit ist besonders wichtig geworden. Und daraus ergeben sich neue Lebensformen und Trends.

Welche Trends beobachten Sie aktuell?
Für mich gibt es zwei […] Grundströmungen: Convenience und Patchwork. Unter Convenience versteht man die Auffassung, dass alles nur «a fingertip away» ist. Wenn wir eine Diskussion darüber haben, wer der älteste Beatle war, muss man nicht zuhause irgendwo nachschauen gehen, sondern kann das sofort googlen. Convenience heisst Inhalte zugänglich machen und vereinfachen in einer Zeit, in der die Welt immer komplexer und unübersichtlicher wird. […] Die zweite Grundströmung Patchwork meint nicht nur Patchwork-Familien, sondern Patchwork-Leben: Es setzt sich zunehmend aus verschiedenen kleinen Teilen zusammen. Sei es in Bezug auf Freizeit und Arbeit, wo sich die Grenzen immer mehr verwischen, oder in Bezug auf Freunde und Lebensabschnittspartner. Ein solches Patchwork zeigt sich auch bei den Werten.

Manfred Tauscher im Interview mit Thorsten Kaletsch und Mia Hofmann, in: impact April/2013, S. 12-19

Manfred Tauscher, Geschäftsleiter des Sinus-Instituts, spricht im Interview mit der Zeitschrift „impact" über Wertetrends. Er verfügt über mehr als 20 Jahre Erfahrung in der internationalen Marktforschung. Seit 2009 ist er Gesellschafter und Co-Geschäftsführer des Sinus-Instituts (zusammen mit Bodo Flaig). Er lebt in Heidelberg, Wien und Berlin.

Aufgaben

1. Beziehen Sie Stellung: Inwiefern ist das Handy/Smartphone heute ein Statussymbol (M 1)? Ermitteln Sie Werte, die durch die mobile Kommunikation verändert werden (M 2) und beurteilen Sie diesen Einfluss jeweils.
2. Bestimmen Sie die Faktoren, welche den Wertewandel vorantreiben (M 3).
3. Zukunftsforscher prognostizieren eine „Verschiebung von kollektiv geprägten Lebensweisen hin zu individuell gewählten Lebensstilen". Beurteilen Sie diese Prognose mithilfe von M 4 und M 5.

H Aufgabe 3
Erstellen Sie zunächst Ihre persönliche „Top-5-Werte-Liste". Vergleichen Sie anschließend Ihre Ergebnisse mit denen Ihrer Mitschüler.

Wissen kompakt

Werte

Werte sind „Vorstellungen vom Wünschenswerten" (Clyde Kluckhohn). Jeder Mensch hat eine bewusste oder unbewusste Vorstellung davon, was für ihn wertvoll ist. Innerhalb eines Kulturraums gibt es einen gewissen Wertekonsens. „Was ist mir heilig?" – stellt man sich diese Frage, kann man seinen eigenen Wertekatalog ermitteln. Werte werden in der Sozialisation übernommen und internalisiert (→ Kap. 1.1) und verändern sich zumindest in ihrer Ausprägung im Laufe des Lebens stetig. Auch in gesellschaftlicher Hinsicht sind Werte wandelbar (→ Wertewandel).

Funktion von Werten

Werte stellen die Basis für Normen dar und sind notwendig für ein berechenbares Verhalten des Einzelnen innerhalb der Gemeinschaft, in der er lebt. Sie bieten dem Einzelnen ein Handlungsgerüst (Orientierungs- und Steuerungsfunktion von Werten) und wirken daher als Hilfestellung im Alltag, allerdings ohne konkrete Verhaltensvorschriften festzulegen. Da sowohl Werte als auch Normen theoretische Konstrukte sind, ist die Grenze nicht immer eindeutig: Menschenrechte stellen streng genommen zwar eine Norm dar, sind mittlerweile jedoch „aufgestiegen" in den Rang eines Wertes.

Arten von Werten

Es gibt viele Möglichkeiten, Werte in unterschiedliche Kategorien einzuteilen. Ohne den Anspruch auf Vollständigkeit seien hier einige genannt:

- Moralische/persönliche Werte: Liebe, Vertrauen, Zusammenhalt, Treue, Rücksichtnahme, Verständnis
- Politisch-soziale Werte: Gleichheit, Toleranz, Engagement
- Religiöse Werte: Glaube, Nächstenliebe
- Materielle Werte: Wohlstand, Besitz, Geld
- Geistige Werte: Wissen, Weisheit, Erkenntnis
- Instrumentelle Werte (dienen zum Erreichen anderer Werte): Fleiß, Disziplin, Mut, Selbstkritik

Wertewandel

50er Jahre
→ Vorrang der Wirtschaft
- Recht und Ordnung
- Leistung und Disziplin
- Leben, um zu arbeiten
- Pflichtgefühl

60er Jahre
→ Wirtschaftswachstum
- Prosperität
- Materieller Wohlstand
- Soziale Sicherheit
- Aufsteigen
- Prestige
- Konsumieren

70er Jahre
→ Alternative zum genormten Leben
- Unabhängigkeit
- Selbstverwirklichung
- Alternative Lebenswege
- Konsumkritik
- Soziale Bewegungen: Frieden, Ökologie, Frauen, Psycho-Boom

80er Jahre
→ Schneller, höher, weiter
- Hedonismus
- Ich-Bezogenheit
- Erlebnisorientierung
- Oberflächlichkeit
- Selbstdarstellung

90er Jahre
→ Neue Unübersichtlichkeit
- Individualismus
- Beziehung/Kommunikation
- Authentizität
- Prosperität/Leistung
- Realismus
- Flexibiliät

Wissen im Kontext

Materielle Werte sind lediglich eine Unterkategorie von Werten im Allgemeinen. Welche Bedeutung Besitztümer im Leben haben, hängt von der Wertvorstellung des Einzelnen und seinen Zielen ab. Eine zu starke Orientierung an Materiellem ist allerdings gesellschaftlich eher verpönt, denn damit verbundene Verhaltensweisen könnten dem widersprechen, was allgemein als richtig, tugendhaft und anständig gilt. Manchmal stellen Gegenstände aber auch mehr dar als einen materiellen Wert. Sind sie z. B. mit besonderen Erinnerungen verbunden, dann wird ein Besitzgut zur Habseligkeit – mit unbezahlbarem Wert für den Einzelnen. Umstritten ist, welche Bedeutung technische Geräte und deren Konsum im Leben haben sollten. Das Smartphone ist für viele scheinbar zum überlebensnotwendigen Bedürfnis geworden. Handelt es sich hierbei noch um einen materiellen Wert oder ist es vielmehr Symbol eines Wertewandels, indem Flexibilität, Mobilität und Unabhängigkeit stark an Bedeutung gewinnen?

Kann ein Besitzgut einen Wert darstellen?
M 1, M 2

Es wäre natürlich überzogen zu behaupten, dass man sich postmaterielle Werte erst einmal leisten können muss, aber es besteht durchaus ein Zusammenhang zwischen dem Wohlstandsniveau und dem Wertesystem einer Gesellschaft. So ist erkennbar, dass bis in die 1960er Jahre die sog. **Pflicht- und Akzeptanzwerte** wie Disziplin, Gehorsam, Leistung, Pflichterfüllung, Selbstbeherrschung, Pünktlichkeit, Bescheidenheit und Opferbereitschaft dominierten. Mit dem steigenden Wohlstandsniveau traten neue, moderne Werte wie Selbstverwirklichung, Kreativität, Flexibilität, Spontaneität, Genuss, Abenteuer, Ausleben emotionaler Bedürfnisse, Selbstständigkeit usw. (sog. **Selbstentfaltungswerte**) hinzu. Als Ursachen hinter dieser Entwicklung sind neben der allgemeinen Wohlstandssteigerung auch der Ausbau des Sozialstaates zu vermuten sowie die digitale Revolution und die Individualisierung.

Warum beeinflusst die materielle Situation unser Wertesystem?
M 3

Obwohl Deutschland in globalen Zufriedenheitsstudien trotz seines Reichtums nur im Durchschnitt liegt, belegen die Ergebnisse insgesamt, dass Wohlstand und Zufriedenheit durchaus zusammenhängen. Der Grund hierfür liegt weniger daran, dass Geld an sich glücklich macht: Nur bis zu einer gewissen „Sättigungsgrenze" erhöht sich mit zunehmendem Einkommen die allgemeine Zufriedenheit. Vielmehr gehen mit dem Wohlstandsniveau einer Gesellschaft meist andere Werte einher: Einhaltung der Menschenrechte und weiterer demokratischer Grundrechte, Gesundheit, Gleichheit, soziale Gerechtigkeit etc.

Macht Wohlstand glücklich?
M 2

Der Wandel hin zu „modernen" Werten führte zu mehr Freiheiten des Einzelnen, sowohl was die eigene Lebensplanung betrifft als auch bezüglich der gültigen Wertvorstellungen. Die Idee eines Wertecocktails, in dem man sich bunt zusammenmischen kann, was einem zusagt, mag für einige verlockend erscheinen, andere fühlen sich angesichts der Angebotsfülle und der Vielzahl an Optionen hingegen überfordert. Aktuell ist zu beobachten, dass sich angesichts der zunehmenden Flexibilisierung, Mobilität und Individualität manche bewusst an vermeintlich überkommenen Werten orientieren.

Welche Werte gelten in Zukunft?
M 3, M 4

Kompetenzen anwenden

Familienpolitik im 21. Jahrhundert

M1 Betreuungsgeld – in der Karikatur

Karikatur: Thomas Plaßmann, Baaske Cartoons, 2013

M2 Väter in der Familienpolitik

Vaterschaft

Das Thema Vaterschaft hat Hochkonjunktur in Deutschland. Ob in den Medien, in der Wissenschaft oder in der Politik – in vielen Bereichen des gesellschaftlichen Lebens ist zunehmend von „aktiven" oder „neuen" Vätern die Rede, die an der Erziehung und Betreuung ihrer Kinder bewusst teilhaben wollen, anstatt sich auf die finanzielle Absicherung der Familie zu beschränken. Auf politischer Ebene spielen Väter insbesondere in der Familienpolitik eine immer größere Rolle.

Wie reagierten die Väter in Deutschland darauf, dass sie von der Familienpolitik zunehmend dabei unterstützt und von ihr auch dazu angehalten wurden, sich aktiv am Familienleben zu beteiligen? [...]

Der Vergleich der vereinbarkeitspolitischen Instrumente des Mutterschaftsurlaubsgeldes, des Erziehungs- und des Elterngeldes verdeutlicht, dass sich die Haltung in der deutschen Familienpolitik gegenüber Vätern in ihrer Eigenschaft als Betreuer und Erzieher von Kindern grundlegend gewandelt hat. Waren sie im Falle des Mutterschaftsurlaubsgeldes noch von der Maßnahme ausgeschlossen, wurden sie beim Erziehungsgeld zwar formal einbezogen, jedoch durch die finanzielle Ausgestaltung des Gesetzes nicht wirklich bei aktiver Vaterschaft unterstützt. [...]

Die Diskursanalyse hat gezeigt, dass die frühere Zurückhaltung der Familienpolitik gegenüber Vätern daran lag, dass Kinderbetreuung beinahe ausschließlich als Frauensache empfunden wurde und dass kein Interesse daran bestand, Frauen zur Erwerbstätigkeit zu ermuntern. Das änderte sich grundlegend im Zuge der „Nachhaltigen Familienpolitik" ab Anfang des neuen Jahrtausends. Um mit den Folgen des demografischen Wandels umgehen zu können, ist seither sowohl eine Stärkung der Frauenerwerbstätigkeit als auch eine Steigerung der Geburtenrate erwünscht. Eine partnerschaftliche Arbeitsteilung im familiären Bereich gilt als strategisch wichtiger Baustein, um beide Ziele erreichen zu können.

Alexandra Baronsky, Irene Gerlach, Ann Kristin Schneider, Väter in der Familienpolitik, APuZ 40/2012, S. 31-36

M3 Beruf und Hobbys haben einen höheren Stellenwert

Im globalen Vergleich hat Deutschland […] den höchsten Anteil dauerhaft kinderloser Frauen. Dass knapp ein Viertel der Frauen der Geburtsjahrgänge 1964 bis 1968 bewusst keine Babys geboren haben, führt Norbert Schneider, Direktor des Bundesinstitutes, darauf zurück, dass gerade in Westdeutschland die Erwerbstätigkeit mit kleinen Kindern als „wenig toleriert" erscheine. Insbesondere nordeuropäische Länder wie Schweden, Norwegen und Dänemark sowie Frankreich verfügen mit rund zwei Kindern über eine deutlich höhere Geburtenrate als Deutschland. Dies begründet die Studie mit der Familienpolitik, die dort über Jahrzehnte hinweg ausgerichtet gewesen sei auf das Vereinbaren von Familie und Beruf sowie die Gleichstellung der Geschlechter. Deutschland gilt seit 1970 als „Niedrig-Fertilitätsland". Schneider fordert, weniger Geld in direkte Transferleistungen zu stecken – dazu gehören das Kindergeld, Elterngeld oder das Betreuungsgeld, das am vergangenen Freitag die letzte parlamentarische Hürde im Bundesrat genommen hat. Wichtiger sei es, etwa durch eine gezielte Zeitpolitik, Eltern flexiblere Arbeitszeiten zu ermöglichen. Mit dem Ausbau der Kinderbetreuungseinrichtungen habe Deutschland zwar einen Pfadwechsel in der Familienpolitik erreicht, nötig sei zusätzlich die Imagekorrektur kultureller Leitbilder und die Gleichstellung der Geschlechter. Die Bedeutung von Kindern erhält bei Befragungen in der Studie das niedrigste Gewicht. Das Verfolgen beruflicher Interessen, die Pflege von Freundschaften oder Hobbys haben einen höheren Stellenwert. Fazit der Studie: „Kinder stellen nicht mehr für alle Deutschen einen zentralen Lebensbereich dar."

Ulrike Heidenreich, Sinkende Geburtenzahlen – Kinderkriegen so unattraktiv wie nie, Süddeutsche Zeitung, 17.12.2012

Anzahl der Geburten im Vergleich
Deutschland gehört im europaweiten Vergleich zu den Schlusslichtern bei den Geburtenzahlen. Eine Studie des Bundesinstituts für Bevölkerungsforschung hat nun untersucht, warum das so ist. Das Ergebnis: Kinderkriegen in Deutschland ist unattraktiv geworden wie nie zuvor. Verantwortlich ist unter anderem das kulturelle Leitbild von einer „guten Mutter", die zu Hause bei den Kindern bleibt.

Aufgaben

1. Ermitteln Sie auf Basis Ihres Wissens zu heute verbreiteten Familienformen und der innerfamiliären Aufgabenverteilung Gründe dafür, dass das Betreuungsgeld in Politik und Gesellschaft umstritten ist (M 1).

2. Erörtern Sie, inwiefern der Staat durch (familien-)politische Maßnahmen das Verhalten seiner Bürger beeinflussen kann oder darf (M 2, M 3).

3. Familienpolitik im 21. Jahrhundert
   a) Überprüfen Sie mögliche Zusammenhänge zwischen der Geburtenentwicklung, veränderten Wertvorstellungen und der Ungleichheit zwischen den Geschlechtern in der Arbeitswelt (M 3).
   b) Entwickeln Sie einen Maßnahmenkatalog, um Paaren die Entscheidung für ein Kind zu erleichtern.

Hinweis
Hilfen zur Bearbeitung der Aufgaben finden Sie ab S. 264.

Wer sollte sich nach Ansicht der Befragten um die soziale Sicherheit kümmern?

	sehr wichtige Rolle	eher wichtige Rolle
staatliche Stellen	47	46
jeder Einzelne	61	31
Familien	53	32
Arbeitgeber	36	49
Gewerkschaften	29	34
andere wie Kirchen oder Wohlfahrtsverbände	16	30

Quelle: infas, Bertelsmann Stiftung

Karikatur: Thomas Plaßmann, Baaske Cartoons, 2013

Der Sozialstaat ist Heimat. Beschimpfen kann ihn nur der, der keine Heimat braucht. Und den Abriss wird nur der verlangen, der in seiner eigenen Villa wohnt. Ob er sich dort noch sehr lange wohlfühlen würde, ist aber fraglich.

Heribert Prantl, Kein schöner Land – die Zerstörung der sozialen Gerechtigkeit, Droemer, München 2005 (Klappentext)

Soziologen beschäftigen sich [...] nicht zuletzt damit, was die Menschen in einer Gesellschaft zusammenhält oder aber sie auseinander treibt. Wer diesen Forschungsgegenstand hat, tut sich nicht so leicht damit, wachsende Ungleichheit einfach hinzunehmen. Da gehören zur Ungleichheit des Geldes zum Beispiel auch die ungleichen Chancen, gesund zu bleiben, die Häufigkeit von Kriminalität, das Gefühl der persönlichen Sicherheit und die eigene Selbstsicherheit. Soziologen können belegen, dass mit steigender Ungleichheit der Zusammenhalt der Gesellschaft sinkt und die Häufigkeit von Konflikten steigt.

Stefan Hradil, Müssen wir uns an mehr Ungleichheit gewöhnen?, in: Gesellschaft – Wirtschaft – Politik, Budrich, 61. Jahrgang, 1. Vierteljahr 2012, S. 23

Es ist hochgradig pervers, in einer Zeit, in der weltweit 18 Millionen Menschen jährlich verhungern, einen deutschen Halbstarken nur deshalb arm zu nennen, weil er anders als seine Klassenkameraden keine Diesel-Lederjacke oder Nike-Turnschuhe besitzt.

Walter Krämer, Wirtschafts- und Sozialstatistiker, zitiert nach Weser Kurier, 31.1.1999

3

Sozialstaat und soziale Sicherung

Neben den unveränderbaren Ordnungsprinzipien Republik, Demokratie, Bundesstaat und Rechtsstaat enthält der Artikel 20 des Grundgesetzes im ersten Absatz auch das Sozialstaatsgebot: „Die Bundesrepublik Deutschland ist ein demokratischer und sozialer Bundesstaat." Was aber heißt „sozial"? Schon vor über 2.300 Jahren behandelte der Philosoph Aristoteles das Thema Gerechtigkeit und nach ihm eine große Anzahl weiterer Staatsdenker. So alt das Thema aber auch ist, so aktuell ist es zugleich im 21. Jahrhundert. Auch heute hoffen die in der Gesellschaft Benachteiligten auf mehr soziale Gerechtigkeit. Regeln soll dies der Sozialstaat. Den Kernbereich der Sozialstaatlichkeit bildet dabei das System der sozialen Sicherung mit der Renten-, Pflege-, Kranken-, Unfall- und Arbeitslosenversicherung. In den letzten Jahrzehnten ist der Sozialstaat allerdings u. a. aufgrund des demografischen Wandels und der anwachsenden Arbeitslosigkeit der 1990er und 2000er Jahre immer mehr an seine Grenzen gestoßen. Wenngleich die Arbeitslosigkeit derzeit zurückgeht (Stand: 2014), steht die Politik vor der großen Herausforderung unter realistischer Einschätzung der Leistungsfähigkeit unseres Sozialstaats das System der sozialen Sicherung grundlegend zu reformieren.

Am Ende des Kapitels sollten Sie Folgendes können:
- die Grundlagen des Sozialstaats und Prinzipien der sozialen Sicherung kennen
- das Spannungsfeld zwischen Solidarität und Eigenverantwortlichkeit reflektieren
- Herausforderungen für die Sozialpolitik erkennen
- Lösungsansätze beurteilen

Was Sie schon wissen ...

Teilen Sie sich die linksstehenden Materialien in Kleingruppen auf.
1. Ermitteln Sie aus den Materialien in Frageform Probleme und Herausforderungen für die Politik.
2. Kann der Sozialstaat „Heimat" sein? Überlegen Sie, ob der von Heribert Prantl verwendete Begriff berechtigt ist oder ob Kritikern zuzustimmen ist, die seine Position für „Sozialromantik" halten"?

3 Sozialstaat und soziale Sicherung

3.1 Grundlagen des Sozialstaats – was ist heute sozial?

M1 Sozialleistungen in Deutschland

Verfassungsrechtliche Grundlagen des Sozialstaats im Grundgesetz

– Sozialstaatsprinzip
Art. 20 Abs. 1: „Die Bundesrepublik Deutschland ist ein demokratischer und sozialer Bundesstaat."
Art. 28 Abs. 1: „Die verfassungsmäßige Ordnung in den Ländern muss den Grundsätzen des republikanischen und sozialen Rechtsstaates im Sinne dieses Grundgesetzes entsprechen."

– Soziale Grundwerte
Art. 1 Abs. 1: „Die Würde des Menschen ist unantastbar. Sie zu achten und zu schützen ist Verpflichtung aller staatlichen Gewalt."
Art. 1 Abs. 3: „Die nachfolgenden Grundrechte binden Gesetzgebung, vollziehende Gewalt und Rechtsprechung als unmittelbar geltendes Recht."
Art. 3: Gleichheit vor dem Gesetz (Rechtsgleichheit, Gleichberechtigung von Mann und Frau, Diskriminierungsverbot)
Art. 6: Schutz von Ehe und Familie
Art. 9 Abs. 3: „Das Recht, zur Wahrung und Förderung der Arbeits- und Wirtschaftsbedingungen Vereinigungen zu bilden, ist für jedermann und für alle Berufe gewährleistet."
Art. 14 Abs. 2: „Eigentum verpflichtet. Sein Gebrauch soll zugleich dem Wohle der Allgemeinheit dienen."

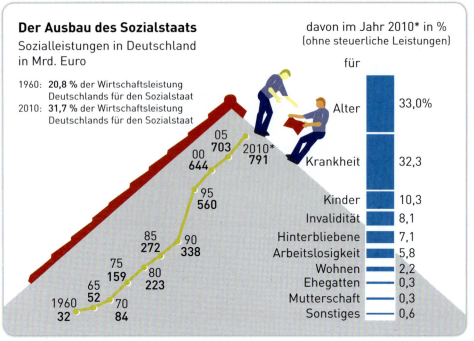

Quelle: BMAS; ab 1995 Gesamtdeutschland; *Schätzung

M2 „Die können die zehn Euro behalten"

Eigentlich soll das Bildungspaket eine Hilfe für Kinder von Hartz-IV-Empfängern sein. Bildung soll damit für alle erschwinglich bleiben. Hilfeempfängerin Saha Somajiah hat sieben Kinder. Sie könnte jede Hilfe bei der Erziehung und Ausbildung gut gebrauchen. Doch nun hat sie aufgegeben. „Bildungspaket überhaupt nicht mehr. Sehr kompliziert. Nur mit Hin und Her gegangen, das würde ich nicht mehr machen. Also die können die zehn Euro behalten." Das Geld hatte die 25-jährige Mutter bereits vor Ostern beantragt, um den Fußballverein für ihre Söhne bezahlen zu können. Außerdem braucht sie Geld um die Mittagsbetreuung, Klassenfahrten und Schulbücher zu bezahlen. Doch bei sieben Kindern kam ständig wieder eine neue Aufforderung, schriftliche Belege einzuholen und abzugeben. „Die haben immer so viele, jeden zweiten Tag, Briefe geschickt: Das benötigen wir und das benötigen wir. Ich muss zum Verein gehen, hin und her [...]." Innerhalb von gut zwei Wochen sollte sie laut einem Schreiben der Jobcenter-Behörde Belege einholen und abliefern. Mache sie dies nicht, wurde sie unmissverständlich davor gewarnt, wörtlich, „können die Geldleistungen ganz versagt werden." und weiter: „Dies bedeutet, dass Sie [...] keine Leistungen mehr erhalten."

Kai Rüsberg, Die können die zehn Euro behalten, www.deutschlandfunk.de, 17.8.2011

M3 Verfassungsprinzip Sozialstaat

Wird Sozialpolitik eng definiert, sind ihre Ziele vor allem auf das „Kernstück" des Sozialstaats, das soziale Sicherungssystem (Renten-, Unfall-, Kranken- und Arbeitslosenversicherung), auf familienpolitische Regelungen und Leistungen wie beispielsweise Mutterschutz oder Hinterbliebenenversorgung gerichtet.

Das deutsche Sozialstaatsprinzip zielt als Verfassungsprinzip (Art. 20 und 28 GG) vor allem auf die Herstellung und Gewährleistung erträglicher Lebensbedingungen, sozialer Sicherheit, sozialer Gleichheit und sozialer Gerechtigkeit. [...]

Der deutsche Sozialstaat hat daher unter dem Vorbehalt der Finanzierbarkeit für sozial gerechte und abgesicherte Lebensverhältnisse seiner Bürger zu sorgen. Dies gilt insbesondere für lebensnotwendige Bedürfnisse wie Wohnung, Infrastruktur und finanzielle Mittel. Der Einzelne hat zumindest einen Anspruch auf Gewährleistung des Existenzminimums, das durch das Sozialstaatsprinzip in Verbindung mit Artikel 1 und 2 des Grundgesetzes abgesichert ist. Neben den traditionellen Aufgaben der Daseinsvorsorge (Wasser- und Stromversorgung) hat der Sozialstaat auch für die erforderliche Infrastrukturausstattung (z. B. Straßen- und Schienennetz, Sozial- und Bildungseinrichtungen) zu sorgen. Die Aufgabe, erträgliche Lebensbedingungen zu schaffen, verlangt von einer sozial verantwortlichen Politik außerdem, im Rahmen ihrer Handlungsmöglichkeiten auf die Bekämpfung der Arbeitslosigkeit und die Sicherung der Preisstabilität hinzuwirken.

Die soziale Sicherheit als wesentliches Element und Ziel des Sozialstaats verlangt von den staatlichen Institutionen, den Einzelnen gegen Notsituationen und Risiken wie Arbeitslosigkeit, Krankheit, Alter, Pflegebedürftigkeit abzusichern. [...] Die Verpflichtung des Staates auf das Ziel sozialer Gleichheit hat wesentlich dazu beigetragen, dass heute der „Sozialstaat notwendig Verteilungs- und Umverteilungsstaat" ist. Auch wenn der Gleichheitsgrundsatz des Artikels 3 GG eine annähernd gleiche finanzielle Förderung oder eine annähernd gleiche Lastenverteilung durch den Staat verlangt, können sozialstaatliche Gründe eine Ungleichbehandlung sachlich rechtfertigen [...]. Die Zielsetzung sozialer Gleichheit erfordert eine Umverteilung, d. h. soziale Leistungen, Steuervergünstigungen und Finanzhilfen sind bevorzugt sozial und wirtschaftlich Schwächeren zu gewähren. Soll Chancengleichheit im Bildungssektor einigermaßen erreicht werden, muss der Sozialstaat entsprechend der wirtschaftlichen Bedürftigkeit angemessene Ausbildungshilfen gewähren. Der politische Auftrag, soziale Ungleichheit abzubauen, bedeutet ferner, sozial Schwachen beispielsweise Wohngeld zu gewähren, Sozialwohnungen zu bauen, kinderreichen Familien besondere Leistungen (z. B. Kindergeld) zukommen zu lassen, aber auch in der Steuer- und Sozialpolitik durch Ausbildungsfreibeträge, Beitragsentlastungen usw. gezielte Förderungen zu leisten.

Frank Pilz, Der Sozialstaat. Ausbau – Kontroversen – Umbau, Bundeszentrale für politische Bildung, Bonn 2009, S. 19 ff.

– Bestandsgarantie

Art. 79 Abs. 3: „Eine Änderung dieses Grundgesetzes, durch welche [...] die in den Art. 1 und 20 niedergelegten Grundsätze berührt werden, ist unzulässig."

Art. 19 Abs. 2: „In keinem Falle darf ein Grundrecht in seinem Wesensgehalt angetastet werden."

Gesetzliche Sozialversicherung – im Film erklärt

Mediencode: 71011-03

M4 Kosten des Sozialstaats für Arbeitnehmer und Arbeitgeber

Folgende Gehälter bewegen sich ungefähr im Rahmen von 2.700 € brutto, allerdings ist die Höhe oft auch abhängig von der jeweiligen Branche, von der Berufserfahrung, von Spezialkenntnissen (Sprachen, EDV), vom Alter und der jeweiligen Verantwortung (ggf. leitende Tätigkeit): Betriebswirt/in (Anfangsgehalt); Ingenieur/in (Anfangsgehalt); Meister/in in einem Betrieb; Sachbearbeiter/in; Krankenschwester/-pfleger (Stationsleiterin); kaufmännische/r Angestellte/r (leitend).

Arbeitnehmer/in, Steuerklasse I (ledig), ohne Kind, Bundesland Bayern, Kirchenmitglied, Brutto-Gehalt 2700 € (Stand: Dezember 2013)			
erhält monatlich netto ausbezahlt:		kostet monatlich den Arbeitgeber:	
Brutto-Bezüge	2.700,00 €	Brutto-Bezüge	2700,00 €
– Lohnsteuer	388,66 €		
– Solidaritätszuschlag	21,17 €		
– Kirchensteuer	31,09 €		
– Krankenversicherung	221,40 €	+ Krankenversicherung	197,10 €
– Pflegeversicherung	33,08 €	+ Pflegeversicherung	26,33 €
– Rentenversicherung	264,60 €	+ Rentenversicherung	264,60 €
– Arbeitslosenversicherung	40,50 €	+ Arbeitslosenversicherung	40,50 €
Auszahlung	1.699,30 €	Gesamtkosten	3.228,53 €

Für den Arbeitgeber kommen noch dazu: Abgaben an und für Unfallversicherung, Berufsgenossenschaft, ggf. Zuzahlung für Betriebsrente, Rückstellungen für Lohnfortzahlung, Weihnachtsgeld, Urlaubsgeld.
Bearbeiter

M5 Der Sozialstaat in der Karikatur

Mama, was ist los?

Karikatur: Fabian Bierl, 2014, nach: Jupp Wolter, Haus der Geschichte der Bundesrepublik Deutschland, Bonn

M6 Das Spannungsfeld zwischen Solidarität und Eigenvorsorge

a) ... in der Karikatur

Karikatur: Götz Wiedenroth, 2002

b) ... in der Statistik

Bergmoser + Höller Verlag, Zahlenbilder 35150

Riester-Rente
(nach Walter Riester, Bundesminister für Arbeit und Sozialordnung von 1998-2002): Privat finanzierte zusätzliche Altersvorsorge, die regelmäßige Zahlungen in monatlichen Raten vorsieht und durch staatliche Zulagen gefördert wird.

Rürup-Rente
(nach Bert Rürup, Präsident des Handelsblatt Research Institute und ehemaliger „Wirtschaftsweiser"): 2005 als steuerlich begünstigte Form der privaten Altersvorsorge („Basis-Rente") eingeführt. Die Beiträge zu dieser Versicherung sind steuerlich absetzbar.

Aufgaben

1. Zeigen Sie an dem Beispiel in M 2 grundsätzliche Probleme sozialpolitischer Maßnahmen auf. Berücksichtigen Sie dabei die Daten aus M 1.
2. Erarbeiten Sie aus M 3 die Zielsetzungen, die die Verfassungsgeber mit dem Sozialstaatsgebot verfolgten.
3. Erläutern Sie, welche Probleme sich aus der zunehmenden Belastung der Arbeitseinkommen und der Produktionskosten mit Sozialabgaben ergeben können (M 4). Berücksichtigen Sie in Ihrer Erläuterung die Karikaturaussage in M 5.
4. Analysieren Sie die Karikatur und Grafik in M 6 und erklären Sie das Spannungsfeld zwischen Solidarität und Eigenvorsorge.
5. Diskutieren Sie, inwiefern sozialstaatliche Sicherheit Grundvoraussetzung und -bedingung für demokratische Stabilität ist.

F Aufgabe 2
Recherchieren Sie, was unter der „Offenheit des Sozialstaatsprinzips" zu verstehen ist. Nennen Sie mögliche Gründe für die Entscheidung des Parlamentarischen Rates, die Ausprägung des Sozialstaatsprinzips offen zu lassen (M 4).

Wissen kompakt

Sozialstaat

Seit den Bismarckschen Sozialgesetzen ab dem Jahre 1883 hat sich in Deutschland eine lange Tradition staatlicher Interventionen und Institutionen entwickelt. Sie schufen zunehmend Vorkehrungen, um Menschen mit besonderen existentiellen Gefährdungen und gegen Lebensrisiken abzusichern.

Sozialstaat im Grundgesetz

Das Grundgesetz von 1949 rechnet den „Sozialstaat" zum unveränderlichen Verfassungskern der Bundesrepublik (Art. 20, Art. 79 (3) GG). Die Vorgabe für den Staat, sozial zu handeln, ist verfassungsrechtlich nicht näher definiert. In Deutschland werden die sozialen Sicherungssysteme durch drei Kernprinzipien bestimmt: Versicherungsprinzip, Fürsorgeprinzip und Versorgungsprinzip. Das Versicherungsprinzip deckt die sozialen Risiken (Alter / Rente, Arbeit, Pflege und Unfall) ab. Sie werden durch Beiträge finanziert. Das Fürsorgeprinzip bedeutet, dass Individuen, die sich nicht selbst helfen können bzw. keine Hilfe von anderer Seite erhalten, einen Rechtsanspruch auf Sozialhilfe haben. Diese Leistungen werden aus Steuermitteln finanziert.

Das Versorgungsprinzip gilt für Entschädigungen in besonderen Fällen (Katastrophen, Krieg, etc.) und für die soziale Sicherung der Beamten (Pensionen und Beihilfen). Letzteres Prinzip ist ebenfalls steuerfinanziert.

Rentenversicherung

Leistungen

– zahlt Altersrenten ab einem Alter von 60, 63, 65, 67 Jahren
– sichert die Versicherten vor den Folgen der verminderten Erwerbsfähigkeit und des Todes des Ehepartners oder der Eltern
– sorgt mit Rehabilitationsmaßnahmen für positive Beeinflussung der Erwerbsfähigkeit kranker und behinderter Menschen

Arbeitslosenversicherung

Leistungen

– unterstützt durch Leistungen die Integration der Menschen in Arbeits- und Ausbildungsverhältnissen (z. B. Förderung der beruflichen Weiterbildung, Förderung der Aufnahme einer selbstständigen Tätigkeit)
– sichert den Lebensunterhalt im Falle der Arbeitslosigkeit

Krankenversicherung

Leistungen

– sorgt für die Erhaltung, Wiederherstellung oder Verbesserung der Gesundheit der Versicherten
– übernimmt in der Regel die Leistungen für die notwendige medizinische Hilfe im Falle einer Krankheit – mit Ausnahme der beruflich bedingten Unfälle – und Zahlung von Krankengeld, wenn der Arbeitgeber das Gehalt während einer Arbeitsunfähigkeit nicht weiterbezahlt

Pflegeversicherung

Leistungen

– sichert das finanzielle Risiko der Pflegebedürftigkeit ab
– soll es den Pflegebedürftigen ermöglichen, ein selbstbestimmtes Leben zu führen
– erbringt Leistungen als Geld- oder Sachleistungen, mit denen die Grundpflege und hauswirtschaftliche Versorgung finanziert wird

Unfallversicherung

Leistungen

– kümmert sich um die Verhütung von Arbeitsunfällen, Berufskrankheiten sowie arbeitsbedingten Gesundheitsgefahren
– sorgt für die Wiederherstellung der Gesundheit und Leistungsfähigkeit bei Arbeitsunfällen oder Berufskrankheiten und entschädigt die Versicherten oder Hinterbliebenen durch Geldleistungen

Wissen im Kontext

Durch das Sozialstaatsgebot in Art. 20 des Grundgesetzes („Die Bundesrepublik Deutschland ist ein demokratischer und sozialer Bundesstaat.") ist der Staat zu sozialpolitischem Handeln verpflichtet. Nachdem der Art. 20 GG mit den Ordnungsprinzipien (Republik, Rechtsstaat, Demokratie, Sozialstaat, Bundesstaat) neben dem Art. 1 GG (Menschenwürde) zum unveränderbaren Verfassungskern zählt, ist er durch die Ewigkeitsklausel des Art. 79 (3) GG unwiderruflich geschützt. Deshalb ist der Staat dazu verpflichtet, sozialen Ausgleich in Form von Chancengleichheit und der sozialen Existenzsicherung durch politisches Handeln anzustreben.

Warum ist der Staat zu sozialpolitischem Handeln verpflichtet?
M 3

Ziel des Systems sozialer Sicherung ist es, jeden Bürger vor einer unzumutbaren Verschlechterung seiner materiellen Existenzbedingungen zu schützen. Die Aufgabe besteht darin, die Bevölkerung, die durch typische Lebensrisiken wie Alter, Krankheit, Arbeitslosigkeit oder durch individuelle existenzbedrohende Notlagen in ihrer materiellen Existenz gefährdet ist, zu schützen. Zudem soll auch für sozial Schwache eine Verbesserung der materiellen Lage erreicht werden.

Welche Ziele und Aufgaben hat das System der sozialen Sicherung?
M 1/M 3

Art und Umfang der Beteiligung der Bürger an der Finanzierung ihrer Absicherung basieren auf folgenden sozialethischen Prinzipien:

Was sind die sozialethischen Grundprinzipien der sozialen Sicherung?
M 6

– Subsidiaritätsprinzip
Dabei wird der Staat durch Delegation von Aufgaben und Verantwortungsbereichen an die Träger entlastet, so dass Hilfe nur dann gewährt wird, wenn Selbsthilfe nicht möglich ist (z. B. Sozialhilfe, Stärkung der kleineren Einheiten durch finanzielle Unterstützung). Das heißt, dass eine gesellschaftliche oder staatliche Aufgabe erst dann von der nächst höheren Einheit übernommen wird, wenn sie von der unteren (z. B. Familien, Selbsthilfegruppen, freie Wohlfahrtsverbände) nicht mehr wahrgenommen werden kann.

– Solidaritätsprinzip
Die zu versichernden Risiken werden von allen Versicherten gemeinsam getragen. Damit findet eine Umverteilung der Belastungen auf die (Solidar-) Gemeinschaft der Versicherten statt. Unabhängig davon, wie viel die Versicherten an die Sozialversicherungen gezahlt haben, sind sie in umfassendem Maße abgesichert. Durch diesen solidarischen Ansatz wird ein Ausgleich zwischen Gesunden und Kranken, zwischen besser und weniger gut Verdienenden, zwischen Jung und Alt, zwischen Familien und Singles geschaffen.

– Äquivalenzprinzip
Im Rahmen der Deutschen Sozialversicherung gilt es allein für die Rentenversicherung und beinhaltet das Verhältnis zwischen der Höhe der gezahlten Beiträge und den Leistungen, die ein Versicherter erhält. Grundsätzlich richten sich die Leistungen nach der Höhe der in der Erwerbsphase gezahlten Beiträge.

3.2 Herausforderungen für die Sozialpolitik – wovon leben die Deutschen?

M1 Arbeitslohn – in der Karikatur ...

Karikatur: Thomas Plaßmann, 2010

M2 Ohne Leiharbeit wäre die Welt besser – stimmt's?

Mit einem „Sarg für Leiharbeiter", Fahnen und Transparenten demonstrierten Belegschaftsmitglieder des VW-Werks in Emden vor dem Werkstor bei einer Kundgebung der IG Metall zur Leiharbeitsbranche.

Leiharbeit hat einen schlechten Ruf. Leiharbeit gehört verboten, sagt Sahra Wagenknecht und ist damit alles andere als allein – nicht nur bei den Linken. Wäre unsere Welt wirklich eine bessere, würde ihr Wille Gesetz?

In den vergangenen 20 Jahren ist der Anteil der Leiharbeitnehmer an allen Erwerbstätigen stark gestiegen. Während im Jahr 1991 weniger als ein halbes Prozent aller Erwerbstätigen in der Arbeitnehmerüberlassungsbranche tätig waren, betrug dieser Anteil im Jahr 2011 mehr als zwei Prozent. In absoluten Zahlen entspricht das etwa 130.000 im Jahr 1991 und rund 880.000 im Jahr 2011. Zahlreiche Lockerungen der gesetzlichen Bestimmungen förderten das starke Wachstum der Zeitarbeit. Mit der Liberalisierung des Arbeitnehmerüberlassungsrechts waren von Seiten der Befürworter viele Erwartungen verbunden. Nachfrageschwankungen sollten dadurch weniger mit Hilfe von Überstunden ausgeglichen werden, sondern verstärkt über Zeitarbeit. Über diesen Weg, so die Hoffnung vieler Reformer, würde für Unternehmen ein Anreiz entstehen, zunächst zeitlich begrenzte Arbeitsplätze zu schaffen, die später – wenn es die Auftragslage zulässt – in reguläre Jobs umgewandelt werden können. Zeitarbeit sollte so vor allem neue Arbeitsplätze schaffen.

Die Kritiker betonen dagegen die Schattenseiten der Zeitarbeit: Leiharbeiter erhalten im Schnitt weniger Lohn als vergleichbare regulär Beschäftigte und haben häufig nur kurze Beschäftigungsverhältnisse.

Joachim Möller, Ohne Leiharbeit wäre die Welt besser – stimmt's?, www.spiegel.de, 14.2.2013

M3 Etwa die Hälfte der Zeitarbeit ist zusätzlich

Eine aktuelle IAB-Studie zeigt: Etwa die Hälfte der Zeitarbeit ist zusätzlich, die andere Hälfte verdrängt reguläre Beschäftigung. Das heißt, ohne Zeitarbeit hätten wir zwar mehr Normalarbeitsverhältnisse, zugleich aber einige Hunderttausend Arbeitslose mehr. Betrachtet man beispielsweise einen Anstieg der Zahl der Leiharbeiter um 200.000 wie in den Boomjahren 2006 oder 2010, so hat er in etwa 100.000 Jobs außerhalb des Zeitarbeitssektors verdrängt, aber gleichzeitig insgesamt 100.000 zusätzliche Beschäftigungsverhältnisse geschaffen. Auch wenn die Beschäftigungsgewinne der Zeitarbeit zu 50 Prozent auf Kosten der regulären Beschäftigung gehen: Unterm Strich ist mit dem Einsatz von Leiharbeitskräften tatsächlich ein Beschäftigungsaufbau verbunden. Zusätzliche Beschäftigung ist arbeitsmarktpolitisch sehr hoch zu gewichten. Zeitarbeiter verdienen zwar weniger und fühlen sich auch weniger in die Gesellschaft integriert als regulär Beschäftigte. Arbeitslose verfügen aber über noch weniger Geld und fühlen sich noch weniger integriert. Gegenüber Langzeitarbeitslosigkeit ist ein Zeitarbeitsverhältnis in jedem Fall zu bevorzugen.

Von einer Abschaffung der Zeitarbeit wären zwei Gruppen besonders betroffen: Arbeitslose und Berufseinsteiger. Zwei Drittel aller Neuzugänge, die bei Zeitarbeitsfirmen anfangen, waren unmittelbar vorher nicht beschäftigt. Betrachtet man einen Zweijahreszeitraum vor der Zeitarbeit, zeigt sich: Rund ein Viertel der Leiharbeiter war mindestens die Hälfte der Zeit arbeitslos. Im Zweijahreszeitraum nach der Zeitarbeit liegt der entsprechende Anteil dagegen bei 17 Prozent. Zeitarbeit ist zwar keine breite Brücke, aber doch zumindest ein schmaler Steg in nachhaltige Beschäftigung.

Unter dem Strich hätte die Gesellschaft einen hohen Preis zu zahlen, wenn man die Zeitarbeit abschaffen würde. Die bessere Alternative ist, sie so zu regulieren, dass bestimmte Auswüchse und Ungerechtigkeiten abgebaut werden, ohne negative Beschäftigungseffekte zu riskieren. Die Zeitarbeit ist dort kritisch zu sehen, wo ihr Einsatz in Betrieben nicht nur Nachfragespitzen ausgleicht, sondern zur Daueeinrichtung wird. Oft stehen Lohnsenkungsmotive dahinter. Hier gilt es gegenzusteuern. Die von den Tarifparteien jüngst ausgehandelten Vereinbarungen zur schrittweisen Angleichung der Bezahlung an die der Stammarbeitskräfte weisen in die richtige Richtung.

Joachim Möller, Ohne Leiharbeit wäre die Welt besser – stimmt's?, www.spiegel.de, 14.2.2013

Leiharbeit / Zeitarbeit / Arbeitnehmerüberlassung
Diesen Begriffen kommt allen die gleiche Bedeutung zu. Ein Arbeitnehmer schließt einen Arbeitsvertrag mit einer Zeitarbeitsfirma (Verleiher). Die Zeitarbeitsfirma wiederum überlässt ihn einem anderen Unternehmen (Entleiher), das wegen Auftragsspitzen oder Personalengpässen Mitarbeiter befristet beschäftigt. Der Verleiher bleibt zwar Chef des Zeitarbeiters; aber der Entleiher bestimmt über seine Arbeit (Weisungsbefugnis).

Nach: © Arbeitsgemeinschaft Jugend und Bildung e. V., in: Sozialpolitik.com, Arbeitsblatt Berufswelt – was ist Zeitarbeit, www.sozialpolitik.com, Abruf am 31.8.2012

M4 Abgehängt …

Manche sind tief gefallen, andere nie aufgestiegen: In Deutschland wächst eine neue Unterschicht, und sie macht der Politik zunehmend Angst. Wer genau zum sogenannten Prekariat zählt, darüber streiten die Experten. Denn es ist nicht bloß materielle Not, die das Milieu kennzeichnet. Nur wenn Bildungsferne und der Mangel an Aufstiegswillen hinzukommen, sprechen Fachleute vom Prekariat. Der Bezug von Hartz IV allein taugt somit nicht zur Definition.

• Besonders häufig leben Menschen

3 Sozialstaat und soziale Sicherung

Prekariat
Bevölkerungsteil, der, besonders aufgrund von anhaltender Arbeitslosigkeit und fehlender sozialer Absicherung, in Armut lebt oder von Armut bedroht ist und nur geringe Aufstiegschancen hat.
Duden, Prekariat, www.duden.de, Abruf am 6.12.2013

Armut
Als armutsgefährdet gilt, wer weniger als 60 Prozent des durchschnittlichen Einkommens eines Landes zur Verfügung hat. Von relativer Armut spricht man, wenn das Einkommen unter der Hälfte des Durchschnitts liegt. Als absolut arm bezeichnen Institutionen – wie z. B. die Weltbank – jene Menschen, die weniger als 1,25 US-Dollar pro Tag zur Verfügung haben (Stand: 2014).

in den Großstädten und in wirtschaftlich schwachen Regionen am unteren Rand der Gesellschaft. Während im Schwarzwald lediglich 7,4 Prozent der Menschen armutsgefährdet sind, liegt die Quote in Vorpommern mit 27 Prozent fast viermal so hoch. Seit Jahren schon klagen ostdeutsche Ministerpräsidenten wie Matthias Platzeck (SPD), dass oft die gut qualifizierten Frauen in den Westen ziehen. Zurück bleibe vielerorts ein Bodensatz von überwiegend männlichen Schulabbrechern und Arbeitslosen.

- Alleinerziehende und deren Kinder sind besonders häufig armutsgefährdet. 40,5 Prozent der Alleinerziehenden beziehen Arbeitslosengeld II. Von den Müttern, die mit einem Partner zusammen Kinder großziehen, leben nur 5,8 Prozent von Hartz IV.
- Einwanderer und deren Nachkommen sind fast dreimal so häufig von Armut bedroht wie Deutsche. Doch keineswegs alle Migranten haben Integrationsprobleme. Asiaten und Osteuropäern gelingt oft in der zweiten Generation der soziale Aufstieg. Dagegen tun sich Menschen türkischer Herkunft besonders häufig schwer. In dieser größten Migrantengruppe kommt die Hälfte der Fünfzehnjährigen im Lesen nicht über das Grundschulniveau hinaus. Jeder zweite Deutschtürke bleibt ohne Berufsabschluss – und landet häufig in der Arbeitslosigkeit. In Berlin beispielsweise lebt mittlerweile jeder zweite türkischstämmige Erwerbsfähige von Hartz IV.
- Langzeitarbeitslose sind besonders gefährdet, dauerhaft abgehängt zu werden. Weniger fehlendes Geld als vielmehr ein unregelmäßiger Tagesablauf und oft auch fehlende Sozialkontakte führen mitunter bis zur Verwahrlosung.

Nach: Dorothea Siems, Abgehängtes Prekariat. Diese Gruppen gehören zur Unterschicht, www.welt.de, 1.11.2009

Bedingungsloses Grundeinkommen – im Film erkärt

Mediencode: 71011-04

M5 Wenn der Lohn nicht zum Leben reicht ...

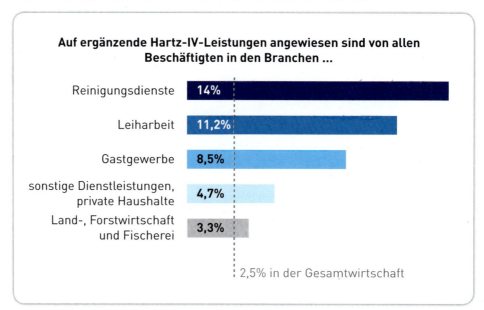

Auf ergänzende Hartz-IV-Leistungen angewiesen sind von allen Beschäftigten in den Branchen ...

Reinigungsdienste	14%
Leiharbeit	11,2%
Gastgewerbe	8,5%
sonstige Dienstleistungen, private Haushalte	4,7%
Land-, Forstwirtschaft und Fischerei	3,3%

2,5% in der Gesamtwirtschaft

Quelle: Bundesagentur für Arbeit, Erwerbstätige ALG-II-Bezieher

M6 Vom Minijob in die Altersarmut – ein Kommentar

Schon 2025 könnten zehn statt wie bisher zwei Prozent der Rentner so arm sein, dass sie staatliche Hilfe benötigen. Die meisten von ihnen werden ehemalige Minijobberinnen sein – sofern die Unternehmen nicht endlich die Potenziale der Frauen entdecken. Sie servieren Essen, räumen Regale ein, gehen putzen und haben eines gemeinsam: Millionen Frauen haben einen 400-Euro-Job. Viele bekommen nichts anderes, weil Firmen keine besseren Stellen anbieten. Viele wollen es aber auch so, angelockt vom Prinzip „netto gleich brutto". Im Ruhestand kann sich dies als verhängnisvoll erweisen, wie jetzt erneut Berechnungen der Bundesregierung nahelegen. Der Minijob droht für sie eine Brücke zur Altersarmut zu werden. Sicher, man darf die Lage nicht dramatisieren. Die meisten Menschen werden auch in Zukunft im Alter mit einem anderen Partner zusammenleben und dadurch ein ausreichendes Haushaltseinkommen haben. Oder sie haben weitere Einkünfte oder besaßen eine Vollzeitstelle, die ihnen Anspruch auf eine halbwegs ordentliche Rente beschert. Trotzdem könnten schon 2025 zehn statt wie bisher gut zwei Prozent der Rentner so arm sein, dass sie staatliche Hilfe benötigen. Und das werden vor allem Frauen sein. Dazu trägt das sinkende Rentenniveau bei, aber eben auch Mini- und Teilzeitjobs, mit denen sich keine ausreichenden Ansprüche auf Altersgeld erwerben lassen.

Es ist erfreulich, dass immer mehr Frauen arbeiten. Ihre neuen Stellen sind jedoch meist keine Vollzeit- oder wenigstens Zwei-Drittel-Jobs, obwohl Umfragen zeigen, dass viele von ihnen mehr arbeiten wollen. Arbeitgeber sollten deshalb stärker als bisher die Potenziale von Frauen entdecken. Es muss mehr Geld in eine qualifizierte Kinderbetreuung fließen, damit Mütter guten Gewissens zur Arbeit gehen. Und die Bundesregierung muss endlich damit aufhören, 400-Euro-Jobs so wie bisher zu privilegieren. Das wäre das beste Programm gegen die weibliche Altersarmut.

Thomas Öchsner, Vom Minijob in die Altersarmut, www.sueddeutsche.de, 28.3.2012

Altersarmut – im Film erkärt

Mediencode:
71011-05

Aufgaben

1. Stellen Sie sich vor, Sie sind verheiratet, haben zwei Kinder und müssen trotz Ihrer Vollzeitstelle „aufstocken". Entwerfen Sie einen typischen Tagesablauf, um zu überprüfen, ob Sie noch einen Zweitjob erledigen könnten. Beziehen Sie in Ihre Überlegungen die Aussagen von M 1 und M 4 mit ein.
2. Beziehen Sie begründet Stellung zur Überschrift des Textes M 2.
3. Erschließen und erläutern Sie aus M 4 Faktoren, welche die Gefahr erhöhen, unter prekären Umständen zu leben.
4. Entwerfen Sie ausgehend von M 5 und Ihrem Wissen aus Kapitel 2 eine Grafik, welche anhand ausgewählter Beispiele belegt, dass Sozialpolitik, Familienpolitik und Arbeitsmarktpolitik eng miteinander verknüpft sind und aufeinander einwirken (M 5, M 6).

Wissen kompakt

Begriffsabgrenzung: Hartz-IV

Hartz-IV ist die umgangssprachliche Bezeichnung für das **Arbeitslosengeld II** (ALG II). Diese „Grundsicherung für Arbeitssuchende" – so die offizielle Bezeichnung für das ALG II – soll gewährleisten, dass der Grundbedarf gedeckt ist. Daher haben auch diejenigen Anspruch auf diese staatliche Fürsorgeleistung, die zwar erwerbstätig sind, deren Einkommen aber unter dem Regelbedarf liegt. Seit 2013 beträgt der Regelbedarf („Hartz-IV-Satz") für volljährige Alleinstehende, Alleinerziehende und Personen mit minderjährigem Lebenspartner 382 Euro monatlich, Jugendlichen von 14 bis 18 Jahre steht z. B. ein Regelsatz von 289 Euro zu.

Arbeitslosengeld

Anders als das ALG II ist das Arbeitslosengeld (umgangssprachlich auch ALG I genannt) keine Sozialleistung, sondern eine Sozialversicherungsleistung, in die vormals Erwerbstätige monatlich eingezahlt haben. Die Höhe dieser Versicherungsleistung bemisst sich an den eingezahlten Beiträgen, die wiederum prozentual an das Gehalt gekoppelt sind. Anspruch auf das Arbeitslosengeld hat man grundsätzlich maximal ein Jahr – je nachdem, wie lange man vorher in die Versicherung einbezahlt hat.

Atypische Beschäftigung

Als atypische Beschäftigung lassen sich folgende Beschäftigungsformen zusammenfassen: Teilzeitbeschäftigung mit weniger als 20 Wochenstunden, geringfügige Beschäftigung und befristete Beschäftigung, Zeitarbeit (auch Arbeitnehmerüberlassung genannt). Atypisch Beschäftigte sind, obwohl sie erwerbstätig sind, besonders häufig auf ergänzende Sozialleistungen angewiesen, da ihr Lohn nicht zum Leben reicht.

Leiharbeit

Leiharbeit ist durch eine Dreiecksbeziehung gekennzeichnet: Eine Leiharbeitsfirma verleiht einen Arbeitnehmer an ein anderes Unternehmen für eine bestimmte Zeit. Hierbei schließt der Arbeitnehmer einen Arbeitsvertrag mit der Leiharbeitsfirma und arbeitet für das ihn ausleihende Unternehmen. Mit anderen Worten: Der Arbeitnehmer erbringt seine Arbeitsleistung nicht bei seinem Arbeitgeber, sondern er wird einem anderen Unternehmen zur Erbringung seiner Arbeitsleistung überlassen. Die Leiharbeitsfirma bleibt zwar Chef des Arbeitnehmers, aber das ausleihende Unternehmen bestimmt über seine Arbeit (Weisungsbefugnis). Nach Erledigung der Arbeitsleistung wird der Leiharbeiter wieder der Leiharbeitsfirma überlassen.

Folgen von Arbeitslosigkeit

Insbesondere Langzeitarbeitslose und deren Familie leiden unter gesundheitlichen Problemen (v. a. psychisch), der Herabsetzung bisher erlangter Qualifizierungen, Stigmatisierung, familiären Konflikten und finanziellen Einbußen. Daneben hat die Arbeitslosigkeit auch negative Auswirkungen auf die finanzielle Situation der Gesamtgesellschaft: Während z. B. Steuern und Sozialabgaben wegfallen, muss der Staat für Arbeitslosengeld I und II aufkommen. Die verminderte Kaufkraft des Einzelnen wirkt sich ebenfalls auf Wirtschaft und Staat aus.

Entwicklung des Sozialhaushaltes

Die Sozialleistungen sind in der Bundesrepublik von 1960 bis 2012 von 28,4 Mrd. Euro auf 760,6 Mrd. gestiegen, die Sozialleistungsquote (Anteil der Sozialleistungen am Bruttoinlandsprodukt) von 20,8% auf 31,7%. Für die Zukunft des Sozialstaats sind die Entwicklung der Bevölkerungsstruktur und die Ausgestaltung der Umverteilung (von oben nach unten) mitentscheidend.

Wissen im Kontext

Für etwas weniger als die Hälfte der Bevölkerung (44 Prozent) ist die Erwerbstätigkeit die Quelle der Existenzsicherung. Etwa ein Viertel lebt hauptsächlich durch die Unterstützung seiner Angehörigen, hierzu zählen auch Kinder und Jugendliche, die sich noch in der Ausbildung befinden. Gleich groß ist heute der Anteil derjenigen, die von Renten- und Pensionszahlungen leben. Dieser Anteil ist in den vergangenen Jahrzehnten kontinuierlich gestiegen und stellt eine Folge des demografischen Wandels dar. Obwohl die Anzahl der Menschen, die auf Sozialleistungen (in Form von Arbeitslosengeld und Hartz IV) angewiesen sind, in den vergangenen Jahren leicht gesunken ist, leben heute wesentlich mehr Deutsche als noch vor 50 Jahren von dieser Form der Existenzsicherung.

Unter anderem weil die Ausgaben für sozialstaatliche Leistungen den mit Abstand größten Posten im Bundeshaushalt darstellen, wird über den Sozialstaat häufig diskutiert und ständig an ihm gearbeitet. Steigen die Kosten für das soziale Netz, stellt es ein besonderes Problem dar, wenn die Zahl der Beitragszahler sinkt.

Da nur erwerbsfähige Personen als Kostenträger zur Verfügung stehen, ist eine hohe **Arbeitslosigkeit** in zweifacher Hinsicht heikel: Dem Sozialversicherungssystem fehlen nicht nur die Steuereinnahmen der Arbeitslosen, sondern Personen im erwerbsfähigen Alter müssen sogar Sozialleistungen in Anspruch nehmen, um ihren Lebensunterhalt zu bestreiten. Vor diesem Problem stand Deutschland vor etwa 10 Jahren.

Infolge umfangreicher Reformen (Agenda 2010) konnte die Arbeitslosenquote deutlich gesenkt werden, dadurch verbreiteten sich jedoch **geringfügige Beschäftigungsformen**. Diese sind befreit von der Sozialversicherungspflicht, d. h. die Erwerbstätigen zahlen nicht in das Sozialversicherungssystem ein. Inwiefern dies das Problem der **Altersarmut** verschärfen kann, wenn die Generation der Mini-Jobber ins Rentenalter kommt, ist noch nicht abzusehen. Von Armut bedroht sind heute besonders häufig **Kinder** Alleinerziehender – auch da ist der Sozialstaat gefordert. Hier zeigt sich bereits die enge Verflechtung von Familien- und Sozialpolitik:

Ließen sich Familie und Erwerbstätigkeit (auch in Vollzeit) besser vereinen, könnte durch eine höhere Frauenerwerbsquote die Zahl der Beitragszahler erhöht werden, ohne dass sich Frauen zwischen einem Kind oder der Karriere entscheiden müssen.

Denn sowohl schlummerndes Arbeitskräftepotenzial als auch weiterhin sinkende Geburtenzahlen wirken sich negativ auf einen Sozialstaat aus, der ohnehin schon vor der Herausforderung steht, eine alternde Gesellschaft versorgen zu können. Ansatzpunkte für Reformen können auch Sozialstaatsmodelle (z. B. liberale, sozialdemokratische / skandinavische) aus anderen Ländern bieten, um die sozialstaatlichen Herausforderungen zu meistern.

Wovon leben die Deutschen?

Vor welchen sozialstaatlichen Herausforderungen steht unsere Gesellschaft heute und in Zukunft?
M 2 – M 5

Kompetenzen anwenden

Demografische Entwicklung in nationaler und globaler Perspektive

Ökonomische Auswirkungen des demografischen Wandels:

Der demografische Wandel bedeutet in der mittleren Frist, also etwa in 15 Jahren [...], dass wir viele Rentner haben werden, aber wenige Beitragszahler in die Rentenversicherung. Entsprechend wird es aber auch viele Personen geben, die Leistungen aus der gesetzlichen Krankenkasse benötigen, aber nur wenige, die Beiträge in die gesetzliche Krankenversicherung einzahlen. Tatsächlich sind alle unsere sozialen Sicherungssysteme bedroht, wenn es weniger Erwerbstätige und somit weniger Beitragszahler für die beitragsfinanzierten Sozialversicherungen geben wird. Die Alterung bedeutet aber auch fundamentale Veränderungen für die makroökonomische[1] Entwicklung. Denn in den nächsten 20 Jahren wird sich die Bevölkerungszahl der Bundesrepublik kaum ändern, sie schrumpft erst nach dem Ableben der Babyboom-Generation. Es wird also weiterhin viele Konsumenten geben in Deutschland, aber, wenn das Status-quo[2]-Szenario [...] eintrifft, deutlich weniger Erwerbstätige, welche die Güter und Dienstleistungen produzieren, die diese Menschen konsumieren wollen. Weniger Erwerbstätige, also Produzenten von Gütern und Dienstleistungen, heißt notwendigerweise, dass das Bruttoinlandsprodukt (BIP), nachdem wir zumindest annähernd unseren Wohlstand messen, sinken wird. [...] Hier gibt es zunächst nur schlechte Nachrichten. Erstens gehen viele vom Status-quo-Szenario [...] aus und erwarten nicht, dass die Erwerbsquote deutlich steigen könnte. Zweitens wird vielfach behauptet, dass ältere Menschen weniger produktiv sind als jüngere. Sollte diese Behauptung stimmen, würde eine Alterung der Bevölkerung, die auch immer eine Alterung der Belegschaft impliziert, einen Rückgang der Produktivität zur Folge haben. Drittens hat eine ältere Bevölkerung eher die Tendenz dazu, Vermögenswerte abzubauen, statt neue anzusammeln. Dies gilt natürlich auch für die Sparguthaben, mit denen Investitionen finanziert werden. Ein Wachstum des Produktivkapitals pro Kopf der arbeitenden Bevölkerung ist daher in einer alternden Bevölkerung schwieriger zu finanzieren. Zudem wird sich auch auf den Immobilien- und Kapitalmärkten eine wesentliche Strukturveränderung ergeben, wenn die Babyboom-Generation ihr angespartes Vermögen und viele ihrer erworbenen Häuser verkaufen möchte. Denn dann gibt es viele Verkäufer von Vermögensgegenständen, aber relativ wenige Käufer aus der jungen Generation. Einige sehen hier die nächste große Finanzkrise mit einem Abschmelzen der Vermögenswerte. Dass es nicht so kommen muss, zeigt das optimistische Szenario [...]. Die Lösungsansätze liegen im Prinzip auf der Hand: eine höhere Erwerbstätigkeit, mehr Aus- und Weiterbildung und ein Abpuffern der stärksten Belastung durch eine echte „Nachhaltigkeitsreserve". Erstens bedarf es großer Anstrengungen, damit die im internationalen Vergleich niedrige deutsche Erwerbsquote trotz des demografischen Wandels ansteigt, indem jüngere Menschen früher in den Beruf eintreten, mehr Frauen Familie und Beruf miteinander vereinbaren können und die Menschen nicht schon mit Anfang 60 in den Ruhestand geschickt werden. [...] Die durchschnittliche Lebenserwartung des Menschen wird sich bis 2029, wenn die Rente mit 67 voll eingeführt sein wird, um drei Jahre erhöhen, die Arbeitsphase jedoch nur um zwei: Die Rente mit 67 bedeutet also einen um ein Jahr längeren Rentenbezug und keine Rentenkürzung. Nun könnte man meinen, dass diese gewonnenen Jahre ganz oder zu einem Großteil mit großen gesundheitlichen Einschränkungen verbracht werden. Dies ist falsch, alle Anzeichen deuten darauf hin, dass das Gegenteil der Fall sein wird: Die Anzahl der Jahre, in der die Menschen ohne gesundheitliche Einschränkungen leben, bleibt nicht nur anteilsmäßig gleich, sondern sie steigt noch schneller an als die Lebenserwartung. [...] Eine Erhöhung der Erwerbstätigkeit insbesondere der über 55-Jährigen ist politisch kontrovers, weil er Besitzstände angreift, aber volkswirtschaftlich unumstritten. Zweitens ist es keineswegs erwiesen, dass die Produktivität älterer Menschen sinkt. Eher scheinen sich Erfahrung und körperliche Leistungsfähigkeit zu ergänzen: Während erstere steigt, sinkt letztere, und die Summe bleibt konstant über alle Altersklassen. In Zukunft ist es aber wichtig, dass eine älter werdende Belegschaft durch vermehrte Aus- und Weiterbildungsanstrengungen neue Techniken erlernen und flexibel bleiben kann. [...] Drittens ist es sinnvoll, wenn durch teilweise kapitalgedeckte soziale Sicherungssysteme (Rente, Krankenversicherung, Pflegeversicherung) ein Kapitalstock angesammelt wird, der uns über die Dauer seiner Akkumulation hilft, zusätzliches Produktivkapital zu schaffen, und gleichzeitig die jüngere Generation von zukünftigen Sozialabgaben entlastet.

Axel Börsch-Supan, Ökonomische Auswirkungen des demografischen Wandels, APuZ 10-11/2011

[1] *Makroökonomie = hier gesamtwirtschaftliche Vorgänge*
[2] *Status quo = hier gegenwärtiger Zustand*

Aufgaben

Der Weltbevölkerungsbericht der Vereinten Nationen aus dem Jahr 2011 trägt den Titel „Sieben Milliarden Menschen und Möglichkeiten". Tatsächlich verändert die demografische Entwicklung alle Gesellschaften in vielerlei Hinsicht.

1. Erläutern Sie die im Text dargestellten ökonomischen Probleme, die sich im Zuge des demografischen Wandels ergeben.

2. Diskutieren Sie ausgehend vom Text die Heraufsetzung des gesetzlichen Renteneintrittsalters auf 67 Jahre.

Nach: Bayerisches Kultusministerium, Abiturprüfung 2012, Sozialkunde, Bayern 2012

Hinweis
Hilfen zur Bearbeitung der Aufgaben finden Sie ab S. 264.

Eine Reise durch die politische Inselwelt

Utopia ist eine sonderbare Insel. Hier tragen alle Bürger dieselben schmucklosen ungefärbten Gewänder aus Leinen, Wolle und Leder. Die kostenlosen Mahlzeiten werden gemeinsam eingenommen. Geld oder privater Besitz sind unbekannt. Selbst der Wohnraum wird alle zehn Jahre neu verlost.

Jeder Erwachsene ist verpflichtet, sechs Stunden täglich zu arbeiten. Das genügt offen- 5
bar, da sich niemand bereichern kann. Außerdem wird nur das unbedingt Nötige produziert, keine Luxusgüter. Die Utopianer bezeichnen ihre Herrschaftsform als Demokratie –
die Mitglieder des Senats werden gewählt. Damit es aber nicht zu Unruhen kommt, darf
außerhalb der Volksversammlungen nicht über Politik gesprochen werden. Wer dagegen
verstößt, ist mit dem Tode bedroht ... 10

Discorsia ist ein anstrengendes Eiland.
Jeder darf hier sagen was er denkt; Einschüchterungsversuche werden streng
bestraft. Auf allen öffentlichen Plätzen
konkurrieren Volksredner und Säulen- 5
heilige um die Aufmerksamkeit des Publikums. Nicht selten artet der Schlagabtausch der Meinungen und Argumente in
ohrenbetäubendes Geschrei aus.

Die Discorsen glauben tatsächlich, dass 10
nur auf diese Weise das Wohl der Insel gesichert werden könne. Dass es
meist endlos lange dauert, bis überhaupt etwas entschieden wird, scheint
sie nicht zu kümmern, solange sie re- 15
den oder zuhören dürfen. Gegenwärtig
wird viel über das Für und Wider einer
Flutmauer diskutiert. Eine Einigung kam
noch nicht zustande. Dabei steht in den
küstennahen Häusern das Wasser schon 20
fast bis zum ersten Stock ...

Tyranna wird mit eiserner Faust regiert.
Ein Zehn-Männer-Exekutivrat vereint
alle Macht auf sich. Über seine Mitglieder kursieren nur Vermutungen. Allein
der sog. „Demagogos", eine Art Mario- 5
netten-Präsident, tritt öffentlich auf und
verkündet dem Volk die Entscheidungen
der Führung.

Einmal im Jahr wird auf Tyranna das
„Fest des Großen Buches" begangen. Ta- 10
gelang wird dann das mehrhundertseitige Werk über Lautsprecher verlesen und
seine Lehre für alle Lebensbereiche ausgedeutet.

Die Wahrheiten des Großen Buches sind 15
jedem Kind geläufig. Abweichung wird als
Verrat an der Gemeinschaft betrachtet
und als verderblicher Individualismus gegeißelt. Abweichler lässt man in der Regel verschwinden und tilgt sie anschlie- 20
ßend aus dem kollektiven Gedächtnis ...

Eubionia – welch Hort der Glückseligkeit! Wohin man auch sieht, blickt man in zufriedene Gesichter. Ein weiser und menschenfreundlicher Herrscher regiert dieses Land. Unbedingte Gerechtigkeit ist die höchste Leitlinie seines Handelns. Mit großem Weitblick
teilt er die Güter nach dem Grundsatz „Jedem das Seine".

Keinem Eubioniken käme es in den Sinn, daran Anstoß zu nehmen. Warum auch? Die 5
Bürger leben in Wohlstand und können sich ganz ihren privaten Geschäften widmen. Für
Streit ist auf Eubionia kein Platz. Wer Kritik übt, wird in Ruhe gelassen, aber als Sonderling belächelt ...

4

Demokratischer Verfassungs- staat und freiheitsgefährdende politische Ordnungen

„Wir wollen mehr Demokratie wagen. Wir wollen eine Gesellschaft, die mehr Frei- heit bietet und mehr Mitverantwortung fordert." *Willy Brandt*
Dieses Zitat von Willy Brandt stammt aus seiner Regierungserklärung am 28.10.1969. Inwiefern es noch heute aktuell ist, bzw. ob Willy Brandts Forderungen bis heute umgesetzt wurden, ist Gegenstand dieses Kapitels. Auf den folgenden Seiten setzen Sie sich mit grundsätzlichen Problemen demokratischer und dikta- torischer Ordnungen und ihrer Bedeutung für den Einzelnen auseinander. Am An- fang steht die Klärung der Grundbegriffe „Herrschaft" und „Staat". Die Auseinan- dersetzung mit dem Schutz der Menschenrechte sowie ihrer universellen Geltung leitet über zur Beschäftigung mit weiteren Kernelementen moderner Demokrati- en. Beispiele verschiedener Diktaturen und defizitärer Demokratien sensibilisie- ren abschließend für offenes oder verstecktes antidemokratisches Denken.

Am Ende des Kapitels sollten Sie Folgendes können:
- parlamentarische und präsidentielle Regierungssysteme voneinander unterscheiden
- wesentliche Merkmale undemokratischer Herrschaftsformen erschließen und ihre Folgen für den Einzelnen reflektieren
- eine wertorientierte Position zur Bedeutung demokratischer Entscheidungsfindung entwickeln

Was Sie schon wissen ...

1. Vergleichen Sie die Lebensbedingungen auf den einzelnen Inseln und diskutieren Sie deren Konsequenzen für Individuum und Gesellschaft.
2. Spinnen Sie die Inselgeschichten weiter und überprüfen Sie Ihre erste Ein- schätzung. Wie gehen die Inselregierungen mit Andersdenkenden um? Wie anpassungsfähig sind sie gegenüber Veränderungen? Sie können z. B. den Text fortschreiben oder kurze Rollenspiele entwickeln.
3. Entwerfen Sie Ihre ideale Insel. Wie sollte das Zusammenleben auf ihr geregelt werden?

4 Demokratischer Verfassungsstaat und freiheitsgefährdende politische Ordnungen

4.1 Macht – Herrschaft – Staat: Grundprobleme des Politischen

M1 Was bedeutet Herrschaft?

Macht
„Macht bedeutet jede Chance, innerhalb einer sozialen Beziehung, den eigenen Willen auch gegen Widerstreben durchzusetzen, gleichviel worauf diese Chance beruht."
Max Weber, Wirtschaft und Gesellschaft, Tübingen 1972, 5. Aufl., S. 28 f.

Herrschaft
„Herrschaft soll heißen die Chance, für einen Befehl bestimmten Inhalts bei angebbaren Personen Gehorsam zu finden."
Ebd.

Titelbild (Ausschnitt) von Thomas Hobbes' Hauptwerk „Leviathan" (1651)

M2 Wozu braucht man einen Staat?

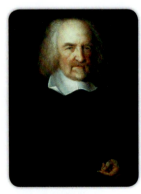

Thomas Hobbes, (1588-1679), englischer Staatstheoretiker

Eine fiktive Fernsehdiskussion zwischen Thomas Hobbes, John Locke und Jean-Jacques Rousseau.

Moderator: [...] Herr Hobbes, zunächst zu Ihnen. Sie gelten als Begründer der modernen Staatsphilosophie. Ihr politisches Hauptwerk, das 1651 veröffentlicht wurde, haben Sie „Leviathan" genannt. Was soll dieser rätselhafte Titel eigentlich bedeuten?
Hobbes: Nun, zu meiner Zeit kannten sich die Menschen noch im Alten Testament aus. Dort wird in den Büchern Hiob und Jesaja, auch in den Psalmen, ein Meeresungeheuer namens Leviathan – eine Art Schlange oder Drache – erwähnt, das den Menschen Furcht und Schrecken einjagt. Ich habe dieses Ungeheuer als Sinnbild für die Staatsgewalt benutzt. Der Staat verbreitet als höchste irdische Macht Furcht und Schrecken und unterwirft sich dadurch alle anderen Mächte. [...] Ich betrachte den Menschen nicht mehr als soziales Wesen, sondern gehe vom einzelnen Menschen und seiner individuellen Freiheit aus. Niemand ist von Natur aus einem anderen untertan, so dass jegliche Einschränkung dieser Freiheit, eben auch durch den Staat, nur gerechtfertigt ist, wenn ihr jeder einzel-

ne Bürger zustimmen kann. [...] Der Naturzustand ist für mich gekennzeichnet durch einen „Krieg eines jeden gegen jeden". [...] Der Mensch ist dem Menschen ein Wolf [...].

Moderator: Wie ließe sich ein solcher Krieg denn vermeiden?

Hobbes: Der alleinige Weg dazu besteht in der Errichtung einer allgemeinen Gewalt, d. h. in der Errichtung eines Staates. Ich habe diesen Geburtsakt des Staates als Gesellschaftsvertrag bezeichnet. [...] Den Gesellschaftsvertrag gehen die Bürger untereinander, nicht mit dem Herrscher ein. Wenn die Ursache des Krieges das Recht auf alles ist, dann müssen die Menschen, um Frieden zu halten, untereinander einen Vertrag schließen, in dem sie erklären, dass sie auf dieses Recht auf alles verzichten, und ihre Macht auf einen Menschen, den Souverän, übertragen. Der Souverän ist durch seine Macht in der Lage, sie vor gegenseitigen Übergriffen und auch vor den Angriffen Fremder zu schützen. [...]

Moderator: Gehen Sie wirklich davon aus, dass Menschen freiwillig auf ihre Rechte verzichten?

Hobbes: Ja, denn selbst ein Egoist sieht ein, dass es für ihn auf lange Sicht vorteilhafter ist, in Frieden und Sicherheit zu leben als in ständiger Todesfurcht, die er im Kriegszustand ja haben muss. [...]

Moderator: [...] Nun zu Ihnen, Herr Locke. Sie gelten mit ihren „Zwei Abhandlungen über die Regierung" von 1689/90 als Begründer des Liberalismus und als einer der Wegbereiter der amerikanischen Verfassung. Was halten Sie von den staatsphilosophischen Überlegungen Ihres Kollegen Hobbes?

Locke: Ich beurteile sie sehr zwiespältig. Die Rechtfertigung des Staates durch den Gesellschaftsvertrag ist für mich eine der genialsten Ideen der politischen Philosophie, darin bin ich Hobbes gefolgt. Aber ich habe eine ganz andere Auffassung vom Naturzustand – und daraus ergibt sich für mich auch eine ganz andere Sicht des Staates. Selbst ein Zustand ohne staatliche Autorität ist für mich noch kein zügelloser Zustand, denn es gibt natürliche Rechte und Pflichten. Die Vernunft, wenn sie denn nur zu Rate gezogen wird, lehrt die Menschen, dass niemand den anderen töten, verletzen, bestehlen oder seiner Freiheit berauben darf. Denn wenn alle Menschen gleich sind, muss ich das, was ich für mich in Anspruch nehme, auch den anderen zubilligen: also das Recht auf Leben und körperliche Unversehrtheit, das Recht auf Freiheit und das Recht auf Eigentum.

Moderator: Die Menschenrechte?

Locke: Ja, ich habe sie „natürliche Rechte" genannt. Das sind unveräußerliche Rechte, die jedem Menschen als Menschen zukommen, also nicht erst durch den Staat verliehen werden, sondern schon im Naturzustand existieren. [...] Der Staat hat die Aufgabe, die natürlichen Rechte durch eindeutig formulierte Gesetze zu konkretisieren. Er hat ferner darüber zu wachen, dass diese Gesetze auch eingehalten werden. Und im Streitfall braucht es Richter, die Gesetze unparteiisch auslegen. [...]

Moderator: Darf der Staat eigentlich selber gegen diese Rechte verstoßen?

Locke: Nein, auf keinen Fall. Auch der Staat muss die natürlichen Rechte beachten, die dem Menschen ja schon im Naturzustand zukommen. Das Gewaltmonopol des Staates stellt aber aus meiner Sicht – darin unterscheide ich mich von Herrn Hobbes – eine

John Locke, (1632-1704), englischer Philosoph

Jean-Jacques Rousseau, (1712-1778), französischsprachiger Philosoph

große Gefahr für die Freiheit der Bürger dar. Deshalb muss man den Staat so einrichten, dass die Bürger vor Machtmissbrauch geschützt werden. Das ist eine der Grundforderungen des Liberalismus.

Moderator: Wie wollen Sie das erreichen?

Locke: Durch Gewaltenteilung. Die Legislative, d. h. die gesetzgebende Gewalt, und die Exekutive, das ist die Gewalt, die den Gesetzen Anerkennung verschafft, müssen getrennt sein, und die Legislative muss einer Kontrolle unterzogen werden können. Ich denke da an eine gesetzgebende Versammlung, die vom Volk abberufen oder geändert werden kann, wenn sie dem in sie gesetzten Vertrauen zuwiderhandelt. Mein französischer Kollege Montesquieu hat den Gedanken der Gewaltenteilung übrigens weiterentwickelt und auf die richterliche Gewalt, die Judikative, ausgedehnt. [...]

Rousseau: Unglaublich! Dieser so genannte Liberalismus hat doch nicht wirklich etwas mit Freiheit zu tun, sondern ist nichts anderes als eine Rechtfertigung der bürgerlichen Klasse. Freiheit bedeutet für Sie, Herr Locke, doch nur die Freiheit der Reichen und Besitzenden. Ihr Staat ist nichts anderes als ein „Nachtwächterstaat", der darüber wacht, dass den wohlhabenden Bürgern nichts gestohlen wird. Für mich hat ein Mensch nicht nur das Recht, dass ihm nichts weggenommen wird, sondern einen positiven Anspruch auf Eigentum. Das bedeutet, dass die gesellschaftlichen Güter an alle Menschen gleich verteilt werden müssen, dass der Staat die Aufgabe hat, den Unterschied zwischen Arm und Reich aufzuheben.

Moderator: Nachdem Sie sich [...] dazwischengedrängt haben, nun also zu Ihnen, Herr Rousseau. Wenn ich Sie auch kurz vorstellen darf: Sie gelten als einer der geistigen Väter der Französischen Revolution, jedenfalls haben die Revolutionäre sich auf Ihre Ideen berufen. Wie wir ja schon alle gehört haben, lehnen Sie die Gedanken von Hobbes und auch Locke radikal ab. Da verwundert es mich sehr, dass Ihr politisches Hauptwerk den Titel „Vom Gesellschaftsvertrag" trägt.

Rousseau: Das ist aber auch die einzige Gemeinsamkeit mit diesen beiden Herren, ansonsten möchte ich mit ihnen nichts zu tun haben. Und ich behaupte, dass ich der einzige bin, der die Idee des Gesellschaftsvertrages richtig verstanden hat. Wie ich schon gesagt habe, geht es mir um die Freiheit des Menschen. Und da ist mir damals – im Jahr 1762 – Folgendes aufgegangen: Im Naturzustand ist der Mensch vollkommen frei. Wo ich aber auch hinsah: überall war der Mensch in Ketten. Das Grundproblem der politischen Philosophie lautet daher: Wie kann man eine Staatsform finden, die den Einzelnen schützt, in der er aber seine Freiheit nicht aufgeben muss? [...] Die erste Voraussetzung ist die, dass bei Vertragsschluss alle Menschen wirklich gleich behandelt werden, ohne eine einzige Ausnahme. [...] Nicht die Willkür eines Souveräns soll das staatliche Handeln lenken, sondern der „allgemeine Wille". In politischen Fragen muss der Wille des Volkes maßgeblich sein; die Idee des Gesellschaftsvertrages führt also notwendig zur Demokratie. Darunter verstehe ich direkte Befragung aller Bürger bei allen politischen Beschlüssen. [...] Der allgemeine Wille ist nicht identisch mit der Summe der Einzel-

Staat, Macht und Gewaltenteilung – im Film erkärt

Mediencode: 71011-06

willen. Und damit komme ich auch zu meiner zweiten Voraussetzung. Wenn die unterschiedlichen Willen wirklich auf unterschiedlichen Interessen beruhen, dann müssen wir eben dafür sorgen, dass Interessenunterschiede erst gar nicht entstehen. Und wenn diese Interessenunterschiede von unterschiedlichen Besitzverhältnissen herrühren, dann müssen wir dafür sorgen, dass alle das Gleiche besitzen. [...] Für den Staat ergibt sich daraus die Aufgabe, die gesellschaftlichen Güter gleich zu verteilen.

Bernd Rolf, Wozu braucht man eigentlich einen Staat?, in: Zeitschrift für Didaktik der Philosophie und Ethik 4/1998, www.dadalos.org, Abruf am 12.2.2014

M3 Was soll der moderne Staat leisten?

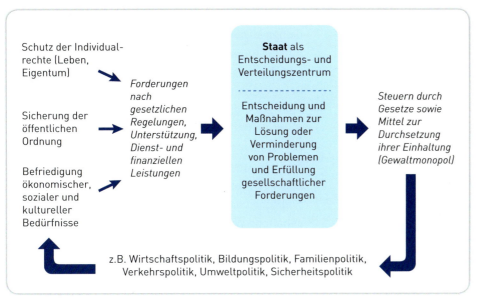

Nach: Staatsinstitut für Schulpädagogik und Bildungsforschung (Hg.), Handreichung für den Sozialkundeunterricht im Gymnasium, Donauwörth 1993, S. 37

Aufgaben

1. Analysieren Sie die Herrschaftsauffassung im Titelbild von Thomas Hobbes' Hauptwerk „Leviathan" und setzen Sie sie in Bezug zu Max Webers Definitionen (M 1, Randspalte S. 88).
2. Erarbeiten Sie aus dem Streitgespräch die unterschiedlichen Begründungsansätze für die Notwendigkeit staatlicher Gewalt (M 2). Wie legitimieren die drei politischen Denker Macht bzw. Herrschaft? Auf welchem Menschenbild gründen ihre Vorstellungen?
3. Zeigen Sie, welche Annahmen bis heute zu den grundlegenden Voraussetzungen des demokratischen Verfassungsstaates zählen, welche hingegen als überholt oder problematisch gelten.
4. Erschließen Sie das Kreislaufmodell des modernen demokratischen Staates (M 3) und füllen Sie es durch geeignete Beispiele aus der politischen Praxis mit Leben.

H Aufgaben 2 – 3
Berücksichtigen Sie bei der Beantwortung der Aufgaben 2 + 3 den Erklärfilm auf S. 90.

Wissen kompakt

Herrschaft

Herrschaft ist eine Schlüsselkategorie des politischen Denkens. Als *institutionalisierte Form der Machtausübung* regelt sie das Über- bzw. Unterordnungsverhältnis der Gesellschaftsmitglieder zueinander. Diese knappe, an Max Weber angelehnte Definiton drückt aber nur ansatzweise die dem Herrschaftsbegriff innewohnende Problematik aus. Sie wird deutlich in der präzisen Beantwortung der Leitfrage *„Wer herrscht über wen mit welchen Mitteln und zu welchem Zweck?"*

Generell gilt, dass Herrschaft nur dann berechtigt ist, wenn sie auf einer verbindlichen Vereinbarung der Mitglieder einer Gesellschaft beruht (*Gesellschaftsvertrag*), d. h. von allen Beteiligten in einer hypothetisch gedachten fairen Beratungssituation akzeptiert werden könnte.

Demokratische Herrschaft beruht u. a. auf dem *Mehrheitsprinzip* und soll die Richtigkeit getroffener Entscheidungen immer wieder an der Idee des *Gemeinwohls* überprüfen. Illegitime Herrschaft dient dagegen meist der Befriedigung partikularer Interessen zum Schaden der Allgemeinheit.

Volkssouveränität

Unter dem „Souverän" (lat. superanus, über allem stehend) versteht man den Inhaber der Staatsgewalt. In einer Monarchie geht diese Gewalt vom Monarchen, also einem König oder Fürsten aus. Republiken definieren sich demgegenüber durch das Prinzip der *Volkssouveränität*. Höchste Gewalt des Staates und oberste Quelle der Legitimität von Herrschaft ist in ihnen das *Staatsvolk*, das allein über seine Verfassung entscheidet und allein über das Recht verfügt, sich Regeln (Gesetze) zu geben. Demokratie versteht sich als „Regierung des Volkes durch das Volk für das Volk." (Abraham Lincoln)

Seinen Ursprung hat die Idee in der europäischen Aufklärung, die aus der naturrechtlichen Gleichheit aller Menschen die Identität von Herrschenden und Beherrschten ableitete.

Aber auch die zeitlich begrenzte Übertragung von Herrschaftsgewalt auf Vertretungsorgane, wie sie in *repräsentativen Demokratien* vorgesehen ist, bedarf der Zustimmung des Souveräns. Als legitimer Ausdruck des Volkswillens gelten hier vor allem periodische, nach demokratischen Grundsätzen abgehaltene Wahlen der politischen Repräsentanten.

Staat

Völkerrechtlich handelt es sich bei einem Staat um die höchste unteilbare und dauerhafte Instanz der *Herrschaftsausübung* über ein *Staatsvolk* innerhalb eines klar abgegrenzten *Staatsgebiets*.

Aus politikwissenschaftlicher Perspektive sind Staaten dagegen vorrangig *Systeme gewaltenteiliger öffentlicher Institutionen* zur Regelung der Angelegenheiten eines Gemeinwesens. Einerseits steuern sie die Verteilung der vorhandenen Ressourcen (z. B. Steuermittel oder Bildungschancen) und sollen idealtypisch für Ausgleich und *soziale Gerechtigkeit* sorgen. Zum anderen wandeln sie aus der Gesellschaft an sie herangetragene Forderungen in tragfähige *politische Entscheidungen* um.

Moderne demokratische Staaten zeichnen sich u. a. durch den Schutz der Grundrechte, eine transparente Organisationsstruktur sowie ein System der Gewaltenteilung und Gewaltenhemmung aus.

Gewaltenteilung

Die auf Charles de Montesquieu (1689-1755) zurückgehende horizontale Dreiteilung der staatlichen Gewalt in *Legislative* (gesetzgebende Gewalt), *Exekutive* (ausführende Gewalt) und *Judikative* (rechtsprechende Gewalt) gilt als Grundvoraussetzung des demokratischen Rechtsstaats. Sie sorgt für wechselseitige Machtkontrolle und -beschränkung und beugt so dem Machtmissbrauch durch einen einzelnen Träger politischer Herrschaft vor.

Gewaltenteilend wirken sich ferner aus: das Bund-Länder-Prinzip (*vertikale Gewaltenteilung*), die Vergabe politischer Macht auf Zeit (*temporale Gewaltenteilung*), der machtbegrenzende Einfluss gesellschaftlicher Interessengruppen auf Regierungsentscheidungen (*dezisive Gewaltenteilung*) sowie die Einschränkungen der politischen Macht durch die Verfassung (*konstitutionelle Gewaltenteilung*).

Wissen im Kontext

Spätestens mit der Entstehung der europäischen Nationalstaaten im 18. Jahrhundert gilt der Staat als die höchste Form der politischen Organisation von Gesellschaften. Daran konnten bis heute weder vereinzelte separatistische Bestrebungen noch die Übertragung ursprünglich staatlicher Hoheitsrechte auf supranationale Organisationen im Grundsatz etwas ändern.

Welche Rolle der Staat im gesellschaftlichen Leben spielen soll, wie sehr er sich in das Leben seiner Bürger einmischen darf, ist dagegen weltanschaulich umstritten:

- *Konservative Kräfte* plädieren häufig für einen Staat, der auf innergesellschaftliche Problemlagen und Störungen der öffentlichen Ordnung unverzüglich und notfalls auch mit drastischen Maßnahmen reagiert und nationale Interessen nach außen offensiv vertritt (*Modell des starken oder interventionistischen Staats*).
- Im Gegensatz dazu gilt es als weltanschauliche Prämisse des *Liberalismus*, die Rolle des Staates möglichst zu begrenzen und die Regelung von Problemlagen gesellschaftlichen Subsystemen oder dem Einzelnen zu überlassen. Die Funktionen des Staates beschränken sich in dieser Vorstellung auf den Schutz von Leben und Eigentum sowie die Garantie der bürgerlichen Freiheiten (*Modell des „Nachtwächterstaats"*).
- Die *sozialdemokratische Position* betont demgegenüber die Rolle des Staats im Bereich von sozialer Sicherung und Verteilungsgerechtigkeit und billigt ihm entsprechend mehr Eingriffsrechte in das Leben seiner Bürger zu (*Modell des Wohlfahrtsstaats*).

Im Zeitalter der Globalisierung stellt sich verschärft die Frage nach den Steuerungsmöglichkeiten des Staates (*Primat der Politik*). So zeigt das Beispiel der internationalen Finanzkrise zu Beginn des neuen Jahrtausends, allgemein aber auch der kaum zu überblickende politische Einfluss multinational agierender Konzerne und Banken, wie gering der Einfluss der staatlichen Akteure angesichts globaler Krisenszenarien einzuschätzen ist. Darüber hinaus führen die stetig wachsende Ausgabenlast durch steigende öffentliche Leistungen (z. B. in den Bereichen Soziales, Bildung und Integration) und eine sich gleichzeitig verstärkende Anspruchshaltung von Teilen der Bürgerschaft zur Überforderung des Staates, was die Forderung nach „Privatisierung" und „Dezentralisierung" einiger staatlicher Aufgabenfelder untermauert.

Im Unterschied zu Einzel- oder Gruppeninteressen kennzeichnet das „Gemeinwohl" das übergeordnete Gesamtinteresse einer Gesellschaft. Was allerdings zum Gemeinwohl zählen soll und wie es zu erreichen ist, lässt sich vorab nie restlos bestimmen und muss im Prozess der politischen Willensbildung und Entscheidungsfindung immer wieder neu verhandelt werden. Ohne inhaltliche Konkretisierung läuft der Begriff überdies Gefahr, ideologisch missbraucht zu werden. Nicht selten ist seine Definition abhängig von den Interessen derjenigen, die sich auf den Begriff berufen und denen seine Verwirklichung nutzt (Totalitarismus). In diesem Sinne ist „Gemeinwohl" nicht mehr als eine Leerformel zur Verschleierung ungleicher Machtverhältnisse.

Warum wird die Rolle des Staates kontrovers gesehen?
M 1

Wo stößt der Staat an die Grenzen seiner Möglichkeiten?
M 3

Warum ist „Gemeinwohl" ein problematischer Begriff?

4.2 Demokratie fängt „unten" an – Partizipation in der pluralistischen Gesellschaft

M1 Ist Mitmachen gefragt?

Plakat-Kampagne des DGB-Bayern, 2013

M2 Demokratie ist Basisarbeit – die Rolle der Zivilgesellschaft

Die Zivilgesellschaft ist der Nährboden der Demokratie. Sie lebt von bürgerschaftlichem Engagement, vom freiwilligen, gemeinwohlorientierten und unentgeltlichen Einsatz, den Bürgerinnen und Bürger tagaus, tagein leisten: in Vereinen, Verbänden und Gewerkschaften, im politischen Engagement in Parteien, Bürgerinitiativen, sozialen Bewegungen und Nichtregierungsorganisationen, aber auch in Nachbarschaftsinitiativen, bei der Freiwilligen Feuerwehr oder den Rettungsdiensten, bei Umweltinitiativen oder Naturschutzprojekten, bei der Betreuung von Alten und Kranken, in der Hospizbewegung, in Selbsthilfegruppen oder Kulturprojekten. Mit diesen vielfältigen Aktivitäten in allen Bereichen des gesellschaftlichen Lebens erneuern die Bürgerinnen und Bürger Tag für Tag die Bindekräfte unserer Gesellschaft. Sie sind der soziale Kitt, der unsere Gesellschaft zusammenhält. Sie schaffen eine Atmosphäre der Solidarität, der Zugehörigkeit und des gegenseitigen Vertrauens. [...]

Eine demokratische Gesellschaft braucht einen gemeinsamen Horizont bürgerschaftlicher Einstellungen und Wertbezüge. Gemeinsame demokratische Werte halten die Gesellschaft zusammen. All dies nennt man heute das „soziale Kapital". Damit ist die Summe der sozialen Kontakte, des Vertrauens – sowohl zwischen Menschen als auch in die Institutionen eines Landes – gemeint. Es entsteht durch Kooperation in den Netzwerken des Bürgerengagements und kann nicht „von oben" verordnet werden. Auf Vertrauen ist nicht nur die Gesellschaft, sondern sind auch die politischen Institutionen angewiesen. Sonst trocknen sie von innen aus. [...] Einen entscheidenden Beitrag leistet die Zivilgesellschaft zur politischen Integration, indem sie den Bürgerinnen und Bürgern vielfältige Zugänge zur öffentlichen Meinungs- und politischen Willensbildung zur Verfügung stellt. Dies erfordert für die Anliegen der Bürgerschaft durchlässige politische Institutionen und transparente Verfahren. Sie sind das Lebenselixier der Demokratie.

Deutscher Bundestag 14. Wahlperiode, Drucksache 14/8900 v. 3.6.2002, Bericht der Enquete-Kommission „Zukunft des Bürgerschaftlichen Engagements": Bürgerschaftliches Engagement: auf dem Weg in eine zukunftsfähige Bürgergesellschaft, S. 59

M3 Partizipation – ein Albtraum?

Der Ruf nach der Teilhabe aller an allen Entscheidungsprozessen zieht sich wie ein roter Faden durch unsere Gegenwart. Trotz ganz unterschiedlicher Interessen liegt diese Idee fast allen großen politischen Ereignissen der letzten Jahre zugrunde, von Occupy Wall Street über die Revolutionen in Nordafrika und die führerlose Internetbewegung Anonymous bis hin zur Piratenpartei. Sie alle eint der Wunsch, dass jeder jederzeit partizipieren kann und soll. Doch Partizipation ist ein reparaturbedürftiges Konzept. Radikale Basisdemokratie sollte manchmal sogar unbedingt vermieden werden. In Deutschland wird Partizipation bislang verklärt. In der letzten Dekade wurde die „Bürgerbeteiligung" fast einhellig gepriesen. Blauäugig förderten Parteien, Behörden, Politiker, Aktivisten oder Künstler das „Partizipative". [...]

Die ergebensten Jünger der Heilslehre Partizipation sind die Piraten. Für Abstimmungen nutzen sie ein Wahl-Programm namens Adhocracy. Damit kann jeder in Echtzeit wie im Parlament abstimmen. „Liquid Democracy" soll die repräsentative Demokratie ablösen – in den Augen der Piraten ein halbdemokratischer Kompromiss. Jederzeit eine Volksabstimmung für alles, das ist das Dogma der Piraten. Das Problem dabei ist, dass der Bürger dabei aus vorgegebenen Menüpunkten einen anklickt – ohne persönliche Konsequenzen. Er hat sich ja unter einem Pseudonym eingeloggt. Sachkenntnis ist nicht gefragt. Dabei sein ohne Stress und Verantwortung, das ist der Wunschtraum einer solchen All-Inclusive-Demokratie.

Dabei hat sich sogar Wikipedia von manchen partizipativen Illusionen verabschiedet. Seit einigen Jahren werden dort die Bearbeitungsrechte wieder eingeschränkt. Für die Wissenschaft waren die Artikel aufgrund des „liquiden" Inhalts sowieso unbrauchbar. [...] Partizipation ist deshalb weder ein moralischer Wert an sich noch liefert sie eine Gewinnstrategie.

Stellen Sie sich das partizipative Utopia vor wie ein Auto, das auf eine Mauer zufährt und vorne streiten sich zwei, die nie Fahren gelernt haben, über die richtige Abstimmungsform. [...] Kaum auszumalen, wie absurd falsch verstandene Basisdemokratie sein kann. Und wie langsam. [...] Partizipation? Ein Albtraum.

Markus Messen, Hannes Grassegger, Albtraum Partizipation, www.zeit.de, Abruf am 26.9.2013

Deutsche Zustände 2010 in Zahlen

Ein Forscherteam der Universität Bielefeld um Prof. Wilhelm Heitmeyer untersucht in regelmäßigen Abständen die „Deutschen Zustände" u. a. hinsichtlich der Vorurteile und Abwertungen der deutschen Bürger. In der nachfolgenden Umfrage wurde eine repräsentative Gruppe von 2.000 Bundesbürgerinnen und Bundesbürgern befragt.

Ergebnisse der Umfrage:
Ich halte es für sinnlos, mich politisch zu engagieren:
38,9% Nichtbedrohte*
47,1% Bedrohte

Leute wie ich haben sowieso keinen Einfluss darauf, was die Regierung tut:
54,6% Nichtbedrohte
73,5% Bedrohte

Politiker nehmen sich mehr Rechte heraus als normale Bürger:
73% Nichtbedrohte
92,4% Bedrohte

Politiker umgehen Gesetze, wenn es um ihre eigenen Vorteile geht:
68,5% Nichtbedrohte
88,9% Bedrohte

Wilhelm Heitmeyer (Hg.), Deutsche Zustände, Folge 9, Berlin 2010, S. 27

*) „Bedrohte" fühlen sich durch die ökonomische Krisenlage verunsichert und orientierungslos, „Nichtbedrohte" reagieren darauf gelassener.

M4 Viele Worte um ein Thema – Pluralismus

Bearbeitergrafik

M5 Demokratie braucht Vielfalt – die pluralistische Gesellschaftstheorie

Ernst Fraenkel, (1898-1975), Politologe und Stammvater der neopluralistischen Gesellschaftstheorie

Im Pluralismus konkurrieren eine Vielzahl verschiedener gesellschaftlicher Gruppen und Organisationen mit- und gegeneinander um gesellschaftliche, wirtschaftliche und politische Macht. Sie versuchen ihren Einfluss in den politischen Prozess einzubringen und auf die staatliche Gewalt durchzusetzen. Verschiedene intermediäre Gruppen – z. B. Parteien, Gewerkschaften, Arbeitgeberverbände, karitative Organisationen, Kirchen, wissenschaftliche Vereinigungen, Bürgerinitiativen u.a.m. – verfolgen selbständig und autonom ihre Ziele innerhalb des politischen Systems, wobei sie theoretisch gleichberechtigt sind. Wie im politischen System „Staat" die Staatsgewalt institutionell zwischen den Organen der Staatsgewalt aufgeteilt ist, so sollen die verschiedenen gesellschaftlichen Gruppen und Organisationen ihre Macht gegenseitig begrenzen, d. h. dass im pluralistischen System idealtypisch einer Organisation immer eine oder mehrere gleichmächtige Gegenorganisation(en) gegenüberstehen soll (z. B. Arbeitgeber/Gewerkschaften). Da diese intermediären Gruppen notwendigerweise miteinander in Konflikt geraten und es zu keinem Chaos der Gesellschaft oder gar zur Anarchie kommen soll, bedarf es einer Regelung potenzieller Konflikte durch das politische System. Es stellt in Form des freiheitlichen Rechtsstaats den Ordnungsrahmen und die Regeln für den Konfliktaustrag zur Verfügung. Das politische System ist somit für den friedlichen Konfliktaustrag zwischen den Gruppen verantwortlich. Voraussetzung für das Funktionieren des Pluralismus ist die Akzeptanz eines Ordnungskonzepts durch alle Teilnehmer, die sich auf die Grundregeln (Prinzipien) und auf die Institutionen des politischen Systems bezieht, in diesem Fall die Akzeptanz des Grundgesetzes.

Uwe Andersen, Wichard Woyke (Hg.), Handwörterbuch des politischen Systems der Bundesrepublik Deutschland. 5., aktual. Aufl. Opladen 2003, Lizenzausgabe d. Bundeszentrale für politische Bildung, Bonn 2003

M6 Die Grenzen der Mehrheitsdemokratie

Der Mehrheitswille wird nur dort dauerhaft als Gemeinwille akzeptiert, wo für die jeweils überstimmte Minderheit nicht zuviel auf dem Spiel steht – und wo es nicht immer dieselben sind, die überstimmt werden. [...]

Die Mehrheit darf keineswegs über alles und nach Belieben entscheiden. Der Verfahrenskonsens erfordert eine Verständigung darüber, auf welche Entscheidungsbereiche das Mehrheitsprinzip überhaupt Anwendung finden kann und auf welche nicht. [...] Vor allem aber dürfen aktuelle Mehrheiten ihre einmal erreichte politische Überlegenheit nicht festschreiben, etwa indem sie für zukünftige Entscheidungen das Mehrheitsprinzip selbst suspendieren, oder aber durch Manipulation der Wettbewerbschancen es der Minderheit von heute über Gebühr erschweren, die Mehrheit von morgen zu werden. [...] Wir stehen heute jedoch in vielen politisch mit zu entscheidenden Fortschrittsfeldern, wie beispielsweise im Bereich der Kernenergie, der Genbeeinflussung, [...] vor politischen Entscheidungen eines historisch neuen Typs. Die hier zu treffenden Entscheidungen sind infolge ihrer historisch unvergleichlichen Reichweite von vornherein auf Seiten der Überstimmten mit dem Bewusstsein der Irreversibilität befrachtet. Jedermann weiß, dass gegen Kernkraftwerke, wenn sie erst mal stehen, ‚neue Mehrheiten' nichts mehr nützen. [...]

Das Mehrheitsprinzip arbeitet mit einer ‚Fiktion', der Fiktion abstrakter (Teilhabe-) Rechtsgleichheit: ‚one man, one vote'. Die Stimmen werden gezählt, nicht gewogen. Die ideale Voraussetzung wäre, dass jede Stimme auch etwa gleich wöge, dass in etwa die gleiche Sachkenntnis, das gleiche Engagement, die gleiche Verantwortlichkeit jeweils dahinterstünde. Dass dies ein frommer Wunsch bleibt, leuchtet unmittelbar ein — zumal unter den Bedingungen hochgradiger Interdependenz und wachsender Komplexität.

Je mehr der Staat und die Politik für alles zuständig werden, um so häufiger treffen wir auf die Konstellation, dass apathische¹, schlecht informierte und mangels ersichtlicher persönlicher Betroffenheit auch völlig desinteressierte Mehrheiten engagierten, sachkundigen und hochgradig betroffenen Minderheiten gegenüberstehen.

Bernd Guggenberger, Claus Offe, An den Grenzen der Mehrheitsdemokratie, Opladen 1984

¹ apathisch: teilnahmslos

Alexis de Tocqueville, (1805-1859), frz. Publizist, Politiker und Historiker

„Das Recht eines jeden Volkes findet seine Grenze an der Gerechtigkeit. [...] Wenn ich daher einem ungerechten Gesetz den Gehorsam verweigere, spreche ich keineswegs der Mehrheit das Recht ab, zu befehlen; Ich appelliere lediglich von der Souveränität des Volkes an die Souveränität der Menschheit. [...] Niemals werde ich die Befugnis, schlechthin alles zu tun, die ich einem Einzelnen unter meinesgleichen versage, einer Mehrheit zugestehen."

A. de Tocqueville, Über die Demokratie in Amerika, ausgewählt und herausgegeben von J. P. Mayer, Stuttgart 1985, S. 145 ff.

Aufgaben

1. Diskutieren Sie das Für und Wider einer breiten politischen Partizipation (M 1 – M 3).
2. Nutzen Sie den Wort-Cluster zum Begriff „Pluralismus" (M 4) für eigene Assoziationen. Achten Sie darauf, die hergestellten Bezüge zu begründen.
3. Stellen Sie das pluralistische Gesellschaftsmodell grafisch dar (M 5). Beziehen Sie in jedem Fall die Kategorien „Interesse", „Konflikt", „Konkurrenz" und „Grundkonsens" in Ihre Darstellung ein. Überlegen Sie außerdem, wie Ihre Grafik die Ergebnisse des pluralistischen Prozesses wiedergeben könnte.
4. Veranschaulichen Sie die Gefahren einer „Tyrannei der Mehrheit" anhand von Beispielen und zeigen Sie, welche Schutzmaßnahmen unsere Verfassungsordnung gegen diese Gefahren vorsieht (M 6).

F Aufgabe 4
Beziehen Sie Alexis de Tocquevilles Auffassung der „Tyrannei der Mehrheit" (→ Randspalte zu M 6) auf die Fallbeispiele in M 2 und M 3 (S. 100 – 101).

Wissen kompakt

Demokratie

Der Begriff Demokratie kommt aus dem Griechischen und setzt sich aus den Wörtern demos (Volk) und kratein (herrschen) zusammen. Demokratie ist also eine Herrschaftsform und bedeutet „Herrschaft des Volkes" bzw. „Volksherrschaft." Ihre Wurzeln reichen zurück bis in die Antike; schon um 500 v. Chr. gaben sich in Griechenland einzelne Stadtstaaten (poleis, Sg. polis) demokratische Verfassungen.

Bis in die frühe Neuzeit hinein galt Demokratie aber auch als Inbegriff für Unordnung und Chaos, so dass, von wenigen Ausnahmen abgesehen, die Herrschaft eines Einzelnen (damals: *Monarchie*) oder einiger Weniger (*Oligarchie*) die einzig anerkannten Herrschaftsformen darstellten. Erst im 18. Jahrhundert setzten sich mit der Philosophie der Aufklärung der Glaube an die *Macht der Vernunft* sowie die Ideen der persönlichen Freiheit und der Rechtsgleichheit durch.

Pluralismus

Die u. a. von Ernst Fraenkel entworfene neopluralistische Gesellschaftstheorie geht von einer *Vielfalt heterogener, legitimer und konkurrierender Gruppeninteressen* in der Gesellschaft aus. Willensbildung und Entscheidungsfindung vollziehen sich in einem offenen, mehr oder weniger konfliktreichen Prozess der Interessendurchsetzung. Das Gemeinwohl entsteht im Nachhinein (*a posteriori*) und stellt als mehrheitsfähiger *Kompromiss auf Zeit* die Resultate des Interessenausgleichs dar.

Neben dem Bereich gesellschaftlich kontroverser Fragen, über die abgestimmt werden muss, existiert aber auch ein unstrittiger demokratischer Grundkonsens (*consensus omnium*), der politisch nicht zur Disposition stehen darf. Hierzu zählen die Achtung der Menschenrechte, die Prinzipien des Rechtsstaats, fundamentale politische Freiheiten sowie die Regeln des politischen „Fairplay".

Demokratisch ist der pluralistische Prozess aber nur dann, wenn möglichst alle gesellschaftlich relevanten Interessen *organisiert* sind und über annähernd *gleiche Chancen* zur Artikulation und Durchsetzung ihrer Interessen verfügen.

Formen demokratischer Herrschaft

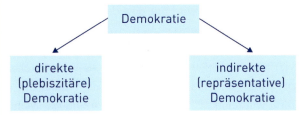

Direkte Demokratie

Das Volk übt unmittelbar (direkt) die Staatsgewalt aus. Es entscheidet mit Volksabstimmungen („Plebisziten") über alle politisch wichtigen Anliegen.

Indirekte Demokratie

Das Volk übt mittelbar (indirekt) die Staatsgewalt aus. Es entscheidet über gewählte Vertreter (Abgeordnete) über alle politisch wichtigen Anliegen.

Politische Partizipation

Die Kritik an der sogenannten „Zuschauerdemokratie" drückt aus, dass eine Demokratie nicht nur von der generellen Akzeptanz durch die Mehrheit der Bevölkerung lebt, sondern von politischer Partizipation, d. h. der *Mitwirkung* hinreichend vieler Bürger im politischen Prozess.

In repräsentativen Demokratien gelten die Teilnahme an *Wahlen* sowie die Mitgliedschaft in politischen Parteien als klassische Möglichkeiten der Beteiligung. Angesichts deutlicher Symptome eines wachsenden Desinteresses an etablierten Formen der Politik und einer sich zunehmend *individualisierenden Gesellschaft* plädieren engagierte Bürger, aber auch Vertreter aus Wissenschaft und Politik für mehr Partizipation und wollen die Demokratie für neue, *direktere Formen der Beteiligung* (z. B. Plebiszite auf Bundesebene, „E-Democracy", „Liquid Democracy") öffnen. Andere halten dem entgegen, dass die „totale" Partizipation die Funktionsfähigkeit des politischen Systems überdehnen könnte, und verweisen darauf, dass sich die aktive Beteiligung der Bürger in repräsentativen Demokratien schon immer auf überschaubare Minderheiten beschränkt habe.

Wissen im Kontext

In Deutschland wurde die Demokratie vom 19. Jhd. an schrittweise verwirklicht, bis sie nach einer kurzen, von politischen Verwerfungen gekennzeichneten Phase (Weimarer Republik, ab 1919) im Jahr 1933 durch die nationalsozialistische Diktatur beseitigt wurde (→ G 11.2.1 –G 11.2.2).

Während die 1949 gegründete Bundesrepublik Deutschland wieder eine demokratische Herrschaftsform aufbauen konnte, lebten die Menschen in der Deutschen Demokratischen Republik (DDR) bis zur Vereinigung beider deutscher Staaten im Jahre 1990 unter den Bedingungen einer sozialistischen Ein-Parteien-Herrschaft, die die demokratischen Rechte des Einzelnen massiv einschränkte (→ G 11.2.3).

Wie hat sich die Demokratie in Deutschland etabliert?
M 2

Das demokratische Prinzip unseres Staates ist in Art. 20 Abs. 2 des Grundgesetzes durch den Schlüsselsatz „Alle Staatsgewalt geht vom Volke aus" festgeschrieben; im folgenden Satz desselben Artikels wird auf Wahlen und Abstimmungen als wichtigste Mitwirkungsmöglichkeiten verwiesen.

Demokratie ist aber mehr als eine Herrschaftsform. Als Prinzip des friedlichen, kooperativen und gerechten Zusammenlebens wirkt sie tief hinein in die Gesellschaft und das Leben des einzelnen Menschen. Nicht nur Defizite in der Gleichstellung der Geschlechter und von Minderheiten sowie andere Formen sozialer Ungleichheit zeigen, dass der Demokratisierungsprozess also nicht abgeschlossen ist.

Warum ist Demokratie nur als Prozess zu verstehen?
M 1 – M 2

Der soziale Wandel moderner Gesellschaften wirkt sich auch auf das politische System aus. Nicht nur in Deutschland verlieren etablierte Formen der politischen Mitwirkung und Willensbildung zunehmend an Attraktivität. Es wäre aber verkürzt, wollte man von allgemeiner Politikmüdigkeit sprechen, da sich jenseits der klassischen Parteiendemokratie viele Ansätze zu politischem Engagement finden lassen. Umstritten ist jedoch, inwieweit die gegenwärtig diskutierten neuen Formen politischer Partizipation die Krisensymptome beheben und der politischen Kultur (Stichwort: Bürgerdemokratie) neuen Auftrieb geben können (→ Kap. 5.2).

Braucht die Demokratie eine Runderneuerung?
M 3

Strukturdefizite weist die Demokratie aber auch in den sie tragenden Grundprinzipien auf. Wie pluralistisch ist z. B. das politische Leben in Deutschland? Von linker Seite wird die Frage aufgeworfen, ob wirklich alle gesellschaftlich relevanten Kräfte gleichberechtigt zu Wort kommen oder soziale Randgruppen vom pluralistischen Prozess benachteiligt werden. Auch Interessen langfristiger Art (z. B. Bildung) bzw. schlecht organisierbare Interessen (Kinder, psychisch Kranke etc.) verfügen über wenig Druckmittel, um sich Gehör zu verschaffen. Sind Interessendurchsetzung und Kompromissfindung transparent und ergebnisoffen oder dominieren die mächtigeren Akteure das Geschehen? Das politisch rechte Lager kritisiert dagegen die fehlende Effizienz der pluralistischen Gemeinwohlfindung. So würden z. B. dringend notwendige Reformen in den Mühlen des Interessenkampfs zermahlen (Langwierigkeit der Entscheidungsfindung, Einigung auf den politisch „kleinsten gemeinsamen Nenner").

Wie effizient ist das pluralistische Gesellschaftsmodell?
M 4 – M 6

99

4 Demokratischer Verfassungsstaat und freiheitsgefährdende politische Ordnungen

4.3 Menschenrechte und Rechtsstaatlichkeit

M1 Gesetze zum Schutz gegen Diskriminierung in Europa (2010)

Kartenlegende
- keine Antidiskriminierungsgesetze
- Gesetze zum Schutz am Arbeitsplatz
- Gesetze zum Schutz am Arbeitsplatz sowie im Waren- und Dienstleistungssektor
- verfassungsrechtliche Verankerung
- O strafrechtliche Verfolgung von „Hassreden" und „Hassverbrechen"

Die Angaben in der Karte beziehen sich jeweils auf den höchsten gesetzlichen Schutz. Beispiel: In Staaten, in denen der Schutz vor Diskriminierung verfassungsrechtlich verankert ist, ist auch der Arbeitsplatz vor Diskriminierung geschützt.

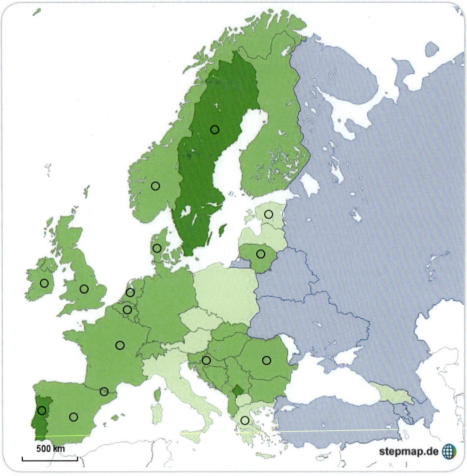

Nach: BpB (Hg.), Dossier Homosexualität, www.bpb.de, 20.11.2010

M2 Schwule und Lesben – eine verfolgte Minderheit in Russland

Duma
(auch: Staatsduma) Name der ersten Kammer (Volkskammer) des Parlaments der Russischen Föderation

Homophobie
Abneigung gegenüber gleichgeschlechtlichen Partnerschaften bis hin zu offener Feindseligkeit

„Russland ist ein Land der traditionellen Werte", sagt der stellvertretende Duma-Sprecher Sergej Schelesnjak von der Putin-Partei „Einiges Russland". Und er ist sich ganz sicher: „Mehr als 90 Prozent der Bevölkerung unterstützten das Verbot homosexueller Propaganda unter Minderjährigen." Die Zahl, die der Abgeordnete nennt, ist nur leicht übertrieben und kommt der traurigen Realität in Russland recht nahe. Denn: Die Abneigung gegen Schwule im Land ist immens. Der Gesetzentwurf gegen „Homosexuellen-Propaganda", der heute in zweiter und dritter Lesung in der Duma verabschiedet wurde, ist die Manifestierung einer seit langem grassierenden, von den Staatsmedien befeuerten Homophobie.

Das Gesetz stellt öffentliches Reden über Schwule und Lesben vor Jugendlichen unter Geldstrafe*. Dafür votierten 436 Abgeordnete, nur einer enthielt sich laut Interfax der Stimme. [...]

Dem renommierten Meinungsforschungsinstitut Lewada zufolge befürworten 42 Prozent der Russen eine Zwangsbehandlung beziehungsweise Isolierung von Homosexuellen. Fünf Prozent hätten demnach nichts gegen eine „Liquidierung" sexueller Minderheiten.

Der Gesetzentwurf richte sich nicht gegen homosexuelle Beziehungen als solche, betonte Duma-Sprecher Schelesnjak laut Interfax. Vielmehr wolle man Kinder und Heranwachsende vor Beeinflussung schützen. Minderjährige seien nicht in der Lage, objektiv und kritisch mit Informationen umgehen, „die schädlich für ihre Psyche sein können und ihnen eine verzerrte Vorstellung zwischenmenschlicher Beziehungen vermitteln".

*) Bei Verstößen werden zwischen 100 und 11.700 Euro fällig – eine enorme Summe, die etwa einem durchschnittlichen Jahresgehalt entspricht.

Annette Langer, Duma schürt Schwulenhass, www.spiegel.de, 21.6.2013

M3 Die Mär von der Toleranz

Ja, deutsche Schwule und Lesben sind der Gleichbehandlung sehr nahe – auf dem Papier. Im Alltag aber lässt die Toleranz zu wünschen übrig. Es fehlt am unbelasteten Umgang miteinander. Erst das ermöglicht echte Normalität. Wie akzeptiert sich Homosexuelle fühlen, hängt weiter stark davon ab, wo sie leben, für wen sie arbeiten. Beschämend ist, dass die Diskriminierung in einer Einrichtung beginnt, die ganz besonderen Schutz bieten müsste: in der Schule. Im weltoffenen München etwa erleben sie 90 Prozent der Fachleute „als tendenziell homosexuellenfeindlichen Ort", wie eine Umfrage unter 800 Sozialarbeitern ergab. Das Ausmaß der Probleme schwuler und lesbischer Jugendlicher dort sei „erschreckend". Und Lehrer, die sich outen, haben es da selten besser.

Die Ausgrenzung von Homosexuellen lässt sich bis heute in vielen Lebensbereichen beobachten. Um Sätze zu hören wie: „An schwule Paare vermiete ich nicht, die trennen sich immer so schnell", muss man sich nur auf dem Münchner Wohnungsmarkt umtun. Und auch für den nächsten Schritt – Gewalt gegen Homosexuelle – braucht man nicht vor einem NPD-nahen Vereinsheim in Thüringen zu knutschen. Es reicht, im Berliner Szene-Viertel Schöneberg Händchen zu halten, die Zahl von Attacken gegen Homosexuelle ist dort im vergangenen Jahr gestiegen. [...]

Wo Gleichberechtigung nicht gefördert und Verschiedenheit nicht selbstbewusst vorgelebt wird, kann Normalität nicht entstehen. [...]

Die Politik hat zur Toleranz wenig beigetragen. Wenn eine Regierung sich bei der Homo-Ehe über elf Jahre Selbstverständliches wie Unterhaltsrecht oder Hinterbliebenenversorgung einzeln gerichtlich abringen lässt, dann ist die symbolische Wirkung katastrophal.

Marten Rolff, Mär von Toleranz, www.sueddeutsche.de, 14.8.2012

Stationen auf dem Weg zur Gleichberechtigung von Homosexuellen in Deutschland

1994: Im Zuge der Rechtsangleichung nach der Vereinigung beider deutscher Staaten wird §175 StGB, der homosexuelle Betätigungen unter Strafe stellte, endgültig aus dem Strafrecht getilgt.

2001: Die rot-grüne Koalition unter Bundeskanzler Gerhard Schröder verabschiedet das Lebenspartnerschaftsgesetz und stellt damit gleichgeschlechtliche Partnerschaften in vielen Bereichen der gegengeschlechtlichen Ehe gleich. Die eingetragene Lebenspartnerschaft fällt aber nach wie vor nicht in den Schutzbereich der Ehe nach Art. 6 (1) GG.

2013: Das Bundesverfassungsgericht fordert in zwei Urteilen zum Adoptionsrecht und zum sog. Ehegattensplitting die Gleichstellung von Ehen und eingetragenen Lebenspartnerschaften.

M4 Wie universell gelten die Menschenrechte?

Guantánamo
Die Guantanamo Naval Base ist ein US-Militärstützpunkt auf Kuba, der nach den Anschlägen des 11. September 2001 um ein Internierungslager erweitert wurde.
Bis zum heutigen Tag werden dort Terrorverdächtige als „ungesetzliche Kombattanten" festgehalten, denen die Rechte von Kriegsgefangenen und wesentliche justizielle Grundrechte (z. B. die Nutzung eines Rechtsbeistands) verweigert werden. Dieser Status verstößt nach einhelliger Meinung gegen das Völkerrecht bzw. die UN-Menschenrechts-Charta.

Sind die Menschenrechte und der Respekt vor der Menschenwürde heute gesichert oder neuen Gefahren ausgesetzt? Ganz direkt wurde mir diese Frage bei einem Dinner gestellt, zu dem mich der finanzkräftige Sponsor einer amerikanischen Universität im Anschluss an einen Vortrag in sein Haus geladen hatte. „Ohne Zweifel gibt es Gefahren", war meine Antwort. Nichts sei historisch auf Dauer gesichert, und ich als Deutscher, dem die Geschichte des Nationalsozialismus und des Holocaust in den Knochen steckt, könne nicht nur anders nicht denken, sondern dürfe es auch nicht. Ja, aber gibt es diese Gefahren denn auch in den alten Demokratien des Westens? – lautete die Rückfrage. Vorsichtig, um die Essensatmosphäre nicht zu belasten, redete ich recht abstrakt von den Spannungen zwischen Werten, etwa zwischen der nationalen Sicherheit und der Menschenwürde, auch in den Vereinigten Staaten. Erst auf weiteres Insistieren hin ließ ich den Namen „Guantánamo" fallen. „In Guantánamo verteidigen wir die Menschenrechte unserer Bürger", entgegnete darauf mit erhobener Stimme der Gastgeber. Dieser Satz klingt in mir seit Längerem nach. Was wäre die richtige Antwort gewesen?

Hans Joas, Ist die Menschenwürde noch unser oberster Wert?, Beilage „Philosophie" zur Wochenzeitung „Die Zeit", 20.6.2013, S. 10 f.

Art. 20 (3) GG
Die Gesetzgebung ist an die verfassungsmäßige Ordnung, die vollziehende Gewalt und die Rechtsprechung sind an Gesetz und Recht gebunden.

M5 „Das ist nur recht und billig" – die Elemente des Rechtsstaats

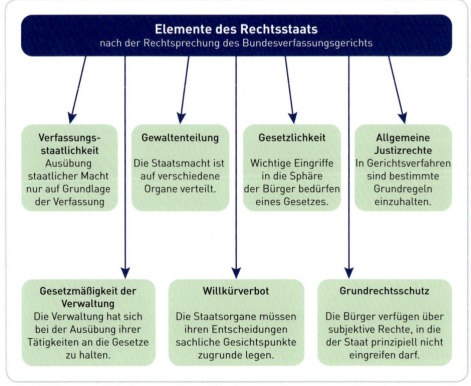

Michael Piazolo, Der Rechtsstaat, in: Bayerische Landeszentrale für politische Bildungsarbeit (Hg.), München 1999, S. 13

M6 Bröckelt der Rechtsstaat?

Jürgen Roth, investigativer Journalist, hat ein Buch über das „Spinnennetz der Macht"
geschrieben. Darin untersucht er, inwieweit die wirtschaftliche und politische Elite den
Rechtsstaat aushebelt.

Herr Roth, ist der Fall Gustl Mollath ein bedauerlicher Einzelfall in einem ansonsten funktionierenden, politisch unabhängigen Rechtssystem [...]?

5 Der Skandal um Gustl Mollath ist leider kein Einzelfall der lautlosen politischen Disziplinierung. [...] Es gibt inzwischen eine Vielzahl von Fällen der Psychiatri-
10 sierung unbequemer Bürger, auch Querulanten genannt, die häufig von den Gerichten abgesegnet werden und von denen die breite Öffentlichkeit nichts erfährt. [...]

Ist Deutschland mittlerweile, wie
15 **der Vizepräsident des Bundeskriminalamts meint, zu einem „selektiven Rechtsstaat" verkommen?**

Selbstverständlich. Wer anderes behauptet, leugnet die Realität. [...] Ich
20 habe für das Buch mit über fünfzig Staatsanwälten, Kriminalisten, Rechtsanwälten und prominenten Professoren der Justiz gesprochen. Sie alle, von wenigen Ausnahmen abgesehen, sprechen
25 von einem selektiven Rechtsstaat, einem Zwei-Klassen-Justizsystem. [...] Schauen Sie sich die Revisionspraxis des Ersten Strafsenats des Bundesgerichtshofs an. Da wird nur ein Prozent aller Revi-
30 sionen überhaupt zugelassen. Das liegt doch nicht daran, dass die Anwälte, die eine Revision beantragen, alle Schwachköpfe sind. [...]

Sie beschreiben in Ihrem Buch [...]
35 **„Tendenzen der Re-Feudalisierung". Was ist damit gemeint?**

Damit beschreibe ich [...] die fehlende Partizipation der Bürger an den wesentlichen politischen und wirtschaft-
40 lichen Entscheidungsprozessen, ob auf kommunaler, Landes- oder Bundesund natürlich der Europaebene. Hier herrschen, in mehr oder weniger abgeschlossenen elitären Zirkeln, diejeni-
45 gen Politiker, hohe Justizangehörige und Wirtschaftsführer, die die Bürger lediglich als Spielmasse betrachten [...]. Sie fühlen sich als die wahren Herrscher.

Das Interview führte Reinhard Jellen, Das Rechtsstaatprinzip bröckelt gewaltig, www.heise.de, 8.4.2013

Fall „Mollath"

Der Nürnberger Unternehmer Gustl Mollath wurde unter noch nicht völlig geklärten Umständen zum Opfer eines „Justizirrtums". Aufgrund fadenscheiniger Gutachten wurde er 2006 vom Nürnberger Landgericht in die geschlossene psychiatrische Anstalt eingewiesen, die er erst nach über sechs Jahren auf massiven Druck der Öffentlichkeit verlassen durfte.

Der Fall ist auch deswegen brisant, weil Mollath über Schwarzgeldgeschäfte der Hypo-Vereinsbank Bescheid wusste. Die Beantwortung der Frage, ob er deswegen „kaltgestellt" wurde, ist Teil der juristischen Aufarbeitung.

Aufgaben

1. Erschließen Sie aus den Materialien und Länderbeispielen die Lage sexueller Minderheiten in Europa (M 1 – M 3).

2. Der Schutz von Minderheiten ist eine wichtige Aufgabe des demokratischen Rechtsstaats. Weisen Sie an diesem Grundsatz nach, warum Demokratie als Prozess verstanden werden muss.

3. Welche Antwort hätten Sie Joas' Gesprächspartner gegeben? Diskutieren Sie Ihre Vorschläge (M 4).

   Die Antwort des Verfassers: „Ich hätte dem freundlichen und großzügigen amerikanischen Gastgeber antworten müssen, dass, wer so redet wie er, den Sinn dessen verfehlt, worauf der Westen seinen Stolz gründet."

4. Zeigen Sie, auf welche Elemente des Rechtsstaats sich die von Jürgen Roth recherchierten Fallbeispiele beziehen lassen, und diskutieren Sie die Berechtigung der Kritik (M 5, M 6).

F Aufgaben 1 – 4

Wie hoch ist das Vertrauen in den Rechtsstaat? Führen Sie in Ihrem privaten Umfeld eine Umfrage durch. Achten Sie darauf, dass die Antwortenden ihre Positionen belegen bzw. begründen.

F Aufgabe 2

Stellen Sie zusammen, in welchen Bereichen das nationalsozialistische Regime gegen die Grundsätze der Rechtsstaatlichkeit verstieß.

Wissen kompakt

Menschenrechte

Unter Menschenrechten versteht man alle natürlichen, d. h. dem Einzelnen aufgrund seiner Existenz als Mensch zustehenden, unveräußerbaren Freiheits- und Gleichheitsrechte (Naturrechtslehre). In diesem Sinne unterscheiden sie sich von Bürgerrechten, die ausdrücklich nur den Angehörigen eines Staates zugesprochen werden. Auch das Grundgesetz trifft diese Unterscheidung und fasst Menschen- und Bürgerrechte unter dem Begriff Grundrechte zusammen.

Die Menschenrechte leiten ihre Geltung unmittelbar aus dem Wert und der Würde des selbst verantwortlichen Individuums ab und bedürfen daher weder einer ausdrücklichen staatlichen Anerkennung noch lassen sie sich in ihrer Substanz und ihrem Geltungsbereich durch Mehrheitsentscheid oder Gesetz einschränken.

Politische Ethik

Die politische Ethik betrachtet die moralische Seite der Politik. Anders als die realistische Denkschule*, die sich an vermeintlich wertneutralen Kategorien wie Interesse oder Machterhalt orientiert, geht es der politischen Ethik aus normativer Perspektive um das „gute politische Leben". So haben sich alle politischen Akteure der Frage zu stellen, ob und wie sich in ihrem Handeln sittliche Normen und Prinzipien wie Fairness, Freiheit, Gerechtigkeit, Toleranz und Friedfertigkeit verwirklichen lassen, und welche Mittel demnach angewendet werden dürfen, um ein politisches Ziel zu erreichen. Grundlage hierfür bildet die Wertordnung demokratischer Verfassungen.

* *Realismus = Denkschule innerhalb des Fachs der Internationalen Beziehungen, Teildisziplin der Politikwissenschaft*

Geschichte der Menschenrechte

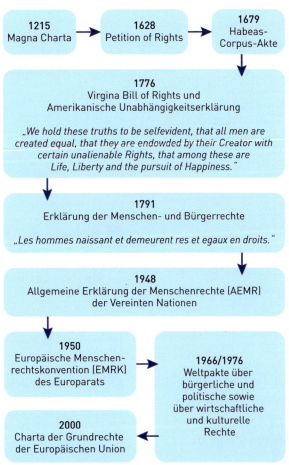

Rechtsstaatlichkeit

Rechtsstaatlichkeit bedeutet zuerst die Verpflichtung des Staates, sein Handeln an gültigen Gesetzen auszurichten. Außerdem muss jedes Gesetz formal korrekt zustande gekommen sein, um rechtlich Bestand zu haben (formales Rechtsstaatsprinzip).

Wie aber wäre ein Gesetz zu beurteilen, das zwar diese Bedingungen erfüllt, aber mehr oder weniger offensichtlich gegen fundamentale Rechte einzelner Bürger oder sozialer Gruppen verstieße?

Um dieser Gefahr „legalen Unrechts" zu begegnen, gilt in modernen Demokratien neben dem formalen ein materiales (auch: materielles) Rechtsstaatsprinzip, demzufolge nur Recht sein darf, was höherrangigen, durch die Verfassungsordnung definierten Grundsätzen von Gerechtigkeit entspricht. Hierzu zählen zuallererst

- die Einhaltung der Menschen- und Bürgerrechte
- die Garantie von Rechtssicherheit
- sowie das Recht auf faire Gerichtsverfahren.

Über die Einhaltung dieser Grundsätze wacht eine unabhängige Verfassungsgerichtsbarkeit.

Wissen im Kontext

Aufgrund ihrer historischen Entwicklung verstehen sich Menschenrechte in erster Linie als Abwehrrechte gegen den Staat. Sie schützen also die bürgerlichen Freiheiten des Einzelnen gegen inakzeptable Eingriffe der öffentlichen Gewalt.

Die staatlichen Organe haben aber nicht nur ihr eigenes Handeln an der Einhaltung der Menschenrechte zu orientieren. Sie sind darüber hinaus auch verpflichtet, die Menschen in ihrem Einflussbereich gegen Verstöße von dritter Seite zu schützen und diese nötigenfalls zu sanktionieren (GG: abwehrbereite und wehrhafte Demokratie). Eine Regierung, die es beispielsweise tatenlos hinnimmt (und vielecht sogar stillschweigend billigt), dass ethnische oder andere gesellschaftliche Minderheiten von der Mehrheitsbevölkerung diskrimininiert werden, kommt dieser Schutzverpflichtung nicht nach.

Warum wenden sich Menschenrechte nicht nur gegen staatliche Eingriffe?
M 2, M 4

Neben den klassischen Abwehrrechten findet man in vielen bedeutenden Menschenrechtskodifizierungen auch sogenannte Leistungs- bzw. soziale Teilhaberechte, aus denen sich Forderungen der Bürger an den Staat ableiten lassen. So benennt Artikel 23 der UN-Menschenrechtserklärung z. B. ein Recht auf Arbeit. Da sich solche Absichtserklärungen und die daraus ableitbaren Ansprüche kaum einklagen lassen (welcher Staat kann, um beim Beispiel zu bleiben, hundertprozentige Vollbeschäftigung garantieren?), ist deren verfassungsrechtliche Verankerung umstritten.

In jüngerer Zeit wurden weiterhin kollektive Rechte der Völker in den Rang von Menschenrechten erhoben, z. B. das kollektive Recht auf Entwicklung, auf Kommunikation oder – im Jahr 2010 – auf sauberes Wasser.

Welche Bedeutung haben Teilhaberechte?
M 4 – M 6

Der Schutz der Menschenrechte steht und fällt mit der Möglichkeit, sie nötigenfalls einzuklagen. Auf nationaler Ebene geschieht dies mit Hilfe der Verfassungsgerichtsbarkeit (z. B. dem Bundesverfassungsgericht). Auf supranationaler Ebene existieren vergleichbare Ansätze mit dem Europäischen Gerichtshof für Menschenrechte in Straßburg und seit 2002 mit dem Internationalen Strafgerichtshof in Den Haag, der sich vorrangig mit Kriegsverbrechen und Verbrechen gegen die Menschlichkeit bis hin zum Völkermord beschäftigt.

Wie werden die Menschenrechte weltweit geschützt?

„Der freiheitliche, säkularisierte Staat lebt von Voraussetzungen, die er selbst nicht garantieren kann." Diese These des Verfassungsrechtlers Ernst-Wolfgang Böckenförde benennt ein grundsätzliches Dilemma des demokratischen Rechtsstaats. Geht er aktiv gegen seine Feinde vor, greift er in demokratische Freiheitsrechte, z. B. das Recht auf freie Meinungsäußerung, ein und verstößt damit gegen seine eigenen Prinzipien. Unternimmt er dagegen nichts, bleibt er zwar seinen Prinzipien treu, setzt sich aber der Gefahr aus, durch seine Passivität an der eigenen Zerstörung mitzuwirken.

Lösen lässt sich das „Böckenförde-Dilemma" nicht; es kann nur gebändigt werden durch das Eintreten für eine politische Kultur, in der die Bürger aktiv für rechtsstaatliche und demokratische Prinzipien eintreten und so den Feinden der Demokratie die Handlungsgrundlage entziehen.

Auf welchem Konsens beruht der demokratische Rechtsstaat?
M 5

Methode

Einen politischen Essay schreiben

I. Textbeispiel: Schafft die Toleranz ab!

Manches bedarf keiner Einleitung und gehört einfach ausgesprochen, und für folgende Forderung gilt ebendies, und deshalb spreche ich es auch einfach so aus: Toleranz gehört abgeschafft.

Aus den möglichen Haltungen und Handlungen ausgemistet, wie man Schränke, Keller und Facebook-Freunde ausmistet. Dieses feige, verlogene, zeitverschwendende Gefühl, das der Streitkultur und jeglichem Miteinander schadet. Also weg damit! Denn es nötigt uns meistens zum Lügen oder zumindest zum Schweigen.

„Hat er das tatsächlich gerade gesagt? Das fasse ich nicht! Das widerspricht ja allem, woran ich glaube, na, dem werde ich gleich die Meinung... ach nein. Nein, nein, nein. Er hat das Recht auf seine eigene Meinung. Nein, ich muss diese aushalten, nicht umsonst nenne ich mich – gebildet, informiert, aufmerksam und demokratietreu wie ich bin – einen toleranten Menschen. Ich sage nichts."

Und schon hat man geschwiegen, sich nicht eingemischt, wo es vielleicht notwendig gewesen wäre, sich anders gezeigt, als man tatsächlich ist, eine Auseinandersetzung, einen Konflikt vermieden – oder schlimmer noch: unter den Teppich gekehrt.

Aber nicht nur dieses Verhalten ist verlogen. Verlogen ist das Gefühl, das entsteht: Ich bin ein besserer, weil aufgeschlossener Mensch. Aufgeschlossenheit durch Verschlossenheit, durch Verschweigen, dafür dann Gesäusel: „Ach, das ist ja interessant. Ach, so hatte ich das noch gar nicht gesehen. So kann man es also auch machen!" Und sich schön bemühen, dass es ja nicht zu aufgesetzt klingt! [...] Toleranz ist häufig eine arrogante Haltung, die von oben herab entsteht und den anderen in die Knie zwingt, erniedrigt: „Ach schau mal, bin ich nicht nett, dass ich dich hier, so, wie du bist, toleriere? Obwohl du, aber gut, darüber sprechen wir jetzt mal nicht", weil: Ich bin ja tolerant. Ich bin mir dessen bewusst, dass nicht alle gleich sind, und deshalb ein besserer Mensch.

Toleranz hat wenig mit Gleichberechtigung zu tun, auch wenig mit einem Miteinander. Toleranz baut Hierarchien auf, die aufzubrechen nicht möglich ist, weil von vornherein festgelegt ist, wer seinen Platz wo hat.

Und an mancher Stelle ist Toleranz auch einfach nur feige. Weil es selbstverständlich einfacher ist, sich als toleranter Mensch gut zu fühlen, denn nachzufragen, zu widersprechen, zu streiten, Differenzen festzustellen, zu akzeptieren, auszuhalten. Dies gilt für Freundschaften und Beziehungen nicht minder als anderswo in der Gesellschaft.

Ist es die Angst? Die Angst vor Auseinandersetzungen, die Angst vor Disharmonie? Ohne Gespräche, Debatte, ohne Konflikte, ohne Streit aber keine Entwicklung, keine Veränderungen.

Einen Versuch ist es doch wert: Ein Leben ohne Toleranz. Miteinander reden, streiten, diskutieren, einander widersprechen, anstatt einander zu tolerieren. Gefühle zeigen.

Lena Gorelik, Schafft die Toleranz ab! Die Angst vor Auseinandersetzungen; Deutschlandradio Kultur, Politisches Feuilleton, www.dradio.de, 28.8.2013

Die Schriftstellerin Lena Gorelik wurde 1981 im russischen Leningrad, dem heutigen Sankt Petersburg geboren und kam 1992 zusammen mit ihrer russisch-jüdischen Familie nach Deutschland.

II. Was kennzeichnet einen politischen Essay?

Politische Essays (frz. essai, Versuch) widmen sich einem aktuellen Problem, einer gesellschaftlich relevanten Fragestellung oder einem kontrovers diskutierten Phänomen auf intellektuell eigenwillige und individuelle Art und achten hierbei besonders auf Form und Stil. So definiert ähneln sie dem klassichen Feuilleton-Beitrag der (überregionalen) Tagespresse bzw. vereinzelten Meinungsformaten des öffentlich-rechtlichen Rundfunks. Anders als Fachaufsätze besteht der Sinn eines Essays nicht darin, ein Thema erschöpfend und intersubjektiv überprüfbar abzuhandeln. Ihr skizzenhafter bzw. fragmentarischer Charakter ist ein wichtiges Stilmerkmal, die Verwendung des sonst üblichen wissenschaftlichen Apparats (Zitate, Quellenangaben) daher entbehrlich. Der Essayist hat Spaß am freien Reflektieren und weiß oftmals erst am Ende des Schreibprozesses, wohin ihn sein assoziativer „Gedankenspaziergang" geführt hat. Die gestalterischen Freiheiten, die essayistisches Schreiben auszeichnen, dürfen aber nicht mit Willkür und Strukturlosigkeit verwechselt werden: Gute Essays definieren ihr Thema bzw. ihre Fragestellung sehr genau und verfügen über eine erkennbare Gliederung sowie eine durchgängige und nachvollziehbare Argumentationsstruktur.

III. Was sollte man beim Schreiben eines politischen Essays beachten?

1. Recherchieren Sie das Thema so genau wie möglich.
2. Gehen Sie Ihrem Gegenstand durch genaue Analyse und Interpretation auf den Grund. Unbegründete Behauptungen sind ebenso untauglich wie leeres Geschwätz.
3. Der Anfang entscheidet (fast) alles! Beginnen Sie Ihren Text deshalb möglichst originell, z. B. mit einem „Z-Einstieg" (Zitat), „Oh-Einstieg" (Wecken von Neugierde) oder „fotografischen Einstieg" (Bilder und Details einer beobachteten Szene).
4. Sichern Sie das Textverständnis Ihrer Leser durch eine klare gedankliche Struktur und geeignete Gliederungssignale.
5. Nutzen Sie Vergleiche, Paradoxa, kalkulierte Stilbrüche und andere sprachliche Mittel.
6. Bemühen Sie sich um eine angemessene „Tonlage". Soll Ihr Essay eher sachlich klingen oder appellativ?

Aufgaben

1. Setzen Sie sich kritisch mit Lena Goreliks Argumentation auseinander.
2. Überprüfen Sie, inwieweit die Kriterien des essayistischen Schreibens auf den Text zutreffen.
3. Verfassen Sie einen Gegen-Essay, der – stärker als dies die russischstämmige Autorin tut – die Notwendigkeit von Toleranz in den Blick nimmt.
4. *„Bloßes Ignorieren ist noch keine Toleranz."* Nehmen Sie Theodor Fontanes These zum Anlass für einen politischen Essay.

H Aufgabe 1
Reflektieren Sie die Position der Schriftstellerin auch vor dem Hintergrund ihrer Herkunft. Für eine erste Orientierung eignet sich z. B. Kap. 4.5, S. 118 f.

4.4 Herrschaftskontrolle in der repräsentativen Demokratie – Gewaltenteilung und Gewaltenverschränkung

M1 Das parlamentarische Regierungssystem der Bundesrepublik Deutschland

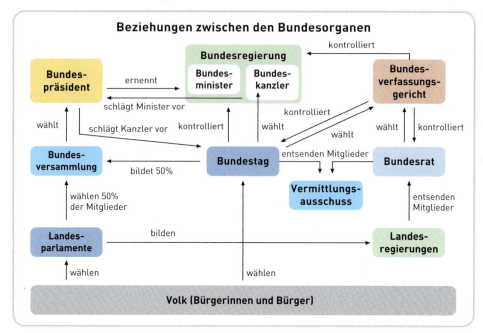

Autorengrafik

Art. 20 GG
(1) Die Bundesrepublik Deutschland ist ein demokratischer und sozialer Bundesstaat.
(2) Alle Staatsgewalt geht vom Volke aus. Sie wird vom Volke in Wahlen und Abstimmungen und durch besondere Organe der Gesetzgebung, der vollziehenden Gewalt und der Rechtsprechung ausgeübt.
(3) Die Gesetzgebung ist an die verfassungsmäßige Ordnung, die vollziehende Gewalt und die Rechtsprechung sind an Gesetz und Recht gebunden.

Legislative

Der **Bundestag** ist die gewählte Vertretung des deutschen Volkes. Seine Abgeordneten organisieren sich in Fraktionen. Er hat die Aufgabe, den Bundeskanzler zu wählen und ihn dann durch Zustimmung zu seiner Politik im Amt zu halten. Der Bundestag kann den Kanzler ablösen, indem er ihm das Vertrauen verweigert. Darin gleicht er anderen Parlamenten.

Die zweite große Aufgabe der Abgeordneten im Bundestag ist die Gesetzgebung. Seit 1949 sind mehr als 6600 Gesetze verabschiedet worden. Die meisten davon werden von der Bundesregierung vorgeschlagen. Der Bundestag, der im Berliner Reichstag residiert, verkörpert allerdings weniger den Typ des Debattierparlaments, wie es die britische Parlamentskultur kennzeichnet. Er entspricht vielmehr dem US-amerikanischen Typ des so genannten Arbeitsparlaments. Die Fachausschüsse des Bundestages beraten intensiv und sachkundig über die dem Parlament vorgelegten Gesetzentwürfe.

Die dritte große Aufgabe des Bundestages ist die Kontrolle der Regierungsarbeit. Die in der Öffentlichkeit sichtbare parlamentarische Kontrolle übt die parlamentarische Opposition aus. Der weniger sichtbare, dafür aber nicht weniger wirksame Teil der Kontrollfunktion wird von den Abgeordneten der Regierungsparteien übernommen, die hinter den verschlossenen Türen der Sitzungsräume kritische Fragen an ihre Regierungsvertreter richten.

Der **Bundesrat** ist die Vertretung der Länder [...]. Ihm gehören ausschließlich Vertreter der Landesregierungen an. Der Bundesrat wirkt am Zustandekommen der Bundesgesetze mit.

Exekutive

Der **Bundeskanzler** ist das einzige gewählte Mitglied der **Bundesregierung**. Die Verfassung räumt ihm das Recht ein, selbst die Minister als die Leiter der wichtigsten politischen Behörden auszuwählen. Der Kanzler bestimmt ferner die Anzahl der Ministerien, und er legt deren Zuständigkeiten fest. Er besitzt die Richtlinienkompetenz. Sie umschreibt das Recht des Kanzlers, verbindlich die Schwerpunkte der Regierungstätigkeit vorzuschreiben.

Die Ablösung des amtierenden Kanzlers kann nur durch ein – konstruktives – Misstrauensvotum erfolgen, d. h. es muss gleichzeitig ein neuer Kanzler gewählt werden. Der Bundeskanzler kann aber auch im Bundestag jederzeit die Vertrauensfrage stellen, um zu prüfen, ob er noch den uneingeschränkten Rückhalt der Regierungsparteien genießt. Verliert der Kanzler diese Vertrauensabstimmung, dann liegt die Entscheidung, ob der Bundestag aufgelöst wird und damit Neuwahlen stattfinden sollen, beim Bundespräsidenten. [...]

Der **Bundespräsident** repräsentiert die Bundesrepublik Deutschland als Staatsoberhaupt. Er vertritt das Land nach außen und ernennt die Regierungsmitglieder, die Richter und die hohen Beamten. Mit seiner Unterschrift setzt er die Gesetze in Kraft. [...] Ein Vetorecht, wie es der US-amerikanische Präsident oder andere Staatspräsidenten gegen Gesetzesbeschlüsse der parlamentarischen Körperschaften besitzen, gesteht das Grundgesetz dem Bundespräsidenten nicht zu. [...]

Judikative

Das **Bundesverfassungsgericht** [...] wurde vom Grundgesetz mit dem Recht ausgestattet, demokratisch korrekt zustande gekommene Gesetzesbeschlüsse außer Kraft zu setzen, wenn es zu der Feststellung gelangt, dass sie gegen das Grundgesetz verstoßen. Das Verfassungsgericht wird nur auf Antrag tätig. Der Kreis der Klageberechtigten umfasst die Bundesorgane Bundespräsident, Bundestag, Bundesrat, Bundesregierung oder deren Teile – Abgeordnete oder Fraktionen – sowie Landesregierungen. Das Verfassungsgericht wird im „Verfassungsstreit" zum Schutz der im Grundgesetz garantierten Gewaltenteilung und des Bundesstaates aktiv. Um auch einer parlamentarischen Minderheit die Anrufung des Verfassungsgerichts zu ermöglichen, genügt ein Drittel der Mitglieder des Bundestages, um Klage gegen eine Rechtsnorm zu erheben („abstrakte Normenkontrollklage").

Das Grundgesetz legitimiert auch den einzelnen Bürger zur „Verfassungsbeschwerde", wenn er sich durch das Handeln einer Behörde in seinen Grundrechten verletzt sieht. Schließlich ist jedes deutsche Gericht verpflichtet, mit einer „konkreten Normenkontrollklage" an das Verfassungsgericht heranzutreten, wenn es ein Gesetz für verfassungswidrig hält. Das Bundesverfassungsgericht hat das Monopol auf die Verfassungsauslegung für die gesamte Gerichtsbarkeit.

Jürgen Hartmann, Politisches System, in: Societäts-Verlag (Hg.), Tatsachen über Deutschland, Frankfurt am Main 2007, S. 67

Art. 79 GG
Eine Änderung dieses Grundgesetzes, durch welche die Gliederung des Bundes in Länder, die grundsätzliche Mitwirkung der Länder bei der Gesetzgebung oder die in den Artikeln 1 und 20 niedergelegten Grundsätze berührt werden, ist unzulässig.

Bundesrat-Mitwirkungsrechte an Bundesgesetzen
Das Grundgesetz sieht zwei Arten von Mitwirkung vor. Bundesgesetze, die den Ländern zusätzliche Verwaltungskosten verursachen oder die an die Stelle bisheriger Landesgesetze treten, unterliegen der Zustimmungspflicht des Bundesrates: Der Bundesrat muss einem Gesetzesbeschluss des Bundestages zustimmen, damit dieser wirksam werden kann. Von diesen Zustimmungsgesetzen sind die „Einspruchsgesetze" zu unterscheiden. Diese kann der Bundesrat zwar ablehnen. Der Bundestag kann den Einspruch aber mit der gleichen Mehrheit wie im Bundesrat, mit einfacher oder mit Zweidrittelmehrheit, im letztgenannten Fall mit mindestens der Mehrheit der Bundestagsmitglieder (absolute Mehrheit), zurückweisen.
© *Frankfurter Societäts-Medien GmbH, Politisches System, www.tatsachen-ueber-deutschland.de, Aufruf am 15.2.2014*

M2   Das präsidentielle Regierungssystem der USA

Das Verfassungssystem der USA

Legislative — Exekutive — Judikative

Aufschiebendes Veto gegen Gesetze

Ausgabenbewilligungsrecht

Präsident

Ernennung der Richter auf Lebenszeit (mit Zustimmung des Senats)

Kein Sturz durch Misstrauensvotum

kein Auflösungsrecht

Verfassungsrechtliche Kontrolle

Repräsentantenhaus — 435 Abgeordnete

Senat — 100 Senatoren

Kongress

Oberster Gerichtshof

Wahl auf 2 Jahre

Wahl auf 6 Jahre (alle 2 Jahre 1/3)

Wahl auf 4 Jahre

538 Wahlmänner

Wahl

Die Gewaltenteilung basiert auf dem Prinzip "checks and balances" (gegenseitige Kontrolle und Austarieren der partiellen Interessen der Organe).

Wahlberechtigte Bevölkerung

Nach: Zahlenbilder 854511

Exekutive

Die USA sind eine bundesstaatliche Republik mit präsidentieller Demokratie. Der **Präsident** der Vereinigten Staaten ist Staatsoberhaupt, Regierungschef und Oberbefehlshaber der Streitkräfte. Er wird auf vier Jahre vom Volk (de facto) direkt gewählt; eine Wiederwahl ist nur einmal möglich. Zu seinen Befugnissen zählen:

- Ernennung der Minister sowie der Bundesrichter, letztere mit Zustimmung des Senats.
- Außenpolitische Vertretung der USA (Vertragsabschlüsse mit Zustimmung des Senats)
- Empfehlung von Maßnahmen an den Kongress
- Suspensives (aussetzendes) Vetorecht des Präsidenten gegenüber allen Beschlüssen des Kongresses

Der Präsident ist dem Kongress nicht verantwortlich und kann deshalb aus politischen Gründen nicht abgesetzt werden. Möglich ist dies nur wegen Verfassungs- und Rechtsverletzungen durch ein Amtsenthebungsverfahren (Impeachment).

Dem Präsidenten zur Seite steht ein unabhängiges Präsidentenamt, das ca. 5000 Mitarbeiter zählt. Zu seinem engeren Kabinett gehören: der Vizepräsident, die Minister sowie persönliche Berater; das Kabinett ist ein rein beratendes Gremium. Die Exekutive ruht allein im Amt des Präsidenten.

Die Präsidentschaftswahl besteht aus zwei großen Wahlgängen:

- Die Wahlen zur Nominierung der Parteikandidaten: Der Präsidentschaftskandidat wird auf dem nationalen Parteikonvent von Delegierten nominiert. Die Delegierten werden zuvor in den Bundesstaaten durch Vorwahlen (primaries) bestimmt.
- Eigentliche nationale Präsidentschaftswahl: Das wahlberechtigte Volk der USA wählt so genann-

te Wahlmänner. Dabei stehen jedem Staat genau so viele Wahlmänner zu, wie er Abgeordnete in den Kongress entsendet. Es gilt das Prinzip: „The winner takes it all". Die Partei, welche die Mehrheit der Stimmen in einem Staat auf sich vereinigen kann, bekommt das alleinige Recht, Wahlmänner aufzustellen.

Legislative

Der amerikanische **Kongress** bildet die legislative Gewalt. Er besteht aus zwei Kammern, nämlich aus dem **Repräsentantenhaus** und dem Senat.

Im Repräsentantenhaus verkörpert sich die Idee demokratischer Volkssouveränität, denn dieses ist vom Volk direkt gewählt und durch die Kürze der Amtsdauer (zweijährige Legislaturperiode) ist das Repräsentantenhaus zu ständigem Kontakt mit der Wählerschaft geradezu verpflichtet.

Der Senat dagegen soll die Interessen der Einzelstaaten in die Entscheidungsprozesse der Bundespolitik miteinfließen lassen. Jeder Einzelstaat entsendet zwei Senatoren, die direkt vom Volk für sechs Jahre gewählt werden. Um die Kontinuität der Arbeit in diesem wichtigen Verfassungsorgan zu gewährleisten, wird der Senat nicht in seiner Gesamtheit neu gewählt, sondern alle zwei Jahre muss sich je ein Drittel der Senatoren einer Wiederwahl stellen bzw. ausscheiden.

Der Kongress beschließt die Gesetze und den Staatshaushalt. Er allein besitzt das Recht der Kriegserklärung. Bei der Gesetzgebung bedarf jede Gesetzesvorlage der Zustimmung beider Kammern. Dies gilt gleichermaßen für den Staatshaushalt, den der Präsident als Beratungsvorschlag dem Kongress vorlegt. Verweigert der Präsident seine Unterschrift bei einer Gesetzesvorlage, so bedarf es einer Zweidrittelmehrheit des Kongresses, um diese rechtskräftig zu machen.

Der Senat wirkt außerdem an der auswärtigen Politik durch die Bestätigung völkerrechtlicher Verträge mit. Die Vergangenheit hat allerdings gezeigt, dass die Exekutive diese treaty power des Senats oft umgeht, indem sie anstelle von Verträgen (treaties) so genannte Regierungsabkommen (executive agreements) abschließt, die nicht der Senatsmitwirkung bedürfen.

Ferner wirkt der Senat an der präsidentiellen Befugnis der Besetzung von Stellen in der Bundesregierung und Verwaltung mit.

Judikative

Der **Supreme Court** ist der Oberste Gerichtshof in den USA. Der Supreme Court kann nur auf Anrufung tagen, nicht aber auf Eigeninitiative. Ihm untergeordnet sind zur Zeit 13 Berufungsgerichte und 95 Bezirksgerichte.

Der Supreme Court überwacht die verfassungsmäßigen Rechte der Bürger und der Bundesstaaten sowie alle Handlungen des Präsidenten und des Kongresses. Die neun Richter des Supreme Courts sind befugt, über Fragen, die die Verfassung betreffen, mitzubestimmen, und sie dürfen Gesetzentwürfe des Kongresses zurückweisen. Die Mitglieder des Supreme Courts werden vom amerikanischen Präsidenten auf Lebenszeit ernannt und müssen mit Zweidrittelmehrheit des Senats bestätigt werden. Auch bei den obersten Richtern ist es in Fällen besonders schwerer Vergehen möglich, ein Impeachment durch eine Zweidrittelmehrheit des Senats zu erwirken.

Nach: Norbert Otto, Amerikanisches Regierungssystem, www.schule-studium.de, Abruf am 14.3.2014

Unterschied zwischen Parlamenten und Kammern

Parlamente bestehen aus Häusern oder Kammern. Staaten wie Frankreich, Großbritannien oder die USA haben jeweils ein „Zwei-Kammer-Parlament". Deutschlands Parlament hingegen besteht aus einer Kammer: dem Bundestag. Zwar wird in den Medien oft von der „zweiten Kammer", dem Bundesrat, berichtet. Dies ist aber falsch, denn der Bundesrat ist ein eigenständiges Verfassungsorgan, das an der parlamentarischen Arbeit teilnimmt.

M3 Gewaltenteilung und Gewaltenverschränkung im präsidentiellen und parlamentarischen Regierungssystem

Als die älteste Demokratie der Neuzeit leisten sich die USA ein politisches System, das weitgehend auf Parlamentarismus verzichtet. Der Präsident wird direkt vom Volke gewählt, er ist die Exekutive. Die beiden Kammern des Kongresses sind so organisiert, dass sie die präsidiale Macht in einem System der Checks and Balances in Konkurrenz kontrollieren. Der zentrale Unterschied zwischen dem US-amerikanischen „checks and balances"-System und parlamentarischen Regierungssystemen liegt in der unterschiedlichen Beziehung zwischen der Legislative und der Exekutive begründet. Anders als der US-Präsident, der durch einen Wahlakt eigene Legitimation durch den Wähler beanspruchen kann, wird zum Beispiel die deutsche Kanzlerin mittelbar von der Mehrheit im Parlament gewählt.

Auch in der politischen Auseinandersetzung muss der Kopf der Exekutive darauf vertrauen können, dass seine Politikinitiativen von seiner Fraktion bzw. Koalition im Bundestag mitgetragen werden. Diese „Gewaltenverschränkung" charakterisiert parlamentarische Regierungssysteme, zumal die Stabilität sowohl der Regierung/der Exekutive als auch jene der Parlamentsmehrheit von einer engen und vertrauensvollen Kommunikationsbeziehung zwischen beiden abhängen. Im politischen System der USA sind Legislative und Exekutive nicht nur durch verschiedene Wahlakte stärker voneinander getrennt. Das System der checks and balances ist darüber hinaus gekennzeichnet durch konkurrierende, sich gegenseitig kontrollierende politische Gewalten. Der amerikanische Kongress übernimmt nicht automatisch die politische Agenda der Exekutive/des Präsidenten. [...] Während im US-System die Legislative [...] als Ganzes mit der Exekutive um Machtbefugnisse konkurriert, ist „Opposition" im parlamentarischen System auf die Minderheit im Parlament beschränkt, die nicht die Regierung trägt. Für die Regierungspartei/-koalition sind Partei- und Fraktions- bzw. Koalitionsdisziplin grundlegend erforderlich, um die Funktionsfähigkeit der eigenen Regierung, ja des parlamentarischen Regierungssystems zu gewährleisten. Da Exekutive und Parlamentsmehrheit in einer politischen Schicksalsgemeinschaft verbunden sind, haben einzelne Abgeordnete ohnehin ein Eigeninteresse, bei wichtigen Abstimmungen nicht von der Parteilinie abzuweichen und sich der Fraktionsdisziplin zu fügen. [...] Hingegen ist in den USA die politische Zukunft einzelner Abgeordneter und Senatoren weitgehend unabhängig von der des Präsidenten; ihre Wahlchancen sind im eigenen Wahlkreis bzw. Einzelstaat zu suchen. Aufgrund des Wahlsystems und der Politikfinanzierung sind „politische Einzelunternehmer" in den USA primär selbst für ihre Wiederwahl verantwortlich und haften gegebenenfalls auch persönlich für ihr bisheriges Abstimmungsverhalten im Kongress, weil sie sich gegenüber Interessengruppen und Wählern nicht hinter einer Parteidisziplin verstecken können. [...] Der US-Präsident ist demnach laufend gefordert, im Kongress für die Zustimmung seiner Politik zu werben.

Josef Braml, Die Grundlagen des politischen Systems der USA, www.bpb.de, Abruf am 28.9.2013

M4 Wer kontrolliert wen? – das System der Checks and Balances

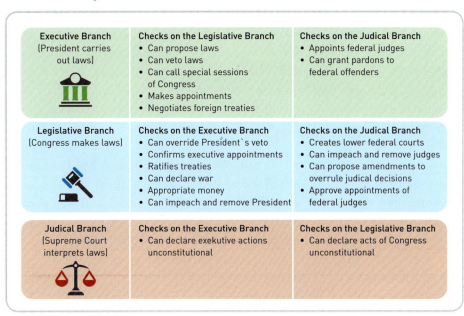

Nach Coachgilmore.pbworks.com, Checks and Balances, www.coachgilmore.pbworks.com, Abruf am 28.9.2013

M5 Gewaltenverschränkung in Deutschland

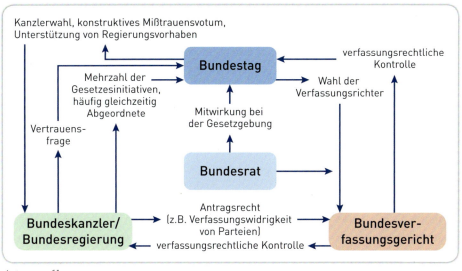

Autorengrafik

Aufgaben

1. Erarbeiten Sie die Gemeinsamkeiten und Unterschiede des präsidentiellen und des parlamentarischen Regierungssystems (M 1, M 2).
2. Stellen Sie die Ausprägungen der Machtkontrolle in beiden Systemen tabellarisch gegenüber (M 3 – M 5).
3. Diskutieren Sie die Vor- und Nachteile beider Regierungssysteme.

H Aufgabe 2
Bilden Sie geeignete Unterscheidungskriterien zur Legitimation einer Regierung, deren Abberufbarkeit sowie die Möglichkeit zur Parlamentsauflösung.

Wissen kompakt

Parlamentarismus

In parlamentarischen Regierungssystemen wird nur das *Parlament direkt vom Volk gewählt*. Die Regierung geht aus der Parlamentsmehrheit hervor und kann deshalb mit entsprechender Mehrheit vom Parlament auch wieder abgewählt werden. Es besteht also eine *Verschränkung von Legislative und Exekutive*, da die Regierung auf das dauerhafte Vertrauen der Parlamentsmehrheit angewiesen ist. Dies hat zur Folge, dass die Aufgabe der Kontrolle des Regierungshandelns nicht mehr dem gesamten Parlament zufällt, wie dies die klassische Gewaltenteilungslehre vorgesehen hatte, sondern im Wesentlichen von der *parlamentarischen Opposition* zu leisten ist, der so aus demokratietheoretischer Sicht eine systemtragende Funktion zukommt, da sie die entscheidende Instanz der Machtbeschränkung bzw. Gewaltenhemmung darstellt. Konstitutiv für parlamentarische Regierungssysteme sind ein ausgeprägtes Mehrparteiensystem sowie die Gliederung des Parlaments in konkurrierende Fraktionen sowie die Notwendigkeit zu Koalitionsbildungen. Als klassisches Beispiel dieser Regierungsform gilt das Regierungssystem *Großbritanniens*.

Präsidentialismus

Bei präsidentiellen Regierungssystemen handelt es sich um eine Form der repräsentativen Demokratie, die den gewaltenteilenden gegenüber den gewaltenverschränkenden Elementen den Vorzug gibt. Zum Ausdruck kommt dies vor allem durch die *direkte Wahl des Präsidenten* (als Spitze der Exekutive) *sowie der Abgeordneten des Parlaments* (Legislative). Diese unmittelbare Legitimation durch das Volk hat Auswirkungen auf die Verteilung der politischen Kompetenzen: So kann der Präsident vom Parlament ebensowenig abgewählt werden, wie er umgekehrt das Parlament auflösen kann. Anders als in parlamentarischen Regierungssystemen besitzt der Präsident *keine Gesetzesinitiative* und muss sich zur Durchsetzung seiner Ziele immer wieder neu einer parlamentarischen Mehrheit versichern. Im Gegenzug kann er unliebsame Gesetzesvorhaben der Legislative durch ein *suspensives (aufschiebendes) Veto* verzögern. Die Mitglieder der Regierung sind allein dem Präsidenten verantwortlich und besitzen im Vergleich zu Ministern in parlamentarischen Regierungssystemen deutlich weniger Kompetenzen. Beispielhaft ausgeprägt ist das Präsidialsystem in den *Vereinigten Staaten von Amerika*.

Semipräsidentialismus

Semipräsidentielle Regierungssysteme sind gekennzeichnet durch eine *Mischung* parlamentarischer und präsidentieller Elemente. So wird das *Staatsoberhaupt direkt vom Volk gewählt* und verfügt über *weit reichende Machtbefugnisse*. Auf der anderen Seite ernennt der Präsident einen Regierungschef sowie die anderen Mitglieder der Regierung, die allerdings nicht ihm selbst, sondern der Parlamentsmehrheit gegenüber verantwortlich sind. Das Parlament wird durch eigene Wahlen legitimiert und kann die Regierung im Krisenfall durch ein *Misstrauensvotum* stürzen. Als Musterbeispiel dieses Systems dualistischer Machtverteilung gilt die *Fünfte Republik Frankreichs*.

Medien als „vierte Gewalt"

Die Weiterentwicklung der Demokratie von der Parteien- zur Mediendemokratie führte in den letzten Jahrzehnten zu einer schrittweisen Verschiebung des politischen Kompetenz- und Machtgefüges. So ist der Einfluss der Massenmedien auf die Gestaltung von Politik deutlich gestiegen. Die Medien sind zum *Hauptträger der Meinungs- und Willensbildung* avanciert und haben im Gefüge der Gewaltenteilung unbestritten die Rolle einer „vierten Gewalt" übernommen, die in dieser Eigenschaft zunehmend die klassischen Aufgaben der parlamentarischen Opposition erfüllt.

Wissen im Kontext

Die Tatsache einer formellen Gewaltenteilung darf nicht zu der voreiligen Annahme verleiten, dass damit eine perfekte Machtbalance einherginge. Vor allem in parlamentarischen Regierungssystemen wie dem der Bundesrepublik Deutschland zeigen sich bei genauerem Hinsehen beträchtliche Asymmetrien in der Macht- und Kompentenzverteilung.

Als Hauptproblem erweist sich in der politischen Praxis die Übermacht der Exekutive, die gegenüber dem Parlament nicht nur über einen deutlichen Informations- und Entscheidungsvorsprung verfügt, sondern sich in der Regel auch auf eine solide Regierungsmehrheit im Parlament stützen kann. Die Aufgabe der Kontrolle liegt damit allein in der Verantwortung der Opposition, die sie nur dann effizient erfüllen kann, wenn sie über entsprechend „scharfe" Instrumente verfügt (parlamentarische Anfragen, Sitz und Stimme in allen wichtigen Gremien, Beantragung von Untersuchungsausschüssen). Vor allem in Zeiten großer Koalitionen ist das nicht automatisch gewährleistet. So machten die Mehrheitsverhältnisse nach der Bundestagswahl 2013 etliche Änderungen der parlamentarischen Geschäftsordnung notwendig, um der zahlenmäßig ungewöhnlich kleinen Opposition den nötigen Freiraum für Kontrolle und Kritik zu erhalten. Probleme zeigen sich aber auch im Bereich der vertikalen Gewaltenteilung. Die Tendenz wächst, den Bundesrat als föderatives Organ der Länderregierungen – entsprechende Mehrheitsverhältnisse vorausgesetzt – parteipolitisch zu instrumentalisieren, um unliebsame Gesetzesvorhaben der Bundesregierung zu blockieren. Aus demokratietheoretischer Sicht ist dies zwar legitim; in der Praxis kann es aber zur Verhinderung oder zumindest Verzögerung politischer Reformen kommen und die Dynamik des demokratischen Systems beeinträchtigen.

In den USA werden sowohl der Präsident als auch die beiden Kammern des Kongresses direkt vom Volk gewählt. Sowohl die Exekutive als auch die Legislative verfügt damit über eine eigene Legitimation durch den Souverän und kann politisch unabhängig von der anderen agieren. Gehören die Mehrheit in einer oder beiden Kammern des Kongresses und der Präsident unterschiedlichen politischen Lagern an, können sich politische Entscheidungen u. U. beträchtlich verzögern. Das Regieren wird dadurch zwar schwierig, aber nicht prinzipiell unmöglich, solange beide Seiten um des Gemeinwohls willen kompromissbereit bleiben.

Problematisch wird diese strikte Form der Gewaltenteilung aber dann, wenn sich die ideologischen Fronten so sehr verhärtet haben, dass das ausgeklügelte System der Checks and Balances als Blockadeinstrument missbraucht werden kann. Beispielhaft zeigte sich dies 2013 an den Auseinandersetzungen zwischen dem repulikanisch dominierten Repräsentantenhaus und dem demokratischen Präsidenten Barak Obama im sogenannten „Haushaltsstreit", bei dem die Republikaner die Verabschiedung von Teilen des Budgets als Druckmittel gegen Obamas Gesundheitsreform („Obamacare") einsetzten. Die entstehende Blockadesituation hatte zur Folge, dass zahlreiche bundesstaatliche Einrichtungen über Wochen geschlossen bleiben mussten, da deren Bedienstete nicht mehr bezahlt werden konnten, und brachte die Vereinigten Staaten an den Rand eines Staatsbankrotts mit unabsehbaren internationalen Auswirkungen.

Warum kann Gewaltenverschränkung nicht für ein ideales Machtgleichgewicht sorgen?
M 3 – M 5

Unter welchen Bedingungen stößt die Gewaltenteilung an ihre Grenzen?
M 3

4.5 Formen diktatorischer Herrschaft und defekte Demokratien

M1 An der Partei führt kein Weg vorbei – das politische System der Volksrepublik China

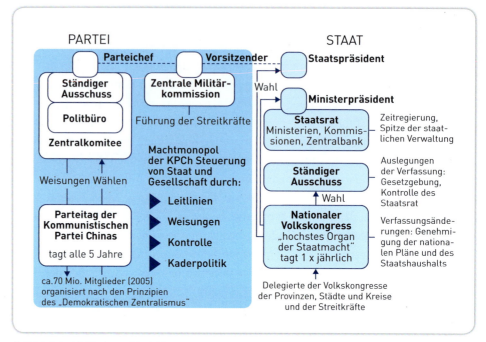

© Erich Schmidt Verlag, Zahlenbilder 878 430

M2 Aus der Verfassung der Volksrepublik China (in der Fassung vom 4. Dezember 1982)

A. Die Hauptprinzipien der chinesischen Politik

(1) Die Kommunistische Partei Chinas ist die einzige Regierungspartei Chi-
5 nas.
Die Volksrepublik China wurde von der KP Chinas gegründet.
Die KP Chinas war, ist und wird die Führerin des chinesischen Volkes
10 sein.
(2) Die demokratische Diktatur des Volkes
Die Volksrepublik China ist ein sozialistischer Staat unter der demokra-
15 tischen Diktatur des Volkes, der von der Arbeiterklasse geführt wird und auf dem Bündnis der Arbeiter und Bauern beruht.
Die demokratische Diktatur des Volkes bedeutet ihrem Wesen nach die 20 Diktatur des Proletariats.
Die Arbeiterklasse ist die führende Klasse des Staates, die Bauernschaft ist ihre Verbündete.
(3) Das sozialistische System 25
Das von der Arbeiterklasse geführte und auf dem Bündnis der Arbeiter und Bauern beruhende sozialistische System ist das grundlegende System der Volksrepublik China. Jede Organi- 30 sation und jede Einzelperson, die das sozialistische System sabotiert, ist ein

Feind des Staates und Volkes. [...]

(5) Die grundlegende Aufgabe und das Ziel des Staates

Auf dem Weg des Aufbaus des Sozialismus chinesischer Prägung werden alle Kräfte auf die sozialistische Modernisierung konzentriert. Unter der Führung der Kommunistischen Partei Chinas und angeleitet durch den Marxismus-Leninismus, die Mao-Zedong-Ideen und die Deng-Xiaoping-Theorie werden die Volksmassen aller Nationalitäten an der demokratischen Diktatur des Volkes, dem sozialistischen Weg und der Reform und Öffnung festhalten, ununterbrochen die sozialistischen Institutionen vervollkommnen, die sozialistische Marktwirtschaft entwickeln, die sozialistische Demokratie ausbauen, die sozialistische Rechtsordnung perfektionieren und im Vertrauen auf die eigene Kraft hart arbeiten, um die Industrie, Landwirtschaft, Landesverteidigung und Wissenschaft und Technik Schritt für Schritt zu modernisieren und China zu einem starken sozialistischen Staat mit hochentwickelter Demokratie und Zivilisation aufzubauen.

© China Internet Information Center, Die Verfassung, www.german.china.org, Abruf am 1.3.2014

M3 An der Partei führt kein Weg vorbei – die Stellung der KPCh

Die VR China lässt sich ohne Einschränkung als Einparteisystem kennzeichnen. Zwar existieren acht so genannte Demokratische Parteien, die als Organe der „Einheitsfront" der Kommunistischen Partei Chinas untergeordnet sind. Es handelt sich jedoch nicht um im politischen Wettbewerb stehende Parteien, sondern lediglich um von der KPCh kontrollierte Konsultativorgane. Die Führungskader der KPCh sitzen an allen wichtigen Schalthebeln der chinesischen Politik. Von Lenin (1870 bis 1924), dem Begründer des kommunistischen Parteistaates im frühen Sowjetrussland, übernahmen die chinesischen Kommunisten die organisatorischen Prinzipien der Kaderpartei und der Führungsrolle der Partei in Politik, Gesellschaft und Wirtschaft. Die wichtigsten Institutionen politischer Kontrolle, die im Kern auf Lenin zurückgehen und sich auch in der VR China finden, sind:

- die zentralisierte Hierarchie von Parteiorganen mit strikten Unterordnungsverhältnissen in allen Bereichen von Politik, Verwaltung, Polizei, Justiz, Militär, Wirtschaft und Gesellschaft;
- die von der KPCh kontrollierte Rekrutierung und Beaufsichtigung von Führungskräften („Kader"-System) nicht nur in staatlichen Organen, sondern auch in Wirtschaftsunternehmen und gesellschaftlichen Organisationen;
- Kampagnen zur ideologischen Indoktrinierung und Bekämpfung politischer Abweichungen innerhalb der Partei sowie ein striktes Verbot der Bildung von innerparteilichen Gruppierungen;
- Massenpropaganda (parteigelenkte, selektive Informationsvermittlung) gegenüber der Bevölkerung und Lenkung der öffentlichen Meinung mit Hilfe politisch kontrollierter Medien.

Sebastian Heilman, Das politische System Chinas, www.bpb.de, Abruf am 28.9.2013

Mao Zedong (1893-1976), führender Politiker und Ideologe im China des 20. Jahrhunderts; Begründer des Maoismus, einer Spielart des Kommunismus

M4 Trügerisch farbenfroh

царица Путин
russisch: Zarin Putin

Pussy Riot
Das feministische Künstler-Kollektiv gründete sich 2011 als Protest gegen die erneute Präsidentschaftskandidatur Putins. Markenzeichen der jungen Frauen sind grelle Kleider und bunte Masken. Eine Performance auf dem Roten Platz machte die Gruppe Anfang 2012 schlagartig bekannt. Nach einem „Punk-Gebet" in der Moskauer Christ-Erlöser-Kathedrale wurden im Februar 2012 drei Mitglieder festgenommen und später wegen „Vandalismus" und „Rowdytum" zu je zwei Jahren Arbeitslager verurteilt.
amnesty journal, 10/11 2013, S. 35

Wladimir Putin auf einem Protestplakat gegen die Diskriminierung Homosexueller
amnesty journal, 10/11 2013, S. 20, 32

Zwei Aktivistinnen der Performance Group „Pussy Riot"

M5 Alles unter Kontrolle – Russland unter der Präsidentschaft Putin

Begleitet von Massenprotesten gegen die Ergebnisse der Parlaments- und Präsidentschaftswahlen trat Präsident Wladimir Putin im Mai 2012 seine dritte Amtszeit an. Seitdem ist es noch schwerer geworden für die Menschenrechte in Russland. […]
Vor der Sommerpause 2012 hatte das Parlament neue Bestimmungen über „Nichtkommerzielle Organisationen" beschlossen, die im November vergangenen Jahres in Kraft traten und als „Agentengesetz" bekannt geworden sind. Danach sind russische NGOs, die meist als „Nichtkommerzielle Organisationen" gemeldet sind, verpflichtet, sich beim Justizministerium als „ausländische Agenten" registrieren zu lassen, wenn sie aus dem Ausland finanziell unterstützt werden und „politisch tätig" sind […]. Zunächst blieb unklar, ob es der Staat bei einer bloßen Drohgebärde belassen würde.
Am 14. Februar 2013 beendete Putin jedoch alle Spekulationen, als er in Anwesenheit des Chefs des Inlandsgeheimdienstes FSB eine Rede vor Offizieren der Sicherheitskräfte hielt. Darin forderte er sie auf, die russische Bevölkerung zu schützen. So wie niemand das Recht habe, Hass zu säen, die Gesellschaft aufzuwiegeln und das Leben, das Wohlergehen sowie den Frieden von Millionen von Bürgern zu gefährden, habe niemand das Monopol, für die russische Gesellschaft zu sprechen. Dies gelte vor allem für Organisationen, die vom Ausland finanziert würden und ausländischen Interessen dienten.

Peter Franck, Alles unter Kontrolle, amnesty journal, 10/2013, S. 28 f.

M6 Das Wort und der Tod – die russische Medienlandschaft

Gemäß der russischen Verfassung, Kapitel 2, Artikel 29 ist die Freiheit der Meinung und des Wortes garantiert, so auch die Medienfreiheit. Propaganda und Agitation, die soziale, rassische, nationale und religiöse Feindschaft schürt, ist verboten. Zensur genauso. [...]

Doch diese Garantien sind nur Schein. Es gibt beispielsweise keinen landesweit ausstrahlenden Sender, der staatsunabhängig ist und regierungskritisch berichtet. Und der russische Journalistenverband spricht von mehr als 300 getöteten Journalisten in den vergangenen 20 Jahren. [...]

Die „Aufsichtsbehörde für Massenmedien, Kommunikation und den Schutz des kulturellen Erbes" [...] kontrolliert alle Medien und Kommunikationsmittel, darunter auch das Internet und die Telekommunikation mitsamt ihrem Inhalt. Die Behörde vergibt Lizenzen und hat zudem eine Datenbank mit persönlichen Daten der Bürger erstellt. Damit kann sie die Internetnutzung der Bürger nahezu komplett überwachen.

Inna Hartwich, Die Medienlandschaft in Russland, www.bpb.de, Abruf am 29.9.2013

Defekte Demokratien

Als defekte Demokratien werden in der Politikwissenschaft jene Demokratien bezeichnet, in denen zwar freie Wahlen stattfinden, die jedoch bei anderen wesentlichen Demokratiemerkmalen (Pluralismus, Rechtsstaatlichkeit, Freiheit, Volkssouveränität, Gewaltenteilung) Defizite bzw. Defekte aufweisen. Mit anderen Worten: In freien bzw. funktionierenden Demokratien sind die wesentlichen Demokratiemerkmale ineinander verzahnt (Konzept der „eingebetteten Demokratie"). In defekten Demokratien funktioniert dies nur zum Teil.

M7 Das präsidentielle Regierungssystem Russlands

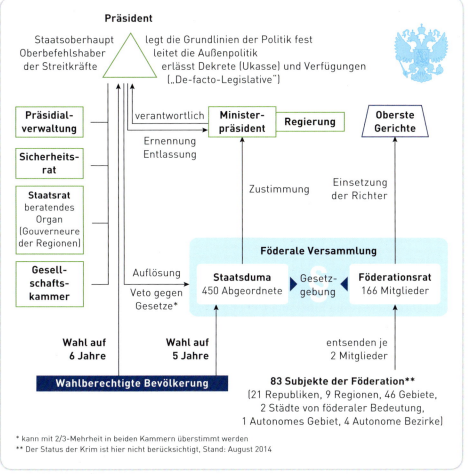

* kann mit 2/3-Mehrheit in beiden Kammern überstimmt werden
** Der Status der Krim ist hier nicht berücksichtigt, Stand: August 2014

Nach: Bergmoser + Höller Verlag, Zahlenbilder 844 523

M8 Libyen – ein Staat vor dem Zerfall?

Libyen – nordafrikanischer Staat

2011 konnte eine von den UN getragene Koalition aus arabischen und europäischen Staaten den libyschen Diktator Muammar al-Gaddafi nur stürzen, weil die Amerikaner Bomber, Marschflugkörper und Logistik stellten. Zu den von den USA erhofften demokratischen Verhältnissen hat die Intervention nicht geführt. Im Gegenteil, zwei Jahre später beherrschen Islamisten-Milizen das Land. Sie besetzen Ölanlagen, nehmen den eigenen Premierminister als Geisel. Al-Qaida hat in Libyen eine neue Basis, bedient sich in den Waffenkammern der Gaddafi-Diktatur, destabilisiert Nordafrika. Dem Land selbst fehlen Verfassung und funktionierende Verwaltung, die Ölexporte brechen ein. Zusammengefasst: Libyen steht vor dem Zerfall.

Einige Libyer liebäugeln mit Abspaltung. Im Osten haben die Milizen die schwächelnde Zentralregierung in Tripolis herausgefordert, indem sie in der Region einen ‚autonomen Staat' namens ‚Barka' ausgerufen haben. Auch ein Schattenkabinett haben sie aufgestellt. [...] das Unternehmen Barka könnte zum Crash-Test werden in einem Land, in dem die Spaltung in Ost und West sowie einen fast gar nicht beachteten Süden der Grundkonflikt ist. Ölreserven samt Raffinerien und Häfen befinden sich großteils im Osten, der früher Cyrenaika oder Barka hieß, rund um die Städte Brega und Ajdabiya. Nach osmanischer, italienischer und britischer Fremdherrschaft folgte die Monarchie in den Fünfzigerjahren, da gab es Ansätze zu Föderalismus. Der Links-Putschist Gaddafi baute von 1969 an seinen Zentralstaat auf, beschnitt die Mitbestimmung und vor allem den Einfluss der in der Cyrenaika einflussreichen Stämme. Er bediente sich der Reichtümer des Ostens, benachteiligte ihn aber. Das war einer der Gründe für den Aufstand gegen den exzentrischen Diktator. Doch die siegreichen Aufständischen sind von Befreiern zur Plage geworden. Die Milizen – bei vielen finden sich beinharte Islamisten mit Dschihad-Vergangenheit und Al-Qaida-Training – haben sich nach dem Krieg nicht aufgelöst. Warlords geben den Ton an, eine funktionierende Armee oder Polizei kann die Zentralregierung ihnen nicht entgegensetzen.

Tomas Avenarius, Chaos statt Demokratie, Süddeutsche Zeitung, 26.10.2013, S. 9

F Aufgaben 1 – 4

Laden Sie einen Experten eines der in diesem Unterkapitel vorgestellten Staaten bzw. politischen Herrschaftssysteme ein. Dies können russische, chinesische oder libysche Mitbürger, Dozenten an Universitäten, kundige Journalisten, etc. sein. Führen Sie mithilfe der nebenstehenden Methode eine Expertenbefragung durch.

Aufgaben

1. Beschreiben Sie die Staatsdoktrin und das politische System der Volksrepublik China und vergleichen Sie sie mit den Merkmalen eines demokratischen Verfassungsstaates (M 1 – M 3).
2. Erschließen Sie aus der Verfassung der Volksrepublik China die Stellung des Individuums gegenüber dem Staat (M 2).
3. Diskutieren Sie, inwiefern man das Herrschaftssystem Russlands als defekte Demokratie bezeichnen kann (M 4 – M 7, Randspalte auf S. 119).
4. Erschließen Sie die politische Lage im nachrevolutionären Libyen und prognostizieren Sie die weitere Entwicklung. Unter welchen Voraussetzungen wäre mit einer nachhaltigen Demokratisierung zu rechnen (M 8)?

Eine Expertenbefragung durchführen

Methode

Expertenbefragungen öffnen den Unterricht für die außerschulische soziale Welt und ermöglichen eine Form des „realen Handelns".

Dabei sollte der Begriff „Experte" nicht zu eng gefasst werden. Nicht nur wissenschaftlich oder beruflich gut ausgebildete Spezialisten, sondern auch engagierte Bürger oder Zeitzeugen (z. B. Mitstreitende in einer Bürgerinitiative) verfügen über „Insider-Wissen", das den Unterricht auf interessante Weise bereichern kann. Der Ablauf einer Expertenbefragung kann in die folgenden Phasen gegliedert werden:

1. Phase: Vorklärungen

- Klären Sie genau, was Sie wissen wollen und warum. Nur so können Sie passgenaue Fragen finden.
- Stellen Sie Überlegungen an, welcher Experte sich am besten für Ihr Thema eignet.
- Planen Sie den zeitlichen, räumlichen und situativen Rahmen Ihrer Befragung. Wo soll sie durchgeführt werden? Wie lässt sie sich in den typischen Rhythmus eines Schultags integrieren?

2. Phase: Inhaltliche Vorbereitung (Erstellung eines Fragenkatalogs)

- Formulieren Sie kurze, aber keine geschlossenen Fragen („Sind Sie der Meinung ... oder nicht?"). Vermeiden Sie W-Fragen und wählen Sie stattdessen Fragemuster, die einen weiteren Antworthorizont zulassen („Können Sie uns bitte erläutern ...").
- Fragen Sie präzise. Der Experte sollte sich einerseits nicht gegängelt fühlen, andererseits aber auch nicht zu

ungewollten Abschweifungen verleitet werden.

- Bringen Sie faktenorientierte „Einpunktfragen" und problemorientierte offene Fragen in ein ausgewogenes Verhältnis, das Ihrer Zielsetzung entspricht.
- Je nach Thema dürfen Ihre Fragen durchaus auch „unter die Haut" gehen, um mögliche Kontroversen herauszuarbeiten. Verboten sind aber Suggestivfragen und Fragen mit versteckter Wertung sowie unfaire Fragen, die den Experten persönlich angreifen könnten.

3. Phase: Durchführung

- Sorgen Sie für ein angenehmes Gesprächsklima (Raumregie, Getränkeauswahl für den Experten, Begrüßung und Vorstellung, Danksagung etc.).
- Bestimmen Sie einen Moderator, der auf eine saubere Trennung von Befragung und Gedankenaustausch achtet und sich auch um die Einhaltung der übrigen Gesprächsregeln kümmert.
- Legen Sie fest, auf welche Weise die Ergebnisse der Befragung festgehalten werden sollen (Beobachtungsbogen).

4. Phase: Nachbereitung

- Reflektieren Sie den Erfolg Ihrer Befragung. Haben Sie herausgefunden, was Sie wissen wollten? Konnte sich der Experte auf Sie einstellen oder hat er „über Ihre Köpfe hinweggeredet"?
- Betrachten Sie die Befragung unbedingt auch aus ideologiekritischer Perspektive. War die Darstellung des Experten einseitg bzw. parteiisch? Sollten die Zuhörer argumentativ überwältigt werden?

Bearbeiter

Wissen kompakt

Diktatur

Diktatur ist der Sammelbegriff für Herrschaftsformen, in denen die bürgerlichen Grundfreiheiten und gesellschaftlichen Beteiligungsrechte nicht gewährleistet sind, und die Macht über Bevölkerung und Staat uneingeschränkt von einer einzelnen Person oder einer Gruppe von Machthabern ausgeübt wird. Generell lassen sich Diktaturen unterscheiden nach ihrer *Dauer* (Übergangsdiktatur vs. ideologisch verfestigte Diktatur); der *Anzahl der Herrschenden* (Führerdiktatur vs. Parteidiktatur); dem Vorhandensein einer zugrunde liegenden Ideologie und nach autoritärer vs. totalitärer Diktatur.

Defekte Demokratie

Defekte Demokratien sind Demokratien, die auf formaler Ebene zwar demokratische Grundprinzipien aufweisen, die de facto aber nicht existent sind. Davon betroffen sind häufig sogenannte Transformationsstaaten (z. B. die Staaten des ehemaligen Ostblocks), die sich zwar auf dem Weg zu demokratischen Verhältnissen befinden, in denen aber noch undemokratische Strukturen (Nepotismus, Korruption, Diskriminierung von Minderheiten) fortbestehen, die den politischen und gesellschaftlichen Entwicklungsprozess belasten. In defekten Demokratien sind wesentliche Demokratiemerkmale (Pluralismus, Rechtsstaatlichkeit, Freiheit, Volkssouveränität, Gewaltenteilung) nicht ineinander verzahnt (Konzept der „eingebetteten Demokratie" bzw. „embedded democracy").

Failing States

Staaten, die ihre grundlegenden Funktionen (Sicherheit, Wohlfahrt und Rechtsstaatlichkeit) nicht mehr erfüllen können bzw. unregierbar geworden sind, werden failing states (gescheiterte Staaten) genannt. Ursachen für das Staatsversagen können u. a. ethnische Spannungen, Bürgerkrieg oder revolutionäre Umstürze darstellen. In deren Folge kommt es entweder zu Anarchie oder zur Etablierung vordemokratischer Herrschaftsverhältnisse durch Clans oder Warlords.

Totalitäre Diktatur

Totalitäre Diktaturen rechtfertigen ihre Herrschaft mithilfe eines geschlossenen ideologischen Weltbildes, das für sich den Anspruch auf absolute Wahrheit erhebt. Seine Legitimation bezieht dieses Weltbild ganz oder teilweise aus einer wissenschaftlichen Lehre (Kommunismus, Nationalsozialismus) oder einer dogmatisch verhärteten Glaubenslehre (Theokratie). Daraus folgt, dass abweichende Meinungen von Regimegegnern (Dissidenten) als falsch gelten und kontrolliert bzw. unterdrückt werden. Bei allen Unterschieden im Einzelfall gilt weiter, dass totalitäre Diktaturen

* die gesamte Gesellschaft mit ihrem Wertesystem durchdringen (Gleichschaltung; Propaganda),
* erzieherische Maßnahmen und andere repressive Mittel zur Machtstabilisierung einsetzen,
* ihre Macht – häufig in Gestalt einer Führerpersönlichkeit – monopolisieren und zentralisieren,
* fundamentale Menschen- und Freiheitsrechte sowie rechtsstaatliche Grundsätze verletzen,
* pluralistische Meinungsvielfalt und zivilgesellschaftliches Engagement außer Kraft setzen und
* nach umfassender Informationskontrolle streben.

Autoritäre Diktatur

Autoritäre Diktaturen haben ein eher vages politisches Programm ohne ideologischen Unterbau. Zentrales Ziel ist die Herrschaftssicherung der staatstragenden Führungsclique (Militärelite, Clan, Dynastie). Ruhe und äußere „Ordnung" gelten als erste Bürgerpflicht, politisches Engagement seitens der Zivilgesellschaft dagegen als Störfaktor. Pluralismus ist in begrenztem Umfang möglich, solange keine Kritik an den Herrschenden geübt und dadurch das Regime in Gefahr gebracht wird.
Um ihre Macht zu stabilisieren und von den eigenen Machenschaften abzulenken, nutzen autoritäre Systeme häufig vorhandene Ressentiments gegen gesellschaftliche Minderheiten – oder provozieren diese gezielt. Die Grundsätze der Rechtsstaatlichkeit, insbesondere das Recht auf freie Wahlen sowie die Gewaltenteilung, sind eingeschränkt.

Wissen im Kontext

Nach dem Ende des Zweiten Weltkriegs und den Wirren eines blutigen Bürgerkriegs proklamierte Mao Zedong am 1. Oktober 1949 die Volksrepublik China und errichtete auf dem größten Teil des einstigen asiatischen Weltreichs einen kommunistischen Staat eigener Prägung (Maoismus). Nach Jahrzehnten einer dogmatischen Durchdringung, die alle Bereiche der Gesellschaft dem Diktat der kommunistischen Partei unterwarf, öffnen Maos Nachfolger seit der zweiten Hälfte der 1970er Jahre das Land vorsichtig westlichen Ideen. Sie liberalisierten schrittweise das persönliche Leben der Menschen und bauten die kommunistische Zentralwirtschaft zu einer sozialistischen Marktwirtschaft um. Bis heute allerdings leidet das politische Leben unter der Alleinherrschaft der KPCh. Der Zustand der bürgerlichen Freiheiten (u. a. Meinungs- und Informationsfreiheit, justizielle Grundrechte) ist desolat, jede Art von parteikritischer Opposition untersagt. Dissidenten müssen mit drakonischen Strafen rechnen. Aufgrund dieses ambivalenten Bildes weist die Volksrepublik China sowohl Merkmale einer totalitären wie einer autoritären Diktatur auf.

Wie lässt sich das Herrschaftssystem der Volksrepublik China charakterisieren?
M 1 – M 3

Russlands Geschichte war in der Zeit des Zarenreiches und der kommunistischen Herrschaft von autokratischen Strukturen bestimmt. Erst mit der Reformpolitik Gorbatschows seit Mitte der 1980er Jahre und dem Ende der Sowjetunion Ende 1991 bildete sich im postsowjetischen Russland ein an westlichen Standards orientiertes politisches System heraus. Die Transformation, der innere Umwandlungsprozess in Richtung Demokratie, Rechtsstaatlichkeit und Marktwirtschaft, wurde in Russland auf der konstitutionellen Ebene durch die Annahme einer neuen Verfassung, die sich zu den Menschenrechten, zur Gewaltenteilung sowie zum Parteienpluralismus bekennt, sowie die Etablierung gewaltenteiliger Organe abgeschlossen. Formal beruht die Verfassung der Russischen Föderation auf einem präsidentiellen System, das den Präsidenten mit weit reichenden Machtbefugnissen ausstattet. Obrigkeitsstaatliche Mentalitäten aus der (vor-)kommunistischen Ära sowie ein schlagkräftiger Machtapparat aus Polizei, Geheimdienst und Militär trugen dazu bei, dass Wladimir Putin während seiner mittlerweile drei Präsidentschaftsperioden das russische Machtgefüge in Richtung Autoritarismus verschieben konnte, was Russland den unrühmlichen Titel einer defekten Demokratie eingetragen hat. Einseitige Verfassungsänderungen zugunsten der Exekutive, Behinderungen oppositioneller Tätigkeit, die Einschüchterung von Regierungskritikern bis hin zu gewaltsamen Übergriffen, staatliche Medienlenkung sowie die Einschränkung bürgerlicher Freiheiten bringen Russland in den Rankings unabhängiger Forschungseinrichtungen (Freedom House, Bertelsmann-Stiftung) regelmäßig auf schlechte Platzierungen. Unklar ist, wie die westliche Welt auf diese Entwicklungen reagieren soll. Angesichts enger wirtschaftlicher Verflechtungen mit Russland und dessen weltpolitischer Schlüsselrolle raten nicht wenige Experten und Politiker zu Zurückhaltung. Die besonderen Schwierigkeiten des russischen Transformationsprozesses rechtfertigten, so deren Argumentation, einen „russischen Sonderweg". Kritiker betonen demgegenüber die Gefahren einer abwartenden Haltung, durch die sich die antidemokratischen Entwicklungen langfristig verfestigen und Russland der demokratischen Welt entfremden könnte.

Ist Russlands Transformationsprozess gescheitert?
M 4 – M 7

123

Kompetenzen anwenden

Kann man Demokratie messen? – der „Bertelsmann Transformationsindex" (BTI)

Der Transformationsindex der Bertelsmann Stiftung (BTI) untersucht und bewertet anhand eines standardisierten Verfahrens, ob und wie Entwicklungsländer bzw. Länder im gesellschaftlichen Umbruch einen umfassenden Wandel in Richtung Demokratie und Marktwirtschaft (Transformation) vollziehen.

Aus den Ergebnissen dieser umfassenden Untersuchung von Transformationsprozessen und politischen Gestaltungsleistungen leitet der BTI zwei Indizes ab: Der Status-Index erfasst mit den Dimensionen politische und wirtschaftliche Transformation den Entwicklungsstand des jeweiligen Landes auf dem Weg zu einer rechtsstaatlichen Demokratie und einer sozialpolitisch flankierten Marktwirtschaft. Der Management-Index beurteilt die Qualität der politischen Gestaltungsleistung. In das Ranking waren 2012 128 Staaten einbezogen.

1. Untersuchungskriterien

Politische Transformation	Wirtschaftliche Transformation	Transformationsmanagement
1 Staatlichkeit Es besteht Klarheit über die nationale Staatlichkeit mit hinreichend etablierten und differenzierten Machtstrukturen.	**6 Sozioökonomisches Entwicklungsniveau** Der Entwicklungsstand des Landes ermöglicht im Prinzip allen Bürgern hinreichende Entscheidungsfreiheit.	**13 Schwierigkeitsgrad** Die Möglichkeiten einer effektiven Transformation werden durch strukturelle Probleme, zivilgesellschaftliche Traditionen, soziale, ethnische oder religiöse Konflikte etc. eingeschränkt.
2 Politische Partizipation Die Bevölkerung bestimmt die Herrschaftsträger und verfügt über weitere politische Freiheiten.	**7 Markt- und Wettbewerbsordnung** Es existieren eindeutige Regeln für einen stabilen marktwirtschaftlichen Wettbewerb.	**14 Gestaltungsfähigkeit** Die Regierung steuert die Reformen in effektiver Weise und kann ihre strategischen Prioritäten umsetzen.
3 Rechtsstaatlichkeit Die staatlichen Gewalten kontrollieren sich wechselseitig und gewährleisten die bürgerlichen Freiheitsrechte.	**8 Währungs- und Preisstabilität** Es existieren institutionelle oder politische Vorkehrungen für eine nachhaltige Inflationskontrolle sowie für eine angemessene Geld- und Finanzpolitik.	**15 Ressourceneffizienz** Die Regierung nutzt die verfügbaren Ressourcen auf optimale Weise.
4 Stabilität demokratischer Institutionen Die demokratischen Institutionen sind leistungsfähig und hinreichend akzeptiert.	**9 Privateigentum** Es existieren hinreichende Rahmenbedingungen für einen funktionsfähigen Privatsektor.	**16 Konsensbildung** Die politische Führung stellt einen breiten Konsens mit anderen gesellschaftlichen Akteuren über die Reform her, ohne ihre Reformziele aufzugeben.
5 Politische und gesellschaftliche Integration Es existieren stabile Repräsentationsmuster zur Vermittlung zwischen Gesellschaft und Staat sowie eine gefestigte Bürgerkultur.	**10 Sozialordnung** Soziale Risiken werden durch tragfähige Ausgleichsarrangements kompensiert.	**17 Internationale Zusammenarbeit** Die politische Führung ist bereit und in der Lage, mit externen Unterstützern und Organisationen sowie mit Nachbarstaaten zu kooperieren.
	11 Leistungsstärke der Volkswirtschaft Die Leistungskraft der Volkswirtschaft weist auf eine solide Wirtschaftsentwicklung hin.	
	12 Nachhaltigkeit Das volkswirtschaftliche Wachstum ist sozial ausgewogen, umweltverträglich und zukunftsorientiert.	

Nach: Bertelsmann Stiftung (Hg.), Transformationsindex BTI 2014, www.bti-project.de, Abruf am 14.3.2014

2. Ergebnisse am Beispiel „Demokratie-Status – politische Systeme (2012)"

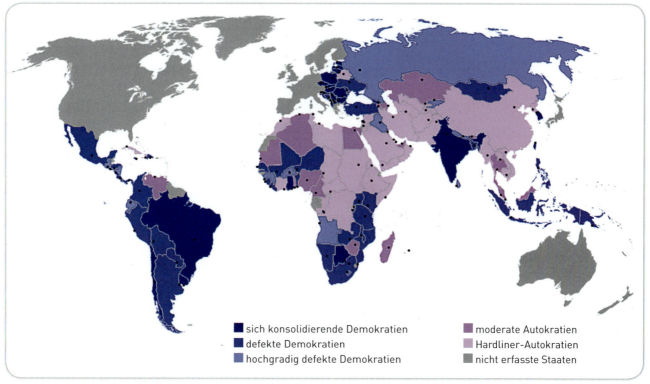

- sich konsolidierende Demokratien
- defekte Demokratien
- hochgradig defekte Demokratien
- moderate Autokratien
- Hardliner-Autokratien
- nicht erfasste Staaten

Kartengrundlage: www.atlas.bti-project.de, Abruf am 31.10.2013, Übersetzung vom Bearbeiter

Aufgaben

1. Das Forscherteam rund um den BTI hat sein Arrangement von Untersuchungskriterien mit Leitfragen konkretisiert. Für das Item „Staatlichkeit" lauten sie:
   - Inwieweit ist das staatliche Gewaltmonopol auf das gesamte Staatsgebiet ausgedehnt?
   - Inwieweit sind sich relevante gesellschaftliche Gruppen über die Zugehörigkeit zum Staatsvolk einig und akzeptieren den Nationalstaat als legitim?
   - Inwieweit sind staatliche Rechtsordnung und politische Institutionen ohne Beeinflussung durch religiöse Dogmen definiert?
   - Inwieweit bestehen grundlegende Verwaltungsstrukturen?

   Formulieren Sie auf der Grundlage Ihres erworbenen Wissens entsprechende Leitfragen für die anderen Items politischer Transformation.
2. Diskutieren Sie, weshalb zur Abbildung von Demokratisierungsprozessen die in diesem Kapitel vorrangig behandelten politischen Transformationskriterien nicht ausreichen und im BTI deshalb ergänzt werden.
3. Erörtern Sie, wem die Daten nützen und ob es gerechtfertigt ist, dass Länder wie die USA, Frankreich oder Deutschland nicht erfasst sind.

F Aufgaben 1 – 3
Erstellen Sie im Rahmen eines Mini-Projekts Länderprofile ausgewählter Staaten, die die abstrakten Indices veranschaulichen. Präsentieren Sie Ihre Arbeit in Form von vergleichbaren Plakaten. Dazu ist es notwendig, sich vorab über Fragen des Inhalts und der grafischen Darstellung zu verständigen.

Hinweis
Hilfen zur Bearbeitung der Aufgaben finden Sie ab S. 264.

Bücher über die Bundesrepublik Deutschland und ihre Demokratie
C.C.Buchner Verlag, 2014

Bücher über die deutsche Demokratie und ihre Zukunft
C.C.Buchner Verlag, 2014

5

Die Sicherung der Zukunfts- fähigkeit der Demokratie

Unsere heutige Demokratie gilt vielen Menschen als die Form des gesellschaftli- chen und staatlichen Zusammenlebens, deren Strukturen und Wertegrundlagen unbedingt zu erhalten sind. Gleichzeitig sehen sie aber auch Mängel oder Defizi- te, die mit ihr verbunden sind oder sich im Lauf der letzten Jahrzehnte entwickelt haben.

Ist ein Update der Demokratie möglich, ohne dass ihre Prinzipien aufgegeben werden müssen? Wenn ja, wie?

Und: Lässt sich diese Form der staatlichen Ordnung auch in Weltregionen veran- kern, die bisher undemokratisch oder halbdemokratisch regiert werden? Und wenn ja, wie kann es gelingen?

Am Ende des Kapitels sollten Sie Folgendes können:

- Gründe für die Skepsis vieler Bürgerinnen und Bürger gegenüber der Demokratie kennen
- Diskussionen um eine Weiterentwicklung der Demokratie verstehen
- Qualität / Tragfähigkeit von Vorschlägen und Neuerungen für eine steigende Akzeptanz beurteilen
- Erfolgschancen von Demokratisierungsprozessen in verschiedenen Welt- regionen beurteilen

Was Sie schon wissen ...

Auf der linken Seite finden Sie mehrere Buchtitel.

a) Formulieren Sie zu drei Titeln eine Frage oder These, die Ihnen für die Zukunft der Demokratie wichtig erscheint.

b) Der Klappentext zu „Demokratie unter Druck" stellt diese Fragen: „Wer regiert die Bundesrepublik? Gewählte Politiker im Bundestag oder Manager internationaler Konzerne?" Formulieren Sie eine Antwort auf der Grundlage Ihrer bisherigen Kenntnisse und Einschätzungen.

c) Individuen, Organisationen, Unternehmen und Gemeinwesen wollen in der Regel weiter existieren und erfolgreich sein. Diskutieren Sie, unter welchen Voraussetzungen dies jeweils gelingen kann.

5.1 Bürger und Demokratie – wie eng ist die Beziehung?

M1 Demokratie – an wie vielen Tagen?

Es gibt freilich Leute, die meinen, Demokratie sei nicht sehr viel mehr als eine Kiste:
90 Zentimeter hoch und 35 Zentimeter breit. Oben hat die Demokratie einen Deckel mit Schlitz. In der Tat: Alle paar Jahre kommen viele Leute zu diesen Kisten. Die Kiste heißt „Urne", also genauso wie das Gefäß auf dem Friedhof, in dem die Asche von Verstorbenen aufbewahrt wird. Wahlurne – das ist ja eigentlich wirklich ein merkwürdiger Name, denn die Demokratie wird ja an diesen Tagen nicht verbrannt und beerdigt; im Gegenteil: Sie wird geboren, immer wieder neu, alle paar Jahre. Wahltage sind die Geburtstage der Demokratie; der Wahlkampf vorher ist dann sozusagen die Zeit der Glückwünsche. Demokratie ist aber noch sehr viel mehr als eine Wahl. Sie findet an jedem Tag statt – genauer gesagt: sie sollte an jedem Tag stattfinden; aber die Menschen spüren, dass es nicht so ist.

Heribert Prantl, Wir sind viele. Eine Anklage gegen den Finanzkapitalismus, München 2011, S. 24–25

M2 Demokratie – wie zufrieden man ist ...

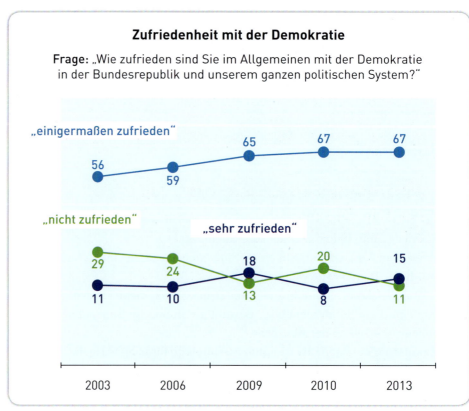

Basis: Bundesrepublik Deutschland, Bevölkerung ab 16 Jahre
Quelle: Allersbacher Archiv, HD Umfragen 5180, 7097, 10033, 10049 und 10066

M3 … und was man der Politik zutraut

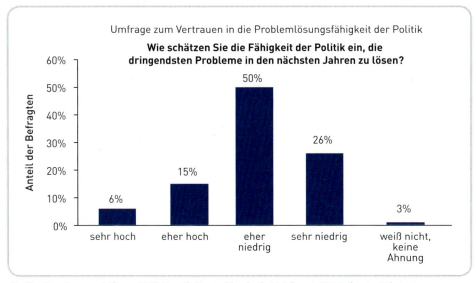

Quelle: Bertelsmann Stiftung, TNS Emnid, Deutschland, ab 18 Jahre, 1.002 Befragte, Infratest dimap, 18.5.2011 bis 20.5.2011

M4 Politikerzitat mit hoher Brisanz

Aus einem Bericht über eine Pressekonferenz im September 2006 mit dem damaligen Vizekanzler der Großen Koalition Franz Müntefering (SPD) und Bundeskanzlerin Angela Merkel (CDU):

„Wir werden als Koalition an dem gemessen, was in Wahlkämpfen gesagt worden ist. Das ist unfair." … Es war keiner seiner Sprüche – und alles andere als ein Scherz. Er wollte das loswerden, und Bundeskanzlerin Angela Merkel, die neben ihm saß, stimmte zu. Müntefering hat Empörung ausgelöst im Volk. … Müntefering ist das egal. „Ich bleibe dabei: Dass wir oft an Wahlkampfaussagen gemessen werden, ist nicht gerecht".

Wulf Schmiese, Nun hat er die SPD hinter sich gelassen, www.faz.net, Abruf am 3.12.2103

Koalition

Nach Wahlen auf Bundes- bzw. Landesebene müssen Parteien häufig Koalitionen bilden, um miteinander eine Regierung bilden zu können. In einer Koalitionsvereinbarung wird die gemeinsame Regierungsarbeit festgelegt. Dabei kommt es häufig zu Kompromissen, unscharfen Formulierungen oder Aussparungen von im Wahlkampf kontrovers diskutierten Themen. Jede der beteiligten Parteien sieht sich dann gezwungen, die vorher formulierten Forderungen und Ziele abzuschwächen, neu zu formulieren oder ggf. auch aufzugeben.

M5 Problematische Entscheidungsfindung

Für das politische Klima auf Dauer vermutlich gravierender (Anm.: als die Nähe zwischen Wirtschaft und Politik) dürften sowieso jene Entscheidungen in der Finanz- und Eurokrise sein, bei denen der Bundestag trotz unglaublich hoher Summen de facto die zuvor in kleinen Zirkeln in Berlin und/oder Brüssel getroffenen Entscheidungen nur noch abgenickt hat. Es wurden enorme finanzielle Verpflichtungen beschlossen, ohne dass das Parlament wirklichen Entscheidungsspielraum zugestanden bekam. (…) Demokratische Verfahren werden einfach außer Kraft gesetzt oder nur noch formell, d. h. ihres Inhalts entleert, praktiziert, wenn es zur viel beschworenen „Beruhigung der Märkte" erforderlich erscheint. Das dürfte die Entpolitisierung in großen Teilen der Bevölkerung weiter vorantreiben.

Michael Hartmann, Soziale Ungleichheit. Kein Thema für die Eliten?, Frankfurt am Main 2013, S. 190–191

5 Die Sicherung der Zukunftsfähigkeit der Demokratie

Lobbyismus
Interessenverbände können über vielfältige Kanäle ihre Vorstellungen in die Politik tragen. Durchaus erwünscht ist ihr Sachverstand. Interessenverbände versuchen jedoch, die ihren Vorstellungen nahestehenden Politiker zu fördern und z. B. mit offenen oder verdeckten Signalen, ihre Mitglieder als Stimmenpotential darzustellen und so Druck auszuüben. Sofern sie Entscheidungen, die ihre Interessen berühren, verhindern, werden die Lobbyisten auch als „heimliche Herrscher" oder „Veto-Spieler" bezeichnet. Damit wird ihre Fähigkeit charakterisiert, alle ihre Interessen entgegenstehenden politischen Bestrebungen blockieren zu können.

M6 Der Einfluss der Lobbyisten

In einem Interview gab Bundestagspräsident Norbert Lammert der Frankfurter Allgemeinen Sonntagszeitung seine Einschätzung zur Arbeit des Parlaments:

Das glatte Gegenteil der öffentlichen Auseinandersetzung ist der Versuch von Lobbyisten, möglichst still und unbemerkt Einfluss auf die Gesetzgebung zu nehmen. Wie beurteilen Sie das?

Der Einfluss der Lobbyisten auf die Gesetzgebung ist beachtlich, und er ist in zunehmendem Umfang glänzend organisiert. Seit dem Umzug des Parlaments und der Regierung hat sich nicht nur die Zahl der Journalisten am Regierungssitz explosionsartig erhöht, sondern auch die der Lobbyisten. Oft stehen die für ein bestimmtes Thema zuständigen Abgeordneten mit einem relativ kleinen Stab von Mitarbeitern einer beeindruckenden Zahl von Lobbyisten gegenüber.

Können die Abgeordneten sich genügend wehren?

Ich habe nicht den Eindruck, dass der Bundestag das Opfer von Lobbyisten ist oder werden könnte. Schon deswegen nicht, weil sich ein beachtlicher Teil dieses Lobbyismus wechselseitig kompensiert. Die Lobbyisten treten gegeneinander an und relativieren so unfreiwillig, aber wirkungsvoll die eigene Argumentation. Die Abgeordneten sind im Umgang mit diesen Mechanismen inzwischen gut trainiert.

Sind für die Gesetzgebung überhaupt Lobbyisten erforderlich?

Es ist durchaus sinnvoll, auf die Meinung von Verbänden und Organisationen nicht zu verzichten. Man muss nur wissen, dass die ihren Sachverstand immer in Gestalt von Interessen anbieten. Da muss folglich gut unterschieden werden. Aber die Sensibilität ist vorhanden. Als ich die zunehmende Neigung, Gesetzentwürfe von Kanzleien schreiben zu lassen, kritisierte, wurde ich sofort aus allen Fraktionen unterstützt.

Das Interview führten Eckart Lohse und Markus Werner, Frankfurter Allgemeine Sonntagszeitung, 8.9.2013

M7 Das Dilemma der Politik

Karikatur: Thomas Plaßmann, Baaske Cartoons, 2009

5.1 Bürger und Demokratie – wie eng ist die Beziehung?

M8 Die Diskontierung der Zukunft – bequem oder zukunftsweisend?

Die Neigung, den Wert der Zukunft geringer als den der Gegenwart einzuschätzen, daher die Ansprüche der Zukunft an die Gegenwart zu ermäßigen, ist nicht für die Moderne charakteristisch. [...]

In der Regel ist dem Menschen am wichtigsten, was ihn hier und jetzt trifft. Weniger wichtig ist ihm, was er für morgen erwartet, und trotz aller Zukunftssorgen ist ihm weit weniger wichtig, was ihn in ferner Zukunft treffen und betreffen wird. Diese Diskontierung der Zukunft dürfte bei politischen Entscheidungen noch ausgeprägter als im persönlichen Bereich sein. Wegen der doppelten Ungewissheit, dass die Menschen weder wissen, was die Zukunft bringt, noch ob sie es erleben werden, ist ein Zukunftsdiskont durchaus vernünftig, freilich im persönlichen Bereich mehr als in der Politik. Denn das Gemeinwesen ist auch für die nachwachsenden Generationen verantwortlich. Verstärkt wird die Diskontierung der Zukunft durch die zweite, weit verbreitete Neigung, die eigenen Belange höher als die der anderen, folglich auch die der zukünftig Lebenden einzuschätzen.

Otfried Höffe, Ist die Demokratie zukunftsfähig?
Über moderne Politik, München 2009, S. 34–35

Diskont
Begriff aus dem Bankwesen, beschreibt hier Kosten, die in die Zukunft verlagert und dann fällig werden.

Aufgaben

1. Entwickeln Sie – unter Verwendung von M 1 bis M 6 – Erklärungsansätze, warum manche Bürgerinnen und Bürger skeptisch gegenüber der Demokratie eingestellt sind.

2. Erschließen Sie aus M 4 bis M 7 grundsätzliche Hemmnisse, die einer Verwirklichung von Programmen und Wahlversprechen entgegenstehen und das Regieren erschweren.

3. Die Karikatur M 7 zeigt ein grundsätzliches Dilemma der Politik auf. Werten Sie die Karikatur aus und konkretisieren Sie das Dilemma an einem von Ihnen gewählten Politikfeld.

4. Die „Diskontierung der Zukunft" gilt als eines der Hauptprobleme der Politik. In diesem Zusammenhang können folgende Faktoren eine Rolle spielen:
   - der demografisch bedingte wachsende Anteil älterer Wählerinnen und Wähler;
   - der relativ hohe Anteil an Kinderlosen in der Bevölkerung;
   - der Vierjahresrhythmus bei Bundestagswahlen.

   Erläutern Sie, wie sich dadurch die Bereitschaft erhöht, die Gegenwart zuungunsten der Zukunft zu belasten (M 8).

F Aufgabe 1
Recherchieren Sie arbeitsteilig die Entwicklung der Wahlbeteiligung in den letzten Jahren auf Bundes-, Landes- und Kommunalebene. Inwiefern kann sich ein Legitimationsproblem für die Demokratie entwickeln? Oder ist die Wahlbeteiligung dafür unerheblich?

Energiewende

In der Folge des Reaktorunglücks von Fukushima im März 2011 beschloss die damalige CDU/CSU/FDP-Bundesregierung mit großer Zustimmung des Bundestags den Ausstieg aus der Atomenergie. Das Gesetz für erneuerbare Energien (EEG) soll den Ausbau von Windkraft und Fotovoltaik organisieren.

Windräder

erreichen eine Nabenhöhe bis zu 160 m. In windärmeren Regionen liefern Rotorblätter (Länge bis zu 75 m) nur in dieser Höhe eine sichere Rentabilität. Abstandsregelungen zur Wohnbebauung sind politisch umstritten: Eine von der WHO und dem Robert-Koch-Institut empfohlene „10H-Regelung" (den Abstand auf das Zehnfache der Gesamthöhe = Nabenhöhe + Länge der Rotorblätter) festzulegen, blockiert nach Ansicht des Bunds Naturschutz in Bayern die Energiewende. Der für die Windkraft nutzbare Flächenanteil würde damit von 5,17% auf 0,05% schrumpfen. Die 10NH (Zehnfache der Nabenhöhe) der Bürgerinitiative Böhnfeld (M 9b) stellt somit einen Kompromiss dar, um die Windkraftnutzung nicht komplett unmöglich zu machen.

M9a Schwieriges Regieren – Bürger wehren sich

Ein Hochwasserdamm, ein Bahnhof, eine Stromleitung sollen gebaut werden – und prompt formiert sich vor Ort der Widerstand. Auch wenn die Argumente der protestierenden Bürger im Einzelfall berechtigt sein mögen: In der Summe können sie fatal wirken. Denn als modernes Industrieland kann Deutschland nicht auf der Stelle treten. Infrastruktur muss erneuert und auch ausgebaut werden.

Bestes Beispiel: Der Zank um neue Stromtrassen. Niemand will sie vor der Nase haben – doch ohne sie kann die Energiewende kaum gelingen. Schließlich muss der Ökostrom aus den Windparks im Norden irgendwie in die Verbrauchszentren im Süden der Republik transportiert werden.

Das Regieren wird angesichts der zahllosen Proteste nicht leichter. Der Göttinger Demokratieforscher Franz Walter erwartet, dass sich „spätestens zwischen 2015 und 2035 Hunderttausende hochmotivierter Rentner mit dem gesamten Rüstzeug der in den Jugendjahren gesammelten Demonstrationserfahrungen in den öffentlich vorgetragenen Widerspruch begeben."

Angesichts dieser Entwicklung stelle sich die Frage: „Wie kann Demokratie überhaupt noch funktionieren?"

Manchmal zeigt sich die Absurdität des Wutbürgertums im Kleinen – zum Beispiel an einem einzelnen Windrad an der A9, das es mittlerweile zu lokaler Berühmtheit gebracht hat. Eigentlich ist das Windrad gar keines. Ihm fehlt noch der Rotor. Mehrere Anwohner haben gegen den Bau geklagt: Ein nahe gelegener Pferdezuchtbetrieb befürchtete Fehl- oder Frühgeburten, weil Schall und Schattenwurf des Windrads die Tiere störe. Ein anderer Nachbar monierte die drohende Lärmbelästigung – obwohl das Windrad direkt neben der Autobahn steht.

Simon Che Berberich, Diese Wutbürger blockieren Deutschland und gefährden das Allgemeinwohl, www.focus.de, 17.6.2013

M9b Kompromisse möglich?

Windenergie im Einklang mit den Bürgerinteressen

www.bi-boehmfeld.de

Bürgerbegehren läuft!
Dynamische Abstandsregelung 10-Fache Nabenhöhe

M9c Solaranlage – Gemeinderat und Bürger uneins

Der Indersdorfer Gemeinderat hat sich trotz des Widerstands vieler Bürger für die umstrittene Freiflächenphotovoltaikanlage zwischen den Ortsteilen Niederroth und Weyhern ausgesprochen. Das Gremium folgte mit knapper Mehrheit der Argumentation der Verwaltung, wonach es aus rechtlichen und praktischen Gründen keine Alternativen zu dem geplanten Standort der zwei Hektar großen Anlage gibt. Die Gemeinderäte des Bürgerblocks Niederroth sehen durch das Projekt die Landschaft verschandelt und wollen es jetzt mit einem Bürgerbegehren verhindern.

Robert Stocker, Solaranlage: Gemeinderat und Bürger uneins, Süddeutsche Zeitung, 14.4.2011

M9d Die Position der Energieversorger

Wie lange das Heizkraftwerk in Wuppertal-Barmen in diesem Jahr schon still steht, kann Holger Stephan nicht aus dem Stegreif sagen. „Vielleicht seit April? Das müsste ich nachschauen", so der Sprecher der Wuppertaler Stadtwerke, die das Gaskraftwerk betreiben. Fest steht: Über den Sommer wird das Kraftwerk stillgelegt, wann es wieder in Betrieb genommen wird, ist unklar. Schon 2012 wurde der Betrieb im Sommer ausgesetzt. Und die Situation habe sich nicht verbessert, so Stephan: „Es ist einfach zu bestimmten Zeiten unwirtschaftlich geworden, das Kraftwerk zu betreiben. Gerade im Sommer drückt so viel Ökostrom in den Markt, dass wir keine andere Wahl haben." … „Das Problem hat die ganze Branche." Eine Einschätzung, die Markus Moraing bestätigt. Er ist Geschäftsführer der NRW-Landesgruppe des Verbandes der kommunalen Unternehmen (VKU) und vertritt über 300 Mitglieder, darunter viele Stadtwerke. Wie viele kommunale Kraftwerke in NRW derzeit stillgelegt sind oder auf Niedrigbetrieb gefahren werden, kann er nicht genau sagen. Wuppertal-Barmen sei aber kein Einzelfall, so Moraing: „Nahezu alle Kraftwerke schreiben rote Zahlen oder ganz knapp eine schwarze Null. Die Lage ist dramatisch schlecht." Schuld an der Lage habe das Gesetz für Erneuerbare Energien (EEG), so Moraing: „Der Strom aus erneuerbaren Energien wird weit über dem Marktpreis vergütet und hat auch noch Vorrang bei der Einspeisung." Bei gutem Wetter, wenn viel Strom über Fotovoltaik-Anlagen erzeugt wird, komme es immer öfter vor, dass die komplette Stromlast durch erneuerbare Energien abgedeckt werde.

Ingo Neumayer, Energieversorger drohen mit Stilllegungen, www.1wdr.de, 16.7.2013

Bürgerbegehren

Bayern kennt als plebiszitäres Element neben dem Instrument des Volksbegehrens/Volksentscheids das Bürgerbegehren mit Bürgerentscheid (BV Art. 7). Damit können Gemeindebürger Angelegenheiten der Gemeinde beschließen. Dazu gehören oft Maßnahmen im Rahmen des Gesetzes zu erneuerbaren Energien.

Energiewende – im Film erklärt

Mediencode: 71011-07

Aufgabe

M 9a–d haben das Politikfeld Energiewende zum Thema. Ermitteln Sie Akteure und Veto-Spieler, die eine Umsetzung der Energiewende verhindern oder erschweren. Beschreiben Sie anschließend deren Einflussmöglichkeiten und denkbare Druckmittel, mit denen sie ihre Interessen durchzusetzen oder ihnen unliebsame Veränderungen blockieren können.

Methode

Sprach- und ideologiekritische Analyse einer politischen Rede

„Vertrauen Sie uns!" – eine Wahlkampfrede

Liebe Wählerinnen und Wähler!

Gewaltige Herausforderungen liegen vor uns. Und in dieser für unser Land nicht einfachen Situation wende ich mich an Sie. Denn auf Sie kommt es an, auf jeden einzelnen von Ihnen.
Vieles ist schon erreicht. Vieles haben wir gemeinsam durchgestanden, auch schwierigste Situationen. Auf Vieles können wir miteinander stolz zurückblicken. Aber jetzt gilt es nach vorne zu schauen und auch die nächsten Schritte gemeinsam zu machen. Unser Land kann mehr als wir selbst glauben. Wir müssen nur an uns selbst glauben.
Der politische Gegner hat überall dort, wo er an der Regierung war, abgewirtschaftet und Chancen verschleudert, legt jetzt unausgegorene Konzepte vor und bleibt damit oft seinen Ideologien und realitätsfernen Vorstellungen verhaftet. So gefährdet er den Wohlstand unseres Landes und das Wohlergehen unserer Bürger.
Mit mir, mit uns gehen Sie in eine pragmatische, ideologiefreie, also in die richtige Richtung. Die folgenden Gesichtspunkte werden unser politisches Handeln auch in Zukunft prägen:
Erstens: Unser Handeln wird geleitet vom Streben nach Gerechtigkeit und Fairness. Gerecht und fair soll es zugehen, am Arbeitsplatz wie in der Schule, in den Amtsstuben wie in Krankenhäusern, bei Renten und sozialen Maßnahmen.
Zweitens: Unser Handeln wird geleitet von den Grundwerten: Eigenverantwortung und Solidarität, Eigeninteresse und Gemeinwohl, Menschenwürde, Freiheit und Sicherheit, Verantwortung der Generationen füreinander, gleichwertige Lebenschancen und Entfaltungsmöglichkeiten für alle.

Drittens: Unser Handeln wird in den nächsten Jahren stets geleitet sein von dem, was für Sie und uns alle am besten ist. Wir werden dafür kämpfen. Mit all unseren Kräften. Für Sie!
Diese drei Prinzipien leiten unsere Familien- und Bildungspolitik, unsere Vorstellungen von Gesundheits-, Energie- und Verkehrspolitik, aber auch unsere außen- und friedenspolitischen wie auch die sozial- und wirtschaftspolitischen Vorstellungen. Unsere Vorhaben unterliegen alle, ich versichere Ihnen: alle, dem Finanzierungsvorbehalt. Die finanzielle Leistungsfähigkeit des Gemeinwesens werden wir stets im Auge behalten. Vertrauen Sie uns auch darin! Wir werden verantwortungsbewusst mit Ihren Steuern umgehen. Schon in den ersten Tagen unserer Regierungsarbeit wollen wir alle Staatsausgaben rigoros durchforsten und jede Form von Steuerverschwendung abstellen. Oberstes Ziel ist dabei: Wir wollen möglichst schnell alles anpacken, was Ihre Kinder, Ihre Enkel, aber auch die Benachteiligten in unserer Gesellschaft dringend brauchen.
Ich fasse kurz zusammen:
Ein festes Fundament ist nach unserer Auffassung noch immer die solide Grundlage einer fundierten Basis. Von diesem Prinzip lassen wir uns bei all unseren Bemühungen konsequent leiten. Sie können uns vertrauen: Unsere Ziele verfolgen wir mit Leidenschaft, Augenmaß und klarem Blick. In Ihrem Interesse! Im Interesse unserer Kinder und Enkel! Im Interesse unseres Vaterlandes.
Wir stehen vor einer Richtungsentscheidung. Es kommt auf jede und jeden an. Helfen Sie uns bei unserer wichtigen Aufgabe. Wählen Sie mich, wählen Sie uns!
Ich danke Ihnen. Vielen Dank!

Verfassertext

Schritt I: Einordnung der Rede in einen Kontext

Diese fiktive Rede wurde so natürlich nie gehalten. Sie will die Machart vieler Wahlkampfreden persiflieren. Trotzdem kann sie als Grundlage für eine sprach- und ideologiekritische Analyse dienen, mit der sich die zugrundeliegenden Interessen und Absichten herausarbeiten lassen. Ideologienähe entsteht, wenn dogmatische Behauptungen aufgestellt werden oder Aussagen als überzeitlich gültig, dargestellt werden.
Folgende Fragen lenken die Analyse:

- Wer produziert bzw. referiert bei welchem Anlass für wen den Text?
- Welche (genannten oder ungenannten) Interessen vertritt der Autor?
- Welche unüberprüfbaren Allerweltsweisheiten sollen wirken?
- Welche Wirkung soll der Text erzielen?
- Welches Handeln wird gerechtfertigt?
- Welche Aussagen sind wahrheitsgetreu, welche sind verzerrt?
- Was wird beschönigend dargestellt oder verschwiegen?

Schritt II: Rhetorische Analyse der Rede

Die damit eng verknüpfte sprachkritische Analyse bezieht sich ferner auf
1. rhetorische und sprachlich-stilistische Besonderheiten, z. B. Hochwertwörter, Euphemismen, Auf- und Abwertungen, Appelle, bildliche Sprache, Phrasen, Ironie, Spott, Sprachschichten, Stilwechsel, Stereotype, emotionale Färbung von Begriffen
Beispiele:
- Abwertung des politischen Gegners als unzuverlässig und verantwortungslos mittels negativ behafteter Adjektive, Partizipien und Verben: abgewirtschaftet, unausgegoren, ideologisch, realitätsfern
- Nähe zum Zuhörer und Einbindung mittels häufiger Pronomina der 1. Person (wir, uns) und Anrede in der 3. Person
- Adjektive und Adverbien zum Wortfeld Zusammengehörigkeit
- Nichtssagende Phrasen mit positiv konnotierten Wörtern des Wortfelds Sicherheit/Vertrauen: fest, solide, fundiert, konsequent
2. manipulative Argumentationstechniken, so z. B. die Entlastungsmethode, Beschwichtigung, Verallgemeinerungstechnik, Emotionalisierung, moralische Argumentation, Autoritätstechnik
Beispiele:
- Gegenüberstellung der eigenen und der gegnerischen Vorhaben mit positiven und negativen Begriffen
- Verdecken von Widersprüchen: „Unsere Vorhaben unterliegen alle, ich versichere Ihnen, alle dem Finanzierungsvorbehalt"
- moralischer Appell: z. B. richtige Richtung, Verantwortung für Kinder und Enkel. Grundwerte, Prinzipien
Auf der Grundlage dieser Detailanalyse lässt sich eine Gesamtbewertung erstellen. Wesentliches Kriterium ist dabei, ob überwiegend redliche oder manipulierende Mittel verwendet werden.
Bearbeiter

Analyse von Reden im Deutsch- und Geschichtsunterricht
→ Deutschlehrplan 11.2
→ Geschichtslehrplan 11/12, Vorspann

Moralische Argumentation
Appell an Gefühl und Anstand

Aufgabe

Erstellen Sie mithilfe der Schritte I und II eine sprach- und ideologiekritische Analyse der links stehenden Wahlkampfrede „Vertrauen Sie uns!" .

Wissen kompakt

Entpolitisierung: Folge des Unbehagens an Entscheidungsprozessen in der Demokratie

Bezieht man den Begriff auf den einzelnen Bürger, so meint er dessen Rückzug in den privaten Bereich und seine Weigerung, sich am politischen oder vorpolitischen Leben zu beteiligen. Die Ursachen dafür liegen u. a. in einer passiven Grundhaltung, einer satten Zufriedenheit oder in einer Auffassung, man könne als einzelner Bürger sowieso nichts ändern. In den Hintergrund gerät dabei, dass genau dieser „unpolitische" Bürger „politisch" handelt, u. U. im Sinne der Akteure, die nicht an seinem Engagement interessiert sind. Mithin handelt auch der entpolitisierte Bürger höchst politisch. Die These von einer zunehmenden Entpolitisierung wird häufig mit dem Rückgang der Wahlbeteiligung, der Abschwächung von Parteibindungen oder dem Vertrauensverlust in die Politik begründet. Der Begriff beschreibt aber in einem umfassenden Sinn auch die Entwicklung, dass in vielen Demokratien politische Entscheidungen zunehmend außerhalb der demokratisch legitimierten Gremien und Verfahren gefällt werden. Demnach unterhöhlen privilegierte Eliten in Wirtschaft, Verbänden oder Medien staatliche Entscheidungen und setzen ihren Einfluss durch (auch: „postdemokratische Tendenzen"). Die Entpolitisierung der Bürger erlaubt und fördert diese Entwicklung.

Legitimation und Legitimationsverlust

Jede demokratische Herrschaft über andere Menschen bezieht ihre Legitimation (Rechtfertigung, Anerkennung) von der Bereitschaft der Regierten, diese Herrschaftsbeziehung anzuerkennen. Die Akzeptanz beruht auf Verfahren der Zustimmung. Demokratisch legitimierte Parlamente und Regierungen beschaffen sich diese Legitimität über freie Wahlen. Ob die Legitimität durch eine sehr geringe Wahlbeteiligung berührt oder gefährdet ist, wird kontrovers diskutiert.

Theoretisch würde schon ein Wähler Legitimität herstellen, denn alle anderen hatten ja auch die Möglichkeit zu wählen. Während rechtlich die Höhe der Wahlbeteiligung also ohne Einfluss auf die Legitimation einer Regierung bleibt, berufen sich Regierende politisch gerne darauf, dass sie auf Grund von Wahlen – unabhängig von der Wahlbeteiligung – mit demokratischer Legitimation handeln.

Mangelnde Wahlbeteiligung und schwindendes Engagement für die Politik werden aber auch als Anzeichen eines Verlusts an Legitimation gedeutet.

Wutbürger

Als „Wutbürger" (Wort des Jahres 2010) bezeichneten Journalisten häufig Demonstranten auf der Straße, die ihre Forderungen stark emotionsgesteuert, irrational oder unversöhnlich vortrugen. Meist waren damit die Träger des Protests gegen geplante Großprojekte (z. B. „Stuttgart 21", Startbahnen) gemeint oder Teilnehmer an Demonstrationen gegen Auswüchse der Finanzkrise („Occupy-Camps"). Andererseits verstand man unter „Wutbürgern" auch engagierte Bürger, die mit ihren Demonstrationen Themen in die öffentliche Diskussion trugen, die sonst von Verwaltungen und Gremien ohne Bürgerbeteiligung und ohne Rücksicht auf Betroffene verwirklicht worden wären.

Mutbürger

Sieht man zivilgesellschaftliches Engagement als wichtige Säule einer Bürgergesellschaft, so ist Protest nicht lästig, sondern Element eines wichtigen Bürgerrechts.

Seine Wahrnehmung erfordert oft auch Mut, z. B. bei Aktivitäten gegen Rassismus und Extremismus. Deswegen wurde in der öffentlichen Sprache aus dem „Wutbürger" der eher positiv besetzte „Mutbürger".

Wissen im Kontext

Vielen Menschen sind die politischen Mitwirkungsmöglichkeiten in Deutschland zu wenig ausgeprägt. Um die Bundespolitik zu beeinflussen, reicht ihnen die Bundestagswahl im Vierjahresrhythmus nicht aus. Zwischen den Wahlen sind sie, so eine verbreitete Meinung, von Entscheidungen ausgeschlossen. Das Grundgesetz sieht die Beteiligung der Bevölkerung bei Sachentscheidungen nicht vor.

Dazu kommt das Unbehagen, dass auch die Beteiligung bei Wahlen nur wenig Wirkungen hat. Denn welche Parteien sich nach den Wahlen als Koalition zusammenschließen, entscheidet faktisch meist eine Parteielite bzw. die Mehrheitsverhältnisse in ihrer Gesamtheit.
Unbehagen lösen ferner Wahlversprechen und Ankündigungen aus. Deren Nichteinhaltung oder Verwässerung, z. B. wegen notwendig gewordener Koalitionsabsprachen, wird mitunter schnell als „Wahlbetrug" etikettiert. Kritisch gesehen werden auch viele Formen von Politikinszenierung oder das Fehlverhalten einzelner Politiker. Unterschiede zwischen den Parteien bei Programmen und Vorhaben sind vielen nicht deutlich erkennbar. So stellt sich bei einem Teil der Bürger das Gefühl ein, sie könnten selbst kaum einen wirksamen Beitrag zu einer funktionierenden Demokratie liefern und auch nichts an ihren persönlichen Verhältnissen ändern. Ob sie wählen oder sich im politischen oder vorpolitischen Raum engagieren, bleibt ihrer Ansicht nach folgenlos.

Viele Bürgerinnen und Bürger verlangen eine schnelle und für sie schlüssige Lösung der anstehenden Probleme und sind enttäuscht, dass die Politik nur begrenzt Erfolg hat. Oft unterschätzen sie die Komplexität der Probleme (z. B. Energiewende, demografische Entwicklung). Unzufriedenheit entsteht auch über die oft langwierigen Mechanismen der Entscheidungsfindung (z. B. wegen Bund-Länder-Verhandlungen, Beteiligung des Bundesrats). Dazu kommen in einer pluralistischen Demokratie die Brems- oder Blockademöglichkeiten einflussreicher Interessenverbände. Rücksicht nimmt die Politik zudem auf ökonomische Zwänge (Arbeitsplätze) und auf Widerstände gegen politische Vorhaben in der Bevölkerung.

Der Vierjahresrhythmus von Wahlen verleitet Politiker dazu, tendenziell in eher kurzen Zeiträumen zu denken. Ihr wichtigstes Ziel ist die Zustimmung bei den nächsten Wahlen, um an der Regierung zu bleiben oder die Macht zu erringen. Die Kosten von politischen Vorhaben werden deswegen häufig in die Zukunft verlagert („Diskontierung der Zukunft"). Ein tatsächlicher oder nur vorgespielter Anspruch der Politik führt zum so genannten „Politikdilemma". Darunter versteht man die häufig geübte Praxis, den Wählern den Eindruck zu vermitteln, die Politik habe für alle anstehenden Probleme schlüssige Konzepte oder Lösungen. Sie kann aber oft nur versuchen, Rahmenbedingungen zu gestalten. Offenkundig wird dies z. B. bei Entscheidungen in der Wirtschaft. Wegen globalisierter Vernetzungen können sich Unternehmen dem Zuständigkeitsbereich der nationalen Politik entziehen (z. B. bei Steuern, bei Umwelt- und Sozialstandards, beim Arbeitsrecht). Auch in diesen Fällen ist die Problemlösungsfähigkeit der Politik stark eingeschränkt.

Warum ist vielen Bürgern die Wahl alle vier Jahre als Mitwirkungsmöglichkeit zu wenig?
M 1

Welchen Beitrag leisten strukturelle Bedingungen zur Skepsis gegenüber der Demokratie?
M 4, M 5, M 6

Warum kann die Politik manche Erwartungen nicht erfüllen?
M 5, M 6, M 8

Welche Faktoren verhindern schnelle, klare und nachhaltige Lösungen?
M 9

5.2 Demokratie – wie kann sie gestärkt werden?

M1 Auch meine Stimme zählt – soll es ein Familienwahlrecht geben?

Mutter mit Kind an einer Wahlurne

> **Wähler in Windeln?**
> Natürlich ist nicht daran zu denken, dass eine Zweijährige ihren Stimmzettel selbst ausfüllt und in die Urne wirft. Andererseits gibt es den demokratischen Grundsatz: one head – one vote. Gilt ein Kopf erst als „head", wenn er ein eher willkürlich festgelegtes Alter erreicht hat? Auch wegen dieser Überlegungen gibt es ernstzunehmende Vorschläge, dass Eltern gleichsam treuhänderisch[1] das Wahlrecht für ihr Kind wahrnehmen sollten. Dieses so genannte „Familienwahlrecht" würde Kinder und junge Leute indirekt als Wähler beteiligen.
> *Bearbeiter*
>
> [1] treuhänderisch: Ein Recht, hier das Wahlrecht, wird durch eine andere Person („Treuhänder") wahrgenommen.

Soziales Kapital
Unter „sozialem Kapital" versteht man im engeren Sinn das Netz an Beziehungen, das der Einzelne aktivieren kann. Im Text geht es um die Bevölkerungsgruppen, die eine Gesellschaft für ihr Wohlergehen und ihre Weiterentwicklung nutzen kann. Das Wahlrecht wäre eine Chance, diese Gruppen und ihre Interessen zu integrieren.

M2 Wahlalter senken?

In einem demokratischen Staatswesen gehört die politische Beteiligung zum wichtigsten Bürgerrecht und darf nur unter eng definierten Bedingungen verwehrt werden. Es ist ein Anachronismus, das Mindestwahlalter auf 18 Jahre festzulegen. [...] Schließen wir die unter 18-Jährigen wie bisher sowohl vom aktiven als auch vom passiven Wahlrecht aus, dann sind die politischen Akteure in Parlamenten und Regierungen nicht verpflichtet, diesen Teil der Bevölkerung zu repräsentieren. Damit geht dem politischen Gemeinwesen soziales Kapital verloren. Könnten Jugendliche sich in die Gesellschaftspolitik einschalten, dann bekämen die Themen Umweltschutz, Kriegsvermeidung, Förderung der Entwicklungsländer, Gesundheitsförderung, Armutsvermeidung und Abbau der Arbeitslosigkeit ein weitaus größeres Gewicht als heute. Durch die überstarke Repräsentanz von Älteren bei Wahlen wird heute ein wichtiges Prinzip des Generationsvertrages verletzt, denn es werden im demokratischen Meinungsbildungsprozess nur die Interessen der älteren Bevölkerung gefördert. Das kann langfristig dazu führen, dass zukunftsorientierte Themen zu kurz kommen. Die kognitive Entwicklungsforschung zeigt, dass in der Altersspanne zwischen 12 und 14 Jahren bei fast allen Jugendlichen ein intellektueller Entwicklungsschub stattfindet, der sie dazu befähigt, abstrakt, hypothetisch und logisch zu denken. Parallel hierzu steigt in dieser Altersspanne auch die Fähigkeit, sich sozial, ethisch und politisch zu orientieren und entsprechende Urteile abzugeben. Wollen wir von einer »Reife« der Urteilsfähigkeit – nicht der gesamten Persönlichkeit – sprechen, dann ist sie in diesem Alter gegeben. Aus diesen Überlegungen heraus spricht vieles dafür, das Wahlrecht auf ein Alter von wenigstens 16 Jahren abzusenken.

Klaus Hurrelmann, Das Wahlalter sollte gesenkt werden, in: Impulse 3/2013 „Jugend und Politik", S. 15

M3 „Warum ich mich nicht für Politik interessiere"

Anlässlich der Buchveröffentlichung „Warum ich mich nicht für Politik interessiere" führte die Süddeutsche Zeitung ein Gespräch mit der Autorin Beatrice von Weizsäcker.

SZ: Eigentlich müsste das Buch anders heißen: „Warum Politik interessant ist." Oder: „Warum sich jeder für Politik interessieren sollte".
von Weizsäcker: Fänden Sie das besser? [...] Der Titel ist natürlich ironisch gemeint. Das Gegenteil ist der Fall – Politik interessiert und beschäftigt mich sehr. [...] Ich denke, es ist an der Zeit, mehr direkte Demokratie auch auf Landes- und Bundesebene zuzulassen.

Eine Lehre aus der NS-Zeit ist, dass das Grundgesetz kaum plebiszitäre Elemente enthält. Die Mehrheit der Deutschen hat 1933 demokratiefeindliche Parteien gewählt – und Hitler damit im Endeffekt legitim zur Macht verholfen. War dieses Misstrauen der Verfassungsväter falsch?
Der Parlamentarische Rat stand unter dem Eindruck der historischen Erfahrungen der Nazi-Zeit, das ist nachvollziehbar. Inzwischen sind 60 Jahre vergangen. Die Deutschen haben gezeigt, dass sie sich verändert haben.

Man kann den Deutschen inzwischen vertrauen?
Ja. Wir sind kein unzuverlässiges Volk mehr. Wir Bürger können sehr wohl sachorientierte Fragen beantworten – mehr noch: Es steht uns zu. Fragen Sie mal einen Schweizer: Der wird nur den Kopf schütteln darüber, was wir Deutsche alles nicht direkt entscheiden können. [...]

Sie halten mehr direkte Demokratie für ein Mittel gegen Politikverdrossenheit. Wie soll das funktionieren?
Dadurch, dass jeder Bürger seine Stimme abgeben könnte, würden sich alle mehr für Sachthemen interessieren. Direkter Einfluss regt zum Denken an. Auch die Argumentation derjenigen, die sich für das Pro und Contra bei einem Plebiszit einsetzen, würde nicht mehr so wolkig sein. Alle Seiten wären gezwungen, den Bürgern klipp und klar darzustellen, was für ihre jeweilige Ansicht spricht – sonst würden sie keine Zustimmung erhalten. [...]

Als wichtiges Mittel für die direkte Einflussnahme der Bürger nennen Sie das Internet. Dank des World Wide Web könnte jeder sich direkt an die Damen und Herren Politiker wenden, Stichwort: E-Demokratie.
Aber nur wenige Politiker nehmen die Onliner bislang ernst. Viele Entscheidungsträger haben zwar eigene Homepages, aber sie nutzen das Internet nicht selbst – und darum fehlt ihnen auch das Verständnis für die Chancen und Wichtigkeit. Nach dem Motto, was ich nicht sehe, ist nicht wichtig. [...]

Sie kritisieren in Ihrem Buch das hiesige, sehr ausgeprägte Parteiensystem. Was könnte besser werden?
Beispielsweise wäre es sinnvoll, wenn die Bürger Einfluss erhalten, wen die Parteien auf ihre Wahllisten setzen. Auf Bundesebene bekommen die Wähler eine Liste serviert. Auf der Liste ist womöglich ein Kandidat, den Sie nicht haben wollen – doch wenn Sie die Liste ankreuzen, hat er Ihre Stimme. Hier, im schönen Bayern, haben die Bürger die Möglichkeit, zu panaschieren und kumulieren. Das heißt: Sie können mit Ihrer Zweitstimme bestimmen, wen Sie haben wollen. Rauf- und runterwählen – das ist doch fabelhaft! Warum nicht auch bei der Bundestagswahl?

Das Interview führte Oliver Das Gupta, Wir brauchen mehr direkte Demokratie, in: Süddeutsche Zeitung, 17.5.2010

Beatrice von Weizsäcker arbeitete viele Jahre als Journalistin, wechselte zur Stiftung zur Entschädigung ehemaliger NS-Zwangsarbeiter, ist Mitglied im Präsidium des Ökumenischen Kirchentages und im Vorstand der Theodor-Heuss-Stiftung. Sie ist die Tochter von Richard von Weizsäcker (Bundespräsident 1984–1994).

E-Demokratie
Eine Form der E-Demokratie wird mit „Liquid Democracy" bezeichnet. Dabei kann sich jeder Bürger online genau bei den Themen beteiligen, die ihm wichtig sind. Diese Organisationsform würde alle Menschen einbeziehen, die sich an der Politik beteiligen wollen. Unklar bleibt, wie man dann mit diesen Forderungen und Äußerungen der Nutzerinnen und Nutzer umgeht, wie repräsentativ diese sind und wie sie gegen Missbrauch geschützt werden können.

5 Die Sicherung der Zukunftsfähigkeit der Demokratie

M4 Bürger entscheiden mit – der Online-Bürgerhaushalt in Bad Wörishofen

Aus dem Brief des Bürgermeisters:
Liebe Bürgerinnen und Bürger,

seit dem Start unserer Plattform zum Bürgerhaushalt am 17.10.11 haben uns zahlreiche interessante Ideen und Kommentare [...] erreicht. Herzlichen Dank für Ihr Engagement und die dafür investierte Zeit!

Einige Wünsche (z. B. neue Rutschen für das Freibad, Ausweisung von Baugebieten usw.) haben wir mittlerweile bereits realisiert. [...] Positiv überrascht von den nach wie vor hohen Beteiligungen im Rahmen der bisherigen Bürgerhaushalte möchten wir Sie nun auffordern, hier Ihre Ideen, Vorstellungen und Wünsche für eine „Agenda 2020" einzubringen. Welche Weichen sollten jetzt gestellt, welche Maßnahmen getroffen werden, um Bad Wörishofen für die Zukunft fit zu machen? Wir freuen uns auf einen intensiven Dialog mit den Teilnehmer/innen!

Gestalten Sie aktiv die Zukunft unserer Stadt!

Stadtverwaltung Wörishofen (Hg.), Bürgerhaushalt Bad Wörishofen,
www.buergerhaushalt.bad-woerishofen.de, Abruf am 3.12.2013

M5 Gleichgültigkeit und Demokratie – ein Problem?

Blicke in die Zukunft – Zitate

Was kümmert mich die Nachwelt? Hat sich die Nachwelt je um mich gekümmert?
Groucho Marx, US-Schauspieler, 1890–1977

Mehr als die Vergangenheit interessiert mich die Zukunft, denn in ihr gedenke ich zu leben.
Albert Einstein, Physiker, 1879–1955

Interviews über Rechtsextremismus in Mecklenburg-Vorpommern:

Hannes, 18 Jahre, Schülersprecher Gymnasium

Was für eine Rolle spielt es für dich, dass die Stadt eine Hochburg des Rechtsextremismus ist?
In meinem Alltag keine. Ich halte mich raus.
Aus was?
Aus politischen Dingen.
Glaubst du, dass Jugendliche gefahrlos ihre Meinung vertreten können?
Ja.
Auch wenn sie ein Shirt tragen, auf dem steht: „Nazis raus"?
Das nicht. Aber solang man seine Meinung nicht auf dem Präsentierteller vor sich herträgt, ist alles okay.

Marco, 24 Jahre, Mühlentreff
Ich war mal in der rechten Szene. Habe auch Ausländer verprügelt und war deshalb drei Monate im Knast.
Und dann bist du ausgestiegen?
Ja. [...]
Und zu den Rechten hast du keinen Kontakt mehr?
Ich versuche, ihnen aus dem Weg zu gehen. Die haben Kameradschaft und Freundschaft gepredigt, aber wenn es hart auf hart kam, haben sie einen fallen lassen. Nur in einer Sache, mit den Ausländern, haben sie meiner Ansicht nach Recht.

Anke Lübbert, Monika Keiler, Schaut auf diese Stadt, in: Jetzt, Verlagsbeilage der Süddeutschen Zeitung, 01/2013, S. 22–29

M6 Warum politische Bildung so wertvoll ist?

Interview der Wochenzeitung „Das Parlament" mit Klaus Hurrelmann, dem Mitautor der letzten Shell-Jugendstudien:

Das Parlament: Ab welchem Alter kann man Jugendliche überhaupt als politisch bezeichnen?

Klaus Hurrelmann: Die Lebensphase Jugend beginnt mit der Pubertät und hat sich im Lebenslauf nach vorne verlagert: in den vergangenen 100 Jahren um etwa drei Jahre. [...] Mit etwa zwölf Jahren ist eine stabile intellektuelle Basis erreicht, auch eine grundsätzliche soziale und moralische Urteilsfähigkeit ist gegeben. Von diesem Alter an ist es möglich, politische Urteile zu treffen; es wäre auch möglich, sich an Wahlen zu beteiligen. Das muss aber nicht heißen, dass die Jugendlichen politisch sind. [...]

Die Studie zeigt, dass besser gebildete Jugendliche sich eher als politisch interessiert bezeichnen.

Bildung ist ein wichtiger Mechanismus: Sie fördert [...] die Kompetenz, die Logik des politischen Systems zu verstehen. Auch die Bereitschaft zu partizipieren, also sich einzumischen, wächst dadurch. Man kann daraus lernen, dass durch die Verbesserung von Bildungsangeboten in den beiden problematischen, abgehängten Gruppen echte Chancen bestehen, deren Partizipation und Akzeptanz der Demokratie zu verbessern.

Bildung und damit auch politische Bildung sind in Deutschland also Elitenphänomene?

Ja. In Deutschland ist die gute, herausragende Bildung gegenwärtig leider immer noch ein Elitenphänomen. Es ist uns ja nicht gelungen, unser schulisches und universitäres Bildungssystem wirklich nachhaltig zu öffnen für ökonomisch schwächere Gruppen.

Das Interview führte Bert Schulz, Die Jugendlichen verstehen die Spielregeln nicht, www.das-parlament.de, Abruf am 23.11.2013

Klaus Hurrelmann, dt. Sozialwissenschaftler, forscht über Sozialisation und lehrt an der Hertie School of Governance in Berlin.

Aufgaben

1. Wägen Sie das Für und Wider eines „Familienwahlrechts" (M 1) unter dem Aspekt der „Diskontierung der Zukunft" ab. Entwickeln Sie anschließend Vorschläge, wie es sich zweckmäßig umsetzen ließe.
2. In Umfragen lehnen auch minderjährige Jugendliche eine Senkung des Wahlalters mit deutlicher Mehrheit ab (M 2). Schreiben Sie einen Blogbeitrag, in dem Sie – unabhängig von Ihrer eigenen Position – sachlich gegen eine Senkung Stellung beziehen. Vorschlag für die Überschrift Ihres Beitrags: „Wahlrecht ab 16? Nein, danke!"
3. Erschließen Sie aus M 3 und M 4 die Ideen für eine Vitalisierung der Demokratie. Wägen Sie ab, inwieweit jede der Maßnahmen ihr Ziel erreichen kann. Berücksichtigen Sie hierbei das Phänomen der „Gleichgültigkeit in Demokratien" am Beispiel des Rechtsextremismus in Mecklenburg-Vorpommern (M 5).
4. Die beiden Zitate in der Randspalte auf Seite 140 lassen sich auch auf die Zukunft der Demokratie beziehen. Nehmen Sie eines der Zitate als Anfangssatz für ein kleines Plädoyer für eine Weiterentwicklung der Demokratie – und enden Sie mit dem anderen.
5. Sammeln Sie im Rahmen einer Stellungnahme zu M 6, in welchen Lebens- und Sozialisationsbereichen Sie bisher politische Bildung erfahren haben. Wo sehen Sie noch Potenziale, um etwaige Defizite zu reduzieren?

F Aufgaben 1 – 2
Kritiker einer direkten Demokratie argumentieren damit, dass dadurch vor allem die Mittelschicht ihre Interessen verstärkt durchsetzen würde. Dies wird durch Studien und Erfahrungen gestützt. Erklären Sie die wahrscheinlichen Ursachen für diese Tendenz.

Wissen kompakt

E-Demokratie

Die Digitalisierung der Welt erlaubt neue Kommunikationswege und Beteiligungsformen im gesellschaftlichen wie staatlichen Bereich. Sie gilt vielen als die Chance, politisch interessierte Bürger stärker einzubeziehen und auch bisher eher nicht interessierte Bürger für politische Themen zu motivieren. Die bisherigen Formen, so die Verfechter einer E-Demokratie, seien unzeitgemäß: So reiche es nicht, alle vier (bzw. fünf) Jahre Abgeordnete bestimmen zu können, die dann während der Legislaturperiode nur noch lose an die Positionen ihrer Wähler gebunden sind. Auch andere Formen, z. B. die feste Parteimitgliedschaft werde von den meisten Bürgerinnen und Bürgern gescheut. Ihr Interesse an einzelnen Themen würde von den traditionellen Formen der Partizipation kaum berücksichtigt und könnte eigentlich genutzt werden. Diskutiert werden in diesem Zusammenhang alle Formen einer digitalen Partizipation, vor allem Online-Umfragen, informelle Chancen der Teilnahme, Dialog- und Diskussionsforen mit Politikern, Ideenpools, Zukunftswerkstätten oder sogar die Überlegung, Sachbeschlüsse oder Wahlen über digitale Netze zu ermöglichen.

Familienwahlrecht

Familienwahlrecht ist eine andere Bezeichnung für Elternwahlrecht, Kinderwahlrecht oder auch Stellvertreterwahlrecht. Gemeint ist damit Folgendes: Eine Familie mit zwei Erwachsenen und drei minderjährigen Kindern hätte im Familienwahlrecht fünf Stimmen. Beim derzeit gültigen Wahlrecht hat dieselbe Familie zwei Stimmen. Abgeordnete aller Fraktionen des 16. Deutschen Bundestages haben die damalige große Koalition aufgefordert, einen entsprechenden Gesetzesentwurf einzubringen. Seitdem verharrt diese Forderung in den Ausschüssen zur Diskussion.

Bürgerhaushalt

Vor allem auf kommunaler Ebene haben sich vielerorts so genannte Bürgerhaushalte etabliert. Sie beziehen die Gemeindebürger in verschiedener Form in die Entscheidungen gewählter Gremien und Personen ein. Häufig werden dafür die digitalen Möglichkeiten genutzt.

Damit soll das Potential aller Bürger für die Gemeinde genutzt werden. Oft können sie ihre Ideen einbringen und sich in Foren austauschen. Eine erwünschte Folge ist, die Bürger generell für politische Angelegenheiten zu aktivieren und so einer Politikverdrossenheit entgegenzuwirken.

Inwieweit sich Bürgermeister oder Stadträte in ihren Entscheidungen beeinflussen lassen, bleibt offen.

Politische Bildung

Ihre Anfänge liegen in den Bemühungen in der Nachkriegszeit und in den Anfangsjahren der Bundesrepublik, die Demokratie im Bewusstsein der Deutschen zu verankern. Die Bürger sollten nicht nur die demokratischen Institutionen und ihre Rechte und Pflichten kennen, sondern auch werteorientiert handeln können und sich für „Bürgertugenden" aufgeschlossen zu zeigen. Ziel war in diesem Zusammenhang auch die Immunisierung gegen totalitäre Versuchungen (nationalsozialistische Vorstellungen, Kommunismus) und allgemein die Fähigkeit und Bereitschaft, antidemokratische Gefährdungen abzuwehren.

Diese Aufgaben übernahmen zunächst die Bundeszentrale und die Landeszentralen für politische Bildung. Sehr bald wurde politische Bildung in entsprechenden Schulfächern verankert. Dazu kamen dann außerschulische Institutionen, die Kurse und Schulungen anbieten. U. a. nehmen die Stiftungen der Parteien und Gewerkschaften solche Aufgaben wahr oder Einrichtungen der Erwachsenenbildung, z. B. Akademien zur politischen Bildung.

Der politischen Bildung dienen ferner besondere Aktionen, so etwa verschiedene Wettbewerbe zur politischen Bildung oder Projekte wie „Schule ohne Rassismus – Schule mit Courage".

Wissen im Kontext

In der Diskussion, wie sich eine höhere Akzeptanz der Demokratie erreichen lässt, werden oft Änderungen im Wahlrecht vorgeschlagen. Wer dem Grundsatz „One head – one vote" folgt, wird das Familienwahlrecht favorisieren. Das Wahlrecht der Kinder wird vorübergehend von den Eltern wahrgenommen. Damit soll erreicht werden, dass Zukunftsthemen stärker ins Blickfeld der Politiker geraten, weil man ja die Eltern als Wähler gewinnen will, die bei ihrer Wahlentscheidung die Interessen ihrer Kinder mit einbringen. Dies setzt allerdings voraus, dass Eltern auch tatsächlich treuhänderisch für ihre Kinder wählen. Andere Vorschläge wollen das Mindestwahlalter bei 16 Jahren festlegen (wie derzeit bei Landtagsbzw. Bürgerschaftswahlen in Brandenburg, Bremen, Hamburg und Schleswig-Holstein, Stand: 2014), um die jungen Leute möglichst frühzeitig als Wähler einzubinden und ihr Interesse an politischen Themen zu wecken. Alle Vorschläge zur Änderung des Wahlrechts sind allerdings umstritten.

Soll man das Wahlalter senken?
M 2

Um das Interesse an der Politik zu steigern, wird schon länger diskutiert, ob man nicht auf Bundesebene plebiszitäre Elemente verankern könnte. Art. 20 Abs. 2 GG lässt das ohnehin zu: „Alle Staatsgewalt geht vom Volke aus. Sie wird vom Volke in Wahlen und Abstimmungen und durch besondere Organe der Gesetzgebung, der vollziehenden Gewalt und der Rechtsprechung ausgeübt."
Gefordert wird oft auch eine größere Einflussnahme auf das Wirken der Parteien, so vor allem auf die Zusammensetzung der Listen vor Bundestagswahlen. Diskutiert wird ferner eine Direktwahl des Bundespräsidenten, die allerdings die Balance zwischen den Verfassungsorganen berühren würde.
Bei Umfragen und Erhebungen zu politischem Basiswissen treten häufig eklatante Defizite zutage. Die Verfechter einer verstärkten politischen Bildung plädieren deshalb für mehr Möglichkeiten, in schulischen und außerschulischen Einrichtungen Wissen, Kenntnisse und demokratische Kompetenzen zu vermitteln.
Digitale Medien gelten vielen als weitere Chance, mit deren Hilfe sich das Interesse an der Politik und eine stärkere Beteiligung verwirklichen lassen. Auch wenn sich mit dem Internet viele Kommunikationswege eröffnen, haben sich bisher die anfänglichen Erwartungen an eine E-Demokratie nur teilweise erfüllt.

Wie kann man die politischen Beteiligungsmöglichkeiten verbessern?
M 2 – M 5

Demokraten dürfen nicht nur den entsprechenden Behörden, z. B. dem Verfassungsschutz, die Aufgabe überlassen, die Demokratie zu schützen. Die Bedrohungen für die Demokratie sind vielfältig: religiös motivierter Fundamentalismus, geringerer Datenschutz, politischer Extremismus, etc.
Im Sinne einer zukunftsfähigen Demokratie ist die Stärkung der demokratischen Bürgertugenden zu wünschen, damit sich viele Bürger im politischen und vorpolitischen Raum engagieren und die Demokratie stützen.

Wie können die Bürgerinnen und Bürger die Zukunftsfähigkeit der Demokratie fördern?
M 6

5.3 Demokratie weltweit – Hoffnung, Vision oder Illusion?

M1 Demokratische Verfahren und Traditionen

Afghanistan
In Afghanistan wurde seit den Terroranschlägen vom 11.9.2001 in New York und Washington mithilfe eines multilateralen NATO-Einsatzes die Stabilisierung eines demokratischen Systems versucht. Ziele waren zunächst die Vertreibung islamistischer Terroristen, dann die „dauerhafte Stabilisierung des Landes mit dem Ziel einer sich selbst tragenden Sicherheit". U. a. wurden freie Wahlen und demokratische Institutionen unterstützt. Der Erfolg der Intervention wird kritisch eingeschätzt.

Scharia
Der Begriff wird im heutigen Sprachgebrauch für „islamisches Recht" verwendet, bedeutet im engeren Sinne jedoch die von Gott gesetzte Ordnung im Sinne einer islamischen Normativität. [...] In mehreren Staaten wird die Scharia heutzutage in der Verfassung ausdrücklich als Quelle der Rechtsschöpfung anerkannt.
Christian Müller, Scharia, in: Ralf Elger, Friederike Stolleis (Hg.): Kleines Islam-Lexikon. Geschichte – Alltag – Kultur. München: Beck 2001. Lizenzausgabe Bonn: Bundeszentrale für politische Bildung 2002.

Parlament in Afghanistan

Im afghanischen Parlament wird derzeit [Anm.: Anfang März 2013] über einen Gesetzesentwurf zur Eindämmung der Gewalt gegen Frauen debattiert. Viele Abgeordnete sehen durch das Gesetz traditionelle Wertvorstellungen verletzt. [...] Gegner des Dekrets bzw. Gesetzes kritisieren vor allem, dass es der Scharia, der islamischen Rechtsprechung, widerspreche. Die andere Seite rekrutiert sich hauptsächlich aus den Reihen der derzeit 68 weiblichen Abgeordneten, denen ein Viertel der Sitze reserviert ist. Sie versuchen, eine moderne Auslegung des Islam mit dem Gesetz in Einklang zu bringen.
So auch die Abgeordnete Masooda Karochi. Sie kritisiert ihre Gegner scharf: „Das sind alles Fundamentalisten und Extremisten!" Ihre Anwesenheit im Parlament mache eine konstruktive Diskussion unmöglich. [...]
Masooda Karochi fasst eine Argumentationslinie ihrer Gegner so zusammen: Schläge und Beschimpfungen dürften nicht als Gewalt gegen Frauen gezählt werden. Denn sonst würden sich Frauen, die Opfer häuslicher Gewalt geworden seien, bei den Behörden beschweren. Jedoch seien Beschimpfungen und Schläge die Norm in Afghanistan. Das Gesetz hätte also zur Folge, dass zu viele Familien auseinanderbrechen würden.
Im Gesetzentwurf wird das Mindestalter für Heiraten auf 16 Jahre festgelegt. Auch dies ein Dorn im Auge der Gegner im Parlament. Sie begründen ihre Ablehnung so: Laut Islam bestimmt der Beginn der Pubertät, wann ein Mädchen heiratsfähig ist. Und die Scharia schreibe vor, dass der Vater des Mädchens über die Heirat bestimmen könne. Diese Interpretation des Islam ist bei den konservativen Abgeordneten weit verbreitet. Die Argumente ihrer Gegenspieler, meist weibliche Abgeordnete, stoßen auf taube Ohren.

Nach: Waslat Hasrat-Nazimi, Debatte um Frauengesetz im Kabuler Parlament, www.dw.de, 8.3.2013

M2 Ein Jahrzehnt Bundeswehr in Afghanistan

Aufgrund der Erfahrungen während des NATO-Einsatzes in Afghanistan verabschiedete die schwarz-gelbe Bundesregierung 2012 folgende Leitlinien für fragile Staaten:

Ein politisches System kann nur dann mittel- bis langfristig stabil sein, wenn es auf lokalen Legitimitätsvorstellungen beruht. Daher gilt es, an endogene Traditionen und Institutionen weitgehend anzuknüpfen, auch wenn diese nicht in vollem Umfang denen liberaler Demokratien entsprechen, und sie durch agents of change weiterzuentwickeln. Diese kulturelle Offenheit findet ihre Grenze, wenn die universellen Menschenrechte verletzt werden. [...] Die internationale Gemeinschaft muss bei ihren Stabilisierungs- und Aufbaubemühungen die lokalen Eliten einbinden und wesentliche Kerngruppen aktiv beteiligen (inclusive enough pacts). Es liegt in der Verantwortung der Bevölkerung der jeweiligen Länder, über ihre Führer und Autoritäten zu entscheiden. Deutschlands Engagement in fragilen Staaten orientiert sich an einem realistischen und pragmatischen Ansatz, der Handlungsspielräume grundsätzlich aus einem Verständnis des lokalen Kontext (Geschichte, Kultur, Politik) heraus definiert. Dabei leiten uns die Grundsätze der local ownership und des do no harm.

Nach: Bundesministerium für Wirtschaftliche Zusammenarbeit und Entwicklung, Für eine kohärente Politik der Bundesregierung gegenüber fragilen Staaten - Ressortübergreifende Leitlinien, www.bmz.de, Abruf am 29.5.2013

endogen
medizinisch: vom Körper selbst erzeugt;
hier: landeseigen, -typisch

agents of change
Erneuerer, Betreiber des Wandels (→ S. 150)

local ownership
Gemeint ist das Prinzip der lokalen Eigenverantwortung.

do no harm
„Richte keinen Schaden an." Konzept für eine konfliktsensible Planung und Durchführung von Hilfsmaßnahmen

M3 Eine Gegenposition: „failed state" wegen „failed aid"

In ihren neuen Leitlinien, die die Lehren aus Afghanistan ziehen sollen, ignoriert die Bundesregierung also, dass die dort herrschende Instabilität vor allem da herrührt, dass es zu wenig und nicht dass es zu viel Demokratie gibt. [...] Staaten wie Afghanistan sind ohne Zweifel fragil und mögen sogar vom Scheitern bedroht sein, aber oft geht dem „failed state" „failed aid", also gescheiterte Hilfe, voraus. So zieht sich die Bundesregierung lieber auf die populistische Auffassung zurück, Länder wie Afghanistan seien für die Demokratie nicht reif und man müsse sich deshalb mit vordemokratischen Systemen abfinden. Das kann letztlich zum Freibrief für neue Mubaraks, Musharrafs und Karimows werden. [...] Eine richtige Schlussfolgerung wäre es, nicht auf weniger, sondern auf mehr Demokratie zu setzen. Die in dem Papier erwähnten „agents of change" müssen gefördert und geschützt werden; also jene, die wie – theoretisch – auch wir eine gerechte Entwicklung, Demokratie und Menschenrechte für universelle Werte und nicht (wie ein enger Karsai-Berater[1] jüngst sagte) für „leeres Gerede" halten. Deshalb brauchen Länder wie Afghanistan oder Syrien, wo infolge von Bürgerkriegen extrem polarisierte Kräftekonstellationen entstehen, mehr Pluralismus. Demokratieförderung kann dazu beitragen, dass dieser entsteht und zwischen den bewaffneten Fraktionen stehende Kräfte nicht plattgemacht werden. Das muss man allerdings auch wollen.

Thomas Ruttig, Mit Warlords zum Frieden, www.taz.de, 27.9.2012

[1] *Berater des ehemaligen Präsidenten Afghanistans, Hamid Karsai*

Autoritäre Machthaber
Mubarak, von 1981 bis 2011 Staatschef in der von ihm autokratisch regierten Republik Ägypten, 2011 gestürzt, Machtübernahme durch einen „Obersten Militärrat"
Musharraf, von 2001 bis 2008 Präsident in der islamischen Republik Pakistan, zwar regelmäßige, aber unfreie Wahlen, diktatorischer Regierungsstil
Karimow, seit 1991 Staatspräsident von Usbekistan, sieht sich seitdem Vorwürfen ausgesetzt, systematische Menschenrechtsverletzungen zuzulassen oder zu initiieren.

M4 Das klassische Demokratie-Dilemma

„Angenommen, es werden freie und gleiche Wahlen abgehalten, und die Sieger sind Rassisten, Faschisten und Separatisten."

5 So beschrieb der amerikanische Diplomat Richard Holbrooke das demokratische Dilemma im Jugoslawien der neunziger Jahre.

Moritz Schuller, Exportschlager Demokratie, www.deutschlandradiokultur.de, 2.4.2008

M5 Demokratie als Exportartikel?

Für die westlichen Projektmanager, die Demokratieexporteure, setzt sich die aufzubauende Demokratie gleichsam aus Hardware und Software zu-

5 sammen. Demokratische Hardware besteht aus der Verfassung, einem Wahlsystem und anderen politischen Prozeduren, wohingegen die Software Einstellungen und Verhaltensweisen, Wertprioritäten, kollektive nationale Identität und politisches Bewusstsein umfasst. Die Hardware ist relativ leicht zu installieren, aber bei der Software gibt es nachhaltige Probleme. [...] Kurz: Exportiert wird nicht Demokratie, sondern nur ihre Fassade.

Wilfried von Bredow, Die westliche Demokratie ist kein Exportschlager, Neue Zürcher Zeitung, 4.8.2007

M6 Was Facebook und Twitter bewirken können

Interview der Deutschen Welle Akademie mit Eira Martens, Autorin einer empirischen Studie zur Rolle der Online-Medien im Arabischen Frühling

5 **Sie sind der Frage nachgegangen, inwiefern sich die Sozialen Medien auf die ägyptische Revolution ausgewirkt haben. Kann man sagen, dass Twitter und Facebook zum Sturz**

10 **von Mubarak beigetragen haben?**
Ja, Twitter und Facebook haben eine wichtige Rolle im Prozess der Protestmobilisierung gespielt. Im ägyptischen Kontext hatte insbesondere Facebook

15 eine Beschleunigungsfunktion. Das heißt allerdings nicht automatisch, dass es ohne diese Onlineplattformen nicht zur Revolution gekommen wäre. [...]
Die virtuellen Netzwerke haben einer

20 zunächst sehr kleinen Protestbewegung ermöglicht, in kürzester Zeit stark zu wachsen. [...]
Vor allem Fotos und Videos haben dazu beigetragen, dass eine kollektive Identität, genauer gesagt eine Form von Solidarität, in Ägypten entstehen konnte. Insbesondere Bilder brutaler Übergriffe der Polizei, die über Facebook und andere integrierte Tools wie YouTube und Flickr verbreitet wurden, hatten Auswirkungen auf die Bereitschaft der Menschen auf die Straße zu gehen und das Risiko, verletzt oder sogar getötet zu werden, auf sich zu nehmen.
Neben der steigenden Wut wurde letztlich die Angstschwelle der Bevölkerung herabgesetzt. Insgesamt haben Soziale Medien dazu geführt, dass die Menschen sich als Teil einer größeren Protestbewegung fühlten, die dann als Kollektiv den Schritt von der Onlinesphäre in die Offline-Welt, nämlich auf die Straßen und öffentlichen Plätze des Landes wagten.

Deutsche Welle (Hg.), International Media Studies: Publikation zum Arabischen Frühling, www.dw.de, 2.4.2013

M7 Wirtschaftliche Reformen und demokratische Entwicklung

Zeit: Sind die Chinesen gut beraten, erst wirtschaftliche Reformen durchzuführen und dann Demokratie einzuführen? In westlichen Köpfen ist ja verankert, dass das eine ohne das andere nicht möglich ist.
Schmidt: In meinem Kopf geht das in Asien ganz gut.
Warum?
Weil es nicht nur in China sehr gut funktioniert, sondern ebenso auch schon vorher in Südkorea oder auf Taiwan, in Singapur oder Hongkong. Bei denen, die alles gleichzeitig versuchen, kann alles schief gehen. Schauen Sie nach Russland am Ende der 1980er Jahre. Ich halte nichts davon, mit westlicher Überheblichkeit von außereuropäischen Staaten mit ganz anderer Geschichte und kultureller Prägung Demokratie zu verlangen. Wer China vor 30 Jahren erlebt hat und es mit dem heutigen China vergleicht, der wird einen beträchtlichen Zuwachs an Spielräumen, auch an Freiheiten und Rechten des einzelnen Bürgers, beobachten. [...] Dieser Prozess wird sich fortsetzen. [...] [Aber] eine einmalige »Einführung der Demokratie« wird in China kaum jemals funktionieren, so wenig wie in Russland, im Mittleren Osten, in Ägypten oder in Algerien. [...]
Bedauern Sie es, dass sich Demokratie nicht weltweit einführen lässt?
Ich würde einiges riskieren wollen, wenn in meinem Land die Demokratie in Gefahr geriete. Ich würde auf die Barrikaden gehen als alter Mann und den Stock schwingen. Aber um die Demokratie in einem Entwicklungsland einzuführen, würde ich keinen Cent aus der Hand geben. Die gegenwärtige Ideologie ist es, sich überall einzumischen. Entwicklungshilfe ist oft auch nur eine andere Methode der Einmischung. Das völkerrechtliche Prinzip der Nichteinmischung ist inzwischen in Gefahr, unterzugehen.

Das Interview führte Frank Sieren, Einmischung ist von Übel, www.zeit.de, 21.9.2006

Helmut Schmidt (Bundeskanzler von 1974 bis 1982) – das nebenstehende Interview war ein Vorabdruck aus dem Buch „Nachbar China. Helmut Schmidt im Gespräch mit Frank Sieren", Berlin 2006.

M8 Der „Instrumentenkoffer" der Demokratieförderung

Zu den Arbeitsbereichen der Demokratieförderung wird die Unterstützung von demokratischen Institutionen (z. B. Parlamente) und Verfahren (z. B. Wahlen), von Menschenrechten, Rechtsstaatlichkeit und Bürgererziehung gezählt. Die Instrumentenkoffer der Demokratieförderer unterscheiden sich wenig. Grob unterteilt enthalten sie negative (z. B. Konditionalitäten bei Kreditvergabe) und positive (z. B. Zivilgesellschaftsaufbau) Instrumente. [...] Bevor jedoch Demokratie von außen gefördert werden kann, muss reflektiert werden, dass dies einer Begründung bedarf: Das Prinzip nationalstaatlicher Souveränität in inneren Angelegenheiten ist bis heute eines der wichtigsten Strukturmerkmale einer ansonsten großteils anarchischen Staatenwelt. Demokratieförderung aber zielt auf die Veränderung der politischen Ordnung eines Landes. [...] Gemäß der instrumentellen Begründung fördern internationale Akteure Demokratie, weil sie diese als zentrale Voraussetzung für nachhaltige, breitenwirksame Entwicklung, für Sicherheit und Frieden oder für beides begreifen.

Jörn Grävingholt, Julia Leininger, Oliver Schlumberger, Demokratieförderung: Quo vadis?, in: Aus Politik und Zeitgeschichte, 8/2009

Nationalstaatliche Souveränität
Art. 2 der UN-Charta schützt jeden Staat vor Interventionen eines anderen in inneren Angelegenheiten; neuerdings wird allerdings das Prinzip „Responsibility to Protect" diskutiert. Demnach ist eine Intervention der Völkergemeinschaft mit UN-Mandat zulässig.

M9 Wie sich die Demokratie konsolidiert – Phasen und Einflüsse

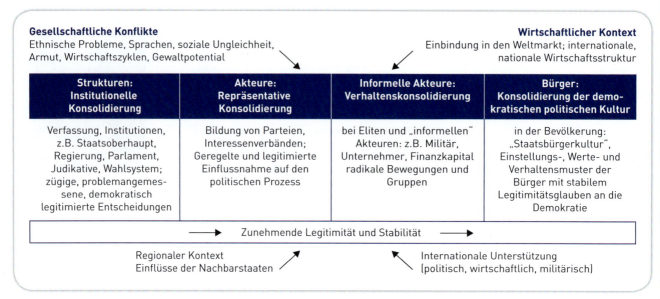

Nach: Wolfgang Merkel, Gegen alle Theorie? Die Konsolidierung der Demokratie in Ostmitteleuropa, in: Politische Vierteljahresschrift, 3/2007, S. 415

Aufgaben

1. M 1 – M 3 beschreiben Erfahrungen mit Interventionen zugunsten von Demokratisierungsprozessen.
   a) Ermitteln Sie ggf. arbeitsteilig jeweils die Kernaussagen.
   b) Die Leitlinien in M 2 verlangen die Anknüpfung an „lokale Legitimitätsvorstellungen". Erklären Sie unter Zuhilfenahme von Beispielen, was sich hinter dem Begriff verbirgt.
2. Beschreiben Sie das „Demokratie–Dilemma" (M 4) mit eigenen Worten. Entwickeln Sie einen Vorschlag, wie sich das Dilemma verringern ließe.
3. Erläutern Sie, welche Einstellungen, Verhaltensweisen usw. eine Demokratie konkret braucht (M 5).
4. Erörtern Sie, welche Rolle „Online-Medien" bei Demokratisierungsprozessen übernehmen können (M 6).
5. Helmut Schmidt bezieht in M 7 deutlich Stellung. Beschreiben Sie das von ihm angeführte Prinzip der Nichteinmischung.
6. M 8 und M 9 befassen sich mit den Instrumenten der Demokratieförderung und Phasen des Prozesses: Beschreiben Sie die Chancen für demokratisch orientierte Eliten in Politik, Wirtschaft und Gesellschaft, den Demokratisierungsprozess im eigenen Land zu befördern. Erstellen Sie einen Katalog mit Einstellungen und Verhaltensweisen, die eine „Staatsbürgerkultur" bei den Bürgerinnen und Bürgern kennzeichnen.
7. Führen Sie mithilfe der nebenstehenden Methode eine politische Debatte über die Frage: „Sollen Demokratien den Demokratisierungsprozess in fragilen (bzw. autoritären) Staaten unterstützen?"

F Aufgabe 6

Die Menschenrechtsorganisation „Freedom House" bewertet Länder nach transparenten Kriterien. Auf den im Internet zugänglichen Weltkarten sind u.a. Veränderungen ersichtlich.
- Wählen Sie ein Land aus, das seinen Status in den letzten Jahren deutlich geändert hat.
- Recherchieren Sie für dieses Land politische und gesellschaftliche Veränderungen, die eine Änderung des Status bewirkt haben könnten. Geben Sie die wesentlichen Faktoren der Veränderung wieder.

Methode

Politische Debatte

Was ist eine politische Debatte

Eine politische Debatte ist nicht mit einer Diskussion oder einem Gespräch zu vergleichen. Ihr Ziel ist es, unterschiedliche Positionen herauszuarbeiten, Begründungen und Argumente dafür deutlich zu machen und sie gezielt gegenüberzustellen. Die Debatte liefert verschiedene Sichtweisen und sichert eine facettenreiche Beschäftigung mit einem Thema. Form und Zweck haben ihre Wurzeln in der traditionellen parlamentarischen Auseinandersetzung. Die folgenden Hinweise orientieren sich an den Regeln des bundesweiten Schülerwettbewerbs „Jugend debattiert".

I. Ablauf

Am Anfang steht eine Entscheidungsfrage, auf die man nur mit „Ja" oder „Nein" antworten kann. Wer mit „Ja" antwortet, spricht sich für das Gefragte aus. Wer „Nein" sagt, wendet sich dagegen.

Eine gute Debatte lebt von gegensätzlichen Ansichten, die sachlich vertreten werden. Ebenso wichtig wie die Position ist die Begründung. Debatten zielen darauf ab, herauszufinden, welche Argumente am meisten überzeugen. Dafür ist gute Sachkenntnis unentbehrlich. Debatten haben Regeln, damit ein konzentriertes, sachbezogenes Streitgespräch entsteht. Wer den Regeln der Debatte folgt, hört anderen zu und lernt, seinen Standpunkt fair und sachlich zu vertreten. Die Regeln bei „Jugend debattiert" sind einfach und klar gehalten, dass sie auch im Alltag eine wertvolle Orientierungshilfe sind. [...]

Die drei Teile der politischen Debatte

- In der **Eröffnungsrunde** beantwortet jeder Teilnehmer in zwei Minuten die Streitfrage aus seiner Sicht.

- Die **freie Aussprache** dauert zwölf Minuten. Hier werden weitere Argumente gebracht und miteinander abgeglichen.
- In der **Schlussrunde** hat jeder Teilnehmer noch einmal eine Minute Zeit, die Streitfrage ein zweites Mal zu beantworten: Diesmal im Lichte all der Argumente, die er gehört hat.

II. Durchführung

Anzahl der Redner (bei „Jugend debattiert" sind es vier Teilnehmer: zwei für die Pro- und zwei für die Kontra-Position), Redezeit und Gesamtdauer werden festgelegt, ein Moderator wacht über deren Einhaltung. Will man den politischen Charakter der Debatte betonen, so kann vor und nach der Debatte eine Abstimmung stattfinden. Dabei ist niemand an die von ihm vertretene Position gebunden.

III. Bewertung

Die Leistung eines Redners beim Debattieren wird in vier Kategorien bewertet. Kriterien sind *Sachkenntnis, Ausdrucksvermögen, Gesprächsfähigkeit und Überzeugungskraft*. Nicht bewertet wird, welche Position („Pro" oder „Kontra") die Redner in der Debatte eingenommen haben.

- Sachkenntnis: Wie gut weiß der Redner, worum es geht?
- Ausdrucksvermögen: Wie gut sagt er, was er meint?
- Gesprächsfähigkeit: Wie gut geht er auf die anderen ein?
- Überzeugungskraft: Wie gut begründet er, was er sagt?

Nach: Gemeinnützige Hertie-Stiftung Jugend debattiert (Hg.), Im Mittelpunkt: die Debatte, www.jugend-debattiert.de, Abruf am 23.11.2013

Wissen kompakt

Fragile Staaten

Ein Staat gilt dann als fragil, wenn die Regierung nicht in der Lage oder nicht willens ist, die Rechtsstaatlichkeit, die öffentliche Sicherheit und die Grundversorgung für ihre Bürger sicherzustellen. Behörden, Ministerien, Gerichte und andere staatliche Einrichtungen funktionieren nicht, nicht zuverlässig oder nur über Beziehungen oder Korruption. Die Exekutive schafft sich ihre eigenen Regeln oder ist vom Zerfall bedroht. In diese Freiräume stoßen in der Regel schnell Warlords, Menschen- und Waffenhändler, Drogenbosse oder Terroristen. Deren Kontrolle wird unmöglich, so dass fragile Staaten für die internationale Gemeinschaft zu einem erhöhten Sicherheitsrisiko werden.

Typologie fragiler Staatlichkeit

Während **schwache Staaten** (sogenannte „weak states") noch über eine funktionierende Rechtsstaatlichkeit und ein existierendes Gewaltmonopol verfügen, sind **verfallende Staaten** (sogenannte „failing states") nur noch sehr begrenzt in der Lage, die Sicherheit der Bürger zu gewährleisten. Die **gescheiterten Staaten** („failed states") weisen eine solche Rechtssicherheit und funktionierende Staatlichkeit nicht mehr auf.

Demokratisierungsprozesse

Unter Demokratisierungsprozessen versteht man alle Entwicklungen, die in autoritär geführten Ländern oder Ländern, in denen anarchische Zustände oder Bürgerkrieg herrschen, eine politische Ordnung herbeiführen wollen, die von rechtsstaatlichen und demokratischen Prinzipien und Strukturen geprägt ist.
Demokratisierungsprozesse können von der Bevölkerung eines Landes selbst in Gang gesetzt und vollzogen werden, aber auch von außen initiiert oder begleitet werden. Dabei verläuft die Konsolidierung idealtypisch in verschiedenen Phasen: Die Demokratisierung erfasst demnach staatliche Institutionen und Strukturen, gesellschaftliche Organisationen, Eliten und die Zivilgesellschaft.

Messen von Demokratisierungsprozessen

Um Fortschritte bei der Demokratisierung von Ländern messen zu können, wurden verschiedene Instrumentarien entwickelt. Mit ihrer Hilfe will man etwa die Verwirklichung der bürgerlichen und politischen Rechte oder die Entwicklung der institutionellen Stabilität messen.
Zu den bekanntesten Indices und Ranglisten gehören die von Freedom House und die des Bertelsmann Transformation Index (→ S. 122).

Agents of Change

Zu den Agents of Change zählen im Zusammenhang mit Demokratisierungsprozessen alle zivilgesellschaftlichen Partner, die den Prozess positiv initiieren, beeinflussen oder vorantreiben wollen oder können.
Dazu gehören viele Nichtregierungsorganisationen (NGOs), seien es nationale oder internationale wie z. B. Menschenrechtsorganisationen.
Ferner zählen dazu Widerstandsgruppen gegen ein autoritäres Regime, kritische Künstler, Journalisten, Medien und Bloggernetze, kirchliche Organisationen, ggf. auch Wirtschaftsmanager oder Prominente aus Sport und Show-Business, zudem die kritische Intelligenz, unter ihnen häufig couragierte Schriftsteller, Wissenschaftler, Studenten. Kontakte von außen können die Agents of Change allerdings gefährden und sie Repressionen aussetzen.

Wissen im Kontext

Die Erfahrungen aus den letzten Jahrzehnten sind gemischt: In der Folge des Zerfalls der kommunistischen Welt nach 1990 waren viele Transformationen hin zur Demokratie, wenn auch graduell verschieden, erfolgreich. Seitdem gibt es eher problematische Entwicklungen: Die Versuche, z. B. im Irak oder in Afghanistan nach einer militärischen Intervention („Koalition der Willigen" bzw. NATO-Einsatz mit UN-Mandat) demokratische Strukturen zu etablieren, weisen nur begrenzt Erfolge auf. Aufbruchsituationen in Nordafrika oder im Nahen Osten („Arabischer Frühling" 2010/2011) führten zwar zum Ende von autoritären Systemen (Tunesien, Libyen, Ägypten), nicht aber zu stabilen Strukturen, die mit westlichen Demokratien vergleichbar wären. Es fehlen meist zivilgesellschaftliche Grundlagen und eine demokratische Einstellung. Im Gegenteil: Oft stoßen religiöse Fundamentalisten in die entstandenen politischen Leerräume und transformieren Staat und Gesellschaft in ihrem Sinn.

Sind Demokratisierungsprozesse immer erfolgreich?
M 1 – M 3

Folgende Faktoren können eine demokratische Entwicklung stören:
- Stabilität der Gesellschaft: starker Zusammenhalt wegen ethnischer Homogenität, traditioneller Netze oder hoher Loyalität zu Staat oder Volk
- Religiöse und kulturelle Sozialisation: starke Bindung an religiöse Autoritäten, eine soziokulturell geprägte Gehorsamskultur, hoher Anpassungsdruck und traditionell begründete Angst vor jedem Wandel
- Eliten und Volk sind nur schwer für einen Demokratisierungsprozess zu gewinnen, wenn das Regime diese Bedingungen sicher stellen kann: eine staatliche Fürsorgepolitik, wirtschaftliche Erfolge, patriarchalische Strukturen, innere Sicherheit, nationale Identität, eine nicht hinterfragte Ideologie und eine gelenkte Öffentlichkeitsarbeit und kontrollierte Medien.
- Diskreditierung der Demokratie durch „Scheindemokraten"

Welche Faktoren erschweren den Prozess?
M 3, M 8, M 9

Ob man überhaupt das Recht hat, von außen die Prozesse zu beeinflussen, ist umstritten. In der internationalen Politik gibt es unterschiedliche Ansätze, welche Strategie der Demokratieförderung am Ende Erfolg verspricht. Die Einflussmöglichkeiten bewegen sich in diesem Spektrum:
- Unterstützung der liberalen und demokratisch orientierten Kräfte (z. B. durch politische Kontakte, Finanzen, Ausbildung) und der im Land tätigen internationalen Organisationen, insbesondere von Menschenrechtsorganisationen
- Einsatz von diplomatischen Möglichkeiten (bilaterale Kontakte, multinationale Kooperation [UNO, NATO]; Dialoge zu Rechtsstaat und Demokratie)
- Aktivieren der Weltöffentlichkeit (internationale Presse, „Gipfel-Diplomatie")
- wirtschaftliche, politische Hilfen bzw. Sanktionen (Boykott, Isolation)
- ggf. militärische Eingriffe (Vorgehen der Völkergemeinschaft über UNO-Mandat)
Kernproblem jeder Demokratieförderung bleibt die Frage, ob es gelingen kann, in Regionen mit anderen, z. T. gegensätzlichen Ordnungsvorstellungen die Demokratie als Leitbild zu verbreiten und eine Anerkennung der Universalität der Menschenrechte zu erreichen. Langfristige Bemühungen mit zivilen Mitteln scheinen dabei am besten geeignet.

Wie kann man diese Prozesse von außen unterstützen?
M 5 – M 9

Kompetenzen anwenden

Substanzverluste des Parlamentarismus

In einer Gesellschaft sich reduzierender Bindebereitschaft muss sich notgedrungen auch die Bindekraft von Parteien reduzieren – mit Rückwirkungen auf diese selbst, auf das Wahlverhalten der Bürgerinnen und Bürger sowie die Aktionsweisen von Fraktionen im Parlament, in denen sich die gesellschaftlichen Pluralisierungstendenzen spiegeln. Jüngste Wahlergebnisse belegen diese Entwicklung. Beide großen Parteien verloren beispielsweise 2009 – die eine desaströs, die andere überschaubar, aber immerhin trotz ihres Kanzlerinnenbonus´. [...] Die Gesellschaft ist in Bewegung – mit Konsequenzen für politikrelevante Einstellungen und Verhaltensweisen sowie nicht zuletzt für die Funktionsweise der parlamentarischen Institutionen. Es entstehen neue Milieus von „Gleichgesinnten", die mit den alten alles andere als identisch und schwierig zu integrieren sind. Grüne, Liberale, Piraten und partiell auch die Linkspartei zeigen, wie das Streben nach parlamentarischer Vertretung, zunächst auf Durchsetzung gerichtet, institutionelle Funktionsfähigkeit, „Regierbarkeit" und Integration erschweren kann. [...] Dabei kann nicht einmal mehr von einer befriedigenden, integrativen Wirkung von Plebisziten ausgegangen werden, wenn – wie bei „Stuttgart21"[1] artikuliert – engagierte Akteure nur Abstimmungsergebnisse akzeptieren wollen, die ihrer Intention entsprechen. Dabei lässt sich der Eindruck, die Protestkultur sei gewachsen, empirisch nicht belegen. In der Protestlandschaft hat sich allerdings die Skepsis gegenüber der Fähigkeit von Institutionen, Leistungen und Interessen zu berücksichtigen, verfestigt. [...] Unstrittig sind in jüngster Zeit manifeste, vom Bundesverfassungsgericht mehrfach verurteilte Eingriffe in Parlamentsrechte und Beeinträchtigungsversuche seiner Verfahrensautonomie durch die klassischen Instrumente des Zeitdrucks und der Vertraulichkeit speziell in der Eurokrise, aber nicht nur in ihr allein. Offensichtlich bieten bereits Opportunitätserwägungen[2] oder Stimmungslagen hinreichend Grund, Parlamentskompetenzen und sogar Gesetze nicht zu respektieren. [...] Die jüngsten Urteile des Bundesverfassungsgerichts orientieren sich strikt an der Unverbrüchlichkeit des Demokratieprinzips und seiner Umsetzung in einer Abfolge der Legitimation durch Bürgerwille, Wahl und Parlamentsentscheidung. [...] Wichtigen Entscheidungen „muss deshalb grundsätzlich ein Verfahren vorausgehen, das der Öffentlichkeit Gelegenheit bietet, ihre Auffassungen auszubilden und zu vertreten". Legitimation durch Kommunikation bleibt die Kernfunktion des Parlamentarismus. [...] Über den Zugang zur Öffentlichkeit entscheiden durchaus auch von der Kommerzialisierung der elektronischen und der Boulevardisierung zahlreicher Printmedien bestimmte Nachrichtenwerte. Zugespitzt formuliert: Während ehedem parlamentarische Öffentlichkeit sensationell war, muss heute im Parlament Sensationelles geschehen, damit es öffentlich wird. Klagen über Vermittlungsdefizite sind vielfältig und pointiert. Die Zerlegung der Politik in dramatisierende Events von Sieg und Niederlage macht die intellektuelle Auseinandersetzung mit legislativen Materien überflüssig und vermeidet die Vermittlung von Politik als Prozess. Wie bedeutsam ist diese Außendarstellung noch? Oft weisen Klagen darauf hin, dass der auf Meinungsbildung und Legitimation einwirkende Dialog immer weniger in den institutionellen Arenen stattfindet, sondern „politische" Öffentlichkeit andernorts, speziell in Talkshows, hergestellt wird. Für die Akteure wird es immer unwichtiger, über parlamentarische Öffentlichkeit zu verfügen. Die politische Auseinandersetzung findet um Anteile an der Fernsehkommunikation statt und keineswegs nur über die Kontroversen zwischen Politikern, sondern um die oberflächliche Interpretation politischer Realität zwischen Politikern, Medienmachern und Prominenten. Legitimation und Kommunikation rücken wieder auseinander. Die „Fernsehdemokratie" ist Parlamentsdemokratie nur in höchst eingeschränktem Maße. Aufgrund von Bedeutung und Reichweite dieses Mediums ist es stilbildend geworden, hat die Logik der bildlichen Information zur Logik der Massenkommunikation insgesamt avancieren[3] lassen und zugleich auch – Stichwort Medialisierung – die Politik ihrer Eigengesetzlichkeit unterworfen.

Heinrich Oberreuter, Substanzverluste des Parlamentarismus, APuZ 38-39/2012

[1] *Bahnhofsneubauprojekt in Stuttgart, anlässlich dessen am 27.11.2011 eine Volksabstimmung in Baden-Württemberg durchgeführt worden war mit dem Ergebnis, den umstrittenen Umbau des Stuttgarter Hauptbahnhofs fortzusetzen.*
[2] *Opportunitätserwägungen = hier: Entscheidungen aufgrund taktischer statt sachlicher Überlegungen*
[3] *avancieren = hier: aufrücken*

Aufgaben

„Die Gesellschaft ist in Bewegung – mit Konsequenzen für politikrelevante Einstellungen und Verhaltensweisen sowie nicht zuletzt für die Funktionsweise der parlamentarischen Institutionen." (Z. 16 ff.)

1. Erarbeiten Sie die Gründe, die nach Auffassung des Autors zu einem Bedeutungsrückgang des deutschen Parlaments innerhalb des politischen Prozesses beitragen.

2. Zeigen Sie mögliche Vorteile und Risiken der dargestellten Machtverschiebung vom Parlament hin zur Exekutive in der Bundesrepublik Deutschland und beurteilen Sie diese These.

3. Der heutigen Jugend wird im Zusammenhang mit gesellschaftlichen Individualisierungstendenzen gerade aus Kreisen von Eltern und Lehrkräften vorgeworfen, sie sei vor allem apolitisch und spaßorientiert. Entwerfen Sie einen Abschnitt für eine Abiturrede, in der Sie Ihre Generation gegen diese beiden Vorwürfe verteidigen.

Nach: Bayerisches Kultusministerium, Abiturprüfung 2013, Sozialkunde, Bayern 2013

Hinweis
Hilfen zur Bearbeitung der Aufgaben finden Sie ab S. 264.

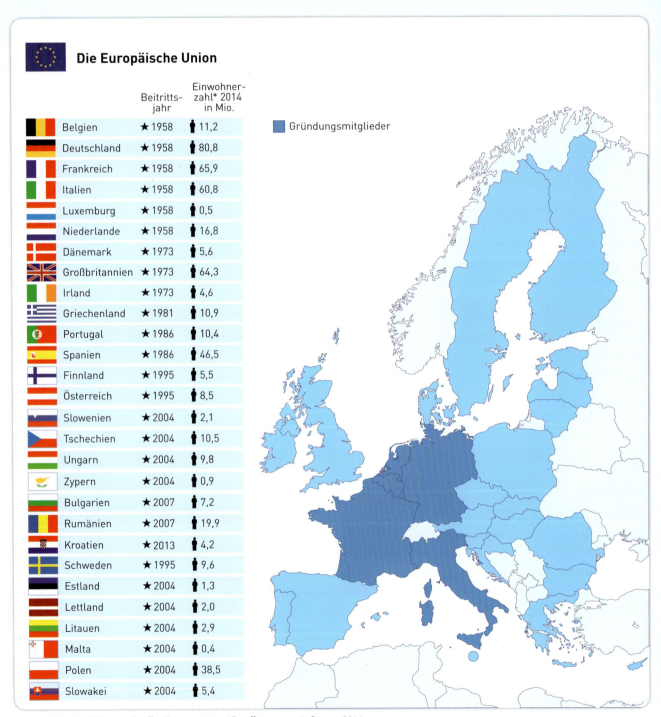

Nach: Globus-Grafik 5671; Quelle: Eurostat 2014, *Bevölkerung am 1. Januar 2014

6

Aspekte der europäischen Einigung

Die Geschichte eines vereinten Europas war seit der Gründung der heutigen Europäischen Union (EU) Anfang der 1950er Jahre lange eine Erfolgsgeschichte. Doch um die Jahrtausendwende geriet das europäische Projekt zunehmend ins Stocken: Mehrere Reformvorhaben scheiterten aus Furcht vor dem Verlust nationaler Eigenständigkeiten zugunsten der „Brüsseler Bürokratie"; vor allem aber die wirtschaftliche Talfahrt zahlreicher EU-Mitglieder bis hin zum drohenden Staatsbankrott erschütterte die Europäische Gemeinschaft. Ist die EU nach wie vor die größte politische Erfolgsgeschichte der letzten 50 Jahre, stellt sie nunmehr ein Projekt wirtschaftlicher Eliten dar, sie führt in den völligen Zusammenbruch? Oder wird sie in der Lage sein, mithilfe von Reformen einen erfolgreichen Weg in die Zukunft zu beschreiten und Europas Stellung in der Welt zu festigen?

Am Ende des Kapitels sollten Sie Folgendes können:
- den Stand des europäischen Integrationsprozesses darstellen
- Zuständigkeiten und Zusammenwirken von EU-Organen erklären
- Wechselwirkung zwischen Europäischer Union und Nationalstaaten bei der Gesetzgebung analysieren
- Herausforderungen und Probleme des europäischen Einigunsprozesses beurteilen

Was Sie schon wissen ...

Auf der linken Seite finden Sie eine Karte zur Europäischen Union.
1. Bestimmen Sie die geographische Lage aller EU-Staaten.
2. Notieren Sie in Kleingruppen Ihnen bekannte Hintergründe des jeweiligen Beitritts der einzelnen EU-Staaten.
3. Notieren Sie grundsätzliche Chancen und Probleme der EU.

6 Aspekte der Europäischen Einigung

6.1 Die EU – was ist das eigentlich?

M1 Friedensnobelpreis 2012 – im Wortlaut

Friedensnobelpreis
Der schwedische Erfinder und Unternehmer Alfred Nobel (1833 – 1896) verfügte in seinem Testament, den Friedensnobelpreis an denjenigen zu vergeben, der im jeweiligen Jahr am meisten darauf hingewirkt hat, den Frieden unter den Völkern zu fördern. Der Friedensnobelpreis wird seit 1901 jährlich vergeben und gilt als die wichtigste Auszeichnung für den Frieden überhaupt.

„Die Union und ihre Vorgänger haben über sechs Jahrzehnte zur Förderung von Frieden und Versöhnung beigetragen. Seit 1945 ist diese Versöhnung Wirklichkeit geworden. Das furchtbare Leiden im Zweiten Weltkrieg zeigte die Notwendigkeit eines neuen Europa. Über 70 Jahre hatten Deutschland und Frankreich drei Kriege ausgefochten. Heute ist Krieg zwischen Deutschland und Frankreich undenkbar. Das zeigt, wie historische Feinde durch gut ausgerichtete Anstrengungen und den Aufbau gegenseitigen Vertrauens enge Partner werden können. In den 80er-Jahren sind Griechenland, Spanien und Portugal der EU beigetreten. Die Einführung der Demokratie war Voraussetzung für ihre Mitgliedschaft. Der Fall der Berliner Mauer machte den Beitritt möglich für mehrere zentral- und osteuropäische Staaten. Dadurch wurde eine neue Ära der europäischen Geschichte eingeleitet. Die Teilung zwischen Ost und West ist in weiten Teilen beendet. [...] Die EU erlebt derzeit ernste wirtschaftliche Schwierigkeiten und beachtliche soziale Unruhen. Das norwegische Nobelkomitee wünscht den Blick auf das zu lenken, was es als wichtigste Errungenschaft der EU sieht: den erfolgreichen Kampf für Frieden und Versöhnung und für Demokratie sowie die Menschenrechte; die stabilisierende Rolle der EU bei der Verwandlung Europas von einem Kontinent der Kriege zu einem des Friedens."

*dpa, Friedensnobelpreis für die EU,
Die Begründung des Nobelkomitees im Wortlaut,
www.tagesschau.de, 12.10.2012*

M2 Friedensnobelpreis 2012 – in der Karikatur

Karikatur: Schwarwel, 2012

M3 Werte und Ziele von Europa

Auszüge aus dem Vertrag von Lissabon, der seit dem 1. Dezember 2009 in Kraft ist und den Höhepunkt einer umfassenden Reform der Europäischen Union darstellt.

Artikel 2

Die Werte, auf die sich die Union gründet, sind die Achtung der Menschenwürde, Freiheit, Demokratie, Gleichheit, Rechtsstaatlichkeit und die Wahrung der Menschenrechte einschließlich der Rechte der Personen, die Minderheiten angehören. Diese Werte sind allen Mitgliedstaaten in einer Gesellschaft gemeinsam, die sich durch Pluralismus, Nichtdiskriminierung, Toleranz, Gerechtigkeit, Solidarität und die Gleichheit von Frauen und Männern auszeichnet.

Artikel 3

(1) Ziel der Union ist es, den Frieden, ihre Werte und das Wohlergehen ihrer Völker zu fördern.

(2) Die Union bietet ihren Bürgerinnen und Bürgern einen Raum der Freiheit, der Sicherheit und des Rechts ohne Binnengrenzen, in dem – in Verbindung mit geeigneten Maßnahmen in Bezug auf die Kontrollen an den Außengrenzen, das Asyl, die Einwanderung sowie die Verhütung und Bekämpfung der Kriminalität – der freie Personenverkehr gewährleistet ist.

(3) Die Union errichtet einen Binnenmarkt. Sie wirkt auf die nachhaltige Entwicklung Europas auf der Grundlage eines ausgewogenen Wirtschaftswachstums und von Preisstabilität, eine in hohem Maße wettbewerbsfähige soziale Marktwirtschaft, die auf Vollbeschäftigung und sozialen Fortschritt abzielt, sowie ein hohes Maß an Umweltschutz und Verbesserung der Umweltqualität hin. Sie fordert den wissenschaftlichen und technischen Fortschritt. Sie bekämpft soziale Ausgrenzung und Diskriminierungen und fordert soziale Gerechtigkeit und sozialen Schutz, die Gleichstellung von Frauen und Männern, die Solidarität zwischen den Generationen und den Schutz der Rechte des Kindes. Sie fördert den wirtschaftlichen, sozialen und territorialen Zusammenhalt und die Solidarität zwischen den Mitgliedstaaten. Sie wahrt den Reichtum ihrer kulturellen und sprachlichen Vielfalt und sorgt für den Schutz und die Entwicklung des kulturellen Erbes Europas.

(4) Die Union errichtet eine Wirtschafts- und Währungsunion, deren Währung der Euro ist.

(5) In ihren Beziehungen zur übrigen Welt schützt und fördert die Union ihre Werte und Interessen und trägt zum Schutz ihrer Bürgerinnen und Bürger bei. Sie leistet einen Beitrag zu Frieden, Sicherheit, globaler nachhaltiger Entwicklung, Solidarität und gegenseitiger Achtung unter den Völkern, zu freiem und gerechtem Handel, zur Beseitigung der Armut und zum Schutz der Menschenrechte, insbesondere der Rechte des Kindes, sowie zur strikten Einhaltung und Weiterentwicklung des Völkerrechts, insbesondere zur Wahrung der Grundsätze der Charta der Vereinten Nationen.

© *Europäische Union 1998-2013, Amtsblatt der Europäischen Union, http://eur-lex.europa.eu, 30.3.2010*

EU-Zeitstrahl

1950: Schuman-Plan

1951: Gründung der Montanunion (EGKS) (→ S. 160 f.)

1957: Verträge von Rom, Gründung der Europäischen Wirtschaftsgemeinschaft (EWG) und Europäischen Atomgemeinschaft (Euratom) (→ S. 160 f.)

1967: Zusammenlegung von EWG, EGKS und Euratom zu EG (Europäische Gemeinschaften) (→ S. 160 f.)

1979: Erste Direktwahlen des Europäischen Parlaments

1985: Schengener Abkommen

1993: Europäischer Binnenmarkt, Europäische Union (→ S. 160 f.)

1994: Europäischer Wirtschaftsraum

1999: Euro-Einführung

2002: Einführung von Euro-Bargeld

2009: Inkrafttreten des Vertrags von Lissabon (→ S. 160 f.)

M4 Die Freiheit auf Europas Straßen – der Alltag eines europäischen Fernfahrers

Schengener Abkommen
Im Jahr 1985 unterzeichneten die Bundesrepublik Deutschland, Frankreich, Belgien, Luxemburg und die Niederlande das Abkommen von Schengen (einem Ort in Luxemburg an den Grenzen zu Deutschland und Frankreich) über den schrittweisen Abbau der Personenkontrollen an den Binnengrenzen zwischen den Vertragsparteien. 1990 wurde zur Umsetzung des Schengener Abkommens das Übereinkommen zur Durchführung des Schengener Abkommens (Schengener Durchführungsübereinkommen – SDÜ) unterzeichnet. Die eigentliche Inkraftsetzung erfolgte im Jahr 1995.

Panzer ist 22 Jahre alt und seit vier Jahren bei einem Berliner Logistikunternehmen angestellt. [...] Er erinnert sich noch gut an seine erste Fahrt quer durch Europa: Sein Vater, ebenfalls Truck-Fahrer, nahm ihn in den Sommerferien immer mit auf eine Lieferung von Berlin nach Spanien. Lange Fahrten auf den Straßen Europas gehören zum Alltag von LKW-Fahrern im Güterfernverkehr. Seit 2006 regelt die EU ganz genau, wie lange sie hinter dem Steuer sitzen dürfen und wann sie Pause machen müssen: 4,5 Stunden fahren, dann 45 Minuten Pause, dann wieder 4,5 Stunden fahren. Die Wartezeiten an Ampeln, Bahnschranken oder im Stau zählen zur „Lenkzeit" und die darf nicht länger als 9 Stunden sein. Wartet Michael an einem Grenzübergang oder während sein LKW be- oder entladen wird, dann zählt das nicht zur „Lenkzeit". Michael Panzer mag die Fahrten in andere Länder. [...] Der europäische Warenaustausch ist in den letzten Jahren immer wichtiger geworden. Allein für deutsche Unternehmen sind 445.810 Fahrer in 207.541 LKW unterwegs. [...] Ja, ohne EU würde seine Arbeit ganz anders aussehen, sagt Michael Panzer. Er fährt nur in die westeuropäischen EU-Mitgliedstaaten. Gern würde er auch mal Richtung Osten fahren. Dann müsste er an jeder Grenze verzollen – so wie sein Vater es früher getan hat und wie er es noch immer an den osteuropäischen Grenzen tut. Bevor im Juni 1990 das Schengener Abkommen in Kraft trat, gab es an den europäischen Grenzen noch Schlagbäume. Diese Zoll-Verfahren wurden ab 1993 innerhalb der Schengen-Staaten beseitigt.

Katharina Ludwig, Die Freiheit auf Europas Straßen, www.fluter.de, 29.7.2013

M5 Was verbinden Jugendliche mit der Europäischen Union?

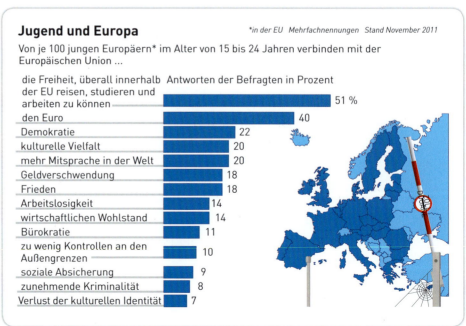

Globus-Grafik 5307; Quelle: EU-Kommission, Leibniz-Institut für Sozialwissenschaften; Stand: November 2011

M6 Was bedeutet „europäische Identität"?

Für die europäische Identität wird die gemeinsame Geschichte oft als eine wichtige Basis beschworen. Doch worin besteht ihr Identität stiftendes Vermächtnis? „Europa, das ist die Bibel und die Antike" – so Karl Jaspers. Viele andere Elemente wurden hinzugefügt, von außereuropäischen Erbschaften (Antike und Altes Testament nahmen altägyptische Überlieferungen auf) über altrömische, mittelalterliche und neuzeitliche Erfahrungsverarbeitungen (Renaissance, Humanismus, Reformation, Glaubenstoleranz, Aufklärung und Emanzipation, die Ideenkreise der letzten Jahrhunderte) bis zu Menschenrechts-, Einigungs- und Friedensideen unserer Zeit; aber auch Hinweise auf belastende Bestandteile des Erbes – von blutigen Verfolgungen anders Denkender (z. B. religiöser Dissidenten) bis zu den Totalitarismen des 20. Jahrhunderts.

Heinrich Schneider, Europäische Identität, in: Werner Weidenfeld / Wolfgang Wessels (Hg.), Europa von A bis Z, Bonn 2009, S. 147

M7 Euromünzen und ihre Symbole

Auf der griechischen Ein-Euro-Münze ist eine 4-Drachmen-Münze aus dem antiken Athen mit einer Eule abgebildet.

Die Fünf-Cent-Münzen aus Frankreich sind mit dem Portrait von Marianne, der Symbolfigur der Französischen Republik, bestückt.

Der in Salzburg geborene Komponist Wolfgang Amadeus Mozart schmückt die österreichische Ein-Euro-Münze.

Bearbeiter

Eurozone
Die Eurozone (amtlich: Euro-Währungsgebiet oder Euroraum) bezeichnet ein Gebiet innerhalb der EU, in dem die EU-Staaten den Euro als offizielle Währung eingeführt haben. Gegenwärtig besitzen ca. 330 Mio. Menschen in 17 EU-Staaten den Euro als Währungseinheit. Zum 1. Januar 2014 trat Lettland als 18. EU-Land der Eurozone bei.

Aufgaben

1. Interpretieren Sie die Karikatur aus M 2, indem Sie sie u. a. mit M 1 in Verbindung bringen. Fassen Sie zusammen, aus welchen Gründen die Europäische Union 2012 den Friedensnobelpreis erhalten hat (M 1, M 2).
2. Tragen Sie mithilfe der Auszüge aus dem Vertrag von Lissabon zusammen, wie die EU zum Zusammenwachsen Europas beiträgt (M 3).
3. Arbeiten Sie heraus, wie sich im alltäglichen Leben eines LKW-Fahrers die Maßnahmen der Europäischen Union auswirken (M 4).
4. Notieren Sie sich fünf Begriffe, die Sie mit der EU verbinden und vergleichen Sie Ihre Ergebnisse mit dem Kurs und mit der Umfrage (M 5).
5. Erläutern Sie, ausgehend von der Lexikon-Definition, den Begriff „Europäische Identität" (M 6).
6. Zeigen Sie anhand der abgebildeten Euro-Münzen auf, wie damit in der Euro-Zone zentrale europäische Werte symbolisiert werden (M 7).

F Aufgabe 6
Wiederholen Sie dieses Verfahren mit weiteren Euro-Münzen aus Ihrem Portemonnaie (M 7).

Wissen kompakt

Die Europäische Gemeinschaft für Kohle und Stahl (EGKS)

Die EGKS oder Montanunion wurde 1951 als erste der Europäischen Gemeinschaften zwischen der Bundesrepublik Deutschland, Frankreich, Italien und den Benelux-Staaten gegründet. Dadurch wurde ein gemeinsamer Markt für die Schlüsselindustrien Kohle- und Stahlproduktion von einer „Hohen Behörde" verwaltet und kontrolliert. Die EGKS war damit die erste supranationale, d. h. überstaatliche Organisation in Europa und legte somit den Grundstein für die weitere politische Einigung.

Die Römischen Verträge

1958 traten die im Jahr zuvor in Rom unterzeichneten Verträge zur Gründung der Europäischen Wirtschaftsgemeinschaft (EWG) und der Europäischen Atomgemeinschaft (EAG oder Euratom) in Kraft. Ziele waren dabei v.a. die Schaffung eines gemeinsamen freien Marktes (Abschaffung der Zölle) sowie einer gemeinsamen Außenhandels- und Agrarpolitik, so dass diese Bereiche nationalstaatlichen Entscheidungen zugunsten einer europäischen Exekutive entzogen wurden. Die Römischen Verträge gelten deshalb als die Gründungsverträge der Europäischen Gemeinschaft.

Europäische Gemeinschaft

Durch die Zusammenlegung der Organe der drei Teilgemeinschaften EGKS, EWG und EAG/Euratom entstand im Jahr 1967 die Europäische Gemeinschaft (EG). Dabei wurde die Schaffung einer gemeinsamen Kommission, eines gemeinsamen Ministerrats sowie eines Europäischen Parlaments beschlossen. Bis 1986 traten dieser Gemeinschaft weitere Mitglieder bei (insgesamt 12).

Der Vertrag von Maastricht

Der Vertrag, auch Vertrag der Europäischen Union genannt, gilt als Startschuss auf dem Weg zu einer politischen Union Europas. In ihm vereinbarten die Mitgliedsländer 1992, die Europäische Gemeinschaft (EG) fortan Europäische Union (EU) zu nennen. Zudem verpflichteten sich die Vertragspartner zu einer gemeinsamen Außen- und Sicherheitspolitik (GASP) sowie zu einer engeren Zusammenarbeit in der Innen- und Justizpolitik. Schließlich wurde als bedeutendste Neuerung die Schaffung einer Wirtschafts- und Währungsunion mit der Einführung des Euro beschlossen.

Europäischer Binnenmarkt

Bis zum Ende des Jahres 1992 wurde der europäische Binnenmarkt vollendet, d. h. alle Grenzen der Mitgliedstaaten wurden vollständig geöffnet für Waren, Personal, Dienstleistungen und Kapital. Zwischen den Mitgliedstaaten bestehen keine Zölle oder sonstige Handelshemmnisse; der Außenhandel mit Drittstaaten unterliegt einem gemeinsamen Außenzoll. Zudem wurde 2002 der Euro als einheitliche Währung eingeführt. Heute ist der europäische Binnenmarkt der größte einheitliche Markt der industrialisierten Welt.

Vertrag von Lissabon

2007 einigten sich die mittlerweile 27 Mitgliedstaaten in Lissabon auf einen neuen Grundlagenvertrag, der die Europäische Union institutionell reformierte. Gleichzeitig mit diesem Vertrag erlangte auch die Europäische Grundrechtecharta Rechtskraft, die eine Zusammenfassung der gemeinsamen Werte der EU-Mitgliedstaaten darstellt.

Wissen im Kontext

Am 9. Mai 1950 stellte der französische Außenminister Robert Schuman auf einer Pressekonferenz in Paris seinen Plan vor, die gesamte deutsche und französischen Kohle- und Stahlproduktion einer europäischen Aufsichtsbehörde zu unterstellen. Der Gedanke dahinter war die Überlegung des französischen Diplomaten Jean Monnet, dass Staaten, die wirtschaftlich voneinander abhängig sind, ihre Probleme mit friedlichen Mitteln lösen müssen, da eine bewaffnete Auseinandersetzung beiden Seiten schaden würde. Durch die Gründung der Europäischen Gemeinschaft für Kohle und Stahl (EGKS) im Jahr darauf wurde dieser Gedanke in die Realität umgesetzt.

Wie entstand die europäische Idee?
M 2, M 3

Weil die EGKS so erfolgreich agierte, weiteten die sechs Mitgliedstaaten ihre Zusammenarbeit auf andere Wirtschaftsbereiche aus und so kam es zur Unterzeichnung der Römischen Verträge 1957. Sie waren ein weiterer bedeutsamer Meilenstein auf dem Weg zu einem vereinten Europa. Als zentrale Ziele wurden hier u. a. der enge Zusammenschluss der europäischen Völker, wirtschaftlicher und sozialer Fortschritt der Länder, die stetige Verbesserung der Lebens- und Beschäftigungsbedingungen sowie die Wahrung von Frieden und Freiheit genannt. Darüber hinaus überschritt man mit der Einrichtung der politischen Organe Kommission, Ministerrat und Europäisches Parlament die rein wirtschaftliche Ebene.

Wie entwickelte sich die europäische Staatengemeinschaft weiter?
Randspalte S. 157

Durch den Vertrag von Maastricht wurde die Zusammenarbeit der mittlerweile auf zwölf Staaten angewachsenen Europäischen Gemeinschaft, wie sie seit 1967 hieß, weiter intensiviert. Denn neben dem rein wirtschaftlichen Bereich (nebst der Einrichtung einer Währungsunion bis 2002) kamen mit der Gemeinsamen Außen- und Sicherheitspolitik (GASP) und der beschlossenen Zusammenarbeit in den Bereichen Justiz und Inneres zwei weitere „Säulen" hinzu, wodurch die bis dato umfassendste Fortentwicklung des europäischen Einigungsprozesses vollzogen wurde. Der neue Name „Europäische Union" für diese Staatengemeinschaft sollte dies unterstreichen.

Warum heißt es „Europäische Union"?
M 3, M 6

Nach der sogenannten „Osterweiterung" 2004 gelang mit dem Vertrag von Lissabon 2007 schließlich die lang ersehnte institutionelle Reformierung der Europäischen Union. Vorausgegangen waren bei diversen Streitigkeiten u. a. zwei gescheiterte Volksabstimmungen in Frankreich und den Niederlanden über eine geplante Europäische Verfassung. Auch das Bundesverfassungsgericht in Karlsruhe war von Kritikern des Vertragswerks angerufen worden, entschied aber positiv über dessen Ratifizierung, die 2009 erfolgte.

Was brachte der „Vertrag von Lissabon"?

6.2 Die Organe der EU – wer macht was?

Methode

Analyse eines Strukturmodells

Politische Systeme sind sehr komplex. Mithilfe von Strukturmodellen versucht man, die vielschichtige politische Ordnung möglichst einfach und übersichtlich darzustellen. Um Strukturmodelle eingehend zu analysieren, kann folgender Fragenkatalog helfen.

1. Was erfasst das Strukturmodell?
Sehen Sie sich das Modell an und formulieren Sie in einem Satz, was genau dargestellt wird.

2. Welche Elemente sind abgebildet?
Beachten Sie die Schlüsselstellen des Modells und überlegen Sie, ob es einen Ausgangspunkt für die dargestellten Beziehungen gibt.

3. Was bedeuten Symbole und grafische Besonderheiten?
Verbalisieren Sie die dargestellten Beziehungen und Zusammenhänge und entschlüsseln Sie die grafischen Elemente (z. B. Kästchen, Symbole, Schriftgröße). Beachten Sie die Auswahl der Farben und deren Funktionen.

4. Wie verständlich ist das Modell?
Arbeiten Sie heraus, ob Zusammenhänge übersichtlich dargestellt werden und Prozessabläufe nachvollziehbar sind.

5. Ist die Realität mit dem Modell zutreffend erfasst?
Überlegen Sie, was das Modell leisten kann und inwieweit es Zusammenhänge und Abläufe zu abstrakt, zu ungenau oder zu kleinschrittig darstellt.

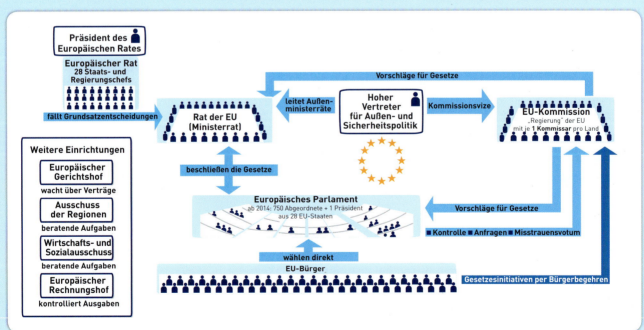

dpa-Grafik, poliTicker, Bamberg 2010, S. 3

Aufgabe

Analysieren Sie das obige Strukturmodell.

M1 Die Wahl zum Europaparlament – und zum Europäischen Kommissionspräsidenten?

Europawahlen finden in der Regel in den warmen Monaten statt: letztes Mal im Juni, diesmal Ende Mai. Das Argument, es sei ja so behaglich warm daheim und auf dem Weg zur Wahlkabine so bitterkalt, zieht also nicht als Ausrede. Obwohl also der Ofen zu Hause in der Regel aus ist, fiel es bislang stets schwer, die Menschen hinter selbigem hervorzulocken für Europa.

Das soll jetzt anders werden – mithilfe von Spitzenkandidaten: „Wenn uns das gelingt, mit glaubwürdigen Kandidaten, die mit einem Konzept und gegeneinander sichtbar antreten, dann hat die Europawahl erstmals etwas, was ihr bislang fehlt – nämlich ein Spannungsmoment", sagt Martin Schulz, der Spitzenkandidat der europäischen Sozialdemokraten. Die stellen im Europaparlament derzeit die zweitstärkste Fraktion und haben laut Umfragen derzeit ungefähr gleich gute Chancen, ihren Mann durchzubringen wie die Europäische Volkspartei (EVP).

Der EVP gehören aus Deutschland CDU und CSU an. Auch sie treten im Mai mit einem Spitzenkandidaten an, erstmals in der Geschichte. „Man darf sich davon auch keine Wunder versprechen. Denn ob in Griechenland jemand Herrn Juncker kennt oder auf Zypern jemand Herrn Schulz wichtig findet, das weiß ich nicht. Aber es zwingt die Parteien dazu, nicht mehr alleine nur für sich zu wursteln. Der Wahlkampf wird europäisch", sagt der Vorsitzende der CDU/CSU-Gruppe im EU-Parlament, Herbert Reul. [...]

Im Prinzip nun bewirbt sich jeder Spitzenkandidat für den wohl begehrtesten Posten in Europa – den des Kommissionspräsidenten. Im Prinzip – denn mitreden dürfen hier zwei mächtige EU-Institutionen: das Parlament auf der einen, die Staats- und Regierungschefs auf der anderen Seite. Und das macht es kompliziert.

Kanzlerin Angela Merkel jedenfalls schien im Herbst vergangenen Jahres noch hörbar Probleme mit eben diesem Bekenntnis zu haben: Dass ein Spitzenkandidat – vorausgesetzt, seine Partei bekommt die meisten Stimmen – sogleich schon mal auf dem Sessel des Kommissionspräsidenten probesitzen gehen könnte: „Da ist für mich kein Automatismus sichtbar zwischen Spitzenkandidaturen und Besetzung von Ämtern."

Bislang war es stets so, dass die Staats- und Regierungschefs unter sich ausmachten, wer Kommissionspräsident wurde. Doch der Vertrag von Lissabon gibt dem Parlament hier erstmals mehr Macht. Und den Wählern übrigens auch. Denn das Ergebnis der Abstimmung muss bei der Entscheidung der Staatenlenker berücksichtigt werden, wie es im Vertragstext heißt.

Die Europawahl wird also spannend. Auch wegen der offenen Frage, was aus einem siegreichen Spitzenkandidaten am Ende tatsächlich wird. Es gibt also gleich eine ganze Reihe von Gründen, Ende Mai hinterm Ofen hervorzukriechen und zu wählen.

Kai Küstner, EVP kürt ihren Kandidaten für Europa, www.tagesschau.de, 6.3.2014

Martin Schulz trat bei der EU-Parlamentswahl 2014 als Spitzenkandidat der Sozialdemokratischen Partei Europas (SPE) an (→ S. 183).

Jean-Claude Juncker trat bei der EU-Parlamentswahl 2014 als Spitzenkandidat der Europäischen Volkspartei (EVP) an.

Art. 17, Absatz 7, Lissabon-Vertrag

„Der Europäische Rat schlägt dem Europäischen Parlament nach entsprechenden Konsultationen mit qualifizierter Mehrheit einen Kandidaten für das Amt des Präsidenten der Kommission vor; dabei berücksichtigt er das Ergebnis der Wahlen zum Europäischen Parlament. Das Europäische Parlament wählt diesen Kandidaten mit der Mehrheit seiner Mitglieder."

M2 Das EU-Parlament – ab 2014

Europäisches Parlament (EP) ab 2014

Der Vertrag von Lissabon regelt, dass das EP ab 2014 folgende Kompetenzzuwächse hat.

So wurde die Bandbreite der Politikbereiche erweitert, in denen die Rechtsvorschriften im „ordentlichen Gesetzgebungsverfahren" verabschiedet werden. Dadurch hat das Parlament mehr Einfluss auf den Inhalt der Rechtsvorschriften in Bereichen wie Landwirtschaft, Energiepolitik, Einwanderung und Finanzen. Das Parlament muss auch bei anderen wichtigen Entscheidungen seine Zustimmung geben, etwa wenn es um den Beitritt neuer Länder zur EU geht.

Nach: © Europäische Union, 1995-2014, Europäisches Parlament, www.europa.eu, Abruf am 14.3.2014

Die Mitglieder des Europäischen Parlaments sind die Vertreter der europäischen Bürgerinnen und Bürger. Sie werden in direkten Wahlen alle fünf Jahre
5 neu gewählt. Gemeinsam mit dem Rat der Europäischen Union („der Rat") bildet das Parlament die gesetzgebende Gewalt der EU.

Das Europäische Parlament hat drei
10 wichtige Aufgaben:

- Erörterung und Verabschiedung von EU-Rechtsvorschriften, in Zusammenarbeit mit dem Rat
- Kontrolle anderer EU-Institutionen,
15 insbesondere der Kommission, um eine demokratische Arbeitsweise zu gewährleisten
- Erörterung und Verabschiedung des EU-Haushalts, in Zusammenarbeit
20 mit dem Rat.

Verabschiedung von EU-Rechtsvorschriften

In vielen Bereichen wie Verbraucherschutz und Umwelt arbeitet das Parla-
25 ment gemeinsam mit dem Rat (Vertreter der nationalen Regierungen) an der inhaltlichen Ausgestaltung der EU-Rechtsvorschriften, bis diese schließlich gemeinsam verabschiedet werden. Dieses
30 Verfahren wird als ordentliches Gesetzgebungsverfahren bezeichnet (vorher: Mitentscheidungsverfahren). [...]

Demokratische Kontrolle

Das Parlament übt auf verschiedene
35 Art und Weise Einfluss auf andere europäische Institutionen aus. Wenn eine neue Kommission bestellt wird, kön-

nen ihre 28 Mitglieder – eines aus jedem EU-Land – ihr Amt erst dann antreten, wenn das Parlament seine Zustimmung 40 gegeben hat. Lehnt das Parlament einen Kandidaten ab, kann es auch die Kommission insgesamt ablehnen. Das Parlament kann die Kommission auch während ihrer Amtszeit auffordern zu-45 rückzutreten. Dazu bedarf es eines Misstrauensantrags. Das Parlament behält die Kontrolle über die Kommission, indem es Berichte der Kommission prüft und Anfragen an die Kommissare rich-50 tet. In dieser Hinsicht spielen die parlamentarischen Ausschüsse eine große Rolle. Die Mitglieder des Parlaments bearbeiten Petitionen der EU-Bürgerinnen und -Bürger und setzen Untersuchungs-55 ausschüsse ein. Vor einem Gipfel der europäischen Staats- und Regierungschefs nimmt das Parlament Stellung zu den Tagesordnungspunkten.

Haushaltskontrolle
60
Das Parlament verabschiedet jährlich gemeinsam mit dem Rat der Europäischen Union den EU-Haushalt.

Zusammensetzung

Grob gesagt richtet sich die Zahl der Ab-65 geordneten pro Land nach der jeweiligen Bevölkerungsanzahl. Nach dem Vertrag von Lissabon beträgt die Zahl der Abgeordneten pro Land mindestens 6 und höchstens 96. [...] Die Mitglieder des Par-70 laments sind nach Fraktionen und nicht nach Staatsangehörigkeit gruppiert.

© Europäische Union, 1995-2014, Europäisches Parlament, www.europa.eu, Abruf am 14.3.2014

M3 Rat der Europäischen Union – Mehrheiten ab 2014

Er [Der Rat] besitzt Entscheidungsbefugnis, wobei je nach Gegenstand (die in den EU-Verträgen festgelegt sind) Beschlüsse mit einfacher oder qualifizier-

ter Mehrheit bzw. einstimmig gefasst 5 werden. Bei einfachen Mehrheitsentscheidungen verfügt jedes Land über eine Stimme; bei qualifizierter Abstimmung haben die Länder ihrer Größe entsprechend unterschiedliches Stimmengewicht, eine qualifizierte Mehrheit ist bei 255 Stimmen und einer einfachen Mehrheit der Mitgliedstaaten erreicht; bei Beschlussfassung mit qualifizierter Mehrheit kann ein Mitgliedstaat verlangen, dass die Mehrheit mindestens 62 % der Gesamtbevölkerung der EU repräsentiert; wenn Einstimmigkeit gefordert ist, verfügt jedes Land über eine Stimme, die als Veto genutzt werden kann. Der Vertrag von Lissabon sieht vor, dass ab 2014 (bzw. nach Ablauf von Übergangsregelungen ab 2017) Entscheidungen im Rat mit doppelter Mehrheit [= Das heißt: Mindestens 55 Prozent der Mitgliedstaaten, die mindestens 65 Prozent der EU-Bevölkerung repräsentieren, sind für einen Mehrheitsbeschluss erforderlich] getroffen werden.

Klaus Schubert, Martina Klein, Rat der Europäischen Union, in: Klaus Schubert, Martina Klein, Das Politiklexikon, 5. Aufl., Bonn 2011, S. 242

M4 EU-Kommission – Anzahl der Kommissare ab 2014

Derzeit darf jedes Mitgliedsland einen Kommissar ins Brüsseler Kollegium entsenden. Da am 1. Juli [2013] Kroatien der EU beitritt, sieht es auf den ersten Blick so aus, als wolle der Rat am Mittwoch lediglich den Kroaten für die Restzeit der amtierenden Kommission unter Präsident José Manuel Barroso einen Kommissar zubilligen. In Wahrheit steht ein viel weitreichender Beschluss auf der geheimen Tagesordnung: Die Formel „Ein Kommissar pro Land" soll auch über das Jahr 2014 hinaus festgeschrieben werden [...]. Sie gilt dann nicht nur für die amtierende Kommission, sondern auch für die Einsetzung der nächsten Kommission nach der Europawahl im Mai 2014. Damit setzen sich die Staats- und Regierungschefs über den EU-Vertrag von Lissabon hinweg. Dort heißt es in Artikel 17, Absatz 5: „Ab dem 1. November 2014 besteht die Kommission aus einer Anzahl von Mitgliedern, die zwei Dritteln der Zahl der Mitgliedstaaten entspricht." Die Hauptstädte wollen sich jedoch einer Ausstiegsklausel bemächtigen, die besagt, dass der Europäische Rat eine Änderung der Anzahl der Kommissare beschließen kann. Allerdings ist dafür Einstimmigkeit vorgesehen. Doch weder im Ausschuss der Brüsseler EU-Botschafter noch in den bilateralen Vorgesprächen zum Gipfel kündigte irgendein Land Widerstand gegen die geplante Entscheidung an. [...] Finanziell ist eine derart aufgeblähte EU-Bürokratie der Öffentlichkeit kaum zu erklären, erst Recht nicht in Zeiten, wo überall staatliche Leistungen gekürzt werden und in den Euro-Krisenländern viele Bürger um ihre Existenz bangen. [...] Die Kosten für einen Kommissar summieren sich [...] pro Jahr auf geschätzte 1,5 bis zwei Millionen Euro. [...] Und mit der Formel „Ein Kommissar pro Land" würden sich mit jedem neuen Beitrittsland die Kosten entsprechend erhöhen. Das Kommissars-Kollegium wurde durch die diversen EU-Erweiterungsrunden bereits so aufgebläht, dass die Zuständigkeiten der Öffentlichkeit kaum mehr zu vermitteln sind. [...] Und auch von EU-Kommissionspräsident Barroso ist nicht überliefert, dass er gegen die große Zahl von Kommissaren protestiert hätte.

Christoph Schult, Europas Regierungschefs wollen Lissabon-Vertrag aushebeln, www.spiegel.de, 20.5.2013

EU-Kommission unter Barroso

Eigentlich sollte bereits die Kommission 2009 – 2014 verkleinert werden. Doch das negative Votum der Iren zum Lissabon-Vertrag aus dem Jahr 2008 wurde dahingehend interpretiert, wieder jedem Land einen Kommissar zu geben. Kleinere Staaten sollten damit milde gestimmt werden. Irland stimmte schließlich in einem zweiten Referendum dem Lissabon-Vertrag zu. Die „ein Land, ein Kommissar" Regelung war jedoch eindeutig als Übergangsregelung gedacht.

6 Aspekte der Europäischen Einigung

Rechtsakte / Gesetze der EU
- EU-Verordnungen
- EU-Richtlinien
- EU-Entscheidungen und Beschlüsse
- Empfehlungen

EU-Verordnungen werden ohne nationale Rechtsakte verbindlich. EU-Richtlinien müssen von den Mitgliedstaaten umgesetzt werden, wobei es den Mitgliedstaaten selbst überlassen ist, wie sie dies tun. EU-Entscheidungen und Beschlüsse sind verbindliche Festlegungen im Einzelfall. EU-Empfehlungen sind nicht verbindlich.

M5 EU-Gesetzgebung am Beispiel des EU-Verbots für Kosmetikprodukte mit Tierversuchen

In der Europäischen Union trat am Montag ein Verbot von Kosmetikprodukten in Kraft, die mit Tierversuchen hergestellt wurden. Die Bestimmung gilt sowohl für den Import als auch für den Verkauf der Produkte und ist die letzte Stufe eines schrittweisen Verbots von Tierversuchen für Kosmetika und deren Inhaltsstoffe. Tierversuche für die Herstellung von Kosmetika sind in der EU bereits seit 2009 verboten. Der Entschluss des Europaparlaments hierzu fiel 2003. Bislang durften in der EU aber noch Kosmetika aus Drittländern verkauft werden, die mit bestimmten Tierversuchen getestet wurden. [...] Die EU-Kommission kündigte an, in anderen Ländern für das europäische Beispiel zu werben. „Die Kommission engagiert sich dafür, die Entwicklung alternativer Testverfahren weiterhin zu unterstützen und Drittländer aufzufordern, sich unserer europäischen Vorgehensweise anzuschließen", versprach der für Gesundheit und Verbraucherpolitik zuständige EU-Kommissar, Tonio Borg. Auch die Suche nach Alternativen will die EU einer Erklärung zufolge weiter unterstützen, „da ein vollständiger Ersatz von Tierversuchen durch alternative Verfahren bisher noch nicht möglich ist".

Frankfurter Rundschau, Endgültiges Aus für Tierversuchs-Kosmetika, www.fr-online.de, 11.3.2013

M6 Der Weg der Gesetzgebung in der EU

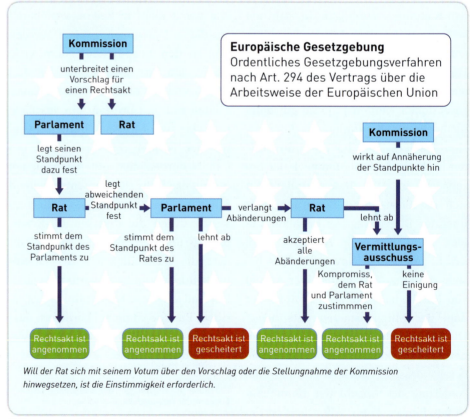

© Bergmoser + Höller Verlag AG, Zahlenbilder 715 420

M7   Der Europäische Rat – Gipfel der EU-Institutionen?

Die Tagungen des Europäischen Rates sind Gipfeltreffen der Staats- und Regierungschefs der EU-Länder, bei denen über allgemeine politische Zielvorstellungen und wichtige Initiativen
5 entschieden wird. In der Regel finden jedes Jahr etwa vier Gipfeltreffen statt, die von einem ständigen Präsidenten geleitet werden.

10 **Welche Aufgaben hat der Europäische Rat?**

Der Europäische Rat erfüllt zwei Aufgaben: Er legt die allgemeinen politischen Zielvorstellungen und Prioritäten
15 der EU fest und befasst sich mit komplexen oder sensiblen Themen, die auf einer niedrigeren Ebene der zwischenstaatlichen Zusammenarbeit nicht geklärt werden können. Der Europäische
20 Rat nimmt zwar Einfluss auf die Festlegung der politischen Agenda der EU, er ist jedoch nicht befugt, Rechtsvorschriften zu erlassen.

Wer wirkt am Europäischen Rat mit?

Der Europäische Rat setzt sich zusam- 25 men aus den Staats- und Regierungschefs der EU-Länder, dem Präsidenten der Kommission und dem Präsidenten des Europäischen Rates, der den Vorsitz der Tagungen innehat. Die Hohe Vertre- 30 terin der Union für Außen- und Sicherheitspolitik nimmt ebenfalls an den Sitzungen teil. [...]

Wie trifft der Europäische Rat seine Entscheidungen?   35

Soweit die Verträge nichts anderes vorsehen, entscheidet der Europäische Rat im Konsens. In einigen Fällen entscheidet er einstimmig oder mit qualifizier-ter Mehrheit, je nach Bestimmungen des Vertrags. 40 Der Präsident des Europäischen Rates, der Präsident der Kommission und die Hohe Vertreterin der Union für Außen- und Sicherheitspolitik haben keine Stimme.

© Europäische Union, 1995-2014, Europäisches Parlament, www.europa.eu, Abruf am 14.3.2014

Sitz des EPs

Das Europäische Parlament ist an drei Orten vertreten – Brüssel (Belgien), Luxemburg und Straßburg (Frankreich).
In Luxemburg befinden sich die Verwaltungsstellen des Parlaments (Generalsekretariat).
Die Plenartagungen finden in Straßburg und Brüssel statt. Die Ausschüsse halten ihre Sitzungen ebenfalls in Brüssel ab.
© Europäische Union, 1995-2014, Europäisches Parlament, www.europa.eu, Abruf am 14.3.2014

Geschichte des Europäischen Rates

Der Europäische Rat wurde 1974 in der Absicht geschaffen, ein informelles Gesprächsforum für die Staats- und Regierungschefs der EU einzurichten. Er hat sich schnell zu dem Gremium entwickelt, das die Ziele und Prioritäten für die EU festlegt.
1992 erhielt der Europäische Rat offiziellen Status und seit 2009 gehört er zu den sieben Organen der EU.
© Europäische Union, 1995-2014, Europäischer Rat, www.europa.eu, Abruf am 14.3.2014

Aufgaben

1. Stellen Sie in Gruppenarbeit mithilfe der Methode und der Materialien 1-7 dar, welche Funktionen die einzelnen EU-Organe übernehmen.

2. Recherchieren Sie den Verlauf der EP-Wahl 2014. Inwieweit hatte das Wahlergebnis Einfluss auf die Wahl des EU-Kommissionspräsidenten (M 1)?

3. Erklären Sie die Bedeutung der Änderungen für die Beschlussfassung des Rates. Verfassen Sie anschließend in Gruppen im Namen Deutschlands, der Niederlande und Maltas Stellungnahmen zu dieser Neuerung (M 3).

4. Beurteilen Sie mithilfe von M 4 folgende These: „Auch für die EU-Kommission gilt: weniger ist mehr" (M 4).

5. Vollziehen Sie die einzelnen Schritte der EU-Gesetzgebung am Beispiel des Verbots für Kosmetikprodukte mit Tierversuchen nach und ergänzen Sie die fehlenden Elemente (M 5, M 6).

6. Aktivieren Sie Ihr Vorwissen: Ähnelt das Verfahren der EU-Gesetzgebung dem der deutschen Gesetzgebung? Stellen Sie beide vergleichend gegenüber (M 5, M 6).

7. Beurteilen Sie die Machtfülle des Europäischen Rates angesichts der Wahl des Kommissionspräsidenten (M 7).

F Aufgaben 5 – 6
Sammeln Sie in den Medien aktuelle EU-Gesetze und stellen Sie sie der Klasse vor.

Wissen kompakt

Der Europäische Rat

Der Europäische Rat ist das politisch wichtigste beschlussfassende Organ der EU, da hier alle Staats- und Regierungschefs der Mitgliedstaaten sowie der Präsident der EU-Kommission und der Präsident des Europäischen Rates vertreten sind.

Er wird zweimal pro Halbjahr in Brüssel einberufen, bestimmt die Leitlinien der europäischen Politik, trifft politische Grundsatzentscheidungen und gibt Impulse zur Weiterentwicklung der europäischen Integration. Dabei wird er vom Hohen Vertreter der Europäischen Union für die Außen- und Sicherheitspolitik unterstützt, der zugleich Vizepräsident der Europäischen Kommission ist und der EU-Außenpolitik international mehr Gewicht verleihen soll.

Der Rat (der Europäischen Union) / Ministerrat

Der Rat, das eigentliche Machtzentrum der Union, setzt sich aus den jeweiligen Fachministern der Mitgliedstaaten zusammen und tagt deshalb je nach Politikbereich – unterschiedlich häufig – in verschiedener Besetzung. Daher wird er oft nicht amtlich auch als Ministerrat bezeichnet. Den Vorsitz führt der halbjährlich wechselnde Ratspräsident, der Regierungschef eines EU-Mitgliedstaates.

Zusammen mit dem Europäischen Parlament entscheidet der Rat über die Gesetzesvorschläge der Kommission und teilt die Verantwortung für den Haushalt.

Darüber hinaus kontrolliert er gemeinsam mit der Kommission die Einhaltung und Umsetzung der beschlossenen EU-Gesetze.

Die Europäische Kommission

Die Europäische Kommission ist ein supranationales, d. h. überstaatliches Organ und in ihrer Art einzigartig. Sie besteht aus dem Präsidenten und der Europäischen Kommission, in die bislang jedes Mitgliedsland ein Mitglied schicken darf. Jeder Kommissar ist für ein bestimmtes Sachgebiet zuständig und darf keine Weisungen von nationalen Regierungen oder sonstigen Institutionen entgegennehmen.

Die EU-Kommission ist das Exekutivorgan der Europäischen Union und gilt als „Hüterin der EU-Verträge", da sie für die Umsetzung und die Einhaltung des EU-Rechts sorgt. Zudem verfügt sie alleine über das Gesetzesinitiativrecht und wird deshalb auch als „Motor der EU" bezeichnet. Schließlich erlässt sie Durchführungsbestimmungen, verwaltet die Strukturfonds sowie die Forschungs- und andere Programme, erstellt den Entwurf des EU-Haushalts und führt ihn aus.

Das Europäische Parlament

Das Europäische Parlament in Straßburg mit seinen 751 Abgeordneten (Stand: August 2014) wird von allen Bürgern der EU-Mitgliedstaaten für jeweils fünf Jahre gewählt.

Die Abgeordneten, deren Zahl pro Mitgliedsland sich an der Größe der jeweiligen Bevölkerung orientiert, diese aber nicht direkt proportional widerspiegelt, finden sich dabei je nach politischer Ausrichtung in länderübergreifenden Fraktionen zusammen. Das Parlament übt die politische Kontrolle über die Tätigkeiten der EU aus, bewilligt den EU-Haushalt mit und entscheidet zusammen mit dem Rat gemeinsam und in der Regel gleichberechtigt über die europäische Gesetzgebung.

Zudem ist die Ernennung der Kommissare an die Zustimmung des Parlaments gebunden.

Wissen im Kontext

Das politische System der EU beinhaltet sowohl supranationale, d. h. überstaatliche, als auch intergouvernementale, also zwischenstaatliche Elemente.
So sind im Europäischen Rat mit den Staats- und Regierungschefs und im Rat der Europäischen Union (auch Ministerrat genannt) mit den Fachministern jeweils die nationalen Regierungen der Mitgliedstaaten „intergouvernemental" vertreten. Das Europäische Parlament dagegen, das seit 1979 von allen Bürgern der Mitgliedstaaten gewählt werden kann und deren Interessen zu vertreten hat, ist supranational konzipiert wie das Exekutivorgan Europäische Kommission und der Recht sprechende Gerichtshof der Europäischen Union.

Welche Organe besitzt die Europäische Union überhaupt?
Methode S. 162,
M 1 – M 3

Die Erweiterung der Union sowie die stetige Weiterentwicklung des europäischen Wirtschafts- und Währungsraums brachten es mit sich, dass sowohl die bislang bestehenden Institutionen als auch die politischen Entscheidungsprozesse dringend reformiert werden mussten. Diese Erkenntnis stieß aber auf zahlreiche Vorbehalte innerhalb der Mitgliedstaaten, die um ihre nationale Souveränität fürchteten. Die Reformvorschläge (EU-Verfassung) mussten deshalb, nach verlorenen Referenden in den Niederlanden und Frankreich, aufgegeben werden. Erst mit dem Vertrag von Lissabon, der 2007 geschlossen, aber bezeichnenderweise erst 2009 nach zahlreichen gerichtlichen Entscheidungen in allen 27 Mitgliedstaaten ratifiziert werden konnte, war das entscheidende Reformwerk in Kraft getreten.

Warum sind Reformen innerhalb der EU so schwer möglich?
M 3

Der Vertrag von Lissabon zeichnet sich vor allem dadurch aus, dass er einen Weg weist von der Wirtschaftsunion, die die EU bis dahin war, hin zu einer politischen Union – eine Entwicklung, die nach Meinung zahlreicher Fachleute unumgänglich ist, um Europa in den schwierigen Zeitläufen des 21. Jahrhunderts als ein wichtiges Element in der Welt zu erhalten und zu stärken. Sein Ziel war es, die EU „effizienter, demokratischer und transparenter" zu machen. So wurden zum einen die Rechte des Europäischen Parlaments ausgeweitet, während auf der anderen Seite auch die nationalen Parlamente größere Mitsprachemöglichkeiten erlangten. Darüber hinaus wurden neue Abstimmungsregeln eingeführt und Mehrheitsentscheidungen ausgeweitet, um die Entschluss- und Handlungsfähigkeit der EU zu gewährleisten und reine Blockadepolitik einzelner Staaten zu verhindern. Mit der Einführung der zwei neuen Ämter eines Hohen Vertreters der Union für die Außen- und Sicherheitspolitik bzw. des auf zweieinhalb Jahre gewählten Ratspräsidenten sollte zudem die internationale Reputation der Union ausgebaut werden. Schließlich führte der Vertrag die Möglichkeit eines europäischen Bürgerbegehrens ein, um auch Elemente direkter Demokratie aufzunehmen.

Welche Reformen brachte der Vertrag von Lissabon?
M 3, M 6,
Methode S. 162

Trotz der vielerorts begrüßten institutionellen Reformen, die der Vertrag von Lissabon auf den Weg brachte, sind einige grundlegende Probleme bei deren Umsetzung nicht gelöst. So beharren einzelne meist größere Mitgliedstaaten weiterhin auf nationalen (Vor-)Rechten, während kleinere Staaten befürchten, bald nur noch Mitglieder zweiter Klasse zu sein. Zudem ist die Kritik vieler EU-Bürger über die angeblich aufgeblähte Brüsseler Bürokratie kaum leiser geworden.

Welche institutionellen Probleme innerhalb der EU bestehen weiterhin?
M 6

6.3 EU-Recht und nationales Recht: Wer beeinflusst wen?

M1 Das Schengener Übereinkommen – eine Übersicht

Schengener Abkommen
→ Randspalte, S. 158

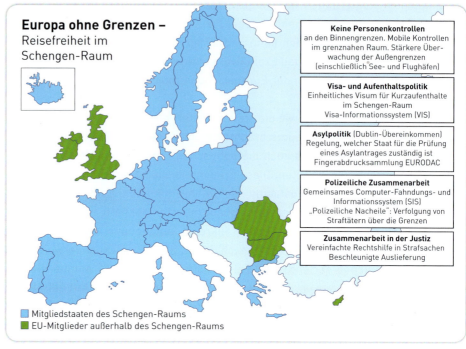

© Bergmoser + Höller Verlag, Zahlenbilder 715325

M2 Die Entwicklung eines gemeinsamen Rechtsraums in der EU

EU-Schengen-Staaten
Zu den EU-Schengen-Staaten gehören alle EU-Staaten außer Großbritannien und Irland, die nicht mitmachen wollen, und Bulgarien, Rumänien und Zypern, die noch nicht so weit sind, außerdem Norwegen, Island, die Schweiz und Liechtenstein.

Zunehmend organisieren die Mitgliedstaaten der Europäischen Union Teile ihrer Rechts- und Innenpolitik gemeinschaftlich. Ein ins Auge fallendes Bei-
5 spiel ist die Verwirklichung des Schengener Übereinkommens. Mit diesem Vertrag sind nicht nur die meisten Grenzkontrollen innerhalb der EU weggefallen, sondern es findet auch
10 ein gemeinsamer Schutz der Außengrenzen statt. Alle Schengen-Staaten [...] verfügen über ein gemeinsames Fahndungssystem. Darüber hinaus geben sie Visa für das gesamte Schen-
15 gengebiet aus. Wenn der deutsche Generalkonsul in St. Petersburg einem Russen ein Visum erteilt, erlaubt er ihm damit auch den Besuch von beispielsweise Madrid, Paris oder Warschau. Umgekehrt gilt das Visum, das 20 die französische Botschaft in Marokko ausstellt, auch für Deutschland.
Damit offene Grenzen nicht zu mehr Kriminalität führen, gibt es eine enge polizeiliche Zusammenarbeit, die über 25 EUROPOL koordiniert wird. Wer in Deutschland ein Verbrechen begeht, kann nicht darauf hoffen, in den Niederlanden „seine Ruhe" zu haben. Für eine Reihe von Delikten besteht die 30 Möglichkeit, einen europäischen Haftbefehl zu erlassen. Alle Mitgliedstaa-

ten haben sich verpflichtet, auf der Basis eines solchen Haftbefehls auch eigene Staatsbürger zu überstellen. Ein Deutscher, der in Spanien eine Bombe gelegt hat, kann nach Spanien ausgeliefert und dort vor Gericht gestellt werden. Je mehr Menschen in Europa reisen und in anderen Ländern arbeiten, desto mehr gemischt-nationale Ehen entstehen auch. Leider endet manche Ehe jedoch mit der Scheidung. Nach welchem Recht werden eine italienische Frau und ein polnischer Mann, die in Großbritannien leben, geschieden? Das soll in Zukunft klar geregelt werden. [...] In diesem Fall gehen 14 Staaten, darunter auch Deutschland, voran und regeln diese Frage eindeutig, so dass es im Scheidungsfall nicht noch zum Streit darüber kommt, vor welchem Gericht die Trennung verhandelt wird. [...] Damit entwickelt sich Europa zu einem gemeinsamen Rechtsraum.

Eckart D. Stratenschulte, Rechts- und Innenpolitik, www.bpb.de, 20.10.2010

M3   Zuständigkeitsbereiche innerhalb der EU

Bundeszentrale für politische Bildung, 2009, www.bpb.de; Lizenz: Creative Commons by-nc-nd/3.0/de

Artikel 5 EUV (Auszug)
(1) Für die Ausübung der Zuständigkeiten der Union gelten die Grundsätze der Subsidiarität und der Verhältnismäßigkeit. [...]
(3) Nach dem Subsidiaritätsprinzip wird die Union in den Bereichen, die nicht in ihre ausschließliche Zuständigkeit fallen, nur tätig, sofern und soweit die Ziele der in Betracht gezogenen Maßnahmen von den Mitgliedstaaten weder auf zentraler noch auf regionaler oder lokaler Ebene ausreichend verwirklicht werden können, sondern vielmehr wegen ihres Umfangs oder ihrer Wirkungen auf Unionsebene besser zu verwirklichen sind.

M4   EU-Gesetzgebung und nationales Recht – am Beispiel Deutschlands

In der EU haben die Mitgliedstaaten eine Reihe ursprünglich nationalstaatlicher Entscheidungsbefugnisse freiwillig auf diese Organisation und ihre Organe übertragen. In einer wachsenden Zahl von Politikfeldern werden immer mehr Entscheidungen auf der Ebene der Europäischen Union getroffen. Richtlinien, Verordnungen und Entscheidungen von EU-Organen sind oft unmittelbar geltendes Recht in der Bundesrepublik oder werden durch die Parlamente auf Landes- und Bundesebene in nationales Recht umgesetzt.

Art. 23 GG

(1) Zur Verwirklichung eines vereinten Europas wirkt die Bundesrepublik Deutschland bei der Entwicklung der Europäischen Union mit, die demokratischen, rechtsstaatlichen, sozialen und föderativen Grundsätzen und dem Grundsatz der Subsidiarität verpflichtet ist und einen diesem Grundgesetz im wesentlichen vergleichbaren Grundrechtsschutz gewährleistet. Der Bund kann hierzu durch Gesetz mit Zustimmung des Bundesrates Hoheitsrechte übertragen.

Um dieses zu ermöglichen, ist 1992 der Artikel 23 des Grundgesetzes (GG) dahingehend geändert worden, dass eine Übertragung von Hoheitsrechten unter Zustimmung von Bundestag und Bundesrat möglich ist. Um zu koordinieren und zu garantieren, dass die Bürger und deren gewählte Vertreter nicht übergangen werden, hat der Bundestag zum Beispiel einen Europaausschuss eingerichtet, der für diese Fragen zuständig ist. Ihm gehören neben Mitgliedern des Bundestages auch deutsche Abgeordnete des Europäischen Parlamentes an.

BpB, 24x Deutschland – Deutschland in der EU, www.bpb.de, Abruf am 12.11.2013

M5 Der Europäische Gerichtshof

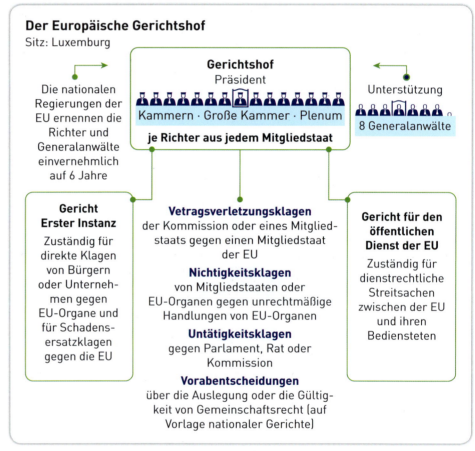

© Bergmoser + Höller Verlag AG, Zahlenbilder 714070

M6 Der Fiskalpakt – ein Beispiel für die Wechselwirkung des Rechts zwischen EU und Nationalstaaten

Um die Schuldenkrise innerhalb der EU in den Griff zu bekommen, wurde unter anderem 2011 der sogenannte Fiskalpakt beschlossen. Über dessen Entwicklung berichtet folgender Artikel.

Um die Euro-Mitgliedstaaten zu mehr Haushaltsdisziplin zu zwingen, wollten die Staats- und Regierungschefs auf dem Brüsseler EU-Gipfel im Dezember

2011 eigentlich die EU-Verträge ändern. Doch daraus wurde nichts. Denn eine Änderung der rechtlichen Grundlagen der Union bedarf der Zustimmung aller 27 Mitgliedstaaten – das aber haben die Briten kategorisch abgelehnt. Deshalb hatten die 17 Euro-Länder und sechs weitere EU-Staaten im Dezember 2011 beschlossen, einen sogenannten Fiskalpakt auszuarbeiten, also einen separaten Vertrag, in dem sich die Unterzeichner zu mehr Haushaltsdisziplin verpflichten. Dieser Vertrag ist – wieder auf einem EU-Gipfel in Brüssel – im Januar 2012 von 25 der 27 EU-Mitgliedstaaten beschlossen worden; außen vor bleiben Großbritannien, das generell nicht mitmachen will, und zunächst auch Tschechien, das verfassungsrechtliche Bedenken hat.

Der neue Pakt ist ein völkerrechtlicher Vertrag, mit dem sich die Teilnehmer verpflichten, eine verbindliche Schuldenbremse in nationales Recht einzuführen und eine strengere Haushaltsdisziplin zu üben. So soll die Grenze für das strukturelle – sprich nicht konjunkturbedingte – Haushaltsdefizit auf 0,5 Prozent des Bruttoinlandsprodukts sinken, im derzeitigen EU-Recht ist es noch ein Prozent. Die Umsetzung des Fiskalpakts in nationales Recht kann gegebenenfalls vom Europäischen Gerichtshof überprüft werden. Er kann bei anhaltenden Mängeln von dem betreffenden Land auch eine Strafzahlung von bis zu 0,1 Prozent seines BIP verlangen.

Zudem wurde beschlossen, den dauerhaften Rettungsfonds ESM bereits im Juli 2012 zu starten, also ein Jahr früher als geplant, und bis März 2012 zu prüfen, ob sein Umfang von 500 Milliarden Euro ausreicht oder, wie von einigen Staaten gefordert, auf eine Billion erweitert werden soll. Um vor allem die hohe Jugendarbeitslosigkeit in einigen EU-Staaten zu bekämpfen und den Mittelstand zu fördern, sollen außerdem vorhandene Mittel aus anderen EU-Töpfen umgelenkt werden.

Auch wenn der Fiskalpakt von vielen Ökonomen als richtig eingeschätzt wird – bevor er wie geplant Anfang 2013 in Kraft tritt, muss er aber von mindestens 12 Teilnehmern ratifiziert werden.

Initiative Neue Soziale Marktwirtschaft (INSM), Der Fiskalpakt, www.wirtschaftundschule.de, Abruf am 10.12.2013

Der Europäische Fiskalpakt – im Film erklärt

Mediencode: 71011-08

Aufgaben

1. Erstellen Sie eine Übersicht, welche Rechtsbereiche durch das Schengener Übereinkommen innerhalb der Mitgliedstaaten vereinheitlicht wurden (M 1, M 2).
2. Tragen Sie innerhalb des Kurses aktuelle Beispiele für die unterschiedlichen Zuständigkeiten in der EU zusammen (M 3).
3. Entwerfen Sie ein Schaubild, das die grundsätzliche Wechselwirkung von EU- und nationalem Recht verdeutlicht (M 4).
4. Geben Sie die zentralen Aufgaben und Funktionen des Europäischen Gerichtshofs in eigenen Worten wieder und analysieren Sie, was er zur Europäisierung des Rechts beitragen kann (M 5).
5. Erläutern Sie unter konkreter Bezugnahme auf den Text die Probleme der Europäisierung des Rechts (M 6).

Wissen kompakt

Rechtliche Zuständigkeiten der Mitgliedstaaten

Die Zuständigkeiten zwischen den Mitgliedstaaten und Brüssel sind aufgeteilt. Es gibt Bereiche, die außerhalb der EU-Befugnisse stehen wie etwa Sport oder der Zivilschutz, gemischte Zuständigkeiten (z. B. Landwirtschaft und Fischerei, Energie- und Sozialpolitik) sowie ausschließliche EU-Zuständigkeiten, die die Wirtschafts- und Währungsunion betreffen. Im Bereich der gemischten Zuständigkeiten gibt es oft Kompetenzstreitigkeiten, da hier gesamteuropäische auf nationale Interessen treffen.

Das Gemeinschaftsrecht der Europäischen Union

Die gemeinschaftliche Rechtsordnung besteht aus drei verschiedenen, aber miteinander verwobenen Arten von Rechtsakten: Dem Primärrecht, dem Sekundärrecht sowie der Rechtsprechung selbst. Diese Rechtsakte werden auch als der „Acquis communautaire", der gemeinschaftliche Besitzstand der EU bezeichnet. Das Gemeinschaftsrecht hat Vorrang vor nationalem Recht.

Subsidiarität

Nach dem Subsidiaritätsprinzip (lat. subsidium = Hilfe, Reserve) soll eine staatliche Aufgabe soweit wie möglich von der jeweils unteren bzw. kleineren Verwaltungsebene übernommen werden. Nach Art. 5 EGV darf die Europäische Union nur dann in den geteilten Kompetenzbereichen tätig werden, wenn die Aufgabe dies erfordert und die Mitgliedstaaten sie direkt dazu ermächtigen. Es stellt somit ein wesentliches Element des europäischen Integrationsprozesses dar.

Primärrecht

Damit sind die Gründungsverträge der europäischen Gemeinschaften, deren Ergänzungen und der Vertrag über die EU gemeint. Rechtsakte des Primärrechts sind Vereinbarungen, die unmittelbar zwischen den Regierungen der Mitgliedstaaten ausgehandelt werden und von den nationalen Parlamenten ratifiziert werden müssen.

Sekundärrecht

Dieser Begriff bezeichnet die von Kommission, EU-Parlament und Ministerrat verabschiedeten Gesetze, die auf den Verträgen des Primärrechts aufbauen. Dabei sind folgende Rechtsakte vorgesehen:

– *Verordnungen* werden direkt nach ihrer Verabschiedung in allen Mitgliedstaaten gültig und sind rechtlich verbindlich, auch wenn sie nationalen Gesetzen widersprechen.

– *Richtlinien* dagegen gelten nicht unmittelbar, sondern müssen von den Mitgliedstaaten inhaltlich in nationales Recht umgesetzt werden. Ziel und Zeitrahmen sind dabei zwar genau festgelegt, Form und Mittel der Umsetzung sind aber den Mitgliedstaaten selbst überlassen. Jeder EU-Bürger hat das Recht, sich vor nationalen Gerichten auf diese Richtlinien zu berufen.

– *Entscheidungen und Beschlüsse* sind rechtlich verbindliche Festlegungen des Ministerrats oder der Europäischen Kommission im Einzelfall und richten sich an einen konkreten Adressaten, etwa Mitgliedstaaten, Unternehmen oder Einzelne. Daher bedürfen sie auch keiner nationalen Umsetzungsmaßnahme.

– *Empfehlungen und Stellungnahmen* sind reine Handlungsvorschläge der EU gegenüber einem Mitgliedstaat für einen bestimmten Problembereich. Daher sind sie auch nicht verbindlich.

Wissen im Kontext

Der EU ist es gelungen, eine eigene Rechtsgemeinschaft zu bilden. Das bedeutet, ihre Organe setzen für die EU, ihre Mitgliedstaaten und Bürger (natürliche Personen) sowie Körperschaften (juristische Personen) unmittelbar geltendes Recht. Sie kann für ihre Mitgliedstaaten politisch handeln sowie Gesetze erlassen und durchsetzen – allerdings nur im Rahmen ihrer in den Verträgen niedergelegten Zuständigkeiten, v. a. im Bereich der Wirtschafts- und Währungspolitik, nicht aber in Bereichen, die nur den Mitgliedstaaten vorbehalten sind, etwa in Teilen der Außen- und Sicherheitspolitik. Damit dies möglich wurde, haben die einzelnen Mitgliedstaaten sukzessive eigene Souveränitätsrechte auf sie übertragen. In Deutschland etwa musste dazu das Grundgesetz geändert werden, um, wie es in Art. 23 GG heißt, bei der „Verwirklichung eines vereinten Europa" mitwirken zu können.

Wie funktioniert die europäische Rechtsgemeinschaft?
M 1 – M 3

Durch diesen Verzicht auf eigene Souveränitätsrechte gelang eine immer tiefere europäische Integration, so dass die Europäische Union heute ein in vielen Teilen supranationales Gebilde ist, dessen Beschlüsse nationale Entscheidungen in vielen Politikbereichen ersetzen oder ihnen zumindest vorgeordnet sind. Allerdings ist dabei das Subsidiaritätsprinzip zu beachten. Damit soll ein übertriebener europäischer Zentralismus verhindert und Bürgernähe erreicht werden.

Was bedeutet „Europarecht bricht nationales Landesrecht"?
M 4

Europäisches Recht muss in nationales Recht umgesetzt werden, nachdem es den Gesetzgebungsprozess von Kommission, Rat und EU-Parlament erfolgreich durchlaufen hat. Dieser Beschlussfassung sind aber oft lange Phasen der Kompromisssuche zwischen den einzelstaatlichen und den gesamteuropäischen Interessen vorausgegangen, in deren Verlauf die nationalen Regierungen (v. a. im Rat) Einfluss auf die Ergebnisse zu nehmen versuchen, weil sie etwa zu starke Eingriffe in den eigenen Souveränitätsbereich fürchten.

Wie entsteht EU-Recht?
M 2

Auch wenn auf dem Papier bzw. in den Verträgen des Primär- und Sekundärrechts viele Vereinbarungen gefunden und von den Mitgliedstaaten unterzeichnet wurden, kommt es immer wieder zu Streitigkeiten und juristischen Auseinandersetzungen zwischen „Brüssel" als dem Synonym für die EU-Organe und einzelnen Mitgliedstaaten bzw. deren Regierungen, Politiker, Gerichte oder einzelne Bürger.

Welche Probleme gibt es bei der Umsetzung des EU-Rechts?
M 4, M 6

Der oberste Hüter des EU-Rechts ist der Gerichtshof der Europäischen Union (EuGH), dessen Richter (je einer pro Mitgliedstaat) und Generalanwälte von den Regierungen der Mitgliedstaaten in gegenseitigem Einvernehmen auf sechs Jahre ernannt werden. Dieses Gericht ist für die Auslegung des EU-Rechts zuständig und gewährleistet, dass es in allen Mitgliedstaaten auch auf die gleiche Art und Weise angewendet wird. Auch entscheidet der EuGH in Rechtsstreitigkeiten zwischen einzelnen Regierungen der EU-Mitgliedstaaten und den EU-Organen selbst. Zudem können sich Privatpersonen, Unternehmen und Organisationen an den Gerichtshof wenden, wenn sie der Auffassung sind, dass ein EU-Organ ihre Rechte verletzt hat.

Wer schützt das EU-Recht?
M 5, M 6

6.4 Die EU – welche Herausforderungen hat sie zu bewältigen?

M1 Schlagzeilen des paneuropäischen Nachrichtensenders euronews

Nach: © euronews 2013, EU-Erweiterung, http://de.euronews.com, Abruf am 9.12.2013

Artikel 49 EU-Vertrag

Jeder europäische Staat, der die in Artikel 2 genannten Werte achtet und sich für ihre Förderung einsetzt, kann beantragen, Mitglied der Union zu werden. Das Europäische Parlament und die nationalen Parlamente werden über diesen Antrag unterrichtet. Der antragstellende Staat richtet seinen Antrag an den Rat; dieser beschließt einstimmig nach Anhörung der Kommission und nach Zustimmung des Europäischen Parlaments, das mit der Mehrheit seiner Mitglieder beschließt. Die vom Europäischen Rat vereinbarten Kriterien werden berücksichtigt.
Die Aufnahmebedingungen und die durch eine Aufnahme erforderlich werdenden Anpassungen der Verträge, auf denen die Union beruht, werden durch ein Abkommen zwischen den Mitgliedstaaten und dem antragstellenden Staat geregelt. Das Abkommen bedarf der Ratifikation durch alle Vertragsstaaten gemäß ihren verfassungsrechtlichen Vorschriften.

M2 Modalitäten des EU-Beitritts

Grundsätzlich ist die Europäische Union kein geschlossener Club, sondern eine Gemeinschaft mit offenen Türen. Der EU-Vertrag schreibt
5 fest, dass jeder europäische Staat beantragen kann, Mitglied der Union zu werden. Allerdings nur, wenn er die ebenfalls vertraglich verankerten Grundsätze der Europäischen Union achtet: die Grundsätze der Frei-
10 heit, der Demokratie, der Achtung der Menschenrechte und Grundfreiheiten sowie der Rechtsstaatlichkeit. Maßgeblich bei der Bewertung von Beitrittsanträgen sind außerdem die
15 so genannten „Kopenhagener Kriterien", die auf dem EU-Gipfel in der dänischen Hauptstadt 1993 mit Blick auf die damals jungen Reformstaaten Mittel- und Osteuropas formu-
20 liert wurden. Ein Beitritt zur EU ist an die Bedingung geknüpft, das politische, wirtschaftliche und rechtliche System umzugestalten und an die EU-Standards anzugleichen.
25

Die EU verlangt
- eine stabile Demokratie mit Garantien für rechtsstaatliche Ordnung, Wahrung der Menschenrechte und Schutz von Minderheiten
- eine funktionsfähige Marktwirtschaft mit wettbewerbsfähigen Unternehmen, die den Marktkräften im europäischen Binnenmarkt standhalten
- die Übernahme des EU-Rechts, um die Pflichten der EU-Mitgliedschaft zu erfüllen und die Ziele der Union zu unterstützen.

Darüber hinaus schreiben die Kopenhagener Kriterien aber auch eine Bedingung fest, die von Seiten der Union zu erfüllen ist:
- die Fähigkeit der Union, neue Mitglieder aufzunehmen, ohne dabei die Stoßkraft der europäischen Integration zu verlieren.

Europäisches Parlament/Informationsbüro Deutschland, Die Beitrittsbedingungen, www.europarl.de, Abruf am 9.12.2013

M3 Die Schuldenkrise in Europa

Die Euro-Krise ist vor allem eine Verschuldungskrise. Einige Mitgliedstaaten der Eurozone sind nicht mehr in der Lage ihren Zahlungsverpflichtungen nachzukommen und sind auf die Unterstützung der Euro-Partner, der Europäischen Zentralbank (EZB) und des Internationalen Währungsfonds (IWF) angewiesen. Diese suchen seit Beginn der Krise nach einer dauerhaften Lösung, um die gemeinsame Währung, den Euro, weiterhin stabil zu halten. Eigentlich sollte der Vertrag von Maastricht (Vertrag über die Europäische Union) eine solche Situation von vornherein verhindern. Dieser schreibt mehrere Bedingungen für die Teilnahme der Staaten an der Wirtschafts- und Währungsunion vor. [...] Allerdings wurde auf die Einhaltung dieser Kriterien nicht allzu genau geachtet. Einige Länder hatten schon bei ihrem Eintritt in die Euro-Gemeinschaft einen Gesamtschuldenstand, der deutlich über 60 Prozent lag, andere legten der Kommission geschönte Zahlen vor. Die Entscheidung über die Aufnahme einzelner Länder in die Eurozone war wesentlich durch politische Erwägungen geprägt. Selbst Deutschlands Schulden liegen seit mehreren Jahren über dem Grenzwert von 60 Prozent, ohne Konsequenzen von Seiten der EU. Die Schuldenkrise wurde durch die Finanz- und Wirtschaftskrise 2008/2009 verstärkt. Durch diese wurden die Schulden der meisten Staaten in der Europäischen Union immer weiter in die Höhe getrieben. Die Unterstützungen für die Banken, die Konjunkturförderung, die Kosten der steigenden Arbeitslosigkeit und sinkende Steuereinnahmen führten dazu, dass viele Mitgliedsländer einzelne Maastricht-Kriterien nicht mehr einhalten konnten.

Im Frühjahr 2010 spitzte sich die Lage dramatisch zu, als Griechenland das Ausmaß seiner bis dahin verschleierten Haushaltsdefizite und seines Schuldenstandes nicht mehr verheimlichen konnte. Es wurde deutlich, dass das Land seine Schulden nicht mehr selber bezahlen konnte, die Zinsätze für griechische Staatsanleihen waren auf dem Kapitalmarkt unbezahlbar geworden. Am 23. April 2010 musste Griechenland Finanzhilfen beantragen, um eine Staatsinsolvenz abzuwenden. Mit dieser Offenbarung war das Vertrauen in die Kreditwürdigkeit des Landes zutiefst erschüttert. Banken, Versicherungen und Privatanleger versuchten möglichst schnell, Staatsanleihen von Griechenland, aber auch von Irland und Portugal zu verkaufen, aus Angst, bei einem Staatsbankrott ihr Geld zu verlieren. Neue Staatsanleihen konnten die Länder nur zu sehr hohen Zinsen auflegen, sich also nur zu schlechten Konditionen Geld leihen. Gleichzeitig begannen die Ratingagenturen, die die Kreditwürdigkeit von Unternehmen und Staaten bewerten, die betreffenden Länder herabzustufen, was die Zinsen noch weiter steigen ließ. Dieser Teufelskreis führte nicht nur Griechenland, sondern auch Irland und Portugal an den Rand der Zahlungsunfähigkeit. Damit war klar, dass die Krise den gesamten Euro-Raum betraf und eine Lösung gefunden werden musste, die über die Finanzhilfen für Griechenland hinausging.

Landeszentrale für politische Bildung, Euro-Krise,
www.lpb-bw.de, Abruf am 8.12.2013

Internationaler Währungsfonds (IWF)
Der IWF ist eine Sonderorganisation der Vereinten Nationen. Zu seinen Aufgaben gehören unter anderem die Stabilisierung von Wechselkursen, die Kreditvergabe sowie die Überwachung der Geldpolitik.

Habitatge Digne
katalanisch: menschenwürdiges Wohnen

M4 Folgen der Eurokrise ...

Proteste in Barcelona, Spanien, gegen soziale Kürzungspläne der Regierung im Mai 2013

Proteste in Athen, Griechenland, nach angekündigten Sparmaßnahmen im April 2013

M5 Jugendarbeitslosigkeit in Europa – „Betrogen um die Zukunft"

Auszug aus einem Kommentar von Sybille Haas in der „Süddeutschen Zeitung" vom 24. Mai 2013 über Proteste von Jugendlichen in Europa

Noch nie hatte die junge Generation so viel Grund, sich laut zu melden, wie heute. Nun rächt sich, dass in vielen Ländern an der Bildung gespart wurde, lange bevor die Krise überhaupt da war. Dass es in vielen Ländern keine ordentliche Ausbildung gibt. Dass sich junge Europäer mit Billigjobs durchschlagen, von Befristung zu Befristung oder von Praktikum zu Praktikum hangeln. Und es rächt sich, dass man solche Jobs für normal hält. In Spanien, Griechenland, Portugal und Frankreich gehen die Jungen schon länger auf die Straße. Es sind die Studenten, der vermeintlich privilegierte Nachwuchs, der sich wehrt. Sie verlangen nach guten Jobs, sie wollen Familien gründen und fürs Alter vorsorgen.

Stattdessen werden sie um ihre Zukunft betrogen. Fast überall in Europa ist die Arbeitslosigkeit unter den Jungen weit höher als die Arbeitslosigkeit insgesamt. Tendenz steigend. Jeder vierte junge Europäer ist ohne Job. In Spanien und Griechenland liegt die Quote bei den unter 25-Jährigen sogar bei 60 Prozent. [...] Die Bemühungen und wohlfeilen Worte der Politiker wirken oft hilflos. EU-Arbeitskommissar László Andor spricht von einer „Tragödie für Europa". Wohl wahr. Doch die in Brüssel beschlossene „Jobgarantie" für Jugendliche, die ihnen beim Verlust des Arbeitsplatzes innerhalb von vier Monaten eine neue Stelle bescheren soll, wird vermutlich ein Papiertiger bleiben. Wo sollen die Ausbildungsplätze denn plötzlich herkommen, wenn es bisher gar keine Ausbildung gab? Und was bringt ein schlecht bezahltes Praktikum, wenn es nur wenige Wochen dauert? Das kennt Europas Jugend doch längst. Abgesehen davon sind die sechs Milliarden Euro der EU für das Jugendprogramm ein Tropfen auf den heißen Stein.

Sybille Haas, Betrogen um die Zukunft, Süddeutsche Zeitung, 24.5.2013

M6 Warum gibt es keine gemeinsame europäische Außenpolitik?

Anlässlich des Umstands, dass die EU-Staaten sich im Verlauf des syrischen Bürgerkriegs nicht auf ein gemeinsames Vorgehen gegen den syrischen Diktator Assad einigen konnte, schrieb der SZ-Journalist Martin Winter am 29. Mai 2013 Folgendes:

Dass Paris und London so oft Alleingänge wie in Libyen oder Mali unternehmen oder die anderen Europäer wie in Syrien auf ihre Linie zwingen, liegt freilich nicht nur daran, dass sie in den Deutschen keine Partner finden oder dass es in Sicherheitsfragen in der EU sehr divergierende Interessen gibt - je nachdem, ob man im Osten der Union, in ihrem Süden oder in ihrem Westen lebt und auf welcher Seite des Eisernen Vorhangs man den Kalten Krieg verbracht hat. Sondern es liegt auch an der Schwerfälligkeit europäischer Prozesse. Die libysche Revolution wäre gescheitert und Mali in die Hände von Terroristen gefallen, hätten Franzosen und Briten gewartet, bis die 27 Mitgliedsländer sich auf eine gemeinsame Position verständigt hätten. So gesehen handeln beide auch im Sinne Europas, denn Libyen und Mali waren eine Gefahr für die EU im Ganzen. Die europäische Außenpolitik hat sich aber nicht nur als unfähig erwiesen, schnell und entschieden auf Krisen zu reagieren. Sie hat auch noch keine Antwort darauf gefunden, dass die USA in dem für die Sicherheit Europas so wichtigen Mittleren Osten durch ihre Unentschlossenheit ein gefährliches politisches Vakuum produziert haben. Aber eine EU, die sich monatelang über Sanktionen zerstreitet, um das Waffenembargo dann entnervt fallen zu lassen, hat nicht die Statur, dieses Vakuum zu füllen. Es mag jenen, die von einer gemeinsamen Außenpolitik träumen, nicht gefallen, aber hier versuchen Franzosen und Briten zumindest eine Lücke zu schließen. Ihr Versagen in Libyen und Mali hat die EU noch irgendwie überspielen können. Das Desaster ihrer Syrien-Politik aber kann sie nicht mehr aus der Welt reden. Es ist Zeit, sich nüchtern der Frage zu stellen, was außenpolitisch in der EU gemeinsam geht.

Martin Winter, Hinterbänkler der globalen Politik, Süddeutsche Zeitung, 29.5.2013

Aufgaben

1. Entwerfen Sie eine Tabelle mit den Gründen für und gegen eine Erweiterung der Europäischen Union und diskutieren Sie diese anschließend im Kurs (M 1).
2. Erschließen Sie die Voraussetzungen für einen EU-Beitritt (M 2).
3. Entwerfen Sie ein aussagefähiges Schaubild, das die Entwicklung der europäischen Schuldenkrise darstellt (M 3).
4. Interpretieren Sie die Fotografien, die vor dem Hintergrund der Schuldenkrise entstanden sind (M 4).
5. Erarbeiten Sie in Gruppen die Hintergründe und Folgen der europaweit grassierenden Jugendarbeitslosigkeit bzw. der fehlenden europäischen Außenpolitik (M 5, M 6).

Wissen kompakt

EU-Erweiterung

Dieser Begriff bezeichnet den Beitritt neuer Mitgliedstaaten zur EU, wird oft aber auch synonym für den Aufnahmeprozess von Beitrittsverhandlungen bis zur vollständigen Integration eines neuen Mitglieds nach einer Übergangsphase verwendet. Staaten, die der EU beitreten wollen, müssen dabei die „Kopenhagener Kriterien" erfüllen, die im Jahr 1993 formuliert wurden und bestimmte politische, wirtschaftliche und rechtliche Voraussetzungen betreffen.

Konvergenzkriterien

Im Vertrag von Maastricht wurden Bedingungen festgelegt, die ein Land erfüllen musste (Konvergenz = Annäherung, Übereinstimmung), um der Europäischen Wirtschafts- und Währungsunion beitreten zu dürfen. So durfte dessen Inflationsrate unter anderem nicht mehr als 1,5 Prozentpunkte über der Inflationsrate der drei preisstabilsten Mitgliedstaaten liegen, die jährliche Neuverschuldung 3 % des Bruttoinlandsprodukts nicht überschreiten und die öffentliche Verschuldung maximal 60 % des BIP betragen.

Gemeinsame Außen- und Sicherheitspolitik GASP

Eine gemeinsame Außen- und Sicherheitspolitik aller Mitgliedstaaten war eine der drei EU-Säulen des Vertrags von Maastricht (1992). Ein gemeinsames europäisches Vorgehen auf diesem Gebiet sollte es der EU ermöglichen, bei Krisen und Konflikten schneller zu reagieren, außenpolitisch mit einer Stimme zu sprechen und wirksam eigene internationale Interessen durchzusetzen. 1999 wurde die GASP um die europäische Sicherheits- und Verteidigungspolitik ergänzt und durch den Vertrag von Lissabon (2007) institutionell durch die Schaffung eines Europäischen Auswärtigen Dienstes und das Amt des Hohen Vertreters / der Hohen Vertreterin gestärkt.

Stadien eines möglichen EU-Beitritts

Beitrittsländer sind Staaten, die ihre Beitrittsverhandlungen bereits erfolgreich abgeschlossen und einen Beitrittsvertrag unterzeichnet haben. Ihnen fehlt nur noch die erforderliche Ratifizierung desselben in allen EU-Mitgliedstaaten. Kandidatenländer sind Staaten, die beitreten können, sobald alle Beitrittsverhandlungen erfolgreich abgeschlossen und alle Voraussetzungen erfüllt sind.
Potentielle Kandidaten (oder Bewerberländer) sind Staaten, die beitreten möchten und bei der EU bereits ein offizielles Beitrittsgesuch eingereicht haben. Potentielle Bewerberländer sind Staaten, die eine Mitgliedschaft anstreben wollen bzw. könnten.

Europäische Zentralbank (EZB)

Die Europäische Zentralbank mit Sitz in Frankfurt am Main wurde 1998 gegründet und ist für die Geldpolitik der EU-Mitgliedstaaten verantwortlich. Ihre Hauptaufgabe ist die Erhaltung der Preisstabilität im Euro-Gebiet, weshalb sie oft als „Hüterin der Währung" bezeichnet wird.
Preisstabilität ist nach EZB-Kriterien erreicht, wenn der Anstieg der Verbraucherpreise gegenüber dem Vorjahr unter 2 % liegt. Um die Preisstabilität zu erreichen, beobachtet die EZB die Preisentwicklung (Inflation) und kontrolliert die Geldmenge.
Im Verlauf der europäischen Finanzkrise kaufte sie erstmals – entgegen der Statuten – Staatsanleihen der Schuldenstaaten auf, um zu verhindern, dass diese Länder ihre Schulden nicht mehr bezahlen konnten.

Wissen im Kontext

Nach den Gründerjahren der Europäischen Gemeinschaft erlebte Europa die bislang längste Periode von Frieden und Wohlstand in seiner Geschichte. Doch auch wenn die europäischen Staaten in gutnachbarlicher Beziehung miteinander leben, und die Verdienste der EU durchaus anerkannt werden, gibt es zahlreiche schwierige Herausforderungen, die gemeinsam gelöst werden müssen und deren Bewältigung alles andere als sicher gelten kann.

Vor welchen Herausforderungen steht die Europäische Union?
M 1, M 3 – M 6

Die EU ist nach Meinung vieler Kritiker an der Grenze ihres Aufnahmevermögens angekommen. Sie befürchten die politische Handlungsunfähigkeit der EU, aber auch zu hohe finanzielle Belastungen, sollten über das mittlerweile 28. Mitglied Kroatien hinaus weitere ärmere Staaten aus dem südlichen oder südöstlichen Teil Europas den Mitgliedsstatus anstreben. Befürworter einer auch künftigen Erweiterung der EU verweisen dagegen auf das grundsätzliche Recht jedes europäischen Staates, die Mitgliedschaft anzustreben. Sie betonen die positiven Effekte von notwendigen innerstaatlichen Reformen, die die Kandidaten aufweisen müssen, um den begehrten Zutritt zu erlangen und verweisen auf die sonst negativen Folgen einer Abkehr von Europa.

Soll sich die EU noch mehr erweitern?
M 2

Die größte Herausforderung für die EU ist derzeit die Schuldenkrise, die mittlerweile fast alle europäischen Staaten erfasst hat. Länder wie Griechenland oder Spanien, die allzu lange über ihre finanziellen Verhältnisse gelebt hatten, ohne ernsthaft von der EU trotz eigentlich verbindlicher Kriterien belangt zu werden, gerieten infolge der Finanz- und Wirtschaftskrise 2008/09 immer stärker an den Rand der Zahlungsunfähigkeit und mussten schließlich Finanzhilfen bei der EU beantragen. Weil die Zahl der völlig verschuldeten Länder im Lauf der Zeit immer weiter anstieg, wurden die finanziellen Belastungen für die zahlungsfähigen „Geberländer" immer höher und dies führte dort zu Protesten, genauso wie auf der anderen Seite die „Nehmerländer" sich Eingriffe in die nationale Souveränität verbaten.

Was hat es mit der Schuldenkrise auf sich?
M 3 – M 5

Eine weitere Folge der Finanzkrise ist neben der Zukunftsfähigkeit der verschuldeten Länder vor allem die hohe Arbeitslosigkeit der dortigen Jugend. Hier ist die EU gefordert, mit Bildungs- und Wirtschaftsreformen den künftigen Generationen eine positive Zukunftsperspektive zu ermöglichen. Denn wenn die Jugend in das gemeinsame Projekt Europa kein Vertrauen mehr setzt, droht ein Scheitern und eventuell der Rückfall in altes, antieuropäisches Denken.

Warum ist die Jugendarbeitslosigkeit eine so große Gefahr für Europa?
M 5

Schließlich ist die EU durch die allgegenwärtige Globalisierung (vgl. dazu auch Kapitel 8) den damit verbundenen Problemen und Gefahren wie Ressourcenverknappung, Umweltverschmutzung, Migration, Kriminalität und Terrorismus ausgesetzt. Um diesen erfolgreich begegnen zu können, bedarf es allerdings eines entschlossenen gemeinsamen Auftretens und Handelns der europäischen Politik. Nationale Egoismen und das Beharren auf Sonderwegen ohne Rücksicht auf die europäische Staatengemeinschaft könnten sonst die Idee eines gemeinsamen Europas zerstören.

Weshalb braucht es ein geschlossen handelndes Europa?
M 6

6.5 Die EU – was sind ihre Perspektiven?

Methode

Bilder im digitalen Zeitalter

Seit dem Beginn des digitalen Zeitalters hat die Allgegenwart von technisch und elektronisch erzeugten Bildern erheblich zugenommen. Der moderne Mensch sieht sich ständig umgeben von Bildern aller Art, die Weltbilder vermitteln, Sichtweisen prägen, aber auch die Erinnerung bestimmen, wobei sie natürlich nie die absolute Realität darstellen, sondern stets (gewollt oder ungewollt) subjektiv geprägt sind. Obwohl es zahlreiche Unterschiede gibt zwischen verschiedenen Bildertypen, sind auch viele Gemeinsamkeiten unübersehbar, sodass der nebenstehende Leitfaden helfen kann, Bilder aller Art zu analysieren.

Auswertung von Bildern

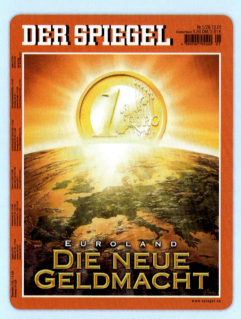

SPIEGEL-Titel vom 29.12.2001

SPIEGEL-Titel vom 28.11.2011

Leitfaden für die Auswertung von Bildern

1. Formale Kennzeichen
Von wem stammt das Bild und zu welchem Anlass ist es entstanden?

2. Bildinhalt
Wen oder was zeigt das Bild, welche Darstellungsmittel wurden verwendet (Bildaufbau, Perspektive, Farbgebung, Symbole)? Ist ein tatsächliches oder ein fiktives Ereignis abgebildet?

3. Historischer Kontext
Welches historische Ereignis, welche Person wird dargestellt? Ist ein historischer Kontext erkennbar?

4. Intention und Wirkung
Für welche Adressaten und welche Verwendung war das Bild vorgesehen, welche Aussageabsicht verfolgt es? Inwiefern unterstützt ein Titel oder Text die Wirkung des Bildes?

5. Bewertung und Fazit
Wie lässt sich Aussage und Wirkung des Bildes bewerten? Welche Aspekte bzw. Informationen fehlen oder sind falsch?

Aufgabe

Analysieren Sie die beiden Spiegel-Titel nach den oben beschriebenen Kriterien und stellen Sie Ihre Ergebnisse vor.

M1 Ulrich Beck und Martin Schulz über die Zukunft der EU

Auszug aus einer Diskussion zwischen dem Soziologen Ulrich Beck und dem Präsident des Europäischen Parlaments Martin Schulz in der „Frankfurter Allgemeinen Zeitung" vom 25.4.2013.

Martin Schulz: Bei der nächsten Europawahl [...] geht es um die Konfrontation mit denjenigen, die Europa zurückdrängen wollen, also den Euroskeptikern oder Antieuropäern. Von denen werden wir in diesem Wahlkampf noch hören.

Ulrich Beck: Es kann sogar sein, dass Euroskeptiker erheblich mehr Macht im Europaparlament gewinnen.

Martin Schulz: Wer auch immer dort antritt, muss sich darüber im Klaren sein, dass die Bürgerinnen und Bürger erwarten, jetzt endlich mal zu Europa gefragt zu werden. Das ist ja bis dato nirgendwo der Fall, obschon das Bedürfnis groß ist. Wenn es also gelingen sollte, die unterschiedlichen Modelle für Europa zur Wahl zu stellen, indem mehrere Kandidaten für die höchste europäische Exekutivfunktion, das Amt des Kommissionspräsidenten, antreten und für ihr Modell werben, dann ist das ein qualitativer politischer Sprung. [...]

Ulrich Beck: Wenn es einem ganz schlechtgeht, tut es gut, Europa einmal mit den Augen der anderen zu sehen. Es ist schon einige Zeit her, da wurden Intellektuelle aus aller Welt, auch ich, vom französischen Präsidenten Sarkozy eingeladen. Und das lief zunächst erwartungsgemäß. Der Außenminister klagte über Europa. Alles geht den Bach runter, nichts läuft mehr. Und dann kam ein Intellektueller nach dem anderen, aus allen Winkeln der Welt, und sagte: Worüber weinen diese Europäer eigentlich? Das ist die einzige Hoffnung, die auf der Welt noch besteht! Also wenn man sich umguckt, der amerikanische Weg hat abgewirtschaftet. China, gut, eine Wirtschaftsmacht, aber was sich dahinter verbirgt, wissen wir noch nicht. Das Überraschende war der Blickwechsel: Die Situation in Europa ist wirklich schlimm – außer man vergleicht sie mit jedem anderen Kontinent und jedem anderen Zeitpunkt in der Geschichte.

Martin Schulz: Meine These ist: Die Renaissance Europas wird nicht aus den Nationalstaaten kommen. Das wäre auch unlogisch. Nationale Identität wirkt stark, wir werden sie nicht aufheben können. Das will ich auch nicht. Aber für nationale Identität können unsere Kinder im 21. Jahrhundert keine Jobs kriegen. Im 21. Jahrhundert wird der globale ökonomische Wettbewerb auch eine Transnationalisierung der Strukturen nach sich ziehen. Deshalb muss Europa additiv zur nationalen Identität hinzukommen. Am Ende stellt sich die Frage: Sind wir eine wertegeleitete Gemeinschaft von Staaten oder eine rein ökonomisch geleitete Staatengemeinschaft?

Ulrich Beck: Wir leben in einem Europa ohne Europäer. Man hat die mögliche Katastrophe Europas aus der Perspektive der Wirtschaft, der politischen Institutionen, der Eliten, der Regierungen, des Rechts analysiert, aber nicht aus der Perspektive des Individuums. Was heißt Europa für den einzelnen Menschen, was bindet den Einzelnen an Europa? Ist es nicht verwunderlich, dass diese Frage nach dem gelebten Europa so gut wie gar nicht vorkommt? Wir haben das abstrakte Haus der europäischen Institutionen, aber die Zimmer dieses Hauses sind menschenleer. Der Irrwitz bei der ganzen Geschichte

Ulrich Beck, deutscher Soziologe, ist emeritierter Professor an der LMU München.

Martin Schulz, SPD, Präsident des Europäischen Parlaments seit 2011, Stand: August 2014 (→ S. 163)

besteht darin, dass das keiner bemerkt.

Was heißt das für die europäische Demokratie?

Ulrich Beck: Wer die Defizite der europäischen Demokratie mit der Frage gleichsetzt, wie die nationalen Parlamente sich zum europäischen Parlament verhalten, oder das Verfassungsgericht zum Europäischen Gerichtshof, klammert die Schlüsselfrage aus: Wie werden nationale Bürger handlungssouveräne Europäer?

Martin Schulz: Die Abwendung von der Idee Europas ist nicht so dramatisch, wie Sie sie dargestellt haben – die Abwendung von der EU hingegen ist sehr dramatisch.

Ulrich Beck: Dieser Unterschied wird aber meistens gar nicht gesehen.

Martin Schulz: Deshalb rate ich auch dazu, dass wir das auseinanderhalten. Menschen wenden sich von der EU ab, weil die Politik, die die EU macht, die Ungleichheiten sozialer Art in Europa vertieft. Aber selbst in Ländern, in denen die Bevölkerung am meisten von der EU profitiert, gibt es eine Abwendung. Deutschland ist das Land, das vom Euro am meisten profitiert, aber es wird der Eindruck vermittelt, es müsse ständig für die anderen zahlen. Und in anderen Ländern hat man den Eindruck, es gebe ein deutsches Diktat. Beides ist objektiv nicht richtig. Was also ist die Idee von Europa? Dass Staaten und Völker sich über Grenzen hinweg gemeinschaftliche Institutionen geben, als Rahmen, um einen fairen Interessenausgleich zu erringen.

In welche Richtung sollten wir also gehen?

Martin Schulz: Die entscheidende Frage ist, ob es uns gelingt, eine Renaissance Europas hinzubekommen, des gemeinschaftsorientierten Europas mit Glaubwürdigkeit für die Bürgerinnen und Bürger. Das entscheidet sich bei der nächsten Europawahl. Wenn es nicht gelingt, Europa neuen Schub zu geben, könnte es ein Auseinanderdriften geben.

Das Interview führte Frank Schirrmacher, Ulrich Beck und Martin Schulz über die Zukunft Europas – mehr Willy Brandt wagen, www.faz.de, 24.5.2013

M2 Wahlbeteiligung bei den EU-Parlamentswahlen 1979 – 2014

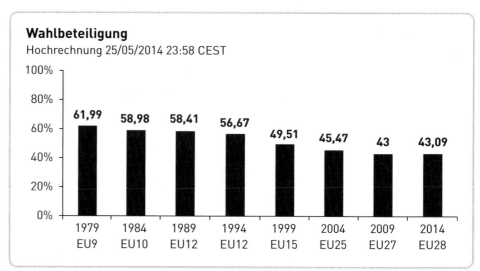

Quelle: TNS/Scytl in Zusammenarbeit mit dem Europaparlament, 2014

6.5 Die EU – was sind ihre Perspektiven?

M3 Welche EU wollen wir? – Integrationskonzepte

Unterschiedliche Entwicklungsstrategien			
Ziele: Wohin?	„Vereinigte Staaten von Europa" *Bundesstaat*	„Europa der Vater-länder" „Europa der Nationen" *Staatenbund*	Politische Union („form follows function", Zielbestimmung ist abhängig von der Entwicklung) *Staatenverbund*
Motive: Warum?	Sicherung von Frieden und Demokratie in Europa erfordert Einschränkungen des nationalstaatlichen Machtanspruchs; Leitbild: die amerikanischen „Federalist Papers"	Sicherung von Frieden und Demokratie in Europa durch Machterhalt und Souveränität der Nationalstaaten; Leitbild: „Balance of Power"	Sicherung von Frieden, Demokratie und Wohlstand in Europa durch fortschreitende Vergemeinschaftung von Politikbereichen
Prozess: Wie?	Schrittweise Föderalisierung durch zunehmenden Verzicht der Staaten auf Souveränität und Unterordnung unter einer gemeinsamen europäischen Verfassung; Supranationale politische Organe entscheiden in zentralen Politikbereichen nach dem Mehrheitsprinzip; Aufrechterhaltung der Vielfalt (Subsidiaritätsprinzip) bei gleichzeitiger Sicherung der europäischen Einheit	Nationalstaaten handeln für den Integrationsprozess relevante Entscheidungen aus, nachdem nationale Entscheidungsprozesse und Interessenbildung erfolgt sind. Es handelt sich also um zwischenstaatliche Kooperationen ohne direkte Übertragung von Hoheitsrechten auf supranationale Institutionen.	Zusammenarbeit von Staaten in spezifischen Politikbereichen; Dadurch entsteht ein kompliziertes Netzwerk institutioneller Kooperation. Supranationale Institutionen gewinnen durch von (bürokratischen) Eliten bewusst zugewiesene Aufgaben immer mehr an Bedeutung, d. h. der einmal angestoßene Integrationsprozess zieht immer weitere Integrationsmaßnahmen nach sich; durch sogenannte „Spillover"-Effekte (Mitnahmeeffekte) und zunehmende Interdependenzen müssen immer mehr Politikbereiche supranational entschieden werden (Sachzwänge). Ein Beispiel dafür ist die wirtschaftliche Integration von der Freihandelszone bis zur gemeinsamen Währung.
Konzepte	Föderalismus	Intergouvernementalismus	Funktionalismus

Hartwig Riedel, Integrationskonzepte – Wege zum Ziel, Die Europäische Union, Bamberg 2013, S. 175

Aufgaben

1. Erarbeiten Sie aus dem Interview die Prognosen für die Zukunft Europas und nehmen Sie dazu Stellung (M 1).
2. Diskutieren Sie mithilfe von M 1 und M 2, inwieweit die Aufstellung eines Spitzenkandidaten der europäischen Parteien mehr Wählerinnen und Wähler zu den Wahlurnen hat kommen lassen.
3. Untersuchen Sie, welche Chancen und Risiken sich für die Mitgliedstaaten der EU und ihre Bürger mit den Integrationskonzepten aus M 3 verbinden lassen.

F Aufgaben 1 – 3
Entwerfen Sie einen neuen Euro-Geldschein mit Motiven zur Festigung bzw. Stärkung des europäischen Bewusstseins. Verfassen Sie anschließend einen Brief an das Europäische Parlament, in dem Sie Ihren Entwurf erläutern.

Wissen kompakt

Zielvorstellungen und Integrationsmethoden der EU

Bezogen auf die Integrationstiefe werden verschiedene Ansätze diskutiert; sowohl das Ziel einer Föderation – mit einer Abgabe von Souveränität an Gemeinschaftsorgane – als auch das Festhalten des gegenwärtigen Integrationsstands oder gar die Rückführung auf eine lediglich wirtschaftlich verbundene Freihandelszone scheinen denkbar.

Für die Vertiefung stehen verschiedene Modelle/Konzepte zur Diskussion:
- Europäischer Bundesstaat
- Europa der Regionen
- Festung Europa
- Staatenbund
- Differenzierte Integration

Europäischer Bundesstaat

Dabei handelt es sich um ein föderales Konzept mit handlungsfähigen und demokratisch legitimierten Institutionen. Grundlage ist eine Verfassung mit einer Zusammenstellung der gemeinsamen Grundwerte. Hauptkritikpunkt an dem Modell ist der Machtverlust der Mitgliedstaaten, der zur Folge hätte, dass diese nicht mehr über wichtige politische Fragen entscheiden könnten.

Europa der Regionen

Zentral ist hierbei das Vorhandensein von starken Regionen, die als dritte Ebene an der Entscheidungsfindung mitwirken. Als Vorteil dieses Modells wird die Bürgernähe genannt. Von Kritikern wird auf die Gefahr der Zersplitterung und der Lähmung des Entscheidungsprozesses durch allzu viele Beteiligte hingewiesen.

Festung Europa

Dieses Gegenbild zu den eher positiv besetzten vorstehend beschriebenen Leitbildern zielt auf die verschärften Kontrollen an den Außengrenzen der EU, Diskussionen über die Wiedereinführung von Grenzkontrollen innerhalb der EU – etwa zwischen Dänemark und Deutschland – sowie auf die restriktive Einwanderungs- und Asylpolitik der EU-Staaten ab.

Staatenbund

Die beherrschende Stellung der Regierungen der Mitgliedstaaten ist das Kennzeichen dieses Modells. Im Vordergrund steht das Bemühen dieser Regierungen, gemeinsame Probleme zwar gemeinsam zu lösen, aber das Letztentscheidungsrecht nicht aus der Hand zu geben. Die Zusammenarbeit ist durch schwerfällige Verfahren gekennzeichnet, da es keine Mehrheitsentscheidungen gibt. Parlamente spielen in diesem Modell nur eine untergeordnete Rolle.

Differenzierte Integration

Dieses Modell ist gekennzeichnet durch mehrere, sich teilweise oder vollständig überlagernde Zusammenschlüsse, die sich um einen föderalen Kern gruppieren. Dieses Modell wird häufig als ein möglicher Ausweg genannt, wenn einzelne zögernde Staaten weitere Integrationsschritte ablehnen. Kritisiert werden allerdings die sehr komplizierten Strukturen durch das Nebeneinander verschiedener Gruppierungen, die jeweils über unterschiedliche Institutionen und Verfahren verfügen.

Wissen im Kontext

Die Zukunft des europäischen Integrationsprozesses und damit auch der Europäischen Union ist völlig offen. Die von Fachleuten entwickelten Szenarien reichen von der Verwirklichung einer politischen Union in Form eines europäischen Nationalstaats über eine eher unverbindliche Zusammenarbeit einzelner Staaten bis zur völligen Auflösung der Union. Wohin die tatsächliche Entwicklung führen wird, wie die Rolle der EU in der Welt sein wird, weiß niemand zu sagen, da sie von vielen unwägbaren Faktoren und politischen Entscheidungen abhängig ist. Wenn etwa der Euro unter der Schuldenkrise zusammenbrechen sollte, wird die EU so wie sie sich zu Anfang der zweiten Dekade des 21. Jahrhunderts präsentiert, nicht überlebensfähig sein. Aber auch die Beantwortung der Frage nach einer fortgesetzten Erweiterung der Union könnte für das Schicksal der EU von entscheidender Bedeutung sein.

Quo vadis, Europa? – Wohin gehst du?
Methode S. 182,
M 1, M 2

Beinahe so alt wie die EG bzw. die EU selbst sind Forderungen nach Reformen an Kopf und Gliedern der EU. Auch wenn die Bürger der Mitgliedstaaten aufgrund zahlreicher Neuerungen im Vertrag von Lissabon ein größeres Mitspracherecht erhalten haben, fehlt der Europäischen Union in vielen Ländern immer noch der Rückhalt in weiten Teilen der Bevölkerung, wie die Wahlbeteiligung zeigt. Gerade im Angesicht der tiefgreifenden europäischen Krise ist dies aber unabdingbar, damit die Bürger der EU-Staaten auch weiterhin ein gemeinsames Europa akzeptieren und Wert schätzen, so dass die Union nicht zerfällt. Deshalb erscheint es vielen Beobachtern unumgänglich, die Demokratisierung der EU und ihrer Organe weiter voranzutreiben, etwa durch die Kür von Spitzenkandidaten für Brüssel oder durch die Direktwahl des Kommissionspräsidenten.
Bei allen Reformvorschlägen muss immer berücksichtigt werden, dass es sich bei der EU um eine weltweit völlig einzigartige Institution handelt. Vorhersagen über ihre Zukunft sind daher kaum möglich.

Welche zukunftsfähigen Reformen gibt es?
M 1, M 2

Besonders wichtig für die weitere Entwicklung der EU ist auch die Einstellung der Jugendlichen zu Europa, denn mit ihrem (Nicht-)Handeln steht und fällt die Zukunftsfähigkeit der EU. Daher ist es dringend notwendig, den europäischen Jugendlichen die Bedeutung und den Wert der EU vor Augen zu führen, aber ohne erhobenen oder mahnenden Zeigefinger. Nur wenn die künftigen Generationen an Europa, dessen Werte und Institutionen glauben und sich dafür einsetzen, wird die Europäische Union eine Zukunft haben und auch weiterhin für Frieden, Freiheit und Sicherheit einstehen können.

Kann die Jugend der EU in die Zukunft verhelfen?
M 3

Kompetenzen anwenden

Vertrauen in die Europäische Union in der Umfrage „Eurobarometer 75" von 2011 (im Auftrag der EU-Kommission)

	Der EU vertrauen eher:
EU 27[1]	41%
Geschlecht	
Männlich	43%
Weiblich	40%
Alter	
15 – 24	53%
25 – 39	43%
40 – 54	39%
55 +	37%
Ende der Ausbildung	
bis 15 Jahre	30%
mit 16 – 19 Jahren	39%
mit 20 + Jahren	49%
studiert noch	57%

Berufliche Situation der Befragten (ausgewählte Gruppen)	
Selbständige	42%
Leitende Angestellte	48%
Arbeiter	38%
Arbeitslose	36%
Befragte, die die Lage der eigenen nationalen Wirtschaft wie folgt einschätzen:	
als gut	51%
als schlecht	37%

[1]Anmerkung: 41% der Befragten in allen 27 EU–Mitgliedstaaten gaben an, der EU eher zu vertrauen. Die zu 100% Fehlenden vertrauen der EU nicht oder machten keine Angaben.

Eurobarometer 75: Umfrage in allen 27 Mitgliedstaaten der EU, veröffentlicht durch die EU-Kommission, August 2011 (http://77ec.europa.eu/public_opinion/archives/eb/eb75/eb75_en.html)

Aufgabe

Analysieren und interpretieren Sie die Statistik und entwickeln Sie Vorschläge, wie das europäische Bewusstsein bei einer der dargestellten Gruppen gestärkt werden kann. Wählen Sie hierfür eine aussagekräftige Gruppe als Beispiel aus.

Nach: Kultusministerium Bayern, Abiturprüfung 2012, Sozialkunde, Bayern 2012

Tipps zur Bearbeitung der Aufgabe

Grundlegende Erkenntnisse (= Analyse):

Es gilt darzustellen, welche Ergebnisse vorliegen hinsichtlich ...

- des Vertrauens in die Europäische Union
- der Unterschiede bei den Altersgruppen
- der Unterschiede bei Bildungsabschlüssen
- der Unterschiede bei der nationalen Wirtschaftslage

Gründe für die jeweilige Beurteilung der EU (= Interpretation):

Nun sind die dargestellten Ergebnisse zu interpretieren, indem sie u. a. erklärt und in einen Kontext eingeordnet werden.

- Jüngere Menschen mit höherem Bildungsgrad haben sich ..., weil ...
- Vor allem ältere und schlechter ausgebildete Arbeitnehmer sowie Arbeitslose ..., weil ...

Vorschläge zur Stärkung des europäischen Bewusstseins:

Nach der Interpretation erfolgen Vorschläge, die gefundenen Ergebnisse entweder zu stabilisieren oder zu verändern.

- Da das Vertrauen in die EU bei der Altersgruppe der über 55-Jährigen ...
- Zum einen sollte der Informationsgrad über Organisation und Strukturen der EU ...
- Zudem müsste das Bildungsprogramm auf europäischer Ebene ...
- Eine weitere Möglichkeit bestünde darin, über EU-Gelder ...
- Schließlich erscheint es zentral, ...

Hinweis

Weitere Tipps und Hilfen zur Beantwortung der Aufgabe finden Sie ab S. 264.

Ein UN-Soldat verteilt Wasser an Flutopfer in Haiti am 26.9.2004.
dpa, Orlando Barria, 2004

„Friedenstaube" an einer Hauswand in Bethlehem
Reuters Pictures, Ammar Award, 2007

Französische UN-Soldaten bei einem militärischen Einsatz im Südlibanon im Rahmen des UNFIL-Mandats (United Nations Interim Force in Lebanon) am 16.8.2008
dpa, Hassan Bahsoun, 2008

7

Frieden und Sicherheit als Aufgabe der internationalen Politik

Das Ende des Kalten Krieges weckte auf der ganzen Welt die Hoffnung, dass damit ein Zeitalter der Kriege, Konflikte und Bedrohungen zu Ende geht. Dauerhafter Frieden weltweit schien möglich und greifbar nahe. Diese Hoffnung musste inzwischen der ernüchternden Erkenntnis Platz machen, dass Frieden und Sicherheit immer noch bedroht sind – vielleicht stärker als jemals zuvor. Neue Herausforderungen und Risiken, die angesichts der Blockkonstellation im Kalten Krieg verdrängt und unterdrückt wurden, setzen die internationale Staatengemeinschaft unter Druck. Was bedeuten diese Krisen für uns und die Staatengemeinschaft? Gibt es jetzt mehr Konflikte als früher? Und was kann dagegen getan werden? Kann und sollte man sich überhaupt in die Angelegenheiten eines Staates einmischen? Und wer sollte die Verantwortung dafür übernehmen?

Am Ende des Kapitels sollten Sie Folgendes können:
- derzeitige Probleme der internationalen Staatenwelt darstellen
- den Status „Frieden" in Abgrenzung von Krieg analysieren
- internationale Akteure und die Voraussetzungen für ihren Einsatz in der Welt erklären
- Herausforderungen multinationaler Einsätze analysieren
- präventives Vorgehen, um Frieden und Sicherheit herzustellen, beurteilen

Was Sie schon wissen ...

1. Beschreiben Sie die Tätigkeiten der UN-Soldaten im oberen und unteren Bild auf der linken Seite und beziehen Sie sie auf das mittlere Bild.
2. Nationalstaaten müssen für Frieden und Sicherheit in ihrem Land sorgen. Welche Bedürfnisse muss ein Staat garantieren können, damit sich die Bevölkerung eines Landes sicher fühlt?

7.1 Globale Herausforderungen und Gefahren

M1 Terrorismus im 21. Jahrhundert

Angriff auf das World-Trade-Center am 11.9.2001 in New York – ein terroristischer Akt

Terrorismus

Bisher gibt es keine weltweite Definition von „Terrorismus". Die verschiedenen Ansätze in Wissenschaft und Praxis können allerdings zu einer kompakten Beschreibung des Phänomens zusammengefasst werden. Der Begriff „Terrorismus" bezeichnet demnach eine andauernde und geplante Gewaltanwendung mit politischer Zielsetzung, um mit terroristischen Methoden das Verhalten des Gegners zu beeinflussen.

Internationaler Terrorismus

Von „Internationalem Terrorismus" wird dann gesprochen, wenn die Ziele, Begründungen und Aktionsräume der Terroristen sich nicht nur auf eine Region bzw. ein Land beziehen. Sehr wichtig bei der Analyse des Phänomens „Internationaler Terrorismus" ist, dass nicht, wie es häufig geschieht, Methoden und Ziele der politischen Gewalt miteinander vermischt werden. Der Begriff „Terrorismus" bezeichnet ausschließlich illegale und menschenverachtende Handlungsmethoden, trifft aber keinerlei Aussage über die Legitimität oder Verständlichkeit der angestrebten Ziele. [...]

Dschihad und Dschihadismus

Die Weltreligion Islam darf nicht mit Islamismus oder Dschihadismus gleichgesetzt werden, denn sie wird von diesen sektenartigen Minderheitsströmungen zur Legitimierung von Gewalt missbraucht. Der Islamismus entwickelte sich als totalitäre politische Ideologie im zeitgenössischen Islam. [...] Der Glaubensbegriff des Dschihads [...] wird oft falsch als „Heiliger Krieg" übersetzt. Vielmehr bedeutet er „Bemühung, Anstrengung, Streben".

Kai Hirschmann, Internationaler Terrorismus, in: Sicherheitspolitik im 21. Jahrhundert, Informationen zur politischen Bildung; Nr. 291/2006, S. 24 ff.

M2 Flüchtlinge – weltweit

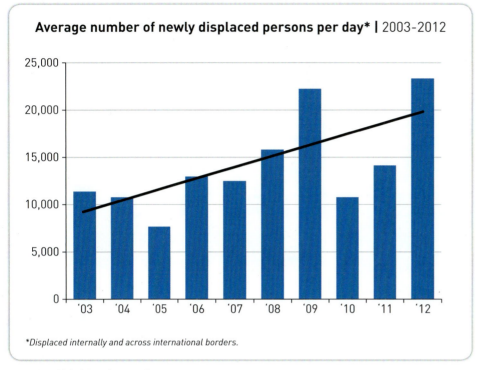

UNHCR, Global Trends 2012, S. 6

M3 Flüchtlinge – nach Staaten aufgeteilt

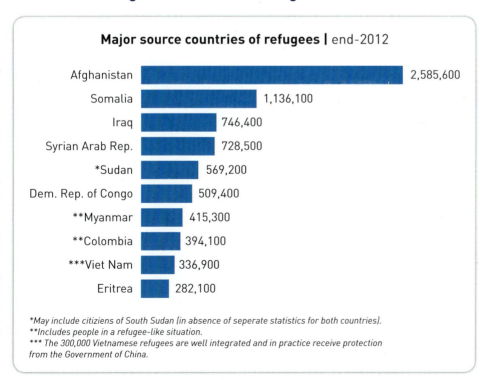

UNHCR Global Trends 2012, S. 13

M4 Gefahren durch den Klimawandel

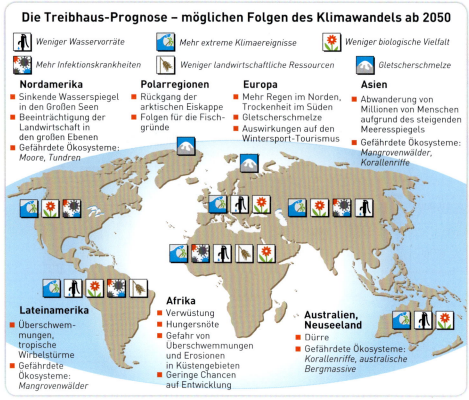

Globus-Grafik 1574; Quelle: IPPC, EU-Kommission, 2008

Staatsversagen und Staatszerfall

Das Phänomen oft schleichender Übergänge von einem Friedenszustand in einen (meist inneren) Kriegszustand eines Staates wird in der neueren Konfliktforschung mit den Begriffen schwacher Staat (fragiler Staat), Staatsversagen, Staatszerfall und gescheiterter Staat (failed state) beschrieben. Diese Begriffe markieren verschiedene Stadien eines Staates, in denen bestimmte Aufgaben gegenüber den Bürgern (Sicherheit, Wohlfahrt, Legitimität/Rechtsstaatlichkeit) in unzureichendem Maße bzw. nicht mehr erfüllt werden. Als Beispiele zerfallender Staaten gelten Afghanistan, Haiti und Somalia.

M5 Staatsversagen am Beispiel Mexikos

Es war kein gutes Jahr für Felipe Calderón. Im fünften Amtsjahr des mexikanischen Präsidenten tobt der Drogenkrieg mit unverminderter Härte. Vergangenes Jahr fielen dem Morden der Mafias 12.359 Menschen zum Opfer, fast 800 mehr als 2010. Mexikos Militärs stehen am Pranger, seit Human Rights Watch den Soldaten massive Menschenrechtsverletzungen in diesem Krieg vorwirft. [...] Aber die größte Sorge bereitet dem konservativen Staatsoberhaupt, dass der Arm seiner Regierung kürzer wird. Seit Calderón Ende 2006 mit Zehntausenden Soldaten und Bundespolizisten in die Offensive ging, seien die Machtbereiche der Kartelle nicht kleiner geworden, urteilen Experten. Im Gegenteil – die Kartelle hätten sich atomisiert. „Die Gebiete, in denen der Staat das Gewaltmonopol verloren hat, haben sich ausgedehnt", sagt Günther Maihold, Inhaber des Humboldt-Lehrstuhls an der Hochschule Colegio de México. „Zonen der Unregierbarkeit", nennt Edgardo Buscaglia, Experte für Organisierte Kriminalität, solche Gebiete, die es vor allem in den nördlichen Bundesstaaten Sinaloa und Tamaulipas gibt [...]. „Aber selbst in einigen Regionen in Südmexiko [...] ist der Staat völlig abwesend und kann Leben und Eigentum der Bürger nicht verteidigen", sagt der Leiter des International Law and Economic Development Centre in Mexiko und den USA.

Klaus Ehringfeld, Drogenkrieg in Mexiko, Frankfurter Rundschau, 10.1.2012, S. 8 f.

M6 Kriege in der Welt

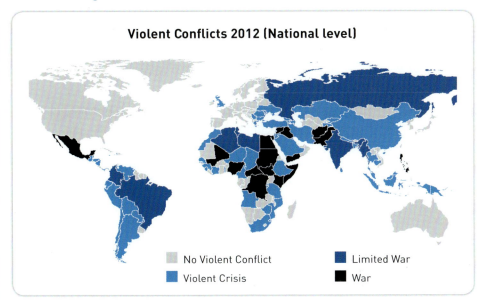

Grafik: HIIK, 2013

Das Heidelberger Institut für Internationale Konfliktforschung (HIIK) […] hat mit dem „Conflict Barometer 2012" seine Daten und Analysen zum weltweiten Konfliktgeschehen des vergangenen Jahres veröffentlicht. Unter den insgesamt 396 beobachteten Konflikten [sind] 43 hochgewaltsame Konflikte, also Auseinandersetzungen, die sich durch massiven Einsatz organisierter Gewalt auszeichnen und gravierende Folgen nach sich ziehen. 18 dieser Konflikte erreichen die höchste Intensitätsstufe und lassen sich somit als Kriege bezeichnen […]. Während 17 dieser Auseinandersetzungen innerstaatliche Kriege sind, wird mit dem Krieg zwischen dem Sudan und Süd-Sudan erstmals seit 2008 auch wieder ein Krieg zwischen zwei Staaten ausgetragen. […] Auch wenn die Gesamtzahl der Kriege 2012 im Vergleich zum Vorjahr leicht abgenommen hat, ist Frieden weiterhin nicht in Sicht, so das HIIK.

Nach: © Copyright Universität Heidelberg, 18 Kriege in 15 Staaten, www.uni-heidelberg.de, 21.2.2103

Heidelberger Institut für Internationale Konfliktforschung (HIIK)

Das Heidelberger Institut für Internationale Konfliktforschung widmet sich seit 1991 der Erforschung, Dokumentation und Auswertung innerstaatlicher und internationaler politischer Konflikte weltweit. Der vor allem von Studierenden und Doktoranden betriebene Verein hat derzeit rund 130 Mitglieder, die sich zumeist neben ihrem Studium für das HIIK engagieren. Das jährlich erscheinende „Conflict Barometer" gibt einen Überblick über die aktuelle Entwicklung gewaltsamer und nichtgewaltsamer Konflikte.

Aufgaben

1. Bearbeiten Sie die Materialien M 1 – M 6 in Gruppenarbeit. Erläutern Sie, worin jeweils die Herausforderungen für die internationale Staatenwelt liegen. Stellen Sie anschließend Ihre Ergebnisse vor.
2. Legen Sie dar, warum eine Lösung der Probleme in M 1 – M 6 in erster Linie auf internationaler Ebene gesucht werden muss.
3. Entwickeln Sie anhand eines ausgewählten Problems (M 1 – M 6) einen generellen Fragenkatalog, mit dessen Hilfe sich Themen und Probleme internationaler Politik erschließen lassen. Berücksichtigen Sie dabei auch die einsetzbaren Machtmittel, den rechtlichen Kontext und die Sicherung eventueller Verhandlungsergebnisse.

F Aufgabe 1
Recherchieren Sie (ausgehend von M 1 – M 6) weitere gravierende Friedensbedrohungen für die internationale Staatengemeinschaft.

F Aufgaben 1 – 3
Recherchieren Sie aktuelle Krisen und stellen Sie diese in einem Kurzreferat vor.

Wissen kompakt

Bipolar – Multipolar

Vor dem Ende des Ost-West-Konflikts hat man von einer klar bipolar organisierten Weltordnung gesprochen: Die beiden Supermächte USA und Russland (bis 1992 UdSSR) standen in direkter Konfrontation zueinander. Diese Konfrontation führte zur Gründung der NATO und des Warschauer Paktes, um ihre jeweiligen Einflusssphären zu sichern. Inzwischen ist die Weltordnung multipolar ausgerichtet. Es gibt mehrere Machtzentren, die wirtschaftlich, politisch und auch militärisch stark an Bedeutung gewonnen haben.

Internationale Sicherheit

Darunter sind sämtliche zwischenstaatliche Maßnahmen (militärische, politische und wirtschaftliche) zu verstehen, die die Sicherheit aller Mitglieder des internationalen Systems gewährleisten. Ein weiteres Ziel ist, den Frieden zu wahren, wiederherzustellen oder aufrecht zu erhalten. Die Akteure in dem Geflecht internationaler Sicherheit können Staaten, internationale Organisationen, Unternehmen, Nichtregierungsorganisationen oder substaatliche (nicht-staatliche, gesellschaftliche) Einheiten sein.

Internationaler Terrorismus

Mithilfe von Terroristen können Staaten oder andere internationale Akteure anderen Staaten massiven Schaden zufügen, ohne ihnen tatsächlich den Krieg zu erklären. Flugzeugentführungen, Bombardierungen von öffentlichen Gebäuden und Geiselnahmen sind nur einige Beispiele für terroristische Aktionen. Der internationale Terrorismus hat mit dem Angriff auf das World Trade Center in New York im Jahre 2001 eine neue Dimension erfahren. Seit dieser Zeit führen die USA Krieg gegen das international agierende Terrornetzwerk Al Qaida, das sich zu den Anschlägen in New York bekannt hatte. Manifestiert hat sich dieser im Kampf gegen das Taliban-Regime in Afghanistan, das offen dieses Netzwerk unterstützt hat.

Flüchtlinge

Menschen verlassen aufgrund von internen oder zwischenstaatlichen Konflikten, Gewalt, Verfolgung oder Menschenrechtsverletzungen ihre Heimat, um in einem anderen Land Schutz und bessere Lebensverhältnisse zu finden. Mehr als die Hälfte aller Flüchtlinge weltweit kommen aus Afghanistan, Somalia, dem Irak, Syrien und dem Sudan. Die Hauptaufnahmeländer im Jahr 2012 waren Pakistan (1,6 Millionen), Iran (868.200), Deutschland (589.700) und Kenia (565.000). Im Jahre 2012 nahmen Entwicklungsländer 80% der Flüchtlinge weltweit auf, so die Daten der UN-Flüchtlingskommission für das Jahr 2012. Die Unterbringung von Massen an Menschen in Flüchtlingslagern erfolgt zum Teil unter menschenunwürdigen Verhältnissen.

Umweltflüchtlinge

Die Belastungen des ökologischen Gleichgewichts durch die Verseuchung von Flüssen und Seen mit industriellem Abfall, die Vergiftung ganzer Fischbestände, die Rodung von Wäldern für die landwirtschaftliche Nutzung und die daraus resultierende Ausbeutung und Austrocknung des Bodens führen zu steigenden Zahlen an Umweltflüchtlingen.

Innerstaatliche Konflikte

Staaten müssen ihren Bürgern ein Leben in Sicherheit und Wohlstand garantieren können. Ist das nicht möglich, weil Konflikte zwischen unterschiedlichen gesellschaftlichen Gruppen nicht beseitigt werden können, weil man Naturkatastrophen nicht adäquat begegnen kann oder weil ein korruptes Regime die Belange des Staates regelt, so kann das zu Unruhen oder sogar bürgerkriegsähnlichen Zuständen führen, die in der Regel auch die benachbarten Staaten betreffen (Flüchtlingsströme).

Wissen im Kontext

In unserer jüngsten Geschichte haben oft innerstaatliche Probleme, der internationale Terrorismus oder auch Naturkatastrophen zu internationalen Konflikten geführt. Die betroffenen Staaten können die Probleme in der Regel nicht alleine bewältigen, z. B. wegen finanzieller Überforderung beim Wiederaufbau des Landes, Flüchtlingsströmen in benachbarte Staaten, der Ausbildung der Polizei, mangelnder demokratischer Erfahrung. Oder Staaten wenden Maßnahmen an, die von der internationalen Staatengemeinschaft nicht akzeptiert werden, weil sie den international geltenden Normen (vgl. UN-Charta) nicht entsprechen: gewaltsame Niederschlagung von Demonstranten, Folter von politischen Gegnern.

Was genau sind internationale Konflikte?
M 1

Folgende Organisationen werden bei internationalen Konflikten aktiv:

Internationale Regierungsorganisationen

Das sind Zusammenschlüsse von Staaten mit eigenen Organisationen zur Bearbeitung spezieller zugewiesener Aufgaben (politisch, wirtschaftlich, militärisch oder sozial). Sie besitzen aber keine Souveränitätsrechte über ihre Mitglieder (Beispiele: Vereinte Nationen, Weltbank, NATO, OSZE).

Transnationale nichtstaatliche Organisationen

Darunter fasst man zivilgesellschaftliche Organisationen zusammen, die über Ländergrenzen hinweg, oftmals auf private Initiative hin agieren und ganz unterschiedliche Zielsetzungen verfolgen politisch, sozial, humanitär, ökologisch, ökonomisch. (Beispiele: Amnesty international, Attac, Ärzte für die Dritte Welt, Greenpeace, Brot für die Welt).

Supranationale Organisationen

Dabei handelt es sich um überstaatliche Zusammenschlüsse mit eigenen institutionellen Strukturen und Organen, die für ihre Mitglieder verbindliche Beschlüsse fassen können. Dazu werden von den Mitgliedstaaten bestimmte Souveränitätsrechte übertragen (Beispiel: Europäische Union).

Welche Akteure können zur Lösung von internationalen Konflikten beitragen?
M 1 – M 6

Bei zwischenstaatlichen oder innerstaatlichen Krisen werden zunächst diplomatische Lösungen (Gespräche) gesucht. Erst wenn diese Maßnahmen keine Wirkung zeigen, wird durch die Androhung von politischen und/oder wirtschaftlichen Sanktionen (z. B. Abzug von Diplomaten, Aussetzung von Entwicklungshilfen und Handelsbeziehungen) verstärkt Druck aufgebaut. Wenn dies keine Wirkung zeigt, wird mit militärischem Vorgehen gedroht.

Bei anderen Problemen entscheiden sich manche Staaten zu Abkommen, die alle Beteiligten an ein bestimmtes Verhalten binden. So z. B. das 2005 im Rahmen der UN in Kraft getretene Kyoto-Protokoll, das die beteiligten Staaten zur Reduzierung ihres Ausstoßes von Treibhausgasen anhalten soll. Bei Verstößen werden Staaten beispielsweise mit finanziellen Sanktionen bestraft, die aber von reichen Industriestaaten besser zu verkraften sind als von Staaten, die ihren industriellen Aufschwung gerade erst erleben.

Wie können diese Probleme und Krisen gelöst werden?

7.2 Krieg und Frieden

M1 Cyberwar

Krieg
Als klassischen Krieg bezeichnet man üblicherweise militärische Auseinandersetzungen zwischen Staaten.

Informationskriege (information warfare)
Zukünftig werden verstärkt Daten und Netzwerke bei Konflikten Angriffsziele sein: die Unterbrechung elektronischer Verkehrsleitsysteme durch eine bewusste Störung öffentlicher Informationsnetze kann unter Umständen größere Konsequenzen haben als die gewaltsame Zerstörung von Bahngleisen, Flughäfen oder Straßen durch Bomben. Vor allem fremde Nachrichtendienste, militärische Aufklärung, internationale Wirtschaftskriminalität und politisch motivierter Terrorismus werden sich dieser Instrumente bedienen. Ein bekanntes Beispiel für einen „Informationskrieg" ist der Anschlag auf iranische Computer im Jahr 2012 durch den Computerwurm „Stuxnet".

Karikatur: Kevin Kallaugher, 2013

M2 Das automatisierte Töten

Bagdad, 2004: Ein Kommando des Explosive Ordnance Disposal (EOD) [Kampfmittelbeseitigung] der U. S. Army soll eine Bombe entschärfen. Die Soldaten in Schutzkleidung überspielen ihre Anspannung mit Humor. Witze fliegen hin und her. Sergeant Matt Thompson nähert sich als Erster dem Sprengsatz. Genau in diesem Moment drücken die versteckten Bombenleger die Fernzündung. Die Detonation zerreißt den Sergeant.

So beginnt der Film Hurt Locker, im März mit sechs Oscars ausgezeichnet. Derselbe Krieg, ähnliche Szene – diesmal in der wirklichen Welt: Wieder rückt ein EOD-Kommando aus. Scooby Doo nennen die Kameraden denjenigen, der sich an die Mine pirscht. Er rollt. Scooby Doo ist ein PackBot, ein Raupenfahrzeug mit putzig aufragendem Kamerakopf. Als er seinen Greifer an die Bombe legt, geht sie hoch. Scooby Doo ist Schrott. Die Soldaten laden ihn in eine Kiste und schicken ihn heim nach Boston, zu seinem Hersteller. Der Kommandant tippt eine E-Mail: »Wenn ein Roboter stirbt, muss ich keinen Brief an seine Mutter schreiben.«

Der Unterschied zwischen Film und Wirklichkeit: ein Menschenleben. Das ist das beste Argument für die Umwälzung, die sich gerade in der Militärtechnik vollzieht. Als die US-Streitkräfte 2003 den Irak besetzten, hatten sie keinen einzigen Roboter dabei. Heute rollen, fliegen und schwimmen mehr als 20.000 Blechkameraden unter ihrem Kommando. Aber sie entschärfen nicht nur Bomben, sie feuern auch welche ab.

Tobias Hürter, Das automatisierte Töten, www.zeit.de, 1.7.2010

M3 Das veränderte Gesicht innerstaatlicher Konflikte

„Neue Kriege" werden primär aufgrund wirtschaftlicher Ziele begonnen; das Handeln der Akteure wird nicht durch eine Ideologie angeleitet. Charakteristisch für „neue Kriege" ist die Figur des Kriegsfürsten bzw. Gewaltunternehmers (Warlord), der sich als lokaler Herrscher etabliert, um daraus ökonomischen Vorteil zu ziehen. [...] Charakteristisch für „neue Kriege" sind auch die Verbreitung von Kleinwaffen und das Auftreten privater Gewaltakteure. [...] Ein wichtiger Unterschied gegenüber früheren Konflikten besteht darin, wie sich Rebellengruppen mittlerweile finanzieren. Konnten sie während des Ost-West-Konflikts noch darauf hoffen, durch einen der beiden Blöcke Unterstützung für ihren Kampf zu erhalten, sind sie heute darauf angewiesen, die Mittel zur Fortsetzung ihres Kampfes selbst zu erwirtschaften. Sie tun das zumeist durch Handel mit Konfliktgütern: Diamanten, Drogen, Öl, Edelhölzer, Mineralien, etc. [...] In vielen Kriegen sind auch staatliche Akteure an derartigen Praktiken beteiligt. Unter Umständen können so mehr oder weniger alle Konfliktparteien ein ökonomisches Interesse an der Fortsetzung des Konfliktes entwickeln, so dass sich dieser verstetigt. [...] Die „neuen Kriege" sind nicht zuletzt durch einen Wandel der militärischen Taktik gekennzeichnet: Anstelle offener Feldschlachten wenden die Kriegsparteien Techniken des Guerilla- oder Partisanenkampfes an. Ein Mittel dieser „asymmetrischen Kriegsführung" ist Terrorismus. Dabei handelt es sich meist um Gewalt gegen ausgewählte militärische und infrastrukturelle Ziele oder gegen Zivilisten zum Zweck der Einschüchterung der Bevölkerung und der Beeinflussung der Politik der Gegenpartei.

Daniel Lambach, Das veränderte Gesicht innerstaatlicher Konflikte: „Neue Kriege", Gewaltökonomien und Terrorismus, in: Dossier: Innerstaatliche Konflikte, www.bpb.de, 15.2.2007

M4 Definition von „Frieden"

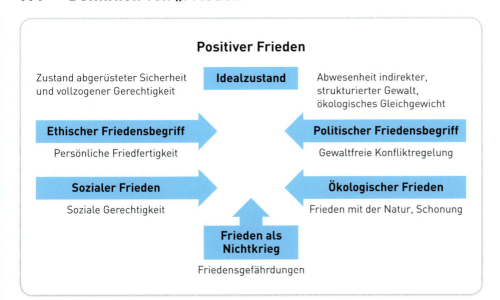

Nach: ISB (Hg.), Handreichung für den Sozialkundeunterricht am Gymnasium, Donauwörth 1993, S. 147

Negativer Frieden
Frieden wird definiert als Abwesenheit von personaler und struktureller Gewalt. Während ersteres als „negativer Frieden" definiert wird, stellt die Abwesenheit von struktureller Gewalt den „positiven Frieden" dar.

M5 Strukturelle Gewalt – was genau ist das?

Den Typ von Gewalt, bei dem es einen Akteur gibt, bezeichnen wir als personale oder direkte Gewalt; die Gewalt ohne einen Akteur als strukturelle oder indirekte Gewalt. In beiden Fällen können Individuen im doppelten Sinne der Wörter getötet oder verstümmelt, geschlagen oder verletzt und durch den strategischen Einsatz von Zuckerbrot und Peitsche manipuliert werden. Aber während diese Konsequenz im ersten Fall auf konkrete Personen als Akteure zurückzuführen sind, ist das im zweiten Fall unmöglich geworden: hier tritt niemand in Erscheinung, der einem anderen direkt Schaden zufügen könnte; die Gewalt ist in das System eingebaut und äußert sich in ungleichen Machtverhältnissen und folglich in ungleichen Lebenschancen. [...]

Wenn also im 18. Jahrhundert ein Mensch an Tuberkulose starb, wird das schwerlich als Gewalt auszulegen sein, da es wohl kaum zu vermeiden gewesen sein dürfte; wenn er aber heute, trotz aller medizinischen Hilfsmittel der Welt, daran stirbt, dann haben wir es nach unserer Definition mit Gewalt zu tun. [...]

Wenn eine Person eine andere tötet, oder, spezieller, wenn eine Gruppe von Personen eine andere angreift, dann sind dies klare Fälle von direkter Gewalt. Was aber, wenn die Sozialstruktur – in und zwischen Nationen – derart ist, dass manche Menschen ein volles, erfülltes, langes, schöpferisches Leben mit einem hohen Maß an Selbstverwirklichung führen können, während andere infolge schlechter Ernährung, Proteinmangels, unzureichender medizinischer ärztlicher Versorgung, fehlender geistiger Anregung aller Art usw. langsam getötet werden? Dieser Gedankengang führt zu der Unterscheidung zwischen direkter und struktureller Gewalt, zwischen Gewalt, die von konkreten Personen ausgeht, welche sich in zerstörerischer Weise gegen andere Personen vergehen, und Gewalt, die in die Sozialstruktur eingebaut ist.

Johann Galtung, Strukturelle Gewalt. Beiträge zur Friedens- und Konfliktforschung, Übersetzung von Hedda Wagner, Rowohlt Taschenbuch Verlag GmbH, Reinbeck bei Hamburg, 1984

M6 Gewandelter / erweiterter Sicherheitsbegriff

Sicherheitspolitik hat klassischerweise die Aufgabe, die politische und territoriale Integrität eines Staates aufrechtzuerhalten. Dies bedeutet, dass der Staat u. a. mit Hilfe der Aufstellung, Ausstattung und Unterhaltung militärischer Streitkräfte, dem Anschluss von Verträgen oder Bündnissen und Entspannungs- und Abrüstungsmaßnahmen den Schutz des Territoriums und der politischen und sozialen Interessen seiner Bürger vor Bedrohung von außen gewährleisten muss. So verstanden impliziert Sicherheitspolitik auch den Schutz lebenswichtiger wirtschaftlicher oder politischer Interessen, deren Verletzung fundamentale Werte und Überleben einer Nation bedroht, wobei es zum Schutz der Sicherheit mehrere Instrumente gibt, von denen Streitkräfte nur eines sind.

Es gehört inzwischen zum politikwissenschaftlichen Allgemeingut, dass sich der Sicherheitsbegriff gewandelt hat. Dieser Wandel vollzieht sich in mindestens vierfacher Hinsicht:

7.2 Krieg und Frieden

Erstens haben ökonomische Verflechtung und militärische Entwicklungen dazu geführt, dass die klassische Definition von Sicherheit [...] durch einen räumlich und inhaltlich weiter gefassten Sicherheitsbegriff abgelöst wurde. [...] Zum einen geht es nicht mehr nur um die Sicherheit von Staaten, sondern auch um die Schutzverantwortung für einzelne Personen (responsibility to protect) [...]. Zum anderen ist der Ort, von dem militärische Gefahren ausgehen, schwerer zu bestimmen. Letztlich bedeutet dies, dass der Sicherheitsbegriff zunehmend entterritorialisiert wird, d.h. er wird funktional und nicht geographisch verstanden: Nicht der geographische Raum, sondern die Gefahr bestimmt die Aufgaben und die dafür erforderlichen Fähigkeiten. [...]

Zweitens wird Sicherheit nicht mehr in erster Linie als militärisches Problem wahrgenommen, sondern es wird im Rahmen eines mehrdimensionalen Sicherheitsbegriffs von einem sicherheitspolitischen Gesamtkonzept ausgegangen, bei dem Außen-, Wirtschafts-, Finanz-, Umwelt-, Entwicklungs- und Sicherheitspolitik wechselseitig optimiert werden.

Ein neuer Sicherheitsbegriff ...

Drittens wird damit die klassische Definition als Schutz vor äußerer Bedrohung relativiert. [...] Ein Einzelaspekt dabei ist auch das Verschwimmen von innerer und äußerer Sicherheit und das Aufweichen der Grenze zwischen Kriminalität und Krieg. [...]

Viertens geht es um die grundsätzliche Rolle von Streitkräften in der Politik. Bei den neuen Einsatzformen vermischen sich einerseits traditionelle Rollen der Soldaten in Richtung einer Verquickung militärischer mit polizeilichen und zivilen Verwaltungsfunktionen. Neben der Entsendung von Stabilisierungsstreitkräften, die darauf ausgerichtet sind, Gewalt zwischen Konfliktparteien einzudämmen und zeitweise am Wiederaufbau staatlicher Ordnungsstrukturen mitzuwirken, bleiben aber andererseits Aufgaben wie Abschreckung und Kriegsführung bestehen.

Johannes Varwick, Einleitung, in: Sicherheitspolitik, Wochenschauverlag 2009/2, S. 6 f.

Aufgaben

1. Werten Sie die Karikatur (M 1) aus. Berücksichtigen Sie dabei auch den Aspekt der Kriegsführung der Zukunft.

2. Charakterisieren Sie die „neuen Kriege" und leiten Sie davon Konsequenzen für die Innen- und Außenpolitik von Staaten ab (Randspalte S. 198, M 1 – M 3).

3. Wählen Sie ein Land des „Arabischen Frühlings" und stellen Sie fest, in welchem Stadium des Friedensprozesses sich das entsprechende Land befindet (M 3 – M 4).

4. Schildern Sie anhand von Beispielen den Unterschied zwischen struktureller und direkter Gewalt und begründen Sie die Notwendigkeit eines so verstandenen Gewaltbegriffs (M 5).

5. Skizzieren und beurteilen Sie den erweiterten Sicherheitsbegriff (M 6).

Wissen kompakt

Informationskriege / Cyberwar

Mit all den Chancen und Möglichkeiten, die uns das Informationszeitalter gebracht hat, geht leider auch die Problematik der gestiegenen Anfälligkeit dieser Systeme einher. Computergestützte Angriffe auf ein Land ersetzen militärische Angriffe oder unterstützen diese maßgeblich. Eingriffe in Verkehrsleitsysteme oder Kontroll- und Regulierungssysteme von Atomkraftwerken können selten durch Frühwarnsysteme bemerkt werden. Solche Aktionen können nicht an den Grenzen eines Staates aufgehalten und in der Regel auch nicht konsequent zurückverfolgt werden.

Klassische Kriege ↔ neue Kriege

Klassische Kriege wurden bisher militärische Auseinandersetzungen zwischen Staaten genannt. Die sogenannten „neuen / asymmetrischen Kriege" sind transnationale Konflikte, in denen vor allem substaatliche (nicht-staatliche) Akteure eine entscheidende Rolle spielen. Nicht die Regierungen zweier oder mehrerer Staaten kämpfen dabei gegeneinander, sondern sogenannte Warlords (regionale Kriegsfürsten) und deren Rebellengruppen, die wegen ihrer wirtschaftlichen Beziehungen über die eigenen Ländergrenzen hinweg tätig sind. Diesen Gruppierungen geht es primär um wirtschaftlichen Profit. Sie sind aktiv an der Aufrechthaltung von kriegerischen Auseinandersetzungen beteiligt, egal wie viele Zivilisten dabei sterben.

direkte ↔ strukturelle Gewalt

Direkte Gewalt geht direkt von einer Person oder einer Gruppe von Menschen aus und kann deshalb konkret zugeordnet werden. Strukturelle Gewalt sind z. B. ungleiche Bildungschancen oder Lebenschancen, also Probleme, die im System verankert sind. Obwohl ein Schuldiger nicht konkret auszumachen ist, sind in der Regel viele Menschen Opfer solcher Situationen.

Drohnen und Roboter im Kriegseinsatz

Unbemannte Flugfahrzeuge und ferngesteuerte Roboter können dem Gegner schweren Schaden zufügen und die eigenen Soldaten vor lebensgefährlichen Situationen schützen. Wurden Drohnen zunächst primär als Aufklärungs- und Beobachtungsinstrumente verwendet, sind sie inzwischen für gezielte militärische Angriffe im Einsatz. Vermehrt wird jedoch Kritik an dieser Technik laut, da gewisse rechtliche und moralisch-ethische Bedenken bestehen: Dürfen Al Qaida-Terroristen angegriffen werden, wenn sie nicht direkt an Kampfhandlungen beteiligt sind?

Negativer ↔ positiver Frieden

Negativer Frieden meint die Abwesenheit von direkter, physischer Gewalt und Bedrohung.
Positiver Frieden meint hingegen einen Frieden, der soziale Gerechtigkeit, relativer Wohlstand, politische Teilhabe und ein ökologisches Gleichgewicht bedeutet. Allgemein gesagt: Positiver Frieden ist die Abwesenheit von direkter und struktureller Gewalt.

Erweiterter Sicherheitsbegriff

Der erweiterte Sicherheitsbegriff beschränkt sich nicht auf den rein militärischen Aspekt der Sicherheit eines Landes oder eines Volkes. Auch die soziale, ökonomische und politische Sicherheit einer Bevölkerung nach innen und außen wird dabei berücksichtigt.

Wissen im Kontext

Die An- und Übergriffe auf zentrale Informationsnetzwerke und Sicherheitssysteme sind eine Methode der modernen Kriegsführung. Dafür hat sich der Begriff „Cyberwar" etabliert. Wegen der extremen Sensibilität und der Aussichtslosigkeit einer absoluten Absicherung dieser Systeme, ist die Anfälligkeit von politischen und zivilen Einrichtungen (Behörden, Krankenhäusern, u. a.) sehr hoch.
Eine weitere Auffälligkeit ist, dass eine Mehrheit der Kriege nicht mehr zwischenstaatlich geführt wird. Zunehmend spielen innerstaatliche und transnationale Konflikte eine Rolle. In diesen Konflikten versuchen sogenannte Warlords (regionale Kriegsfürsten) die wirtschaftliche Vorherrschaft zu erreichen. Dabei spielen ideologische oder politische Aspekte kaum mehr eine Rolle. Krieg und Gewalt werden als Wirtschaftszweig etabliert, der sehr lukrativ ist. Ein schnelles Ende der Auseinandersetzungen wird deshalb auch nicht angestrebt. Leider lassen sich oft auch staatliche Akteure auf korrupte Deals mit den Warlords ein, um sich der gegenseitigen Toleranz zu versichern. Es werden keine großen Schlachten geführt, sondern eher Guerilla- und Partisanenkämpfe, die vor allem der Zivilbevölkerung extrem schaden.

Wie werden heute Kriege geführt?
M 2 – M 3

Nach der neueren Friedensdefinition spricht man dann von Frieden (positivem Frieden), wenn direkte und strukturelle Gewalt abwesend sind. Betrachtet man beispielsweise das Leben und den Alltag von Menschen in Libyen, Ägypten oder Tunesien vor dem Arabischen Frühling, so waren die Menschen dort in der Regel nicht täglich direkter Konfrontation und Gewalt ausgesetzt, doch die sozialen, politischen, ökonomischen Umstände der Menschen verursachten Unfreiheit, Unzufriedenheit, Frustration und ungleiche Lebensbedingungen. Auch nach den Umwälzungen in diesen Ländern kann man sicherlich noch nicht von wirklich friedlichen Zuständen sprechen.

Wann ist ein Friede wirklich ein Friede?
M 4

Ein Staat muss seine Bürger nicht nur vor einem militärischen Schlag eines anderen Landes schützen oder die Kriminalität im eigenen Land bekämpfen, er muss auch dafür sorgen, dass seine Bürger von ihrem erarbeiteten Geld tatsächlich leben und ihre Familien versorgen können oder bei Jobverlust einen finanziellen Ausgleich erhalten. Und der Staat darf die Rechte und Freiheiten seiner Bürger nicht willkürlich einschränken oder gar verletzen.
Das heißt, um beispielsweise die Bevölkerung sozialstaatlich abzusichern, muss vorausschauend agiert werden: die Bevölkerungsentwicklung im eigenen Land muss stets in Kombination mit nationalen und globalen wirtschaftlichen Entwicklungen gesehen werden. Hinsichtlich der Unversehrtheit seiner Bürger versucht der Staat oftmals auf Methoden (Datenspeicherung, Abhör- und Beobachtungsaktionen) zurückzugreifen, die zu Einschränkung bestimmter persönlicher Freiheiten führen können. Dies erfordert ein ständiges und aufmerksames Ausloten der Interessen sämtlicher staatlicher und gesellschaftlicher Akteure. Dafür ist es äußerst wichtig, das demokratische Verständnis der Bürger zu fördern, um ihnen so die Gewissheit und die Möglichkeit zu geben, wirklich der Souverän im Staat zu sein.

Wie können Staaten die Sicherheit ihrer Bürger garantieren?
M 5 – M 6

7.3 Das System internationaler Akteure – die Vereinten Nationen

M1 Libyen – die Revolution des 17. Februar: eine Chronologie

Libyen – nordafrikanischer Staat

Die Vereinten Nationen
Nach dem Zweiten Weltkrieg wurde 1945 die „United Nations Organization" (auf Deutsch „Vereinte Nationen", abgekürzt UNO oder VN) mit Sitz in New York gegründet. Man wollte verhindern, dass sich solche Weltkriege wiederholen. Heute sind fast alle Staaten der Erde in der UNO (193 Länder; Stand: 2011). Wenn es Probleme zwischen Staaten gibt, versucht die UNO zu vermitteln und damit einen Krieg zu verhindern. Die Ziele der UNO sind: die Erhaltung des Weltfriedens und die internationale Sicherheit, die freundschaftliche Zusammenarbeit der Mitglieder sowie der Schutz der Menschenrechte. Die UNO hat viele Unterorganisationen gegründet; eine davon ist das Weltkinderhilfswerk UNICEF, das sich um Kinder in der ganzen Welt kümmert.

Gerd Schneider, Christiane Toyka-Seid, Das junge Politik-Lexikon, Bonn, BpB, 2013

15./16. Februar 2011: Nach der Festnahme eines Menschenrechtsaktivisten bricht in der ostlibyschen Stadt Bengasi eine Rebellion aus. Sondereinheiten der libyschen Polizei gehen gewaltsam gegen die Proteste vor. Demonstranten setzen mehrere Regierungsgebäude in Brand und fordern das Ende des Gaddafi-Regimes.

21. Februar: Der Justizminister und Diplomaten im Ausland treten aus Protest gegen die Gewalt von ihren Ämtern zurück. Piloten der Luftwaffe verweigern den Dienst und in der Hauptstadt brennt ein Parlamentsgebäude.

1./2. März: Die Gewalt gegen die libyschen Rebellen eskaliert. Gaddafi-Truppen fliegen Luftangriffe auf den Osten. An den Grenzen zu Ägypten und Tunesien treffen die ersten Libyen-Flüchtlinge ein, in den kommenden Wochen werden Zehntausende das Land verlassen. Mehrere Staaten lassen Gaddafi-Milliarden einfrieren, die UNO schließt Libyen aus dem Menschenrechtsrat aus.

17. März: Der UN-Sicherheitsrat beschließt mit Resolution 1973 eine Militärintervention zur Errichtung einer Flugverbotszone und zum Schutz der Zivilbevölkerung in Libyen.

19. März: In der Nacht auf den 19. März beginnt eine Koalition aus USA, Frankreich und Großbritannien mit den ersten Militärschlägen gegen das Gaddafi-Regime. Die Luftangriffe treffen Militäreinrichtungen der regierungstreuen Truppen und setzen Panzer außer Gefecht. Eine Woche später übernimmt die NATO die Führung der Mission.

April/Mai: Die Kämpfe zwischen den Aufständischen und Gaddafis Soldaten halten an. NATO-Bomber fliegen immer wieder Angriffe auf die Regierungstruppen. Die diplomatischen Bemühungen, den Konflikt zu lösen, kommen nicht weiter.

Juni: Morde an Hunderten Zivilisten, Folter, Verfolgung unschuldiger Menschen und Massenvergewaltigungen zur Einschüchterung der Bevölkerung – wegen dieser Vorwürfe sucht der Internationale Strafgerichtshof nun den libyschen Machthaber Gaddafi per Haftbefehl.

Juli: Wochenlang verharrt der Krieg zwischen Aufständischen und Gaddafi-Truppen in einem blutigen Patt. Zugleich steht das Militärbündnis in der Kritik: Täglich fallen Bomben auf Tripolis, die NATO räumt den Tod von Zivilisten ein. Sogar der Einsatz von Bodentruppen wird diskutiert.

21.-23. August: Rebellen marschieren in Tripolis ein – und treffen auf wenig Widerstand. Die Rebellen nehmen Gaddafis Hauptquartier in Tripolis ein und übernehmen die Kontrolle über die Hauptstadt.

September/Oktober: Die Rebellen greifen die letzten Gaddafi-Hochburgen an.

20. Oktober: Gaddafi wird bei Angriffen auf die Stadt Sirte, seiner Geburtsstadt, gefangen genommen und kurz darauf getötet.

Fab, Reuters, Chronologie des Kriegs: Wie sich Libyen von Gaddafi befreite, www.spiegel.de, 20.10.2011

7.3 Das System internationaler Akteure – die Vereinten Nationen

M2 Responsibility to Protect oder Retter ohne Regeln

R2P [*kurz für Responsibility to Protect*] meint zunächst eben nicht, wie heute oft angenommen, eine Verantwortung der Staatengemeinschaft zur Intervention bei Genozid, ethnischen Säuberungen oder anderen Gräueltaten, sondern die Verantwortung eines jeden Staates, seine Bürger vor eben diesen Verbrechen zu schützen. Staatliche Souveränität beinhaltet nicht nur Rechte gegenüber anderen Staaten, sondern auch Pflichten gegenüber den eigenen Bürgern. Drohen diese in dramatischer Weise verletzt zu werden, dann allerdings hat die Staatengemeinschaft die Pflicht, sich einzumischen. Notfalls auch durch den Einsatz militärischer Gewalt, sofern diese durch den UN-Sicherheitsrat autorisiert worden ist.

Die Ressentiments gegen R2P rühren von der Art, mit der EU und NATO über die Folgen der Libyen-Intervention für den südlichen Teil des Kontinents hinweggehen. Gaddafis Sturz hat mehrere Tausend Söldner samt dazugehörigen Waffen freigesetzt, die nun ihre ohnehin fragilen Heimatstaaten in der Sahelzone destabilisieren. Das entkräftet nicht die Legitimation für die Libyen-Intervention. [...] Aber es weist auf ein gefährliches Defizit bei der Anwendung der Schutzverantwortung hin: Niemand fühlt sich im Rahmen einer solchen Intervention bislang zuständig für die »Nachbereitung«. Das Konzept der „R2P" hatte als Voraussetzung für militärisches Eingreifen fünf Kriterien benannt. [...] Die Gefahr für die betroffene Zivilbevölkerung muss klar ersichtlich sein, die Interventionskräfte müssen deren Schutz zum Ziel haben, die militärischen Mittel müssen angemessen, die Folgen abschätzbar sein. Vor allem aber darf der Militäreinsatz nur als letztes Mittel erwogen werden. [...] »Prävention«, schrieb die Kommission 2001, »ist die allerwichtigste Dimension der Schutzverantwortung.« Prävention, das heißt: Aufbau von Frühwarnsystemen, Beobachtermissionen, Wahrheitskommissionen, Investitionen in das, was seit Afghanistan so in Verruf gekommen ist: Staatsaufbau.

Nach: Andrea Böhm, Retter ohne Regeln, www.zeit.de, 29.3.2012

R2P – Konzept der Responsibility to Protect

Im Jahre 2001 hat ein Gremium mit dem Namen „International Commission on Intervention and State Sovereignty" das Konzept der „Responsibility to Protect", der Schutzverantwortung, geprägt. Die Kommission wurde auf Initiative der damaligen kanadischen Regierung einberufen. Sie sollte nach dem Versagen der UN beim Völkermord in Ruanda 1994 und in Srebrenica 1995 Mittel und Wege finden, wie solche Gräueltaten in Zukunft verhindert werden könnten – ohne dass dabei die völkerrechtliche Säule der staatlichen Souveränität durch vermeintlich „humanitäre" Interventionen ausgehöhlt wird.

Nach: Andrea Böhm, Retter ohne Regeln, www.zeit.de, 29.3.2012

Art. 2 Charta der Vereinten Nationen

(1) Die Organisation beruht auf dem Grundsatz der souveränen Gleichheit aller ihrer Mitglieder.
(7) Aus dieser Charta kann eine Befugnis der Vereinten Nationen zum Eingreifen in Angelegenheiten, die ihrem Wesen nach zur inneren Zuständigkeit eines Staates gehören, [...] nicht abgeleitet werden.

M3 Die Stabilität des Bündnisses – einer für alle und alle für einen?

Spätestens seit Mai waren die Küstenstadt Misrata und der Gebirgsort Jefren so sehr von Regime-Truppen belagert, dass die Enklaven zu fallen drohten. Die NATO brachte schlicht nicht genug Feuerkraft in die Luft, um Gaddafis Truppen wirksam zu bekämpfen. Am 10. Juni mahnte der amerikanische Verteidigungsminister Robert Gates in Brüssel, ursprünglich seien für die Libyen-Kampagne 300 Flüge pro Tag geplant gewesen, tatsächlich schaffe die NATO aber nur 150. Lediglich 55 Kampfflugzeuge aus sechs Nationen konnte die Allianz aufbieten, andere Mitgliedsländer waren nicht willens oder fähig, Bodenziele anzugreifen. Die Hauptlast trugen die Luftwaffen, die über amerikanische F-16-Jets verfügen, Kanada, Norwegen, Belgien und Dänemark, denn sie konnten aus den USA mit Präzisionsmunition versorgt werden. Anders die Eurofighter aus Großbritannien und

205

„Agenda für den Frieden" – Mittel zur Wahrung oder Wiederherstellung des Friedens

Im Juni 1992 legte der damalige Generalsekretär Boutros Boutros-Ghali mit der „Agenda für den Frieden" eine neue Konzeption für die Handlungsmöglichkeiten der Vereinten Nationen auf dem Gebiet der Friedenssicherung vor. Diese Agenda hat, nicht zuletzt durch die Klärung zentraler Begrifflichkeiten, maßgeblich ein neues Verständnis von Friedenssicherung mitgeprägt und ist der bis heute gültige konzeptionelle Rahmen jeglicher Reformbemühungen geblieben.

Agenda für den Frieden, Erich Schmidt Verlag, Zahlenbilder 615500; vgl. auch Band 6844, S. 74

Frankreich, denen schnell die Bomben ausgingen. [...] Die Lehre daraus lautet: Wer sich zur Schutzverantwortung bekennt, der muss Schutz auch tatsächlich und umfassend gewährleisten können. [...] Der Mangel an Waffen und Entschlossenheit wog umso schwerer, als er den Krieg verschleppte. Je länger sich die Kämpfe hinzogen, desto mehr brutalisierten sich die Konfliktparteien am Boden, desto riskanter und unübersichtlicher wurde die Aufstandsbewegung, desto größer auch die Gefahr von Racheaktionen. Libyen ist nach dem Sturz Gaddafis von Waffen aus den Armee-Arsenalen und dem Ausland überschwemmt, jeder Teenager hält eine Kalaschnikow oder Panzerfaust in der Hand. [...] Amnesty International und Human Rights Watch haben schon während der Intervention immer wieder Menschenrechtsverletzungen der Rebellen dokumentiert: tödliche Jagden auf Schwarzafrikaner im Land, die pauschal als Söldner Gaddafis verdächtigt wurden; willkürliche Inhaftierung und Folter von Gaddafi-Anhängern. Erst vor wenigen Tagen entdeckten Mitarbeiter von Human Rights Watch in Syrte ein Grab mit den Leichen von über 50 Gaddafi-Anhängern, die offenbar aus nächster Nähe erschossen wurden. Nach allem, was man weiß, sind das vereinzelte Aktionen und in ihrem Ausmaß absolut nicht zu vergleichen mit der Repression des Regimes, das nun gestürzt worden ist. Solche Racheaktionen stellen auch nicht per se eine humanitäre Intervention infrage. Es sei denn, die Intervenierenden zeigen sich gleichgültig. Einzig der Internationale Strafgerichtshof hat klargemacht, dass er die Verbrechen aller Seiten untersuchen will. Vom UN-Sicherheitsrat und der NATO war wenig zu hören.

Jochen Bittner, Andrea Böhm, Dieser Krieg war gerecht, Die ZEIT, 44/2011, S. 10

M4 Ziele der Vereinten Nationen – Charta der Vereinten Nationen, Artikel 1

Die Vereinten Nationen setzen sich folgende Ziele:

(1) den Weltfrieden und die internationale Sicherheit zu wahren und zu diesem Zweck wirksame Kollektivmaßnahmen zu treffen, um Bedrohungen des Friedens zu verhüten und zu beseitigen, Angriffshandlungen und andere Friedensbrüche zu unterdrücken und internationale Streitigkeiten oder Situationen, die zu einem Friedensbruch führen könnten, durch friedliche Mittel nach den Grundsätzen der Gerechtigkeit und des Völkerrechts zu bereinigen oder beizulegen;
(2) freundschaftliche, auf der Achtung von dem Grundsatz der Gleichberechtigung und Selbstbestimmung der Völker beruhende Beziehungen zwischen den Nationen zu entwickeln und andere geeignete Maßnahmen zur Festigung des Weltfriedens zu treffen;
(3) eine internationale Zusammenarbeit herbeizuführen, um internationale Probleme wirtschaftlicher, sozialer, kultureller und humanitärer Art zu lösen und die Achtung vor den Menschenrechten und Grundfreiheiten für alle ohne Unterschied der Rasse, des Geschlechts, der Sprache oder der Religion zu fördern und zu festigen;
(4) ein Mittelpunkt zu sein, in dem die Bemühungen der Nationen zur Verwirklichung dieser gemeinsamen Ziele aufeinander abgestimmt werden.

Die Vereinten Nationen – im Film erklärt

Mediencode: 71011-09

M5 Der Sicherheitsrat – das zentrale Organ der UN

Globus-Grafik 0551

Artikel 43 der UN-Charta
(1) Alle Mitglieder der Vereinten Nationen verpflichten sich, [...] dem Sicherheitsrat auf sein Ersuchen Streitkräfte zur Verfügung zu stellen, Beistand zu leisten und Erleichterungen einschließlich des Durchmarschrechts zu gewähren, soweit dies zur Wahrung des Weltfriedens und der internationalen Sicherheit erforderlich ist.

M6 Tauziehen um die Reform des Sicherheitsrates

Zwar gilt es unter den allermeisten Mitgliedstaaten als konsensfähig, dass Zusammensetzung und Arbeitsweisen [des Sicherheitsrates] [...] reichlich anachronistisch sowie dringend reformbedürftig sind. Auch ist klar, was durch die Reform bezweckt werden soll: Die Repräsentativität soll erhöht werden, indem die insbesondere bei den ständigen Sitzen ins Auge springende Benachteiligung von so wichtigen Weltregionen wie Lateinamerika, Afrika und Asien beseitigt wird. [...] Über die Art und Weise allerdings, wie diese „Mutter aller Reformen" gestaltet werden kann, zeichnet sich auch fast 20 Jahre nach der Initiative Indiens [...] kein Konsens ab.

Sven Bernhard Gareis, Reform und Perspektive der Weltorganisation, in: Informationen zur politischen Bildung, Nr. 310/2011, S. 53 f.

Aufgaben

1. Ermitteln Sie die Bedeutung einer Mitgliedschaft bei den UN (M 1, M 4).
2. Skizzieren Sie das Konzept der „Responsiblity to Protect" (M 2).
3. Erschließen Sie aus M 3 Grenzen internationaler Einsätze.
4. Stellen Sie dar, wie die Zusammensetzung des Sicherheitsrates zu Problemen bei der Entscheidungsfindung führen kann und erklären Sie, inwiefern eine Reform des UN-Sicherheitsrates unabdingbar ist (M 5, M 6).
5. Bewerten Sie die Fähigkeit der Vereinten Nationen, für Sicherheit und Frieden in der Welt zu sorgen (M 1 – M 6).

H Aufgabe 3
Klären Sie die Vereinbarkeit der Grundsätze des Gewaltverbots, der nationalen Souveränität und des Gebots der Nichteinmischung in innere Angelegenheiten mit dem Konzept der Schutzverantwortung. Bewerten Sie die Rechtmäßigkeit des Einsatzes in Libyen (M 1 – M 3).

Wissen kompakt

Die Hauptorgane der Vereinten Nationen (VN)

Die **Generalversammlung (GV)** ist das zentrale Beratungsorgan der VN. In ihr werden globale Konflikte und zentrale Themen wie Frieden und Sicherheit diskutiert. Abstimmungen über z. B. die Wahl der Mitglieder des nichtständigen Sicherheitsrats benötigen eine 2/3-Mehrheit, bei anderen reicht eine einfache Mehrheit. Bei intern ausgerichteten Themen haben die Beschlüsse bindende Wirkung (z. B. Haushaltsfragen), bei anderen politischen Themen kann sie nur Empfehlungen aussprechen.

Beim **Sicherheitsrat (SR)** liegt die Hauptverantwortung für den Weltfrieden. Ihm gehören die 5 ständigen Mitglieder (USA, GB, FR, RU, CH) mit Vetorecht und 10 nichtständige Mitglieder an. Der SR entscheidet, ob eine Bedrohung des Friedens vorliegt und wie reagiert wird. Die UN-Mitglieder müssen den Resolutionen des SR Folge leisten, gleichzeitig sind die Vereinten Nationen darauf angewiesen, dass die Mitgliedstaaten die nötigen Streitkräfte zur Verfügung stellen.

An der Spitze der **GV** steht der **Generalsekretär** (seit 2007 Ban Ki-moon aus Südkorea), der die Vereinten Nationen nach außen hin vertritt. Er macht den SR auf Probleme und friedensbedrohende Situationen aufmerksam und erstattet der GV einmal jährlich Bericht über seine Tätigkeit. Er wird auf fünf Jahre von der GV gewählt und kann einmal wiedergewählt werden.

Den Vereinten Nationen sind zahlreiche **Sonder- und Spezialorganisationen** untergeordnet. Beispiele hierfür sind die UNESCO, Weltbank, Atomenergiebehörde oder die WHO.

Mittel zur Wahrung und Wiederherstellung des Friedens

Zur Wahrung bzw. Wiederherstellung des Friedens gibt es vorbeugende (z. B. diplomatische Gespräche), friedensschaffende (Wirtschafts- und Verkehrsblockaden), friedenssichernde (Beobachtermissionen, UN-Friedenstruppen) und friedenskonsolidierende Maßnahmen, die aber stets unter Berücksichtigung der staatlichen Souveränität zu beschließen sind.

Ziele und Grundsätze der Vereinten Nationen

Ziel der Vereinten Nationen ist die Erhaltung des Friedens und der internationalen Sicherheit. Neben diesen zentralen Zielen stehen die Förderung freundschaftlicher Beziehungen zwischen den Staaten, die Einhaltung der Menschenrechte, sowie die Förderung des sozialen Fortschritts und die Bekämpfung von Hunger und Armut.

Die 193 Mitgliedstaaten verpflichten sich zur Einhaltung folgender Grundsätze:

* souveräne Gleichheit aller Mitglieder
* friedliche Streitbeilegung
* Verbot der Androhung oder Anwendung von Gewalt (nur zur individuellen und kollektiven Selbstverteidigung)
* Unterstützung von Maßnahmen der Vereinten Nationen
* keine Intervention bei inneren Angelegenheiten der Staaten.

Responsibility to Protect ↔ Nichteinmischung

Nachdem es in Staaten wiederholt zu massiven Menschenrechtsverletzungen an der eigenen Bevölkerung gekommen ist, wurde nach einer Möglichkeit gesucht, trotz staatlicher Souveränität und dem Gebot der Nichteinmischung in die inneren Angelegenheiten von Staaten eingreifen zu können. Im Jahre 2001 hat sich das Konzept der „Responsibility to Protect" (Schutzverantwortung) durchgesetzt. Zunächst versteht man darunter die Verpflichtung eines jeden Staates, seine Bürger vor Genozid, ethnischen Säuberungen oder ähnlichen Vergehen zu schützen. Kommt der Staat dieser Aufgabe nicht nach, muss die UN eingreifen, wenn nötig auch militärisch, insofern der UN-Sicherheitsrat dies legitimiert. Dieser Fall ist erstmals mit dem Einsatz in Libyen gegen das Gaddafi-Regime eingetreten.

Kritiker weisen darauf hin, dass das Konzept „R2P" zu wenig Rücksicht auf die sogenannte „Nachbereitung" im Falle eines Eingreifens lege. Mit anderen Worten: Der „Staatsaufbau" müsse ernsthaft verfolgt werden.

Wissen im Kontext

Die Vereinten Nationen sind eine internationale Regierungsorganisation, deren Aufgabe es ist, für Frieden und Sicherheit in der Welt zu sorgen. Sie suchen nach Lösungen für globale, politische, soziale, wirtschaftliche und militärische Probleme, um das Leben aller Menschen, aber vor allem derer in besonders benachteiligten Regionen merklich zu verbessern.

Mithilfe einer Vielzahl an Sonderorganisationen und Programmen wie UNICEF (Kinderhilfswerk), UNHCR (Flüchtlingswerk), UNAIDS (AIDS-Programm), UNCTAD (Handels- und Entwicklungskonferenz) oder auch UNEP (Umweltprogramm) können sich die Vereinten Nationen ganz unterschiedlichen Themen und Problemen zuwenden. Die Arbeit der Vereinten Nationen wird vor allem durch die Mitgliedsbeiträge der Mitgliedstaaten getragen.

Wie setzen die Vereinten Nationen ihre Ziele um?
M 2, M 3, M 5

Da die Vereinten Nationen zur friedlichen Streitbeilegung verpflichtet sind, muss die Organisation zunächst beispielsweise durch diplomatische Gespräche oder wirtschaftliche Sanktionen nicht kooperative Staaten zum Einlenken bewegen. Zum Einsatz kommen hier auch die UNO-Friedenstruppen, die Blauhelme, benannt nach den von den Soldaten getragenen blauen Schutzhelmen. Sie setzen sich aus Soldaten, unbewaffneten zivilen und militärischen Beobachtern aus den Mitgliedstaaten zusammen und sind für friedenserhaltende (z. B. Überwachung von Waffenstillstands- und Friedensvereinbarungen, Beobachtung von Wahlen) und friedensstiftende (z. B. Entwaffnung der verfeindeten Parteien, Ausbildung und Beratung von Sicherheitskräften) Maßnahmen verantwortlich. Die Vereinten Nationen haben aber kein eigenes stehendes Heer und sind folglich auf die Streitkräfte der Mitgliedstaaten angewiesen.

Welche Möglichkeiten haben die Vereinten Nationen Konflikte zu vermeiden?
M 2, M 5

Scheitern die friedlichen Maßnahmen der Blauhelme, kann der Sicherheitsrat (SR) auf Antrag mittels einer Resolution ein militärisches Vorgehen ermöglichen. Der SR muss aber zunächst eine Bedrohung, einen Bruch des Friedens oder eine Angriffshandlung feststellen. Das Mandat zur Intervention kann der SR an einzelne Staaten, multinationale Koalitionen oder die NATO übergeben. Trotz der Souveränität eines jeden Staates und des Gebots der Nichteinmischung in die inneren Angelegenheiten der Staaten ist mit der sogenannten „R2P" jetzt die Möglichkeit geschaffen worden, bei extremen Menschenrechtsverletzungen in innere Angelegenheiten eines Staates einzugreifen.

Wann und wie dürfen die Vereinten Nationen militärisch eingreifen?
M 2, M 4, M 5

Nicht selten kommt es vor, dass sich die fünf Vetomächte im SR nicht einigen können. Häufig fehlt die Geschlossenheit, die zur schnellen Behebung internationaler Konflikte nötig wäre. Und oft entsteht so auch der Eindruck, dass hinter dem Veto eines Mitglieds nationale oder machtpolitische Interessen stecken. In der Vergangenheit ist zudem wiederholt der Verdacht aufgekommen, dass sich manche Staaten durch eine UN-Resolution ihr Eingreifen mandatieren lassen, um ihre nationalen Interessen vertreten zu können.

Welchen Problemen müssen sich die Vereinten Nationen stellen?
M 5, M 6

7.4 Die NATO – the North Atlantic Treaty Organization

M1 Die NATO im Einsatz

Piraterie

Piraterie ist ein von privaten Akteuren geführter Angriff auf ein Schiff innerhalb der Territorialgewässer[1] oder der ausschließlichen Wirtschaftszone eines Küstenstaates oder auf hoher See mit dem Ziel der persönlichen Bereicherung.

Kerstin Petretto, David Petrovic, Fernab jeder Romantik – Piraterie vor der Küste Somalias, in: Piraterie, APuZ 48/2012

[1] *Territorialgewässer = dem Küstenmeer (z. B. Wattenmeer) vorgelagerte Wasserflächen, die Bestandteile eines betreffenden Staatsgebietes sind.*

A) NATO unterstützt multinationale Einsätze

Operation Ocean Shield (OOS): Im Rahmen von OOS begleitet die NATO Handelsschiffe am Horn von Afrika und greift bei Bedarf auch auf gekaperte Schiffe zu. In enger, im Rahmen der Vereinten Nationen koordinierter Zusammenarbeit mit allen anderen Akteuren in der Region – vor allem der EU-Mission ATALANTA – wirkt Operation Ocean Shield auch am Aufbau lokaler Fähigkeiten zur Bekämpfung der Piraterie mit.

Auswärtiges Amt (Hg.), Nordatlantische Allianz (NATO), www.auswaertiges-amt.de, 2.9.2013

B) NATO-Soldaten am Hindukusch

Nach Jahren des Bürgerkriegs ergriffen im Jahr 1996 die Taliban die Macht in Afghanistan. Das Land sollte zu einem Gottesstaat werden: Musik, Sport, Bilder und Fernseher wurden verboten. Die meisten Schulen und Universitäten wurden geschlossen. Frauen konnten sich fortan nur in Ganzkörperverschleierung und männlicher Begleitung auf die Straße wagen. Dem internationalen Terrorismus boten die Taliban einen Unterschlupf: Die Anschläge vom 11. September wurden in Afghanistan geplant. Als Reaktion griffen im Oktober 2001 die USA und Großbritannien das Land an und stürzten gemeinsam mit der Nordallianz (NATO) das Taliban-Regime. Mehr als 40 Länder beteiligen sich seitdem am Wiederaufbau Afghanistans: Staatliche Strukturen sollen geschaffen, Schulen, Straßen und Krankenhäuser gebaut werden. Deutschland hat versprochen, vor allem beim Aufbau der afghanischen Polizei und Armee zu helfen. Mit rund 3.500 Bundeswehr-Soldaten stellt Deutschland das drittgrößte Kontingent an der Internationalen Schutztruppe für Afghanistan (ISAF). Doch immer wieder erschüttern Anschläge der Taliban das Land. Mit ihrer Terror-Strategie des „Mordens und Zerstörens" wollen sie die afghanische Bevölkerung einschüchtern, im Westen Zweifel am Sinn der Afghanistan-Mission schüren und die Macht im Land zurückerobern.

Bundeszentrale für politische Bildung, Dossier Afghanistan, www.bpb.de, Abruf am 6.2.2104

C) NATO-Einsatz in Libyen

Offiziell war es nie das Ziel des NATO-Einsatzes in Libyen, Muammar Gaddafi auszuschalten. Doch hinter den Kulissen wussten die Verantwortlichen: Erst wenn der Diktator tot oder verhaftet ist, würden seine Anhänger aufgeben. Nun könnte die NATO – unbewusst – zur Festnahme und Tötung des Diktators beigetragen haben. Am Tag, als Muammar Gaddafi im Kampf um seine Hochburg Sirte den Tod fand, schickte die NATO Kampfflugzeuge in den Luftraum Libyens. So wie jeden Tag seit fünf Monaten. Und – ohne sich dessen bewusst zu sein – haben diese den Konvoi des ehemaligen libyschen Machthabers unter Beschuss genommen und so zu dessen Festnahme beigetragen. Dies geht aus einer Mitteilung der NATO vor. Die gepanzerten Fahrzeuge seien mit „einer erheblichen Menge von Waffen und Munition beladen" gewesen. Zunächst habe man nur ein einziges Fahrzeug beschossen, „um die Bedrohung zu verringern". Daraufhin habe sich der Konvoi aufgeteilt. Eine Gruppe von 20 Fahrzeugen sei mit hoher Geschwindigkeit in Richtung Süden gefahren. NATO-Flugzeuge hätten daraufhin diese Fahrzeuge bombardiert und etwa 10 davon zerstört.

Martin Winter, Mit Gewalt zum Erfolg, www.sueddeutsche.de, 21.10.2011

M2 Mitgliedstaaten der NATO

NATO-Mitglieder

Gründungsmitglieder 1949
Belgien, Dänemark, Frankreich, Island, Italien, Kanada, Luxemburg, Niederlande, Norwegen, Portugal, Großbritannien, USA

Seit 1952 Griechenland, Türkei

Seit 1955 Bundesrepublik Deutschland

Seit 1992 Spanien

Seit 1999 Polen, Tschechien, Ungarn

Seit 2006 Bulgarien, Estland, Lettland, Litauen, Rumänien, Slowakei, Slowenien

Seit 2009 Albanien, Kroatien

Mitglieder des Euro-Atlantischen Partnerschaftsrats

Nach: Bergmoser + Höller Verlag AG, Zahlenbilder 62110

M3 NATO – ein Bündnis im Wandel

NATO ist die Abkürzung für den englischen Begriff „North Atlantic Treaty Organization" und heißt auf Deutsch „Nordatlantikpakt". Es ist der Name eines politisch-militärischen Bündnisses, das wenige Jahre nach dem Zweiten Weltkrieg im April 1949 von den USA, Kanada und zehn europäischen Staaten gegründet wurde. Bei der Gründung des Paktes gab es ein wichtiges Ziel: Die kommunistischen Staaten sollten davon abgehalten werden, gegen die westlichen Staaten Krieg zu führen. Diese schlossen sich 1955 unter der Führung der damaligen Sowjetunion im sogenannten „Warschauer Pakt" zusammen. Nach dem Ende des Warschauer Paktes 1991 änderten sich die Ziele der NATO. Der Einsatz für Frieden und Freiheit ist nun das wichtigste Ziel. Aber auch weiterhin gilt die Verpflichtung aller NATO-Mitglieder, sich im Falle einer militärischen Bedrohung gegenseitig zu helfen. Mit den ehemaligen Mitgliedern des Warschauer Paktes wurde 1994 ein Vertrag „Partnerschaft für den Frieden" geschlossen. Immer mehr europäische Staaten, die früher dem Warschauer Pakt angehörten, sind inzwischen Mitglieder der NATO geworden. Inzwischen sind 28 Staaten Mitglieder der NATO.

Gerd Schneider, Christiane Toyka-Seid, NATO, in: Das junge Politik-Lexikon, Bonn. Bundeszentrale für politische Bildung 2013

M4 Die NATO-Strategie von 2010

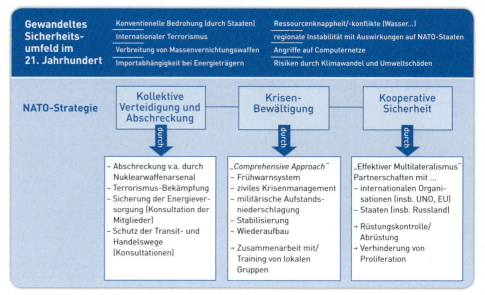

Autorengrafik

M5 Hat die NATO eine Chance, hat sie noch genug „Schlagkraft"?

Tatsächlich steht es schlecht um die Schlagkraft der NATO. Zwar hat sie nichts von ihren politischen und militärischen Ambitionen verloren: Zwei große und sechs kleine Operationen will sie weltweit führen können. Und ihre Mitglieder, darunter Deutschland, erwarten, dass das Bündnis ihnen auch in Zukunft Sicherheit garantiert. Doch die Realität sieht anders aus: Weil die europäischen Mitgliedstaaten die Allianz nur mangelhaft ausrüsten, droht sie zur „Zwergentruppe" zu werden. [...]
Insbesondere die Europäer bauen ganze Teilbereiche ihrer Armeen ab, weil sie aufgrund der Finanzkrise zum Sparen gezwungen sind: die Niederländer haben keine Panzer mehr, Großbritannien gab über Nacht seine Erdkampfflugzeuge auf, Deutschland stoppt den Kauf von unbemannten Flugzeugen, den sogenannten Drohnen. Nichts spricht dafür, dass sich diese Situation in absehbarer Zeit verbessert. [...]
Die USA wollen die geringen Beiträge der Europäer zur gemeinsamen Verteidigung nicht länger akzeptieren: Obwohl sie nur eines von 28 Nato-Mitgliedern sind, zahlen die USA zurzeit 75 Cent von jedem Dollar, den die Nato von ihren Mitgliedern als Beitrag erhält. Nun aber sind sie selber stark von der Finanzkrise betroffen und legen überdies den Schwerpunkt ihrer sicherheitspolitischen Interessen auf Asien. Wie also kann die militärische Handlungsfähigkeit der Nato künftig gewährleistet werden? Smart Defence lautet die Antwort, die Nato-Generalsekretär Rasmussen landauf landab verbreitet: Die Staaten sollen Prioritäten setzen und ihre schrumpfenden Verteidigungsausgaben auf unentbehrliche Fähigkeiten konzentrieren; sie sollen besser zusammenarbeiten, um Kosten zu sparen; und sich im Vertrauen auf eine staatenübergreifende Arbeitsteilung auf bestimmte Aufgaben spezialisieren.

Historisch-politische Zusammenhänge bzgl. NATO-Osterweiterung
→ G 11.2; 12.1

7.4 Die NATO – the North Atlantic Treaty Organization

Die Ideen klingen überzeugend: wenn Staaten ihre veraltete Ausrüstung abgeben, ihre Ausbildungsstätten zusammenlegen, die Waffensysteme der nächsten Generation gemeinsam anschaffen, warten und nutzen, dann können sie mit weniger Geld trotzdem einsatzfähig bleiben. Einige Beispiele gibt es bereits: Im Baltikum etwa übernehmen Nato-Staaten abwechselnd den Schutz des Luftraums, das sogenannte Air Policing[1], so dass die baltischen Staaten diese Aufgabe abgeben und Kosten für eine eigene Luftwaffe einsparen konnten.

Offiziell sprechen sich alle Staaten für mehr Zusammenarbeit aus. [...] Doch mit den bislang bekannten Vorschlägen werden sich die militärischen Probleme der Allianz nicht lösen lassen, und auch die Spareffekte sind begrenzt. Was die Allianz braucht, sind etwa neue Transporthubschrauber, Drohnen und Aufklärungskapazitäten. Hier bieten die Staaten jedoch nur bereits Bestehendes und vermarkten laufende Kooperationen einfach neu. [...] Doch [die] Abgabe von Souveränität scheuen die Staaten bislang, Schlagkraft hin – Sparen her. Sie befürchten, dass sie bei zu enger Zusammenarbeit die Kontrolle darüber verlieren, wo und wie ihre Armeen eingesetzt werden. Zudem können sie sich nur schwer auf ein gemeinsames Produkt einigen, weil jedem Staat die eigene, nationale Rüstungsindustrie am nächsten ist. Ferner fürchten sie, dass eine intensivere Arbeitsteilung im Ernstfall zu Problemen führen könnte, weil sie sich nicht auf die Partner verlassen können. Denn wie kann sichergestellt werden, dass ein Einsatz zustande kommt, wenn ein Partner sich nicht beteiligen möchte, seine militärischen Kapazitäten, beispielsweise Flugzeuge, jedoch gebraucht werden? Wie kann sichergestellt werden, dass ein Land nicht im Einsatz allein gelassen wird, weil ein anderes plötzlich seine Truppen abzieht? Wie kann sichergestellt werden, dass sich ein Land nicht auf Kosten der anderen ausruht?

Claudia Major, Die Armeen der Allianz müssen Souveränität abgeben, www.zeit.de, 18.5.2012

[1] *Air Policing: Luftraumüberwachung*

Interessenvielfalt in der NATO

Die USA bedienen sich der NATO, um mithilfe der NATO-Erweiterung ihren Einfluss in Osteuropa und Zentralasien zu stärken. Die neuen Mitgliedstaaten der NATO in Osteuropa [z. B. Polen] dagegen definieren damit ihre Sicherheit gegenüber Russland. Und die anderen NATO-Mitglieder [z. B. Deutschland] sind an einer strategischen, wirtschaftlichen und politischen Partnerschaft mit Russland interessiert. Diese Denkschulen sind in den meisten Fragen verschiedener Ansicht.

Ulrich Weisser, in: Die Zukunft der NATO. 140. Bergedorfer Gesprächskreis, Hamburg 2008, S. 42

Vizeadmiral Ulrich Weisser war von 1992 bis 1998 Leiter des Planungsstabes beim Bundesminister der Verteidigung, Bonn.

Aufgaben

1. Stellen Sie anhand der NATO-Einsätze in M 1 fest, welcher Zielsetzung das Bündnis jeweils folgt.

2. M 2 – M 5 zeigen die Entwicklung der NATO. Stellen Sie wesentliche Etappen und daraus resultierende Herausforderungen für die NATO dar.

3. Die NATO-Strategie aus dem Jahr 2010 soll bewirken, dass die NATO auf die Herausforderungen gegenwärtiger und zukünftiger Konfliktsituationen sinnvoll reagieren kann. Fassen Sie die Schwerpunkte des Konzepts zusammen und beurteilen Sie seine Erfolgsaussichten (M 5).

4. Diskutieren Sie in Gruppenarbeit die Herausforderungen der NATO von morgen. Stellen Sie Ihre Ergebnisse in einem Kurzreferat vor (M 1 – M 5).

F Aufgabe 1
Informieren Sie sich über weitere Einsätze der NATO und berichten Sie über deren Ziele.

H Aufgabe 3
Legen Sie Ihrer Bewertung folgende Kriterien zugrunde:
Voraussetzungen, Durchsetzbarkeit, Nachhaltigkeit, Handlungsfähigkeit.

Methode

Qualitatives Interview

Mit einem qualitativen Interview möchte man die soziale Wirklichkeit aus der Perspektive einer konkreten Person kennen lernen. Meinungen, Einstellungen, Einsichten und Hintergründe, die bis dahin möglicherweise nur theoretisch bekannt waren, sollen durch das qualitative Interview zutage treten. In einem quantitativen Interview dagegen sammelt man die Antworten möglichst vieler Interviewpartner, um das untersuchte Verhalten in Form von zahlenmäßigen Ausprägungen möglichst genau zu beschreiben und vorhersagbar zu machen.

Anleitung für die Durchführung eines qualitativen Interviews

Vorbereitung

- Wer ist der Interviewpartner (Alter, Geschlecht, Einstellung, seine/ihre Erfahrungen)?
- Welches Ziel soll mit dem Interview verfolgt werden? Was will man erfahren?
- Wie können die Fragen zu sinnvollen Themen gebündelt werden?
- Welche Schwierigkeiten sind zu erwarten?

Durchführung

- Unproblematische Fragen sollten zu Beginn gestellt werden, um den Interviewpartner nicht zu überfordern (z. B. sachliche Fragen vor emotionalen Fragen).
- Offene Fragen bringen den Gesprächspartner zum Reden; Entscheidungsfragen (Ja/Nein-Antworten) sind nicht ergiebig und auch Suggestivfragen sind zu vermeiden.
- Mit der Abschlussfrage soll der Interviewpartner noch einmal die Chance bekommen, auf etwas besonders Wichtiges hinzuweisen.

Nachbereitung

- Sind die erwarteten Antworten gekommen oder ist der Gesprächspartner an manchen Stellen ausgewichen?
- Welche Teile des Interviews sind wenig gehaltreich?
- Soll das Interview als Frage-Antwort-Text veröffentlicht werden oder wird die Berichtsform den Informationen besser gerecht?

Nach: ISB Handreichung: Sozialpraktische Grundbildung: Nähe zur sozialen Wirklichkeit. München 2012, S. 14

Ein Interviewbeispiel – Post für die Seele

Mit Briefen, E-Mails und Telefonaten können Bundeswehrsoldaten in Afghanistan Kontakt zu ihren Familien und Freunden halten. Ein Gespräch mit einem Heimkehrer über Fresspakete, Zensur und Schutzengel.

SZ-Magazin: Herr Brackmann, wie viele Briefe oder E-Mails haben Sie in etwa im Einsatz geschrieben?

Thomas Brackmann: Ich habe pro Tag eine E-Mail geschrieben und ein bis zwei Telefonate geführt, vor allem mit meiner Frau. [...] Briefe habe ich keine geschrieben, ich habe aber Briefe und Pakete erhalten. Pakete waren sogar wichtiger als E-Mails.

Warum?

Sie waren ein Stück Heimat, auch wenn man Dinge bekommen hat, die es im Lager gibt. Deutschen Schinken und deutsche Wurst gab es dort allerdings nicht. Wenn ein Essenspaket ankam, haben wir am Abend mit den Kameraden zusammen eine gemütliche Runde gemacht, da waren zum Beispiel Italiener und Norweger dabei, jeder hat seine Spezialitäten mitgebracht. [...]

Interviewer: ….?

Ich habe einen Newsletter an Freunde geschrieben, das war zugleich Stressbewältigung, aber ich wollte auch den Menschen daheim zeigen, was wir eigentlich hier machen. Ich wollte auch sagen, wie es mir persönlich geht. Ich hab meinem Kommandanten einmal vorgelesen aus dem Newsletter und der meinte nur: „Sie sind wohl nicht ausgelastet." Aber ich habe ihm gesagt: „Andere machen zwei bis drei Stunden Sport im Kraftraum, ich schreibe."

An wen haben Sie geschrieben?

Der Newsletter ging an meine Familie, Bekannte und Soldaten aus meiner Einheit, die Zuhause geblieben sind – zum Teil auch an Kameraden, die zur gleichen Zeit im Einsatz da waren.

Interviewer: ….?

Ich habe mich ja freiwillig für den Afghanistaneinsatz gemeldet, was meine Mutter nie nachvollziehen konnte. Aber sie hat vielleicht weniger Angst gehabt, weil sie so an meinem Alltag teilhaben konnte. [...]

Werden die Briefe zensiert?

Ich habe keine Rücksicht genommen, wenn Sie das meinen. Bei Anschlägen mit Todesfolgen für deutsche Soldaten wurde – soweit ich mich erinnere – erstmal das Internet abgeschaltet, damit die Bundeswehr vor Ort als Erste die Nachricht an die Angehörigen zu Hause überbringen und nicht die Presse zuerst davon erfährt. [...]

Haben Sie die Briefe aufbewahrt? Und lesen Sie Ihre E-Mails und Newsletter heute manchmal?

Nein, erst für diese Geschichte wieder, freiwillig hätte ich sie nicht mehr gelesen. Ich spiele mit dem Gedanken, vielleicht mal ein Buch draus zu machen. [...]

Interviewer: ….?

Seit einem halben Jahr arbeite ich nicht mehr bei der Bundeswehr, sondern für den gemeinnützigen Verein bw-infonet e.V. – wir wollen das Desinteresse der Bevölkerung am Afghanistan-Einsatz abbauen, ihr den Menschen in der Uniform näher bringen.

Die Interview führte Marc Baumann, Post für die Seele, www.sz-magazin.de, 22.12.2009, vom Bearbeiter verändert

Aufgaben

1. An den markierten Stellen fehlen die Fragen des Interviewers. Finden Sie selbst geeignete Fragestellungen.

2. Vergleichen Sie die Vorgehensweise des Interviewers der Süddeutschen Zeitung mit der Anleitung für ein qualitatives Interview. Erklären Sie mögliche Unterschiede.

3. Die Süddeutsche Zeitung hat diese Interviews mit mehreren Soldaten nach ihrer Rückkehr aus Afghanistan geführt und in ihrem Magazin veröffentlicht. Diskutieren Sie im Kurs, welche Zielsetzung man wohl damit verfolgte.

Wissen kompakt

NATO und Warschauer Pakt

Die NATO wurde 1949 als westliches Verteidigungsbündnis gegründet, um als Abschreckungsinstrument gegenüber der Sowjetunion zu dienen. Als Reaktion darauf schlossen sich die kommunistischen Staaten 1955 zum Warschauer Pakt zusammen. Die darauf folgenden Jahre, auch Kalter Krieg genannt, waren gekennzeichnet durch das Wettrüsten und die gegenseitige Abschreckung der beiden Blöcke. Seit dem Ende des Kalten Krieges und dem Ende des Warschauer Paktes im Jahre 1991 sind inzwischen viele ehemalige Warschauer Pakt-Staaten der NATO beigetreten. Mit dem Wegfall der Hauptbedrohung schien der Organisation zunächst ihre Daseinsberechtigung abhanden gekommen zu sein und sie geriet unter Anpassungsdruck. Neben der Rolle des Militärbündnisses kann sich die NATO zunehmend als Instrument im Krisenmanagement und in der Rüstungskontrolle etablieren. Inzwischen steht das Bündnis für die sogenannten „peace-keeping-Maßnahmen" der Vereinten Nationen sowie der OSZE (Organisation für Sicherheit und Zusammenarbeit in Europa) zur Verfügung und stellt somit ein bedeutsames transatlantisches Bindeglied dar. Seit 1992 übernimmt die NATO Friedensoperationen auch außerhalb des eigenen Bündnisgebietes (sog. „Out-of-Area-Einsätze").

NATO – Basiswissen

- Hauptsitz in Brüssel
- Mitgliedstaaten: 28
- Gründung: 4.4.1949
- Höchstes Entscheidungsgremium: Nordatlantikrat (NAC)
- Höchstes Amt: Generalsekretär (wird alle vier Jahre einstimmig von allen Mitgliedstaaten berufen – kann maximal auf fünf Jahre verlängern).

Bündnisfall in Afghanistan

Der Einsatz in Afghanistan galt als der erste offizielle Bündnisfall gemäß Artikel 5 des NATO-Vertrages. In Absprache mit den Regierungen der NATO-Mitgliedstaaten wird ein bewaffneter Angriff auf einen oder mehrere Bündnispartner, in diesem Fall die USA, als Angriff gegen jeden Bündnispartner gewertet und führt zur individuellen oder kollektiven Selbstverteidigung. Seit Oktober 2001 ist eine multinationale Truppe (ISAF: International Security Assistance Force) im Einsatz, um Stabilisierungs- und Aufbauarbeit zu leisten. Das offizielle Mandat der NATO endet 2014.

NATO-Strategie 2010

Nachdem sich das Sicherheitsumfeld nach dem Ende des Kalten Kriegs wesentlich verändert hatte, bedeutete dies auch, dass die NATO umdenken musste. Die offene Konfrontation zwischen den USA und der damaligen Sowjetunion entfiel zwar, doch neue Bedrohungen wie der internationale Terrorismus, die Verbreitung von Massenvernichtungswaffen oder fragile Staaten stellen durchaus ernstzunehmende Herausforderungen für die NATO dar.

Als zentrale Aufgaben sieht die NATO für sich zukünftig immer noch die

- kollektive Verteidigung und Abschreckung (z. B. durch Terror-Bekämpfung),
- die aktive Krisenbewältigung (z. B. Frühwarnsysteme, Krisenmanagement) und
- die kooperative Sicherheit (z. B. Partnerschaften mit UN und EU-Staaten, Verhinderung der Weiterverbreitung von Massenvernichtungswaffen, Rüstungskontrolle).

Smart Defence

Weil die Staaten der NATO ihre Militärhaushalte kürzen müssen und die militärische Handlungsfähigkeit der NATO so eingeschränkt werden könnte, hat der NATO-Generalsekretär Rasmussen dieses Konzept vorgelegt: Jeder Staat soll sich mit seinen finanziellen Möglichkeiten in einem Bereich spezialisieren und so zu einer gegenseitigen Entlastung beitragen.

Wissen im Kontext

Nach dem Ende des Kalten Krieges traten einige ehemalige Warschauer Pakt-Staaten der NATO bei. Mit den übrigen Staaten des ehemaligen Warschauer Pakts hat die NATO die „Partnerschaft für den Frieden" geschlossen. Hat die NATO ihren Job erfolgreich abgeschlossen? Ist sie jetzt überhaupt noch nötig? Viele zweifeln daran. In Anbetracht der Vielzahl internationaler und globaler Herausforderungen kann man nicht davon ausgehen, dass die NATO überflüssig ist. Nötig wurde eine Neuausrichtung, die mit der NATO-Strategie 2010 umgesetzt wurde und in Kooperation mit anderen internationalen Organisationen ausgeführt wird.

Hat die NATO noch eine Daseins-berechtigung?
M 3

Vor allem hinsichtlich einer effektiven Krisenbewältigung greifen die Vereinten Nationen stets auf die Unterstützung der NATO zurück. Da sie selbst auf die friedliche und gewaltlose Beilegung von Konflikten mit Hilfe der Blauhelme beschränkt sind, brauchen die Vereinten Nationen einen Partner, der mit seiner Organisationsstruktur und den vorhandenen Ressourcen das militärische Mandat der Vereinten Nationen übernehmen kann. Die NATO ihrerseits macht ihr Vorgehen in der Regel von den Entscheidungen des Sicherheitsrates der Vereinten Nationen abhängig, holt sich also die nötige Legitimität für ihr Eingreifen. Beide Organisationen bieten außerdem eine Plattform für Diskussionen internationaler Konflikte und Krisen. Die gemeinsame Ausrichtung auf eine friedliche Streitbeilegung als auch der Einsatz für mehr Sicherheit in der Welt bietet die nötige Grundvoraussetzung.

Wie arbeiten UNO und NATO zusammen?
M 1, M 5

Wie auch die Vereinten Nationen, so ist auch die NATO abhängig davon, dass ihr die Mitgliedstaaten Streitkräfte und andere Ressourcen zur Verfügung stellen. Dies hat in jüngster Zeit zu Problemen geführt. Nicht nur finanzielle Engpässe der einzelnen Staaten führen zu Problemen bei der Versorgung, auch die unterschiedlichen Interessenlagen der Mitglieder machen eine gerechte Verteilung der Lasten immer schwieriger. Mitglieder halten sich aus Konflikten heraus (USA in Libyen) und Nicht-Mitglieder spielen plötzlich eine tragende Rolle (Australien in Afghanistan). Ein weiteres Problem zeigt sich darin, dass die NATO eine moderne Ausrüstung braucht, um ihre militärische Handlungsfähigkeit garantieren zu können. Ohne die konsequente und arbeitsteilige Kooperation der Mitgliedstaaten, was natürlich auch das Aufgeben eines Mindestmaßes an Souveränität bedeutet, wird die NATO nicht wirklich funktionieren können.
Außerdem hat sich gezeigt, dass militärische Operationen zum Teil zwar schnell abzuarbeiten sind, aber vor Ort auch einer Nachsorge bedürfen, um nachhaltig Frieden und Sicherheit herzustellen. Am Einsatz in Libyen ist dies besonders deutlich geworden. Und auch wenn der Einsatz in Afghanistan ganz sicher nicht vergleichbar ist, so zeigt sich auch hier, dass die Staaten ihre Truppen jetzt abziehen wollen, ohne dass wirklich davon auszugehen ist, dass das Land die gewünschte Weiterentwicklung macht. Kooperation im Rahmen eines kollektiven Verteidigungssystems verlangen Konsequenz und Verbindlichkeit, die nicht immer von allen Mitgliedsländern in gleichem Maß eingehalten werden.

Welchen Herausforderungen muss sich die NATO stellen?
M 5

7.5 Sicherung des Friedens durch präventive Maßnahmen

M1 Die Millenniumsentwicklungsziele

Millenniumsziele

Am 9. September 2000 verabschiedeten 189 Mitgliedstaaten der Vereinten Nationen (VN) die sogenannte Millenniumserklärung. Diese Erklärung enthält einen Katalog von grundsätzlichen, verpflichtenden Zielsetzungen für alle Mitgliedstaaten der VN. Im Fokus stehen hierbei Armutsbekämpfung, Friedenserhaltung und Umweltschutz.

1. Halbierung der extremen Armut und des Hungers bis zum Jahr 2015
Halbierung des Anteils der Menschen, deren Einkommen weniger als 1 US Dollar pro Tag beträgt und des Anteils der Menschen, die Hunger leiden bis 2015 (Basisjahr 1990)

2. Verwirklichung der allgemeinen Primarschulbildung
Ermöglichen einer Primarschulbildung für alle Kinder dieser Welt bis zum Jahre 2015

3. Förderung der Gleichstellung der Geschlechter und der Stellung der Frau
Beseitigung des Geschlechtergefälles in der Primar- und Sekundarschulbildung, wenn möglich bis 2005 und auf allen Bildungsebenen bis spätestens 2015

4. Senkung der Kindersterblichkeit
Senkung der Sterblichkeitsrate von Kindern unter 5 Jahren um zwei Drittel bis zum Jahr 2015 (Basisjahr 1990)

5. Verbesserung der Gesundheit von Müttern
Senkung der Müttersterblichkeitsrate um drei Viertel bis zum Jahr 2015 (Basisjahr 1990)

6. Bekämpfung von HIV/Aids, Malaria und anderen Krankheiten
Eindämmung von HIV/AIDS, Malaria und anderen schweren Krankheiten bis 2015

7. Sicherung der ökologischen Nachhaltigkeit
Integration der Grundsätze nachhaltiger Entwicklung in einzelstaatliche Politiken und Programme sowie die Umkehrung des Verlusts von Umweltressourcen; Halbierung des Anteils der Menschen, die keinen Zugang zu hygienischem Trinkwasser haben bis 2015; Verbesserung der Lebensbedingungen von mindestens 100 Millionen Slumbewohnern bis 2020

8. Aufbau einer weltweiten Entwicklungspartnerschaft
Unter anderem Weiterentwicklung eines offenen, regelgestützten, berechenbaren und nichtdiskriminierenden Handels- und Finanzsystems; Berücksichtigung der besonderen Bedürfnisse der am wenigsten entwickelten Länder; umfassende Bearbeitung der Schuldenprobleme der Entwicklungsländer; Erarbeitung und Umsetzung von Strategien zur Beschaffung menschenwürdiger und produktiver Arbeit für junge Menschen; Verfügbarkeit von erschwinglichen und unentbehrlichen Arzneimitteln in den Entwicklungsländern durch Zusammenarbeit mit den Pharmaunternehmen; Nutzung der Vorteile neuer Technologien, insbesondere der Informations- und Kommunikationstechnologien, in den Entwicklungsländern.

Bundeszentrale für politische Bildung (Hg.), Die acht „Millenniumsziele" im Überblick, www.bpb.de, Abruf am 15.2.2014

7.5 Sicherung des Friedens durch präventive Maßnahmen

M2 Eine Bilanz ...

Zahl der Unterernährten und ihr Anteil an der Bevölkerung in den Entwicklungsregionen – 1990-2012

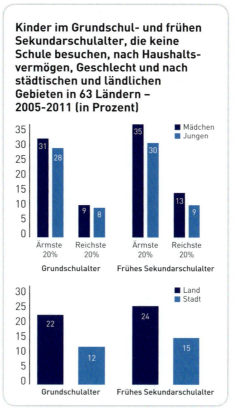

Kinder im Grundschul- und frühen Sekundarschulalter, die keine Schule besuchen, nach Haushaltsvermögen, Geschlecht und nach städtischen und ländlichen Gebieten in 63 Ländern – 2005-2011 (in Prozent)

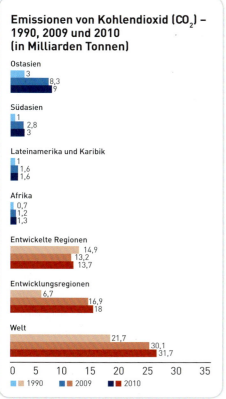

Emissionen von Kohlendioxid (CO_2) – 1990, 2009 und 2010 (in Milliarden Tonnen)

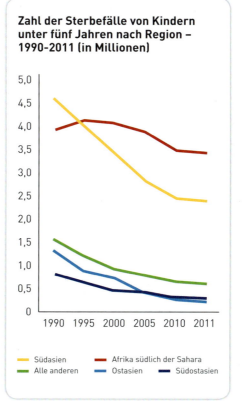

Zahl der Sterbefälle von Kindern unter fünf Jahren nach Region – 1990-2011 (in Millionen)

Quelle: Vereinte Nationen, Millenniums-Entwicklungsziele, Bericht 2013

M3   UN-Vertreter fordern mehr Engagement für Bildung

Malala Yousafazai ist eine Kinderrechtsaktivistin aus Pakistan. 2013 war sie die jüngste Kandidatin für den Friedensnobelpreis.

Würdenträger, Aktivisten und Bildungspolitiker haben vor den Vereinten Nationen die Notwendigkeit betont, mehr in Bildung zu investieren. Sie erinnerten daran, dass die Initiative „Bildung für alle" sich letztes Jahr als Ziel gesetzt hat, allen Grundschulkindern den Zugang zu einer qualitativen Ausbildung zu ermöglichen. „Unsere Bemühungen tragen die ersten Früchte", erklärte Generalsekretär Ban Ki-moon in einem Videostatement zum ersten Jahrestag der Initiative „Bildung für alle". Bildung gewinne wieder an Bedeutung auf der globalen Agenda. In Konflikt- und Entwicklungsregionen, wo 50 Prozent aller Kinder ohne Bildung leben, gebe es neue Erfolge. „Wir müssen aber noch viel mehr tun", betonte Ban. Länder, die einen Bildungsmangel haben, bräuchten eine klare politische Führung und mehr finanzielles Engagement für das Bildungswesen. Die Hilfsgelder seien zum ersten Mal in einem Jahrzehnt zurückgegangen. „Das muss dringend geändert werden", sagte der Generalsekretär.

Die Veranstaltung fand am Rande der jährlichen hochrangigen Debatte der Generalversammlung statt. Auch Malala Yousafazai war dabei. Das pakistanische Mädchen war von Taliban in den Kopf geschossen worden, als sie für die Schulrechte der Mädchen in ihrem Land plädierte. „Statt Waffen und Soldaten sollte man Bücher und Lehrer in die Länder schicken, die von Terrorismus bedroht sind", sagte die 16-jährige.

UNRIC, UN-Vertreter fordern mehr Engagement für Bildung, www.unric.org, 26.9.2013

M4   Ukraine – UNICEF schützt Straßenkinder vor HIV/Aids

UNICEF

UNICEF ist das Kinderhilfswerk der Vereinten Nationen (UN). Jedes Kind auf der Welt hat das Recht auf eine Kindheit – wir sind dafür da, dass aus diesem Recht Wirklichkeit wird. UNICEF wurde 1946 gegründet und hilft Kindern in rund 150 Ländern. Gemeinsam mit vielen Unterstützern und Partnern versorgt UNICEF jedes dritte Kind weltweit mit Impfstoffen, stattet Schulen aus und setzt sich politisch ein – zum Beispiel für wirksame Kinderschutzgesetze.

Deutsches Komitee für UNICEF e.V., Gemeinsam ändern wir die Welt für Kinder, www.unicef.de

Artem ist ziemlich zäh. Ganz allein kämpfte er sich auf den Straßen von Odessa durch, nachdem ihn seine alkoholkranke Mutter immer wieder geschlagen und schließlich davongejagt hatte. Anders als viele Kinder in seiner Situation hat der Vierzehnjährige überlebt, ohne drogenabhängig zu werden und ohne sich mit HIV/Aids zu infizieren. Er verkaufte Zeitungen, um etwas Geld zu verdienen. So schaffte er es zwei Jahre lang, zu überleben. Dann fanden ihn die Sozialarbeiter von „Way home", einem von UNICEF unterstützten Straßenkinderzentrum in Odessa. Hier erhält Artem zu Essen, er hat einen geschützten Schlafplatz und kann Lesen und Schreiben lernen. Er ist in Sicherheit. [...] Obdachlose Kinder wie Artem auf der Straße zu sehen ist in der Ukraine keine Seltenheit. Jeder dritte Ukrainer lebt unterhalb der Armutsgrenze, das Land hat den Zusammenbruch der ehemaligen Sowjetunion noch immer nicht verkraftet. Viele Kinder fliehen vor der Armut und der Gewalt in ihren zerrütteten Familien auf die Straße. Dort geraten viele ins Drogenmilieu und gehen auf den Strich. Ohne Betreuung sind sie hier Krankheiten wie HIV/Aids, Gewalt und Missbrauch schutzlos ausgeliefert. Besonders gefährdet sind junge, drogenabhängige Frauen. Auch außerhalb des Drogenmilieus stecken sich immer mehr junge Frauen bei ihren Partnern an: Nirgendwo in Europa sind mehr Menschen mit HIV infiziert als in der Ukraine. 440.000 Menschen sind es insgesamt, davon mehr als die Hälfte Frauen. Dadurch steigt die Zahl der Neugeborenen, die sich bereits im Mutterleib mit dem Virus infizieren. Besonders junge Mütter aus schwierigen sozialen Verhältnissen erhalten bisher kaum Hilfe; vielerorts wird HIV-infizierten Schwangeren die Betreuung sogar ganz verweigert. Die medizinische Versorgung HIV-positiver Kinder ist katastrophal – überall fehlt es an Medikamenten und qualifiziertem Personal.

Deutsches Komitee für UNICEF e.V., Ukraine: UNICEF schützt Straßenkinder vor HIV/Aids, www.unicef.de, Abruf am 1.3.2014

M5 UNRIC-Kampagne

2011 Sag nein zur Gewalt gegen Frauen

© *United Nations, UNRIC-Kampagnen, www.unric.org, Abruf am 2.3.2014*

UNRIC-Kampagnen
Um die Menschen in Europa über die Arbeit der UNO zu informieren, aber auch um sie daran zu beteiligen, organisiert das Regionale Informationszentrum der Vereinten Nationen für Westeuropa (UNRIC) seit 2007 jedes Jahr eine öffentliche Kampagne. Dafür wird das jeweils wichtigste UNO-Thema des Jahres ausgewählt.

Aufgaben

1. Erläutern Sie, inwiefern sich in den Millenniumsentwicklungszielen (M 1) der Begriff des positiven Friedens (M 4, Kap 7.2, S. 199) wieder findet.
2. Werten Sie die Daten in M 2 aus und beurteilen Sie die jeweilige Entwicklung.
3. In M 3 und M 4 werden konkrete Beispiele für Maßnahmen der Vereinten Nationen zur Erfüllung der Millenniumsziele gezeigt: Beurteilen Sie die Erfolgsaussichten dieser Aktionen und machen Sie eigene Vorschläge.
4. Recherchieren Sie weitere Aktionen der Vereinten Nationen zu den Millenniums-Entwicklungszielen. Berichten Sie in Ihrem Kurs darüber.
5. Mit den Aktionen in M 3 – M 5 will man über die Arbeit der Vereinten Nationen aufklären. Verfassen Sie einen Beitrag für Ihre lokale Zeitung, in dem Sie die Arbeit der Vereinten Nationen vorstellen (Zielsetzung, Maßnahmen, Chancen und Grenzen). Machen Sie außerdem Vorschläge für eine nachhaltige Öffentlichkeitsarbeit und begründen Sie deren Notwendigkeit.

H Aufgabe 4
Gehen Sie in Ihrem Bericht auf folgende Kriterien ein: Zielgruppe und Zielsetzung, Land, aktueller Status quo, zur Verfügung stehende Artikel, etc.

Wissen kompakt

Millenniums-Entwicklungsziele – Allgemeines

Die Millenniums-Entwicklungsziele (Millennium Development Goals, MDGs) der Vereinten Nationen sind acht Entwicklungsziele für das Jahr 2015, die im Jahr 2001 von einer Arbeitsgruppe aus Vertretern der Vereinten Nationen, der Weltbank, des Internationalen Währungsfonds und des Entwicklungsausschusses der OSZE (Organisation für Sicherheit und Zusammenarbeit in Europa) formuliert worden sind.

Sie entstanden aus den Vorgaben der sogenannten UN-Millenniumserklärung, die auf der Millenniumskonferenz der VN im September 2000 beschlossen wurde.

Die acht Entwicklungsziele umfassen die Bereiche Armut und Hunger, Schulbildung, Gleichstellung, Kinder- und Mutterschutz, HIV/AIDS, Nachhaltigkeit und globale Partnerschaften. Jährlich muss der Generalsekretär eine Bilanz zu den Entwicklungsfortschritten abgeben.

Millenniums-Entwicklungsziele Finanzierung

Insgesamt stehen weniger Hilfsgelder bereit: 2012 betrugen die Nettohilfezahlungen an die Entwicklungsländer insgesamt 126 Milliarden Dollar. Damit sanken sie gegenüber 2011 um 4 Prozent, nach einem Rückgang im Vorjahr um 2 Prozent. Davon waren die am wenigsten entwickelten Länder unverhältnismäßig stark betroffen, und für sie sank die öffentliche Entwicklungshilfe 2012 um 13 Prozent auf rund 26 Milliarden Dollar.

Millenniums-Entwicklungsziele Bericht 2013 – Erreichtes und Unerreichtes

In einigen Bereichen der Millenniumsentwicklungsziele sind deutliche Fortschritte erkennbar: So konnte laut Millenniumsentwicklungsbericht von 2013 beispielsweise der Anteil der in extremer Armut lebenden Menschen weltweit halbiert werden. Der Anteil der unterernährten Menschen sank weltweit von 23,2 Prozent im Zeitraum 1990-1992 auf 14,9 Prozent im Zeitraum 2010-2012. Die Zielvorgabe, den Anteil der Bevölkerung, der an Hunger leidet, bis 2015 zu halbieren, scheint erreichbar. Doch noch immer ist ein Achtel der Weltbevölkerung chronisch unterernährt. Der Anteil der Slumbewohner in den Städten und Metropolen der Entwicklungsländer sinkt. Zwischen 2000 und 2010 erlangten über 200 Millionen Slumbewohner, deutlich mehr als die Zielvorgabe von 100 Millionen, Zugang zu verbesserten Wasserquellen, Sanitäreinrichtungen, fester Unterkunft oder ausreichendem Wohnraum. Die globalen Treibhausgasemissionen steigen immer schneller an und liegen heute um mehr als 46 Prozent über dem Stand von 1990. Ein weiteres Problem ist die Überfischung der Meere, wodurch die Erträge sinken.

Mit 51 Sterbefällen je 1.000 Lebendgeburten im Jahr 2011 (1990: 87) ist die Sterblichkeitsrate von Kindern unter fünf Jahren weltweit um 41 Prozent gefallen. Um jedoch der Zielvorgabe, die Kindersterblichkeit bis 2015 um zwei Drittel zu senken, zu erreichen, muss noch mehr unternommen werden. Zwischen 2000 und 2011 sank die Zahl der Kinder, die keine Schule besuchen, von 102 Millionen auf 57 Millionen und damit um fast die Hälfte. Trotzdem ist die Einhaltung der Zielvorgabe, bis 2015 die allgemeine Grundschulausbildung zu erreichen, noch nicht gesichert. Der Zugang zu Therapien und Wissen zur HIV-Prävention müssen noch ausgeweitet werden. Während Neuinfektionen sanken, waren Ende 2011 schätzungsweise 34 Millionen Menschen HIV-positiv. Die Millenniumszielvorgabe des allgemeinen Zugangs zu Therapien für alle, die sie benötigen, bis 2010 wurde verfehlt, ist aber beim derzeitigen Trend bis 2015 noch erreichbar. Um die HIV-Ausbreitung weiter einzuschränken, ist jedoch der Wissensstand über den Virus und die zur Übertragungsprävention immer noch zu gering.

Wissen im Kontext

In Artikel 1 der VN-Charta haben sich alle Mitgliedstaaten zum Ziel gesetzt, „internationale Probleme wirtschaftlicher, sozialer, kultureller und humanitärer Art zu lösen". Das ist die Grundlage für vielfältige entwicklungspolitische Aktivitäten. Mithilfe einer Vielzahl von Sonderorganisationen können sich die Vereinten Nationen unterschiedlichen Problemen der globalen Entwicklung annehmen. Besonders bekannt sind beispielsweise die Welternährungsorganisation (FAO), die Weltgesundheitsorganisation (WHO), die Organisation für Erziehung, Wissenschaft und Kultur (UNESCO), der Internationale Währungsfonds (IMF) oder die Welthandelsorganisation (WTO). Ausgebrochene Konflikte, Unruhen und Kriege sind in der Regel schwer in den Griff zu bekommen und kosten, nicht zuletzt wegen der modernen Kriegsführung, enorm viele Menschenleben. Und genau darin sehen auch die Vereinten Nationen ihre besondere Aufgabe und Chance zugleich. Wirtschaftliche und soziale Entwicklungshilfe sollen dazu beitragen, dass die Lebensstandards der Menschen in bestimmten Regionen der Erde wesentlich verbessert werden. So versuchen die Vereinten Nationen zum Beispiel, durch eine bessere Gesundheitsversorgung, mehr Bildung und landwirtschaftliche und/oder industrielle Entwicklung für mehr Sicherheit und Zufriedenheit zu sorgen. Ein wichtiger Bestandteil der Arbeit der UNO besteht also darin, globale Probleme aufzuzeigen und für eine sinnvolle Entwicklungspolitik zu werben und zu sorgen.

Wie können die Vereinten Nationen präventiv für mehr Sicherheit und Frieden sorgen?
M 1, M 3, M 4

Wie die Ergebnisse aus der Bilanz zu den Millenniums-Entwicklungszielen zeigen, sind in einigen Bereichen schon deutliche Fortschritte zu erkennen. Doch in einigen zentralen Bereichen können wohl nicht alle Entwicklungsziele bis 2015 erreicht werden. Die Gründe dafür sind vielschichtig: Die Ausgaben, das Interesse und den aktiven Einsatz für Entwicklungshilfeprojekte kontinuierlich auf gleich hohem Level zu halten, ist schwierig und abhängig von den einzelnen Mitgliedstaaten, die ihre Ausgaben für solche Projekte natürlich auch vor ihren nationalen Parlamenten rechtfertigen müssen. Ein besonders großes Problem ist, dass die Vereinten Nationen bei ihren entwicklungspolitischen Aktivitäten vor allem von den freiwilligen Leistungen der Mitgliedstaaten abhängig sind, wodurch ihnen natürlich Planungssicherheit fehlt. So besteht eine zentrale Aufgabe der Vereinten Nationen darin, die Mitgliedstaaten stets auf ihre Verantwortung hinzuweisen und deren dauerhaften Einsatz einzufordern. Letztendlich kann die Organisation aber niemanden zwingen oder mit Sanktionen drohen.

Wie wirkungsvoll ist das Vorgehen der Vereinten Nationen?
M 2

Mit einem größeren und vor allem verlässlicheren finanziellen Spielraum könnten die Vereinten Nationen sicherlich noch mehr bewirken. Die Vereinten Nationen hängen bei ihren Programmen und Vorhaben immer von der Unterstützung und dem Wohlwollen der zahlenden Mitglieder ab und können folglich nur so erfolgreich sein, wie es die Mitglieder ermöglichen.
Ein weiterer Punkt ist das System der VN-Entwicklungspolitik. Hierzu gehört eine Vielzahl von Organisationen. Diese besser zu koordinieren und somit effektiver zu machen, ist das Ziel intensiver Reformprozesse.

Wie könnte die Organisation erfolgreicher sein?
M 1 – M 5

Methode

Analyse von Film- und Videobeiträgen

Filme und Videos sind aus der modernen Mediengesellschaft nicht mehr weg zu denken und werden über verschiedenste Medien (Kino, Fernsehen, Internet, Computer ...) konsumiert. Aber der Konsum beeinflusst gleichzeitig und wirkt meinungsbildend.

Lehrkräfte in fast allen Fächern nutzen filmisches Material entweder zur Veranschaulichung, zur Analyse oder als eigenes Ausdrucksmittel der SchülerInnen.

Im Folgenden finden Sie einen Leitfaden, mit dem Sie filmisches Material genauer unter die Lupe nehmen können. Es geht darum, Sie dafür zu sensibilisieren, wie stark Filme und Videos unsere Wahrnehmung von den dargestellten Inhalten beeinflussen, und Ihre Urteilsfähigkeit im Umgang mit diesem Material zu schärfen.

I. Annäherung an das Material

1. Wie lautet die Kernaussage des Films/des Videos?
2. Gibt es weitere, wesentliche Aussagen?
3. Welche Themen/Fragen/Konflikte/Probleme werden behandelt?

II. Analyse des Inhalts

4. Wie werden die Inhalte dargestellt?
   - Wird ein bestimmter Ort/eine Region behandelt? (Lokalisierung)
   - Werden (historische) bedeutende Persönlichkeiten gezeigt? (Personalisierung)
   - Werden (historische) ‚Durchschnittsbürger' gezeigt? (Personifizierung)
   - Gibt es Sympathieträger? Welche? Warum wirken diese sympathisch?
   - Auf welche Quellen stützt sich der Film? (schriftliche Quellen, historische Orte, ExpertInnen, ZeitzeugInnen)
   - Wie werden vergangene Ereignisse in den Film eingebunden? (durch nachgestellte Spielszenen, durch Erzählungen bzw. Berichte der Ereignisse von Zeitzeugen, durch Erzählungen bzw. Berichte eines Sprechers)
5. Welche Inhalte werden betont? Werden Inhalte vernachlässigt?
6. Transportieren die Bilder Informationen oder illustrieren sie nur? Wie wichtig ist das gesprochene Wort?

III. Analyse der medienspezifischen Formen

7. Zur Dramaturgie:
   a. Gibt es dominierende Bilder/Bildfolgen? Wie wirken diese?
   b. Welche Geräusche werden warum eingesetzt? (nachträglich im Studio erzeugt oder hinzugefügt/Originalgeräusche)
   c. Welche Funktion erfüllt die Musik? (z. B. Spannung erzeugen)
   d. Welche Funktion erfüllen die gesprochenen Kommentare? (vorgetragene Quellentexte, Kommentar eines Sprechers im Bild, Kommentar eines Sprechers aus dem Off)
      Interpretiert (präsentiert oder verändert) der Kommentar die bildliche Information?

8. Zu den filmischen Mitteln: Beschreiben Sie ...
   a. die Kameraführung (Einstellungsgrößen, Perspektive),
   b. die Lichtgestaltung,
   c. die Blendtechniken.
9. Welche Wirkung erzielen diese Mittel jeweils?

IV. Analyse der Intention des Autors

10. Auf welche Weise informiert der Dokumentarfilm die ZuschauerInnen? Finden Sie Beispiele für besonders informierende Passagen.
11. Ist die Darstellung eher objektiv oder subjektiv? Sammeln Sie Beispiele!
12. Werden die Sachverhalte differenziert oder (zu) stark vereinfacht, schwarz-weiß dargestellt?
13. Spricht der Film die Emotionen der ZuschauerInnen besonders an? Weshalb? Welche Emotionen entstehen in welchen Szenen (z. B. Mitleid, Angst, Empörung)?
14. Wie ist das Verhältnis zwischen der emotionalen und der informierenden Ebene? Dominiert eine der beiden?
15. Welche (politischen, moralischen, religiösen, ideologischen) Ansichten oder Urteile werden (offen oder versteckt) vermittelt?

V. Stellungnahme zum Film

16. Ihre persönliche Meinung zum Film:
    a. Fühlen Sie sich angesprochen/betroffen? Warum?
    b. Was gefällt Ihnen weniger?
    c. Wie, glauben Sie, kommt der Film bei den meisten ZuschauerInnen an?
17. Was wollte die Autorin/der Autor mit dem Film erreichen?

Nach: Britta Wehen-Behrens, Leitfaden für Schülerinnen und Schüler – Analyse einer geschichtlichen (oder politischen) Dokumentation, www.staff.uni-oldenburg.de, Abruf am 14.3.2014

Aufgabe

Es gibt online eine Vielzahl von Quellen, die frei zugängliches Film- und Videomaterial zu verschiedensten Themen dieses Lehrwerks und vor allem auch zu diesem Kapitel anbieten. Recherchieren Sie dafür z. B. auf den Internetseiten folgender Anbieter:
- Bundeszentrale für politische Bildung (bpb)
- Planet-Schule
- Bayerischer Rundfunk (br) oder
- FWK Institut für Film und Bild (fwu).

Wählen Sie auf den entsprechenden Homepages ein Video zu den Inhalten dieses Kapitels bzw. dieses Lehrwerkes aus. Untersuchen Sie das Gesehene nach dem oben angegebenen Leitfaden und stellen Sie Ihre Ergebnisse dem Kurs abschließend vor.

Kompetenzen anwenden

Friedenseinsätze – vier Paradoxa

1. Militärische Friedenseinsätze werden immer umfangreicher ... ihre Wirkung nimmt jedoch ab.

Von den derzeit eingesetzten 120.000 Peacekeepern der UN sind knapp über 80.000 Soldaten – der Rest setzt sich aus Militärbeobachtern, Polizisten und Zivilpersonal zusammen.
Das zeigt, dass sich die UN nach wie vor in erster Linie auf die militärische Komponente stützen, um Gewalt zu verhindern oder – im Extremfall – Stabilität durch den Einsatz von Waffengewalt zu bewahren. [...]
Die Gesamtzahl der weltweit stationierten UN-Truppen scheint im Vergleich zu den 130.000 NATO-Soldaten allein in Afghanistan gering. Diese Mission soll in den nächsten Jahren jedoch reduziert werden. Zu den weiteren großen, nicht-UN-geführten militärischen Friedenseinsätzen gehören die NATO-Truppe im Kosovo (KFOR) und die wachsende Präsenz der AU in Somalia (AMISOM). Ein starkes Militäraufgebot bedeutet allerdings nicht, dass die Truppen regelmäßig Gewalt anwenden. [...]
Militärische Einsätze sind auch nicht zwangsläufig effektiver. Vielen UN-Truppen [...] fehlt es an notwendiger Ausrüstung und Ausbildung, um in schwierigem Gelände operieren zu können oder es mit schwer bewaffneten Gegnern aufzunehmen.
Der Einsatz von Polizeikräften zur Friedenssicherung wird gelegentlich als Alternative zum Militär betrachtet. Tatsächlich gibt es hier jedoch deutliche operative Grenzen. Im Januar 2005 lag die Zahl der UN-Polizeikräfte bei 6.800, heute sind 14.000 im Einsatz.
Auch die EU und die AU haben in Friedenskonsolidierung durch Polizeikräfte investiert. Die Qualität der internationalen Polizeikräfte ist allerdings sehr unterschiedlich. Bei einer internen Untersuchung stellte sich kürzlich heraus, dass zwei Drittel der geschlossenen Polizeieinheiten der UN nicht einmal die Grundanforderungen für einen Einsatz erfüllten.

Richard Gowan, Zentrum für Internationale Friedenseinsätze (ZIF), www.zif-berlin.org, Abruf am 1.2.2014

2. Friedenseinsätze sind billig ... aber trotzdem zu teuer.

Manchen Regierungen ist der gegenwärtige Umfang des UN-Peacekeeping zu teuer, obwohl UN oder AU-Missionen deutlich weniger kosten als westliche Interventionen (die Kosten der Entsendung eines UN-Peacekeepers betragen nur 20 % von denen eines NATO-Soldaten).
Die nachhaltige Stabilisierung fragiler Staaten bringt zudem mittelfristig erhebliche finanzielle Vorteile mit sich. Der Weltentwicklungsbericht von 2011 zeigt, dass die durchschnittlichen Kosten eines Bürgerkriegs dem BIP-Wachstum eines mittelgroßen Entwicklungslandes über 30 Jahre entsprechen und Friedenseinsätze diese finanziellen Verluste deutlich reduzieren können.
Die größten Geldgeber für UN-Einsätze – die USA, die Mitgliedstaaten der EU und Japan – müssen jedoch die Ausgaben für die Friedenssicherung mit nationalen Sparzwängen in Einklang bringen. Der UN-Peacekeeping-Haushalt beträgt jährlich 7–8 Milliarden US Dollar, und die westlichen Länder leisten auch noch erhebliche finanzielle Beiträge zu den Einsätzen von AU, NATO und EU.

Ebd.

3. Alle Friedenseinsätze sind politisch ... aber nicht alle folgen wohldurchdachten Strategien und nur wenige Peacekeeper sind gute Politiker.

Angesichts der operativen und finanziellen Probleme im Zusammenhang mit großen Friedenseinsätzen weisen Experten immer wieder auf die Notwendigkeit von „politischen Lösungen" hin. Einige vertreten die Auffassung, dass [...] Missionen entsandt wurden, ohne dass eine politische Einigung vorhanden oder in Sicht gewesen sei. Innerhalb der Vereinten Nationen wächst daher das Interesse an politischen Missionen als einer flexiblen Alternative zum Peacekeeping. Selbst im Rahmen umfangreicher Friedenseinsätze liegt der Schwerpunkt immer häufiger auf Mediation und präventiver Diplomatie als auf militärischen Mitteln. [...] Auch die NATO flankiert ihr militärisches Vorgehen gegen die Taliban mit Gesprächsangeboten. Es klafft allerdings eine Lücke zwischen dem Glauben an politische Lösungen und der Fähigkeit des internationalen Führungspersonals, solche Lösungen zu entwerfen und umzusetzen. Vielen Peacekeepern fehlt es an Regionalexpertise oder sie sind mit der Organisation großer Einsätze überfordert. Wo sich Möglichkeiten der Mediation ergeben, werden allzu oft Repräsentanten unterschiedlicher Organisationen aktiv und agieren häufig im Widerspruch zueinander.

Ebd.

4. Friedenseinsätze fördern Demokratie und Gerechtigkeit ... aber Demokratie und Gerechtigkeit fördern nicht immer den Frieden.

Es herrscht keineswegs Einigkeit darüber, auf welchen Werten die politischen Konfliktlösungen beruhen sollten. Im letzten Jahrzehnt wurde den UN immer wieder vorgeworfen, in Post-Konflikt-Ländern eine westliche Agenda mit starker Fokussierung auf Demokratie, Menschenrechte und Völkerrecht zu verfolgen, statt auf die vor Ort herrschenden Machtverhältnisse einzugehen. In einigen Fällen mussten Missionen Kompromisse eingehen, um Friedensprozesse nicht zu gefährden. Im Sudan etwa kooperierte die UN mit Präsident Bashir trotz dessen Anklage wegen Völkermordes in Darfur durch den Internationalen Strafgerichtshof (IStGH). Im Kosovo unterstützt die EU die lokale Regierung und muss gleichzeitig hohe Beamte wegen Korruptionsvorwürfen festnehmen. Manche Experten sind der Meinung, dass man von westlichen Modellen der Friedenskonsolidierung abrücken und einen pragmatischeren Ansatz verfolgen solle. Wenn jedoch Menschenrechte und Gerechtigkeit außer Acht gelassen werden, so könnte dies nicht nur langfristig destabilisierend wirken, sondern auch in der Öffentlichkeit auf Ablehnung stoßen.

Ebd.

Aufgaben

1. Erklären Sie in eigenen Worten das jeweilige Paradoxon.
2. Erschließen Sie arbeitsteilig für jedes Paradoxon Problemstellungen für die Zukunft.
3. Beurteilen Sie anschließend die Wahrscheinlichkeit, dass diese Probleme in den Griff zu bekommen sind. Begründen Sie Ihre Aussage.
4. Machen Sie eigenständige Lösungsvorschläge für diese Herausforderungen.

Hinweis

Hilfen zur Bearbeitung der Aufgaben finden Sie ab S. 264.

T1 ## Merkel: Weltklimavertrag muss bis 2015 stehen

Berlin (dpa) – Bundeskanzlerin Angela Merkel (CDU) hat an die Weltgemeinschaft appelliert, bis 2015 einen für alle Staaten verbindlichen Vertrag zur Treibhausgas-Reduzierung abzuschließen. «Warten ist keine Option», sagte Merkel beim Petersberger Klimadialog in Berlin. Die Konferenz mit rund 35 Staaten sollte den UN-Klimagipfel Ende des Jahres in Polen vorbereiten. [...] Erklärtes Ziel ist es, ein Abkommen zu erzielen, das für die über 190 am UN-Klimaprozess beteiligten Staaten verbindliche Minderungsziele festlegt. Geplant ist, dass ein solcher Weltklimavertrag bis 2020 in Kraft treten soll.

dpa, Merkel: Weltklimavertrag muss bis 2015 stehen, www.ksta.de, 6.5.2013

T3 ## Deutsche Firmen lieferten bis 2011 Chemikalien nach Syrien

München – Bis zum Beginn des Bürgerkrieges im Frühjahr 2011 haben deutsche Unternehmen etwa 360 Tonnen Chemikalien nach Syrien geliefert. Die Stoffe konnten auch zur Herstellung von Nervengasen verwendet werden. Das geht aus einer am Montag veröffentlichten Aufstellung des Bundeswirtschaftsministeriums hervor. Vor zwei Wochen hatte die Behörde aufgrund einer parlamentarischen Anfrage der Linkspartei mitgeteilt, in den Jahren 2002 bis 2006 seien insgesamt 134 Tonnen Chemikalien aus Deutschland nach Syrien geliefert worden. Jetzt liegt eine Liste für den Zeitraum zwischen 1998 und 2011 vor. [...] Für eine Verwendung der Chemikalien bei der Produktion von Chemiewaffen gibt es keinen Beleg. Völlig ausschließen lassen sich allerdings die brisanten Verbindungen nicht. Das Ministerium erklärte, die Substanzen seien für die Schmuckindustrie, zur Fluorierung von Trinkwasser und auch zur Herstellung von Zahnpasta exportiert worden. [...] Ein Sprecher eines der in den Fall verwickelten Unternehmen sagte auf Anfrage, es gebe ‚keinen Zweifel, dass die Lieferung für zivile Zwecke bestimmt' war.

Hans Leyendecker, „Zivile Verwendung", Süddeutsche Zeitung, 1.10.2013, S. 6

T2 ## Europäische Union einigt sich auf neues Asylrecht

Die EU-Innenminister billigten am Freitag in Luxemburg ein Gesetzespaket zur Reform der europäischen Asylpolitik. Fünf Rechtstexte sollen sicherstellen, dass Verfolgte überall in der EU dieselben Regeln vorfinden und besseren Schutz erhalten. [...] Asylverfahren werden verkürzt und sollen in der Regel nur noch sechs Monate dauern. Der Schutz für Minderjährige wird erhöht, Bewerber erhalten bessere Einspruchsrechte in ihrem Verfahren. Nach wie vor sind Asylanträge in dem Land zu bearbeiten, in dem der Bewerber erstmals in die EU einreist (Dublin-Verordnung). EU-Innenkommissarin Cecilia Malmström geht davon aus, dass Asylverfahren künftig «fairer, schneller und besser» entschieden werden können. Im vergangenen Jahr wurden 330 000 Asylanträge in der EU gestellt.

dpa, Europäische Union einigt sich auf neues Asylrecht, www.augsburger-allgemeine.de, 7.6.2013

T4 ## Niebel* will Pferdefleisch an Arme verteilen

Berlin – Soll die zurückgezogene Lasagne mit Pferdefleisch an Arme verteilt werden? Ja, sagt Entwicklungsminister Dirk Niebel. „Über 800 Millionen Menschen weltweit hungern. Und auch in Deutschland gibt es leider Menschen, bei denen es finanziell eng ist, selbst für Lebensmittel", sagte der FDP-Politiker der „Bild"-Zeitung. „Ich finde, da können wir hier in Deutschland nicht gute Nahrungsmittel einfach wegwerfen." Damit spricht sich erstmals ein prominenter Politiker für den Vorschlag aus. [...] Der Vorschlag löste Empörung aus, Hilfsorganisationen lehnen den Vorstoß als „respektlos gegenüber Bedürftigen" ab. Die Evangelische Kirche (EKD) warnte allerdings vor der voreiligen Vernichtung der Pferde-Lasagne. Prälat Bernhard Felmberg sagte: „Lebensmittel zu vernichten, die ohne Risiko genießbar wären, ist ähnlich schlimm wie Etikettenschwindel."

heb, AFP, Lebensmittelskandal: Niebel will Pferdefleisch an Arme verteilen, www.spiegel.de, 23.2.2013

* Dirk Niebel (FDP) war 2009-2013 Bundesminister für wirtschaftliche Zusammenarbeit und Entwicklung im Kabinett Merkel.

8

Herausforderungen für die nationale Politik in einer globalisierten Welt

Ist die Bundesrepublik Deutschland den Herausforderungen einer globalisierten Welt gewachsen? Kann nationale Politik Frieden, Sicherheit und Wohlstand weltweit herstellen? Sie kann es sicher nicht im Alleingang, denn dafür reicht der Arm der deutschen Außenpolitik nicht weit genug. Auch wenn das Wirtschaftsmagazin Forbes die deutsche Bundeskanzlerin wiederholt als mächtigste Frau der Welt bezeichnet – die Bundesregierung braucht zur Bewältigung der Eurokrise, zur Bekämpfung des Klimawandels oder zur Eindämmung des Syrienkonflikts Gleichgesinnte und Mitstreiter. Und sie muss ihre Positionen und Maßnahmen ihrem Volk, den Wählerinnen und Wählern, plausibel machen. Das folgende Kapitel zeigt Ihnen, welche Akteure und Interessen in der deutschen Außenpolitik mitreden, und wie versucht wird, die drängendsten globalen Probleme nicht nur national, sondern auch auf einer höheren, supranationalen Ebene anzugehen.

Am Ende des Kapitels sollten Sie Folgendes können:

- Akteure, Einflussfaktoren und Handlungsfelder der deutschen Außenpolitik erkennen
- außenpolitische Ziele und Interessen analysieren
- Bedingungen, Dimensionen und Folgen von Globalisierung erklären
- Möglichkeiten und Grenzen von Mehrebenenpolitik beurteilen
- die Notwendigkeit globalen Handelns angesichts globaler Herausforderungen bewerten

Was Sie schon wissen ...

Teilen Sie sich die Zeitungsberichte auf Kleingruppen auf.

1. Erschließen Sie für Ihren Text den außenpolitischen Sachverhalt, die beteiligten Akteure und deren Interessen. Stellen Sie anschließend Ihre Ergebnisse im Kurs vor.
2. Erstellen Sie Ihre persönliche Prioritätenliste der fünf wichtigsten außenpolitischen Themen: z. B. Weltwirtschaft, Klimawandel, Energie, Europäische Integration, Weltfrieden, Terrorismus, Rüstung, soziale Ungerechtigkeit, Migration, ... (Ergänzen Sie weitere Themen).

8.1 Deutsche Außenpolitik – Akteure und Einflussfaktoren

M1   Ein Staatsbesuch aus Russland ...

Wladimir Putin bei einer „Femen-Attacke" am 8.4.2013 in Hannover

Nichtregierungsorganisationen in Russland
Im Frühjahr 2013 sorgten Razzien russischer Behörden bei Nichtregierungsorganisationen für Irritationen und internationalen Protest. Betroffen waren auch die deutsche Konrad-Adenauer-Stiftung und die Friedrich-Ebert-Stiftung. Im Sommer 2012 wurden NGOs per Gesetz in Russland als „ausländische Agenten" bezeichnet und durch Kontrollen schikaniert. Mehr als 100 Organisationen, darunter Amnesty International, wurden bereits kontrolliert und in ihrem Handlungsspielraum eingeschränkt.

Für Angela Merkel, die ihre Worte stets mit Bedacht wählt, und lieber einmal zu viel abwartet, ehe sie mit unüberlegten Handlungen vorprescht, war es eine deutliche Ansage. Bereits am Sonntagabend hatte die Kanzlerin bei der Hannover Messe, die Merkel gemeinsam mit dem russischen Präsidenten Wladimir Putin eröffnete, auf eine aktive Zivilgesellschaft in Russland gedrungen. Die beiderseitige Zusammenarbeit „gelingt dann am besten, wenn es eine aktive Zivilgesellschaft gibt", sagte Merkel. Wichtig sei dabei auch, Nichtregierungsorganisationen „eine gute Chance" zu geben.
Am Montag, bei einer gemeinsamen Pressekonferenz, wiederholte Merkel ihre Kritik sogar noch einmal. „Es geht darum, so habe ich es für uns deutlich gemacht, dass die NGOs gut und frei arbeiten können", sagte die Kanzlerin. Und weiter: „Natürlich ist es eine Störung und ein Eingriff, wenn Festplatten einfach kontrolliert werden."
Das ist deutlich. So deutlich, dass Merkel sogar ein Lob von Menschenrechtlern bekam: Merkel könne „nach unserem Geschmack noch kräftiger sprechen, aber es ist doch immerhin ein Anfang", sagte etwa Wenzel Michalski, der Direktor der Menschenrechtsorganisation Human Rights Watch Deutschland, im Deutschlandradio Kultur. Er hoffe, „dass sich auch andere europäische Staatschefs da eine Scheibe abschneiden". [...]
Putins Deutschland-Besuch fällt in eine Zeit politischer Verstimmung zwischen beiden Staaten. In den vergangenen Tagen und Wochen waren in Russland Hunderte Nichtregierungsorganisationen von der Staatsanwaltschaft und anderen Behörden kontrolliert worden. Betroffen waren auch Büros der SPD-nahen Friedrich-Ebert-Stiftung sowie der CDU-nahen Konrad-Adenauer-Stiftung.
Bereits am Sonntag hatte es deshalb

in Hannover Proteste gegen das russische Vorgehen gegeben. Der so kritisierte russische Präsident Putin verteidigte auf der Messe das Gesetz zur Kontrolle von Nichtregierungsorganisationen aus dem Ausland. Ähnliche Gesetze wie in Russland gebe es auch in anderen Ländern, zum Beispiel in den USA. Seine Regierung müsse einen Überblick über die finanzielle Unterstützung russischer NGOs haben, so Putin. In den ersten vier Monaten des Jahres seien mehrere Milliarden Euro aus dem Ausland an russische NGOs geflossen, das sei „besorgniserregend".

Sowohl Merkel als auch Putin spielten einen Zwischenfall während des traditionellen Messerundgangs herunter. Drei barbusige Demonstrantinnen hatten Putin als Diktator beschimpft. „Wir sind ein freies Land, und man kann demonstrieren", sagte Merkel, die allerdings den Ort der Aktion kritisierte. „Ob man in Deutschland zu einer solchen Notmaßnahme greifen muss, daran habe ich meine Zweifel." Ihm habe die Aktion der Frauen „gefallen", sagte der russische Präsident. „Ich sehe darin nichts Schreckliches. Aber wenn man eine politische Diskussion will, müsste das auch angekleidet gehen." Ein Sprecher des russischen Präsidialamtes hatte die Aktion zuvor als Rowdytum bezeichnet. Putin betonte, dass es in der Frage des Umgangs mit der Zivilgesellschaft Unterschiede mit Merkel gebe. Beide hätten das Thema bei dem Abendessen am Sonntag intensiv diskutiert. Zugleich betonten beide, dass sie die Beziehungen zwischen beiden Ländern vertiefen wollten. „Russland ist für Deutschland ein wichtiger, strategischer Partner. Wir haben intensivste Kontakte, die wir fortsetzen wollen", sagte die Kanzlerin.

Süddeutsche Zeitung, Merkels deutliche Worte – und die Attacke der Nackten, www.sueddeutsche.de, 8.4.2013

M2 Deutsch-russische Beziehungen – eine Information des Wirtschaftsministeriums

Deutschland und Russland verbinden langjährige und enge wirtschaftliche Beziehungen. So ist Russland seit über 40 Jahren größter Energielieferant Deutschlands – ca. 1/3 des deutschen Gas- und Ölbedarfs werden aus russischen Lieferungen gedeckt. Zudem bezieht die deutsche Wirtschaft in erheblichem Umfang NE-Metalle[1] sowie Eisen und Stahl aus Russland. Russland seinerseits ist aufgrund des anhaltend hohen Modernisierungsbedarfs seiner Wirtschaft ein äußerst wichtiger Absatzmarkt für deutsche Investitionsgüter. In der Struktur des deutschen Exports nach Russland nehmen Maschinen und Anlagen, Fahrzeuge/-teile, Chemieerzeugnisse und Elektrotechnik die ersten Plätze ein. [...]

Deutschland ist damit nach China der größte Handelspartner Russlands und ist insbesondere bei Investitionsgütern führend. Umgekehrt ist Russland für Deutschland der viertgrößte Handelspartner außerhalb der EU.

Bundesministerium für Wirtschaft, Referat Öffentlichkeitsarbeit, Russland – wirtschaftliche Beziehungen, www.bmwi.de, Abruf am 21.11.2013

[1] *NE-Metalle: Nichteisenmetalle (auch Buntmetalle), wie Kupfer, Zink, Aluminium, Bronze, Messing*

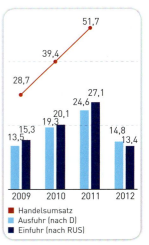

Bilateraler Handel: Russland – Deutschland in Mrd. Euro

Quelle: Statistisches Bundesamt, Rasstat, Zolldienst, RF

M3 Unternehmen und NGOs als Akteure der Außenpolitik

So unterschiedlich die Funktionen von multinationalen Unternehmen und NGOs sind, so häufig werden sie in einen Zusammenhang gebracht. Dort haben wir es mit transnational organisierten Wirtschaftseinheiten zu tun, die zum Zweck der Gewinnerzielung Güter und Dienstleistungen herstellen und absetzen. Hier handelt es sich um Organisationen, die in aller Regel politische Ziele verfolgen und dazu häufig unter geschicktem Einsatz moderner Massenmedien Öffentlichkeit mobilisieren. Auf diese Weise sind die NGOs nicht nur in der Lage, am politischen Diskurs teilzunehmen, sondern ebenso das Verhalten von Konsumenten zu beeinflussen. [...] Welche Marktmacht die für ein vermeintliches Problem sensibilisierten Konsumenten besitzen, hat jedenfalls die gegen Shell mit fragwürdigen Argumenten geführte Brent Spar-Kampagne von Greenpeace gezeigt. Plötzlich wird ein eigentlich im Windschatten des Politischen segelnder Konzern durch Maßnahmen einer NGO gezwungen, öffentlich zu seinem Verhalten Stellung zu nehmen beziehungsweise dieses zu ändern. [...] Ob Unternehmen sich freiwillig mit Fragen der Umwelt-, Klima- oder Menschenrechtspolitik befassen oder durch die Aktionen von NGOs zwangsweise mit diesen Themen konfrontiert werden, in beiden Fällen wird deutlich, dass sich multinationale Unternehmen politische Abstinenz kaum mehr leisten können. Die Beschränkung auf die Kernaufgabe der Herstellung von Gütern und Dienstleistungen lässt sich nur in der Theorie durchhalten. In der Praxis hat das Wirken von Unternehmen zahlreiche politische Bezüge, die sich im Zeitalter globaler Öffentlichkeit nicht einfach ignorieren lassen. [...] Im Bereich der auswärtigen Beziehungen lässt sich das politische Wirken von Unternehmen und NGOs vereinfacht auf drei Ebenen darstellen:

Erstens versuchen Unternehmen ebenso wie NGOs durch Stellungnahmen, Gespräche oder öffentlichkeitswirksame Aktionen den nationalen außenpolitischen Willensbildungs- und Entscheidungsprozess in ihrem – allen kosmopolitischen Anwandlungen zum Trotz in der Regel klar bestimmbaren – Herkunftsland zu beeinflussen. [...] Als Mitreisende bei Regierungsdelegationen haben Unternehmen zudem in bestimmten Fällen die Gelegenheit, ihre konkreten Anliegen – mit dem außenwirtschaftlichen Geleit ihres eigenen Staates versehen – bei Vertretern einer ausländischen Regierung vorzubringen.

Zweitens nehmen Unternehmen oder NGOs unmittelbar Kontakt zu Stellen einer ausländischen Regierung auf, um ihre Interessen vorzutragen. Bei Unternehmen ist dies vor allem dann der Fall, wenn große Investitionsentscheidungen anstehen oder der Erstzugang zu einem Markt verhandelt wird. In diesem Zusammenhang werden dann nicht nur der Standort, sondern auch Rahmenbedingungen von politischer Relevanz – wie etwa Infrastrukturerfordernisse, aber im Sinne vorausschauender Global Corporate Citizenship auch Fragen der Umwelt- oder Menschenrechtspolitik – thematisiert. Während die ersten Gespräche mit Regierungsstellen eines auswärtigen Staates oftmals noch von der Konzernzentrale angebahnt werden,

Brent Spar
Die ausgediente Ölplattform aus der Nordsee sollte 1995 im Meer versenkt werden. Greenpeace besetzte daraufhin die Plattform und rief zum Boykott von Shell-Tankstellen auf. Der Konzern gab nach. Brent Spar wurde an Land recycelt.

Global Corporate Citizenship
bürgerschaftliches Engagement und verantwortungsvolles Handeln global agierender Unternehmen

wird die langfristige Pflege der politischen Beziehungen dann Sache der jeweiligen regionalen oder nationalen Organisation eines Unternehmens. Für multinationale NGOs mit unterschiedlichen Regionalorganisationen gilt natürlich das Gleiche. Streng genommen fällt dieses politische Wirken dann wieder in die erste Definitionskategorie. Deutlich wird in diesem Zusammenhang, wie sehr die Grenzen zwischen „innen" und „außen" bei multinationalen Konzernen und transnationalen NGOs an Trennschärfe verlieren. [...]

Drittens nehmen Unternehmen und NGOs politischen Einfluss auf die Gestaltung der Weltpolitik, indem sie Beziehungen zu internationalen Organisationen unterhalten. Diese können [...] beratender Natur sein, sich aber auch auf Abkommen oder Abmachungen erstrecken, die dann wie im Falle des Global Compact eine freiwillige Selbstbindung der beteiligten Unternehmen an bestimmte politische oder soziale Standards zur Folge haben. Der Einfluss von Unternehmen ist in diesem Zusammenhang nicht zu unterschätzen. Während sich die staatliche Außenpolitik etwa in der Menschenrechtspolitik vor allem auf den rhetorischen Gestus des Appells zurückziehen muss, können Unternehmen durch ihre internationale Beschäftigungspolitik Standards setzen und so möglicherweise sogar gesellschaftliche Veränderungsprozesse initiieren. NGOs wirken auch hier eher durch ihre öffentlichen Kampagnen. Die Macht angesehener NGOs in der Weltpolitik können selbst Staaten zu spüren bekommen; etwa dann, wenn bestimmte Leistungen des IMF, der Weltbank oder anderer Geberorganisationen an Good-Governance-Kriterien geknüpft sind und die Berichte von amnesty international, Transparency International oder Human Rights Watch dem auf Zuwendung hoffenden Staat ein eher ungünstiges Zeugnis ausstellen.

Mark Speich, Außenpolitik durch Unternehmer und NGOs, in: Heribert Quandt Stiftung (Hg.), Jenseits des Staates?, „Außenpolitik durch Unternehmen und NGOs", Bad Homburg von der Höhe 2003, S. 12 ff.

IMF = IWF
Internationaler Währungsfonds bzw. International Monetary Fund

Global Compact
Freiwilliger Pakt zwischen Unternehmen und der UNO für eine soziale und ökologische Gestaltung der Globalisierung

Aufgaben

1. Beschreiben Sie die Akteure, die am in M 1 geschilderten Vorfall beteiligt sind, und ihre jeweiligen Interessen. Nehmen Sie Stellung zu den Reaktionen der Beteiligten auf den diplomatischen Zwischenfall.

2. Erarbeiten Sie mithilfe der Materialien M 1 und M 2 das Für und Wider guter diplomatischer Beziehungen zu Russland und diskutieren Sie diese mit Ihrem Banknachbarn. Beziehen Sie dazu auch aktuelle Ereignisse in Russland sowie Ihre Kenntnisse aus Kapitel 4 ein.

3. Erschließen Sie Gemeinsamkeiten und Unterschiede in der Rolle von Unternehmen und NGOs in der deutschen Außenpolitik und diskutieren Sie, ob NGOs und / oder Unternehmen mehr Gewicht in der Außenpolitik erhalten sollten (M 3).

F Aufgaben 1 – 3
Ermitteln Sie mithilfe Ihres Grundgesetzes (v. a. Art. 23, 26, 875, 115a), welche Vorgaben und Wertvorstellungen für die deutsche Außenpolitik gelten. Erklären Sie in diesem Zusammenhang den Einfluss der deutschen Vergangenheit auf die entsprechenden Artikel unserer Verfassung.

Wissen kompakt

Außenpolitik

Aktionen, Vorhaben und Interessen eines Staates, die an andere Staaten oder internationale Organisationen gerichtet sind.

Internationale Beziehungen

Vereinbarungen, Handeln und Reaktionen zwischen Staaten bzw. deren Regierungen, internationalen Regierungsorganisationen, Nichtregierungsorganisationen, Unternehmen, substaatlichen Einrichtungen oder Privatpersonen. Man unterscheidet Beziehungen zwischen zwei Staaten (bilaterale Beziehungen) und mehreren Staaten (multilaterale Beziehungen).

Einflussfaktoren auf die deutsche Außenpolitik

- geografische Lage in der Mitte Europas
- außenpolitische Entscheidungen
- aus der deutschen Vergangenheit abzuleitende Verantwortung
- wirtschaftliche Beziehungen zu anderen Ländern und weltwirtschaftliche Entwicklungen
- konzeptionelle Überlegungen der Bundesregierung
- finanzielle Möglichkeiten des Bundeshaushalts
- weltpolitische Entwicklungen und Konflikte, Machtverteilung im internationalen System
- Verpflichtungen durch Mitgliedschaft in internationalen Organisationen
- Vorgaben und Wertvorstellungen des Grundgesetzes
- Einstellungen und Verhalten der Bürgerinnen und Bürger (z. B. als Konsumenten oder Touristen)
- öffentliche Meinung zu Grundsatzfragen der Außenpolitik
- Einstellungen der Nachbarländer und Partner

Entwicklungspolitik

Teilbereich der Außenpolitik, der darauf zielt, die politische, wirtschaftliche und soziale Situation in weniger entwickelten Staaten zu verbessern. Motive für Entwicklungspolitik sind einerseits ethisch-moralischer Natur, aber auch der Wunsch, die eigene Staatsform zu verbreiten, die eigene Sicherheit zu gewährleisten (z. B vor Migration, Terroristen), die Außenhandelsbilanz zu verbessern sowie Absatzmärkte und Rohstoffvorkommen zu sichern.

Auswärtiges Amt (AA)

Bezeichnung für das Außenministerium, welches unter Leitung eines Außenministers / einer Außenministerin zuständig ist für die deutsche Außenpolitik. Diese umfasst auch die Europapolitik. Hauptaufgabe des AA und der deutschen Auslandsvertretungen (Auswärtiger Dienst) ist die Pflege der Beziehungen Deutschlands zu anderen Staaten sowie zu zwischen- und suprastaatlichen Einrichtungen.

Diplomatie

Pflege zwischen- und suprastaatlicher Beziehungen durch Verhandlungen und Übereinkommen in internationalen Angelegenheiten (z. B. bei Konflikten, im Handel oder zur Friedenssicherung), um die Interessen eines Staates auf friedlichen Wegen durchzusetzen.

Nichtregierungsorganisationen (NGOs)

Non Governmental Organizations (NGOs) sind nichtstaatliche Organisationen, die die Interessen der Zivilgesellschaft in den politischen Prozess einbringen. Viele NGOs sind mittlerweile weltweit aktiv (INGOs) und werden von den staatlichen Institutionen durchaus anerkannt und ernst genommen.

Wissen im Kontext

Die klassischen Akteure der deutschen Außenpolitik sind die staatlichen Organe des Bundes, also Bundesregierung und Bundestag. Die Bundesländer haben keine eigenen außenpolitischen Kompetenzen, obwohl z. B. Bayern auch eigene Vertretungen z. B. in Brüssel unterhält.

Dem Bundeskanzler / der Bundeskanzlerin kommt im Rahmen der Richtlinienkompetenz die Weisungsfunktion in der Außenpolitik zu. Das Auswärtige Amt (traditionell die Bezeichnung für das Außenministerium) koordiniert die gesamte deutsche Außenpolitik, in die auch andere Ministerien, z. B. das Ministerium für wirtschaftliche Zusammenarbeit und Entwicklung oder das Wirtschaftsministerium, eingebunden sind.

Der Bundestag hat außenpolitisch eine Kontrollfunktion. Er muss internationalen Verträgen zustimmen und bestimmte außenpolitische Maßnahmen genehmigen. Sofern Länderinteressen berührt sind, ist auch der Bundesrat involviert.

Wer sind die klassischen Akteure in der Außenpolitik?
M 1 – M 3

Nichtregierungsorganisationen und Unternehmen spielen eine wachsende Rolle in der Außenpolitik. Zum einen nehmen sie mit ihren Forderungen (z. B. Einhaltung von Menschenrechten, Umweltstandards bzw. Abbau von Handelsschranken, Sicherung der Handelswege etc.) Einfluss auf das Handeln der staatlichen Organe, zum anderen können sie die öffentliche Meinung beeinflussen und somit indirekt staatliches Handeln dirigieren. Darüber hinaus unterhalten NGOs und Unternehmen auch direkte Beziehungen zu ausländischen Partnern und internationalen Organisationen und sind z. T. bereits weltweit vernetzt.

Welche Rolle spielen NGOs und Unternehmen in der Außenpolitik?
M 3

Unabhängig von der politischen Ausrichtung und Schwerpunktsetzung der regierenden Partei(en) muss deutsche Außen- und Sicherheitspolitik eine Reihe von Voraussetzungen und Bedingungen berücksichtigen, die sich aus der Vergangenheit Deutschlands, seiner geostrategischen Lage in der Mitte Europas, den Vorgaben des Grundgesetzes und den Verpflichtungen gegenüber internationalen Organisationen wie NATO, EU oder UNO ergeben.

Darüber hinaus beeinflussen aktuelle politische Entwicklungen im In- und Ausland (z. B. Übergriffe auf Ausländer in Deutschland, Krisen und Konflikte) die öffentliche Meinung in Deutschland. Auch wirtschaftliche Interessen und finanzielle Spielräume bestimmen das außenpolitische Agieren Deutschlands.

Was sind die Rahmenbedingungen der deutschen Außen- und Sicherheitspolitik?
M 3

Die Präambel des Grundgesetzes verpflichtet Deutschland dazu, „als gleichberechtigtes Mitglied in einem vereinten Europa dem Frieden der Welt zu dienen". Artikel 26 verbietet „Handlungen, die geeignet sind und in der Absicht vorgenommen werden, das friedliche Zusammenleben der Völker zu stören, insbesondere die Führung eines Angriffskrieges". Die Streitkräfte des Bundes dienen der Verteidigung (Art. 87a), Einsätze außerhalb der Verteidigung sind durch das Grundgesetz geregelt. Nach einem Urteil des Bundesverfassungsgerichtes von 1994 sind Auslandseinsätze der Bundeswehr im Rahmen von UN- und NATO-Mandaten mit dem Grundgesetz vereinbar. Sie bedürfen der Zustimmung durch den Bundestag.

Welche Vorgaben macht das Grundgesetz für die deutsche Außenpolitik?

8.2 Deutsche Außenpolitik in der Diskussion

M1 Bundeswehreinsätze im Ausland – Beispiel Mali

Mali-Konflikt

Durch einen Militärputsch wird Anfang des Jahres 2012 der amtierende Präsident Malis gestürzt. Islamistische Gruppen besetzen daraufhin im Norden des Landes die Städte Kidal, Gao und Timbuktu. Der Norden wird faktisch vom Rest des Landes abgetrennt. Islamisten zerstören in Timbuktu wertvolle Kulturgüter. Ende 2012 beschließt der UN-Sicherheitsrat die Stationierung internationaler Truppen in Mali. Die Gegenoffensive der malischen Armee gegen die Rebellen im Norden wird von Frankreich unterstützt. Die Städte Gao und Timbuktu können zurückerobert werden. Kidal bleibt in der Hand von Tuareg-Rebellen. Ende Februar 2013 beschließt der Deutsche Bundestag den Bundeswehreinsatz in Mali zur Ausbildung von Pionieren und Sanitätern der malischen Armee gegen die Islamisten im Norden. Ende Juli 2013 finden Präsidentschaftswahlen in Mali statt. Der neugewählte Präsident Keita soll Mali in eine friedliche und demokratische Zukunft führen.

Die Bundeswehr beginnt an diesem Montag [29.04.2013] im westafrikanischen Krisenland Mali mit der Ausbildung von Soldaten für die dortigen Streitkräfte. Im Stützpunkt Koulikoro – etwa eine Stunde entfernt von der Hauptstadt Bamako – sollen die ersten 35 malischen Rekruten zu Pionieren ausgebildet werden. Ziel der gemeinsamen Ausbildungsmission mit anderen EU-Ländern ist es, die bislang nur schlecht ausgestattete Armee in die Lage zu versetzen, selbst gegen radikale Islamisten im Norden des Landes zu kämpfen. Derzeit führt Frankreich den Einsatz. Die EU-Ausbildungsmission (EUTM) läuft seit Anfang April. [...] Der verteidigungspolitische Sprecher der SPD-Bundestagsfraktion, Rainer Arnold, wies in diesem Zusammenhang Ähnlichkeiten zwischen den Krisenländern Mali und Afghanistan zurück. Zwar werde der Einsatz der Bundeswehr im westafrikanischen Mali sicher „noch einige Jahre dauern" [...]. Dennoch werde aus Mali „kein zweites Afghanistan" werden. Der Einsatz in Mali beginne dort, wo er in Afghanistan aufhöre, sagte Arnold weiter, nämlich „mit der Ausbildung von Sicherheitskräften". Insofern sei Mali „eher die Lehre aus Afghanistan". Er habe zudem bei einem Besuch in dem Land kürzlich Menschen getroffen, „die ihr Land wieder demokratisch aufbauen wollen", sagte Arnold. Auch die Streitkräfte setzten auf Qualität statt auf „Vetternwirtschaft".

FAZ.Net, dpa, AFP, Bundeswehr beginnt mit Ausbildungsmission, www.faz.net, Abruf am 22.11.2013

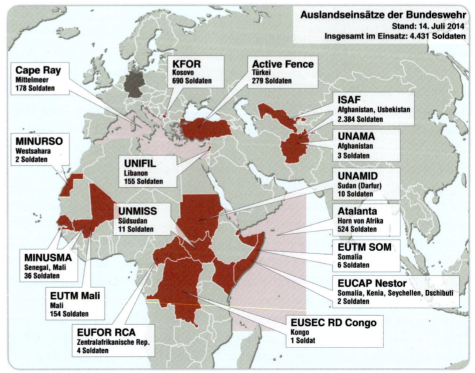

Nach: Handelsblatt 2014, aktualisiert vom Bearbeiter

M2 „Die Deutschen müssen lernen zu töten" – zur Problematik von Einsätzen der Bundeswehr

Die jüngste Geschichte seit dem Ende des Kalten Krieges hat Deutschland in eine Lage gebracht, in der es noch nie war: Es hat keinen Krieg zu befürchten, und ihm droht, soweit man vorausdenken kann, auch künftig keine militärische Gefahr. […] Immer noch weiterwirkend ist die historische Last des Nationalsozialismus. Nach Hitler war erstes Gebot für alle Deutschen, jeder Gewalt- und Machtpolitik abzuschwören und sich in übernationale Gemeinschaften einzufügen. Nur mit Vorsicht und Rücksicht konnte die junge Bundesrepublik Gleichberechtigung und, noch wichtiger, gleiche Achtung erwerben. Das ist lange erreicht. […] Noch nie in der Geschichte ist deutsche Außenpolitik mit so viel Maß, Vernunft und gutem Willen geführt worden. […] So sind die Deutschen heute braver als andere und trauen sich weniger. […] Auch die politische Klasse gehört jetzt den Jahrgängen an, die den Zweiten Weltkrieg nur noch aus Erzählungen und Büchern kennen; selbst die entbehrungsreichen Aufbauzeiten haben die meisten nur als Kinder oder gar nicht erlebt. Ihre Vertreter stehen unter dem politischen Druck der NATO und dem moralischen der Vereinten Nationen, müssen über Militäreinsätze entscheiden, aber können keine Vorstellung davon haben, was Krieg ist, was sie den Soldaten zumuten können und was sie ihnen ersparen müssen. Vor allem sehen sie sich einer Nation gegenüber, die bei der nächsten Wahl zu bestrafen droht, wenn Söhne, Brüder und Familienväter in größerer Zahl nicht mehr lebend von ihren Hilfe- und Friedensdiensten heimkehren. Zwei Zitate zeigen die Zwangslage der deutschen Außenpolitik. Ein amerikanischer Offizier in Afghanistan sagte, „Die Deutschen müssen lernen zu töten" - erst dann würden sie vollwertige Verbündete. Ein Talibanführer gab die Weisung: „Es ist wichtig, Deutsche zu töten" - die knicken am schnellsten ein und gehen nach Hause. Schon die Selbstachtung hätte Klarheit und Konsequenz von Berlin verlangt: Wenn man Soldaten zu internationalen Einsätzen schickt, muss man sie Soldaten sein lassen wie alle anderen; wenn man das nicht will, darf man sie nicht schicken. […] Die deutsche Politik gerät in Gefahr, sich lächerlich zu machen. Sie wird gedrängt und lässt sich drängen, sie zögert und windet sich, aber gibt dann von Mal zu Mal weiter nach, bis sie tun muss, was sie nie tun wollte. Allein Gerhard Schröder verweigerte sich George Bushs Irak-Abenteuer. Was immer ihn bewog, er folgte der höchsten Autorität, dem Grundgesetz, das schon die Vorbereitung von Angriffskriegen verbietet. Damit war die Linie gezogen, die keine Bundesregierung überschreiten darf, die ihr aber den Spielraum lässt, die Bundeswehr in Marsch zu setzen, wenn die Aufgabe politisch oder moralisch überzeugt. Die Militäreinsätze sind das heikelste Feld deutscher Außenpolitik und lassen deren verborgenes Problem am deutlichsten erkennen: Der äußeren Souveränität, die das vereinte Land 1990 erhielt, ist innere Souveränität noch nicht ausreichend nachgewachsen. So erklärt sich auch die Scheu, größere politische Risiken einzugehen.

Peter Bender, Deutsche Außenpolitik: Vernunft und Schwäche, in: APuZ 43/2008, S. 3ff.

Bundeswehreinsatz in Afghanistan

Nach den Terroranschlägen des 11. September 2001 erklärte der NATO-Rat erstmals in der Geschichte der NATO die Beistandspflicht aller NATO-Vertragspartner. Der Deutsche Bundestag stimmte daraufhin der Entsendung von Bundeswehrsoldaten nach Afghanistan im Rahmen des ISAF-Mandates zu. Zwölfmal wurde dieses Mandat verlängert und die Truppenstärke auf zuletzt 3.000 Soldaten angehoben. Zwischen Januar 2002 und dem Abzug der Bundeswehr Ende 2014 verloren 54 deutsche Soldaten ihr Leben.

M3 Der Umgang mit Diktaturen – ein außenpolitisches Dilemma

A) Raus aus der Moralecke! – Die deutsche Außenpolitik sollte der Welt nicht ihre Werte diktieren.

[G]laubwürdige und effektive Außenpolitik gründet sich auf das Machbare und nicht auf Rechthaberei. [...] Eine bittere Erkenntnis müssen Europa und der Westen dabei akzeptieren und überwinden: Die Zeiten sind vorbei, in denen Weltpolitik den Moral- und Wertvorstellungen des Westens folgte. Als Europäer mag man das bedauern, aber die Augen vor den neuen Realitäten des 21. Jahrhunderts zu verschließen ist leichtsinnig und weltfremd. Munter formulierte Anschuldigungen wegen einer zu geringen Beachtung von Werten ersetzen keine pragmatische Außenpolitik, aber sie verspielen die Chance auf eine konstruktive Debatte. [...] Wer gibt uns das Recht, aktiv in die inneren Angelegenheiten anderer Staaten einzugreifen? So, als würde das von uns hochgehaltene Völkerrecht mit seinem Gebot der Nichteinmischung gar nicht existieren. [...] Jeder aus der bedauerlicherweise kleinen Schar kompetenter Außenpolitiker im deutschen Parlament weiß, dass es keine Alternative zum Umgang mit Diktatoren gibt. Man muss sie nicht lieben, aber doch mit ihnen kooperieren. [...] Nur wer den Gesprächs- und Verhandlungsfaden nicht abreißen lässt, hat in kritischen Situationen die Zugangsmöglichkeiten, um von außen den Versuch zu unternehmen, auf die Innenpolitik in Diktaturen überhaupt Einfluss auszuüben. Wunder darf man dabei nicht erwarten. Auch in Diktaturen herrscht das Primat der Innenpolitik. [...] Nehmen wir das Beispiel Ägypten: Heute ist es allzu einfach, auf die Haltung Europas zu dem ehemaligen ägyptischen Präsidenten Husni Mubarak zu verweisen. Er war kein Demokrat. Das wussten wir damals, so wie wir es heute wissen. Trotzdem hat seine Regierung über viele Jahre eine fragile Stabilität im Nahen und Mittleren Osten gesichert. Das lag im Interesse Europas und hat die Zusammenarbeit mit seinem Regime begründet. Eine sinnvolle Alternative zu dieser Politik lässt sich auch im historischen Rückblick nicht erkennen. Erklärbar wird diese Politik nur aus einer Tatsache, die man nicht deutlich genug ansprechen kann: Wenn Werte und Interessen im Konflikt zueinander stehen, kann es für eine pragmatische Außenpolitik notwendig und durchaus auch sinnvoll sein, zeitlich begrenzt seine Interessen in den Vordergrund zu stellen. Eine Bundeskanzlerin, die in ein nicht demokratisches Regime zu Verhandlungen reist, hat nie nur ein Thema im Gepäck. Es wird ihr um Menschenrechte gehen, aber auch um wirtschaftliche Interessen; um die Lösung globaler Fragen wie etwa des Klimawandels, aber auch den Schutz geistigen Eigentums. Sie muss Möglichkeiten der Kooperation ebenso ausloten, wie von ihr erwartet wird, dass sie auch die deutschen Interessen in bilateralen und multilateralen Fragen deutlich macht. Außenpolitik ist daher nie monothematisch. Sie darf es auch nicht sein. Sie braucht die ständige, in Demokratien immer wieder kritisch zu diskutierende Abwägung zwischen Werten und Interessen, die sich nicht immer, bedauerlicherweise aber manchmal widersprechen.

Eberhard Sandschneider, Raus aus der Moralecke, Die Zeit, 28.2.2013

Muhammad Husni Mubarak, Ägyptischer Präsident seit 1981, wurde im Zusammenhang mit dem Arabischen Frühling 2011 zum Rücktritt gezwungen.

B) Das bisschen Unterdrückung – Deutschlands Außenpolitiker arrangieren sich mit Diktatoren und Halbdemokraten.

Angela Merkel nimmt für sich in Anspruch, die Außenpolitik nicht nur an Interessen, sondern auch an Werten auszurichten: „Interessengeleitet und wertegebunden" zugleich. Geht das überhaupt in einer Welt voller schwieriger Partner? Lässt sich eine unaufgeregte, selbstbewusste Menschenrechtspolitik durchhalten, die Deutschland nicht kleiner und nicht größer macht, als es ist? [...]

Wer die DGAP unter Sandschneiders Leitung verfolgt, erkennt ein Leitmotiv: Kritik an „unrealistischen Wertebezügen". Man kann das so übersetzen: Deutschlands Außenpolitik leidet unter allzu vielen moralischen Bedenken. Kaum ein Strategiepapier kommt ohne die unterschwellige Botschaft aus, Deutschland stehe sich mit seinen Rücksichten auf Menschenrechte, Demokratie und Rechtsstaat selber im Weg. [...]

Krankt die deutsche Außenpolitik an Hypermoralismus? Die Waffendeals mit Saudi-Arabien passen kaum in dieses Bild. Doch Sandschneider empfiehlt, die Ansprüche weiter zu senken und „Anpassungsnotwendigkeiten auszuloten". Der Aufstieg der Schwellenländer, vor allem Chinas, zeige, dass Demokratiedefizite Wettbewerbsvorteile im Kampf um globale Vormacht sein können: [...]

Die chinesische Regierung zu kritisieren, das heißt für Sandschneider, „überkommene Gefühle westlicher Überlegenheit zu zelebrieren", statt endlich „China als gleichberechtigten Partner (zu) akzeptieren". [...]

Es sind immer die gleichen Redefiguren, mit denen die Tyrannen für unantastbar erklärt werden: Sie stehen für Stabilität. Wer sich in die Pose des Anklägers wirft, verspielt Einfluss und Marktzugang. Wir brauchen ihre Kooperation zur Lösung weltpolitischer Probleme.

Die deutsche Geschichte (der Kolonialismus oder eine sonstige abendländische Schuld) mahnt uns zu Zurückhaltung und Respekt. Bei genauerem Hinsehen sind das Ausreden fürs Nichtstun: Historische Schuld verpflichtet mindestens so sehr zum Eintreten für das Recht wie zur Mäßigung dabei. Dass „schwierige Partner" weltpolitischen Einfluss haben, stimmt zwar: Doch wäre es eine Illusion, zu glauben, dass sie durch Milde kooperativer würden.

In Syriens Bürgerkrieg steht Russland auf der Seite des befreundeten Diktators Assad, und beim Streit um das Atomprogramm des Irans lassen Russen und Chinesen kaum eine Gelegenheit verstreichen, eine Lösung zu hintertreiben. Sie folgen schlicht ihren eigenen Interessen. Nettigkeit wird sie davon nicht abbringen.

Die Diktatorenknutscherei ist nicht nur unwürdig. Sie bringt auch nichts. Umgekehrt wird die Konsequenz westlicher Kritik übertrieben. Unser Marktzugang – das zeigen immer neue Exportrekorde – ist nicht in Gefahr. Deutsche Produkte sind so gut, dass auch heftig kritisierte Länder sie haben wollen.

Jörg Lau, Das bisschen Unterdrückung, Die Zeit, 21.2.2013

Bundeskanzlerin Angela Merkel trifft den chinesischen Staatspräsidenten Xi Jinping am 7.7.2014 in Peking. China ist fünftgrößter Abnehmer für deutsche Produkte und zweitwichtigstes Ursprungsland für deutsche Einfuhren.

DGAP
Die Deutsche Gesellschaft für Auswärtige Politik versteht sich als unabhängiges Netzwerk zur außenpolitischen Meinungsbildung in Deutschland. Ihr Think Tank erforscht außenpolitische Fragen, moderiert Diskussionen und sieht sich als Berater und Impulsgeber.

8 Herausforderungen für die nationale Politik in einer globalisierten Welt

M4 Deutsche Rüstungsexporte – ein „gutes" Geschäft?

„Werbeplakat" für Rüstungsgüter

„Werbebeilage" von Amnesty International als Beilage in der Wochenzeitung „DIE ZEIT" (31.5.2012)

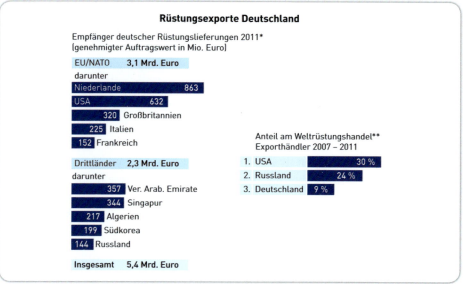

dpa-Grafik 0981; Quellen: *Bundesregierung, **SIPRI

M5 Wer bekommt deutsche Panzer und Pistolen?

Grauenerregend sind die Bilder. Und empörend. Mit hoher Geschwindigkeit hält ein Radpanzer auf eine Menschenmenge in Kairo zu, rast in die Demonst-
5 ranten, reißt sie um, als wären sie Stoffpuppen, begräbt sie unter sich. Es sind Bilder aus dem Herbst 2011, verwackelte Videos, aufgenommen mit Handykameras, jederzeit bei YouTube abzurufen.
10 Nach allem, was wir wissen, zeigen die Aufnahmen einen brutalen Einsatz der ägyptischen Armee gegen protestierende Kopten, die gnadenlose Repression eines taumelnden Regimes gegen die ei-
15 genen Bürger. Das mitansehen zu müssen ist furchtbar. Es könnte aber notwendig sein. Denn die Bilder sind nicht nur eine Anklage gegen das Militär in Kairo. Sie müssen auch Deutschland be-
20 schämen, die Bundesregierung in Berlin und eigentlich jeden Bürger. Bei den gepanzerten Fahrzeugen nämlich handelt es sich offenbar um zwei Radpanzer vom Typ Fahd, die in Ägypten in deut-
25 scher Lizenz hergestellt werden. [...] Insgesamt sollen 1.300 dieser stahlarmierten Fahrzeuge in Ägypten produziert worden sein, nicht wenige davon sind nach Erkenntnissen von Amnesty International in andere afrikanische Staa- 30
ten exportiert worden. Wenn all das zutreffen sollte, dann wäre es nicht nur ein Skandal. Es wäre der Beweis dafür, dass eine zentrale Autosuggestion der deutschen Rüstungsexportpolitik eine Far- 35
ce ist: dass deutsche Waffen nur an zuverlässige Partner geliefert werden, dass diese Partner damit verantwortungsbewusst umgehen. Und dass sie die Waffen nur gegen böse Feinde von außen 40
einsetzen, nie gegen die eigene Bevölkerung. [...] Die Hinweise auf den Einsatz der Fahd-Panzer gegen ägyptische Demonstranten fallen zusammen mit den Berichten über ein Rekordjahr bei deut- 45
schen Kleinwaffenexporten. Nach Informationen der Süddeutschen Zeitung lag der Wert der 2012 genehmigten Ausfuhren von Gewehren, Maschinenpistolen, halb- und vollautomatischen Waf- 50

fen doppelt so hoch wie im Jahr davor. Man muss das noch einmal wiederholen: doppelt so hoch. 2011 wurden Exporte im Umfang von 37,9 Millionen Euro genehmigt, 2012 waren es 76,15 Millionen. In welcher anderen Branche wären solche Umsatzsteigerungen auch nur annähernd denkbar? Dabei ist das Wort „Kleinwaffen" in jeder Hinsicht ein verharmlosender Begriff. Diesen Waffen fallen, verglichen mit schweren Waffen, weltweit die meisten Menschen zum Opfer. Und kaum ein anderes Mordwerkzeug lässt sich so leicht weiterverkaufen oder weiterschmuggeln, bei keinem anderen Typus ist die Kontrolle so schwierig, wenn nicht unmöglich. Durchaus wahrscheinlich, dass legal exportierte deutsche Waffen von den Taliban in Afghanistan auch gegen Bundeswehrsoldaten eingesetzt werden. Man muss in diesen Fragen nicht fundamentalistisch sein. Jeder Waffenexport ist heikel, ambivalent, verursacht ein Dilemma, aber nicht jeder Waffenexport ist böse und falsch. Die deutschen U-Boot-Lieferungen an Israel beispielsweise haben strategisch und politisch durchaus ihren Sinn. Darüber kann man sicher streiten.

Aber darüber muss auch gestritten werden, offen und öffentlich. Und der natürliche Ort dafür ist das Plenum des Deutschen Bundestages, nicht irgendein geheim tagendes Gremium der Exekutive wie der Bundessicherheitsrat oder irgendein Ausschuss des Parlaments. Die institutionalisierte Geheimnistuerei und bewusste Verschleierung ist das Kernübel der deutschen Rüstungsexportpolitik, ein hässliches Überbleibsel des Kalten Krieges, für das es längst schon keine Berechtigung mehr gibt. Wer Waffenexporte nach Indonesien oder Saudi-Arabien oder Algerien gutheißt, der soll das vor der Volksvertretung begründen, der soll die ökonomischen wie die politischen und strategischen Argumente darlegen. Und wer dagegen ist, der soll gegenhalten. Vieles von dem Verdrucksten, Halbwahren und Konspirativen des Handels mit Waffen würde dann ans Licht der Öffentlichkeit gezogen. Wo es hingehört. Und der Deutsche Bundestag muss endlich den Mumm haben, sich dieses selbstverständliche Recht zu erstreiten.

Heinrich Wefing, Lizenz zum Töten, Die Zeit, Nr. 23, 29.5.2013, S. 1

Aufgaben

1. Vor der Entsendung deutscher Soldaten ins Ausland (out-of-area-Einsatz) muss der Deutsche Bundestag dem Einsatz zustimmen. Entwerfen Sie mithilfe von M 1 und der Hintergrundinformation einen Debattenbeitrag eines/einer Abgeordneten für oder gegen den Mali-Einsatz der Bundeswehr.

2. Nehmen Sie in einem Leserbrief Stellung zur Aussage des amerikanischen Offiziers „Die Deutschen müssen lernen zu töten" (M 2, Z. 46 f.).

3. Führen Sie im Kurs eine Pro- und Kontra-Diskussion zu der Frage durch, ob Deutschland mit Diktaturen diplomatische und wirtschaftliche Beziehungen führen sollte. Beziehen Sie in Ihre Diskussion die Aussageabsicht des Plakates bzw. die statistischen Daten in M 4 mit ein (M 3, M 4).

4. Heinrich Wefing (M 5) fordert eine Diskussion des Bundestages über deutsche Rüstungsexporte. Arbeiten Sie die Argumente Heinrich Wefings heraus und diskutieren Sie, weshalb Rüstungsexporte bis heute sehr „konspirativ" gehandhabt werden.

F **Aufgaben 1 – 4**
Recherchieren Sie den aktuellen Stand des Mali-Konflikts und des Bundeswehreinsatzes dort. Informieren Sie anschließend Ihren Kurs durch ein Kurzreferat.

Methode

Eine Rolle in einer politischen Talkshow übernehmen und situationsgerecht argumentieren

Talkrunden im Fernsehen und auf der Bühne erfreuen sich hoher Beliebtheit beim Publikum. Der Austausch von Argumenten und Positionen dient dabei nicht nur der Information von Zuhörerinnen und Zuhörern, sondern auch deren Unterhaltung.

Eine im Klassenzimmer inszenierte Talkrunde beruht auf den Regeln und Arbeitsschritten einer Pro-Kontra-Debatte:

1. Sich mit dem Thema vertraut machen
2. Rollen verteilen und Positionen festlegen
3. Sich mit der Rolle auseinandersetzen und einen begründeten Standpunkt unter Beachtung möglicher Gegenargumente erarbeiten
4. Argumente unter Beachtung der Diskussionsregeln austauschen

Politische Talkshow zum Thema „Deutsche Rüstungsexporte"

Moderator/in: Sie führen in das Thema ein bzw. reißen es an (z. B. aktuelles Beispiel), stellen die Teilnehmer vor und eröffnen die Runde mit einer gezielten Frage an einen Teilnehmer. Sie leiten durch die Diskussion, erteilen das Rederecht, entziehen es ggf. auch, fassen zusammen und achten auf Einhaltung der Regeln. Sie setzen neue Impulse, wenn das Gespräch stockt und beenden die Talkrunde, indem Sie sich bei den Diskutanten bedanken.

Staatssekretär/in: Sie sind Staatssekretär im Bundeswirtschaftsministerium und u. a. damit befasst, Exportgenehmigungen nach Prüfung durch das Bundesamt für Wirtschaft und Ausfuhrkontrolle zu erteilen. Sie halten die Kontrollkriterien der EU und der Bundesrepublik Deutschland für ausreichend und lehnen ein öffentliches Genehmigungsverfahren durch den Bundestag vehement ab.

Bundestagsabgeordnete/r: Sie sind Mitglied des Deutschen Bundestages und müssen u. a. über Auslandseinsätze der Bundeswehr abstimmen und diese Einsätze sowie mögliche Opfer mit Ihrem Gewissen vereinbaren. Über Exporte der deutschen Rüstungsindustrie erfahren Sie, wenn überhaupt, erst im Nachhinein.

Friedensaktivist/in: Sie sind Mitglied von Amnesty International und lehnen Kriegseinsätze der Bundeswehr sowie den Export von Waffen in andere Staaten der Welt generell ab.

Waffenlobbyist/in: Sie sind Unternehmer/in und produzieren neben Sicherheitssystemen auch leichte Waffen für zivile und polizeiliche Zwecke, die zunehmend auch Absatz im europäischen und außereuropäischen Raum finden. Ihre Exportzahlen sind in den letzten Jahren enorm angestiegen. Darüber hinaus liefert Ihr Betrieb der schweren Rüstungsindustrie zu. Als weiteres Standbein Ihres Unternehmens sehen Sie die Erforschung von neuen Waffensystemen, um Abwehrsysteme entwickeln zu können.

Aufgaben

1. Setzen Sie sich mit Ihrer Rolle und Position auseinander. Erarbeiten Sie mit den Materialien (M 3 – M 5; T3 der Auftaktseite, S. 228; Hintergrundinformation zur deutschen Rüstungsindustrie, S. 243) Ihren Standpunkt und begründen Sie diesen.
2. Inszenieren Sie die politische Talkshow vor dem übrigen Kurs.
3. Werten Sie die politische Talkshow im Kurs aus: Welcher Teilnehmer konnte überzeugen, welcher hat eher schlecht abgeschnitten?
4. Spielen Sie die Talkrunde ein weiteres Mal mit anderen Rollenträgern.

Hintergrundinformationen für die politische Talkshow: Deutsche Rüstungsexporte

Die wirtschaftliche Bedeutung der Sicherheits- und Verteidigungsindustrie – aus der WifOR-Studie

Die Bruttowertschöpfung der Sicherheits- und Verteidigungsindustrie ist in den Jahren 2005 bis 2011 um durchschnittlich 5,0 Prozent jährlich ge-
5 wachsen. Dies ist mehr als doppelt so stark wie das Wachstum der deutschen Gesamtwirtschaft mit 2,3 Prozent.

Im Untersuchungsjahr 2011 exportierte die Sicherheits- und Verteidigungs-
10 industrie Güter im Wert von 12,5 Mrd. EUR. Das entspricht einer Exportquote von 48,1 Prozent gemessen am gesamten Güteraufkommen. Im gleichen Zeitraum wurden entsprechende Güter
15 für 5,7 Mrd. EUR importiert, das ergibt eine Importquote von 20 Prozent. Der Außenhandelsüberschuss betrug 6,8 Mrd. EUR. Die im Vergleich zum Verarbeitenden Gewerbe (28,8 Prozent im
20 Jahr 2008) niedrige Importquote lässt die Deutung zu, dass es die Güter der heimischen Sicherheits- und Verteidigungsindustrie sind, die zur äußeren und inneren Sicherheit Deutschlands
25 beitragen. [...] Der Außenhandelsüberschuss versetzt die Sicherheits- und Verteidigungsindustrie in die Lage, in Forschung und Entwicklung zu investieren und ihre Wettbewerbsfähigkeit
30 zu stärken. Zugleich zeigt sich eine tendenzielle Abhängigkeit der Branche von der konjunkturellen Entwicklung und von sicherheits- und wirtschaftspolitischen Strategien in den Abneh-
35 merländern.

Die Sicherheits- und Verteidigungsindustrie beschäftigte im Jahr 2011 annähernd 98.000 Erwerbstätige. Indirekt und induziert bringt die Geschäftstätig-
40 keit der SVI weitere 218.640 Beschäfti-

gungsverhältnisse hervor. Insgesamt sichert das Wirtschaftshandeln der Sicherheits- und Verteidigungsindustrie somit über 316.000 Arbeitsplätze in Deutschland. Der durchschnittliche 45 jährliche Beschäftigungszuwachs der Jahre 2005 bis 2011 in der Sicherheits- und Verteidigungsindustrie beläuft sich auf 4,1 Prozent. Die Beschäftigung in der deutschen Volkswirtschaft 50 wuchs im gleichen Zeitraum nur um 0,9 Prozent. Damit wächst die Beschäftigung in der SVI mehr als viermal so stark wie in der Gesamtwirtschaft. Die durchschnittliche Arbeitsproduk- 55 tivität, d. h. die Bruttowertschöpfung pro Arbeitnehmer, belief sich auf ca. 82.100 EUR in der SVI und übertraf damit die durchschnittliche Arbeitsproduktivität in Deutschland um 28.500 60 EUR. Im Schnitt wurde in der SVI ein durchschnittliches Einkommen pro Erwerbstätigem von knapp 61.000 EUR gezahlt. Im Jahresvergleich (2005-2010) lagen die Einkommen in der SVI 65 somit um durchschnittlich 36 Prozent über denen des Verarbeitenden Gewerbes und um 79 Prozent über denen der Gesamtwirtschaft.

Die Öffentliche Hand [ist] der größte 70 Einzelkonsument der SVI. Sie hat somit auch eine wichtige Rolle als Impulsgeber für Innovationen in der Sicherheits- und Verteidigungsindustrie, eine Rolle, die sich nur mit geeigneten 75 öffentlichen Beschaffungsprozessen ausfüllen lässt.

Quantifizierung der volkswirtschaftlichen Bedeutung der Sicherheits- und Verteidigungsindustrie für den deutschen Wirtschaftsstandort, WifOR Berlin (Hg.), Berlin 2012, S. 6-8

Kriterien der EU für Waffenausfuhren in Nicht-EU-Mitgliedstaaten

- Einhaltung der internationalen Verpflichtungen der EU-Mitgliedstaaten (z. B. Sanktionen etc.)
- Achtung der Menschenrechte und des humanitären Völkerrechts durch das Endbestimmungsland
- innere Lage im Endbestimmungsland als Ergebnis von Spannungen oder bewaffneten Konflikten
- Erhalt von Frieden, Sicherheit und Stabilität in einer Region
- nationale Sicherheit der EU-Mitgliedstaaten
- Verhalten des Käuferlandes gegenüber der internationalen Gemeinschaft; insbesondere seine Haltung zum Terrorismus und Einhaltung internationaler Verpflichtungen zur Verhinderung der Proliferation
- Risiko der Umleitung der Ausrüstung im Käuferland (z. B. an terroristische Vereinigungen) oder des Reexports in Krisengebiete
- Vereinbarkeit der Rüstungsexporte mit der technischen und wirtschaftlichen Kapazität des Empfängerlandes

Nach: Auswärtiges Amt, Internetredaktion, Internationale Exportkontrollen, www.auswaertiges-amt.de, 3.1.2013

Wissen kompakt

Bundeswehr

Die Streitkräfte der Bundesrepublik Deutschland (Heer, Luftwaffe, Marine) werden als Bundeswehr bezeichnet. Sie sind dem Bundesministerium der Verteidigung zugeordnet. Im Frieden liegt der Oberbefehl beim Bundesminister der Verteidigung, im Verteidigungsfall geht die Befehls- und Kommandogewalt auf den Bundeskanzler/die Bundeskanzlerin über.

Out-of-area

Out-of-area-Einsätze sind Einsätze der Bundeswehr außerhalb des deutschen Staatsgebietes. Diese Einsätze sind nach einem Urteil des Bundesverfassungsgerichts vom Juli 1994 unter bestimmten Kriterien (z. B. Einsatz nur im Rahmen von NATO- oder UN-Mandaten, Zustimmung des Bundestags) möglich.

Völkerrecht

Der Begriff Völkerrecht bezeichnet eine überstaatliche Rechtsordnung, die die Beziehungen zwischen Staaten regelt. Wichtigstes Prinzip ist hier die Gleichrangigkeit aller Staaten, die eine Nichteinmischung in innere Angelegenheiten durch andere Staaten impliziert. Zentrale Bedeutung im Völkerrecht kommt der Charta der Vereinten Nationen zu, die u. a. dazu verpflichtet, internationale Konflikte friedlich zu lösen, und Angriffskriege verbietet. Das Völkerrecht kann – anders als z. B. nationales Recht – nicht durch eine Gerichtsbarkeit durchgesetzt werden, sondern ist auf Anerkennung durch die jeweiligen Staaten angewiesen. Gerichte, die auf der Grundlage des internationalen Rechts urteilen, sind z. B. der Internationale Gerichtshof in Den Haag, der Streitfälle zwischen Staaten regelt, und der Internationale Strafgerichtshof, der Verbrechen gegen die Menschlichkeit, Völkermord und Kriegsverbrechen verfolgen und die Verantwortlichen zur Rechenschaft ziehen kann.

Wehrpflicht

Seit der Gründung der Bundeswehr 1956 waren grundsätzlich alle Männer vom vollendeten 18. Lebensjahr an zum zeitlich befristeten Dienst in der Bundeswehr verpflichtet. Diese Pflichtzeit reduzierte sich von anfangs 18 auf zuletzt 9 Monate. Die Möglichkeit eines Ersatzdienstes („Zivildienst") war gegeben. Die Wehrpflicht in der Bundesrepublik Deutschland folgte dem Leitbild des „Staatsbürgers in Uniform", um eine verhängnisvolle Entwicklung der Armee als „Staat im Staate" wie in der Weimarer Republik zu verhindern. 2010 beschloss die Bundesregierung eine Aussetzung der Wehrpflicht. Seitdem werden Wehrpflichtige nicht mehr gegen ihren Willen zum Dienst verpflichtet.

Wertgebundene Außenpolitik

Die Bundesrepublik Deutschland verfolgt den Ansatz einer wertgebundenen Außenpolitik, das heißt, dass enge bilaterale Beziehungen mit anderen Staaten nur dann geführt werden sollten, wenn diese Staaten die Menschenrechte achten sowie demokratisch und rechtsstaatlich organisiert sind.

Rüstungsexporte

Die deutsche Rüstungsindustrie ist weltweit nach den USA und Russland der drittgrößte Exporteur von Rüstungsgütern ins Ausland. Rüstungsexporte unterliegen dem Kriegswaffenexportgesetz und müssen genehmigt werden. Hierfür beantragt der entsprechende Rüstungskonzern für ein Exportvorhaben in ein bestimmtes Land beim Bundeswirtschaftsministerium bzw. dem ihm angegliederten Bundesamt für Wirtschaft und Ausfuhrkontrolle (BAFA) eine Exportgenehmigung für Kriegswaffen. Dieses entscheidet dann in Abstimmung mit anderen Ressorts, z. B. dem Auswärtigen Amt.

Wissen im Kontext

Die deutsche Außen- und Sicherheitspolitik verfolgt das übergeordnete Ziel, Sicherheit, Frieden, Demokratie und Freiheit für Deutschland zu erhalten und die Voraussetzungen für wirtschaftliches Wohlergehen zu schaffen. Als Leitlinien gelten u. a. die Integration in die westliche Staatenwelt mit ihren Werten Demokratie und Rechtsstaatlichkeit einschließlich der transatlantischen Bindung an die Weltmacht USA anstelle einer nationalen Interessenpolitik, die Förderung der europäischen Integration und der Einbindung der östlichen Nachbarstaaten, die Unterstützung kooperativer Konfliktbearbeitung durch UNO und andere internationale Organisationen und die Durchsetzung einer globalen Geltung des Völkerrechts und der Menschenrechte.

Welchen Interessen und Leitlinien folgt die deutsche Außenpolitik?
M 1 – M 3

Ein grundsätzliches Dilemma deutscher Außenpolitik besteht in der Verpflichtung, sich aufgrund der eigenen Vergangenheit und aus der historischen Verantwortung als Auslöser zweier Weltkriege und des Massenmords an den europäischen Juden heraus, auf internationalem Parkett besonders behutsam zu bewegen. So hat sich die Bundesrepublik Deutschland verpflichtet, sich für Demokratie und Menschenrechte weltweit einzusetzen. Diesem Prinzip stehen andere Interessen entgegen: Deutsche Außenpolitik muss für eine positive Außenhandelsbilanz und den eigenen Wohlstand diplomatische und v. a. wirtschaftliche Beziehungen zu nicht- und scheindemokratischen Staaten pflegen und ausbauen. Der permanente Appell zur Einhaltung von Menschenrechten und Rechtsstaatlichkeit kann diese Beziehungen beeinträchtigen. Auch erwartet z. B. die Wirtschaft, dass die Außenpolitik optimale Rahmenbedingungen für den internationalen Handel schafft, notfalls auch mit militärischen Mitteln.

In welchem Dilemma steckt die deutsche Außenpolitik?
M 3

Ein Großteil der deutschen Bevölkerung lehnt Auslandseinsätze der Bundeswehr nach wie vor ab. Die wesentlichen Argumente hierfür sind die aus der deutschen Vergangenheit abgeleitete Verantwortung, die zu erwartenden Opfer unter deutschen Soldaten und der Zivilbevölkerung am Einsatzort sowie die mit dem Einsatz verbundenen Kosten, die zusammen mit den Rüstungskosten den Staatshaushalt belasten. Von Seiten der Bündnispartner wird Kritik an der deutschen Zurückhaltung gegenüber Militäreinsätzen im Rahmen von UN- und NATO-Einsätzen geübt. Deutschland bevorzugt in der Regel den Weg des finanziellen und humanitären Beitrags, der gegenüber der eigenen Bevölkerung leichter durchzusetzen ist.

Warum sind Auslandseinsätze der Bundeswehr problematisch?
M 4 – M 5

Rüstungsexporte unterliegen einem Genehmigungsverfahren. Dieses ist allerdings wenig transparent. Die „Verdunkelung" rührt noch aus den Zeiten des Kalten Krieges her, als die Rüstungsbestände zwischen den Blöcken geheim bleiben sollten, um den eigenen (vermeintlichen) Rüstungsvorsprung nicht zu gefährden bzw. ein Wettrüsten zu vermeiden. Strenge Ausfuhrbestimmungen für Waffenexporte sollen dafür sorgen, dass deutsche Waffen nicht in die Hände von Kriegsparteien geraten, doch gibt es keine Garantie dafür, dass diese Waffen im Konfliktfall nicht von den Abnehmern gegen die eigene Bevölkerung oder andere Staaten eingesetzt bzw. auf illegalen Wegen weitergegeben werden.

Warum sind Rüstungsexporte umstritten?
M 5, Methode S. 242

8.3 Globalisierung – Herausforderung und Chance für die nationale Politik

M1 Was ist Globalisierung? – Antworten aus dem Chatroom

Was ist Globalisierung – im Film erklärt

Mediencode: 71011-10

Frage vom 26.03.2012 – 11:02
Hallo, ich habe eine Frage. Ich wollte wissen, was die Definition von „Globalisierung" ist … kann es mir jemand EINFACH erklären?

Antwort vom 27.03.2012 – 7:53
Die friedliche Globalisierung ist ein Geschenk. Aber nur dort, wo sie mit Verantwortung und echtem Engagement gestaltet wird. Nicht mit dem blauäugigen Überoptimismus wie aus Deutschland und von der EU. Wo die Globalisierung von den Führungs-Eliten und seinen jubelnden Gesellschaften arrogant verschlafen wurde. […]
„Putzmeister", „Transrapid", „Holzmann AG", „GRUNDIG", „Deutsche Wiedervereinigung", „QUELLE", und andere die jetzt noch folgen, usw., das waren nicht die letzten Verfehlungs-Ergebnisse von verantwortungsloser Unkreativität aus elitär bestorganisierter Unverantwortung.
Süd-Europa ist in Arabischen Zuständen, ohne qualifizierte Ausbildung und ohne neue Wertschöpfung wie auf der anderen Seite vor den Aufständen und danach! Griechenland ist auf Entwicklungs-Länder Niveau?
Und das, obwohl über Jahrzehnte Kapital unkreativ hinein gepumpt wurde? Zum Nachteil von Europa!
Wo ist welches Kapital in Europa vorhanden, um die Globalisierung noch einigermaßen zu bestehen? Nur noch über Geld-Druckmaschinen?
Was für eine Zukunft kann das in Europa nur werden? […]

Antwort vom 26.03.2012 – 11:10
Wikipedia > „Die Globalisierung ist der Vorgang der zunehmenden weltweiten Verflechtung in allen Bereichen (Wirtschaft, Politik, Kultur, Umwelt, Kommunikation etc.). Diese Verdichtung der globalen Beziehungen geschieht auf der Ebene von Individuen, Gesellschaften, Institutionen und Staaten"… oder findest du das nicht einfach?

26.03.2012 – 11:09
Um es EINFACH zu erklären, kannst du es mit „Entgrenzung" übersetzen. Beispielsweise beim Handel. Es entsteht ein mehr oder weniger freier Markt, durch Entgrenzung. D. h. die Ländergrenzen fallen theoretisch weg. Die Welt wächst zusammen, Finanzmärkte und Volkswirtschaften sind vernetzt. Es entstehen kulturelle Vernetzung, angetrieben durch transnationale Unternehmen – sogenannte global player –, da sie Produkte wie Coca-Cola weltweit vermarkten und die Konsumgüter in allen Ländern immer ähnlicher werden.
Ich hoffe, das hilft dir, das ist erstmal eine oberflächliche, EINFACHE ;) Erklärung.

Nach: gutefrage.net GmbH, Globalisierung Definition, www.gutefrage.net, Abruf am 3.12.2013

M2 Der 11. September als Signatur einer kulturell globalisierten Welt

Coca Cola-Lieferungen vor den Trümmern des World Trade Centers am 11. September 2001

Es gibt ein Bild aus New York vom 11. September 2001, das in seiner Symbolik wie in einem Brennglas vieles von dem festhält, wofür dieses Datum steht: Auf dem Trümmerfeld vor dem zerstörten World Trade Center steht ein staubüberdeckter, leicht beschädigter roter Lieferwagen mit der Aufschrift „Enjoy Coca Cola", dahinter ragen wie mahnende Grabstelen die abgebrochenen Betonsäulen der Eingangsetage des ehemals höchsten Wolkenkratzers in den Himmel. Das Wahrzeichen westlich-kapitalistischer Wirtschaftsmacht in Trümmern, die Ermordung von rund 3.000 Menschen und eine von Menschenhand herbeigeführte Zerstörung großen Ausmaßes im US-amerikanischem Mutterland mit dem von den zusammenbrechenden Hochhäusern gestoppten Coca-Cola-Wagen – dieses Bild vermischt sich damit, was wir über den Terroranschlag und die Attentäter wissen: Die „Waffen" waren entführte Passagierflugzeuge, gesteuert von jungen Leuten, die in deutschen und englischen Universitätsstädten studiert und dort jahrelang unauffällig gelebt hatten. Ihre Flugkenntnisse lernten sie an nordamerikanischen Flugschulen, und am Abend vor ihrem Todesflug haben sie sich sichtlich gut gelaunt Geld an einem Bankautomaten abgehoben, bei Pizza Hut Fast Food gegessen und bei der weltgrößten Supermarktkette Wal-Mart noch etwas eingekauft. Die etwa 20 Attentäter kamen aus Saudi-Arabien und anderen Nahoststaaten, viele stammten aus der Oberklasse und der gehobenen Mittelschicht und lebten im westlichen Ausland, wo sie studiert, gearbeitet und teilweise sehr vergnügt die dortige Lebensweise genossen haben. Sie waren islamischen Glaubens und sind zu unterschiedlichen Zeiten vor ihrem mörderischen Anschlag zu militanten Fundamentalisten geworden, die Anschläge, Mord und Terror als Teil des Dschihad, des Heiligen Krieges, von islamistischen Gläubigen gegen die Ungläubigen und ihre gottlose Kultur propagieren. Deutlicher als McDonalds in Singapur, Pizza Hut in Lagos oder IKEA in Peking, als MTV, Coca Cola und der Marlboro-Mann steht der 11. September für die auch kulturell globalisierte Welt.

Bernd Wagner, Kulturelle Globalisierung, APuZ B 12/2002, S. 10

M3 Globalisierung nach Erwin Pelzig

Erwin Pelzig alias Frank-Markus Barwasser, fränkischer Kabarettist

Neulich gab's so einen Diaabend im Pfarrheim mit dem Pfarrer Nüsslein. Und da hat er so Bilder gezeigt von seiner Zeit in der Mission. Von so einer Baumwollfarm in Ghana. Und da hat man genau gesehen, wie sie die Baumwolle pflücken tun. Die Baumwolle geht dann nach Deutschland und wird hier verarbeitet zum Stoff. Zum Baumwollstoff. Weil das können die nicht, die Ghanaaaer. Und dann geht der Stoff wieder zurück nach Ghana. Und in Ghana wird dann ein richtig schönes Hemd daraus genäht. Weil das können sie schon, die Ghanaaaaer. Und dann geht das Hemd wieder nach Deutschland. Und hier kauft's dann zum Beispiel der Hartmut. Und irgendwann ist das Hemd kaputt. Und dann haut's der Hartmut weg in irgendeine Sammlung. Und dann geht's quasi wieder zurück nach Ghana. Dann ist es wieder daheim. Wo es herkommt. Und manchmal, das ist fei interessant, manchmal kommt so ein Hemd dann aber doch wieder nach Deutschland zurück. Aber dann steckt natürlich so ein Asylbewerber drin. Und jetzt habe ich den Pfarrer Nüsslein gefragt, warum man eigentlich das Hemd nicht gleich dort lässt in Ghana, dann wär es neu, und der Ghanaer hätt auch a wenig a Freud, und wir bräuchten den Umweg gar nicht über Europa. Aber der Pfarrer Nüsslein sagt: Das sind die Wege des Herrn, die gehen über Europa.

Franz-Markus Barwasser, Erwig Pelzig. Was wär' ich ohne mich, München, Zürich 2003, S. 42

M4 Ursachen und Folgen der Globalisierung

Beim Einsturz einer Kleiderfabrik in Bangladesch, in der auch deutsche Labels nähen ließen, kamen 2013 über 1.000 Menschen ums Leben.

Fangen wir mit Socken an. Herrensocken, schwarze Baumwolle, fünf Paar zu fünf Euro. Damit beginnt eigentlich die ganze Geschichte über die Globalisierung. Man steht vor dem Wühltisch eines Kaufhauses und spielt Zeitreise im Kopf. Wie war das vor 20 Jahren? Jeder setzte sich hin, holte Nadel und Faden hervor und versuchte mit wenig Geschick, die Löcher in den alten Socken zu flicken. Heute stopft kaum noch jemand seine Strümpfe. Neue zu kaufen, ist sehr billig geworden.

Nicht nur Socken, übrigens. Auch DVD-Recorder, Schnitzel, Plastikspielzeug. Vieles ist erstaunlich preiswert, und genau damit beginnt das Problem. Die Deutschen selbst sind nämlich teuer. Krankenversicherung, Rentenanspruch, sechs Wochen tariflicher Urlaub – die Stunde eines Industriearbeitnehmers kostet 25,50 Euro. Der Tscheche hingegen nimmt 3,03 Euro und der Indonesier 33 Cent. Weil keiner viel Geld ausgeben will und Geiz geil ist, zerlegen Tschechen die Schweine zu Schnitzeln, schrauben Chinesen die DVD-Recorder zusammen. Und die Deutschen? Sie rennen zu Discountern und bangen um ihre Jobs, weil Unternehmer in Billiglohnländer ziehen. Willkommen in der Globalisierung.

Ein seltsames Gefühl macht sich breit, wenn man am Wühltisch über die vergangenen zwei Jahrzehnte grübelt. Nicht nur Jobs und Preise haben sich geändert, auch der Lebensstil. Man kann nach Barcelona fliegen und dort mit den gleichen Münzen bezahlen wie in Berlin-Neukölln. Manchmal kostet der Flug nicht mehr als eine Taxifahrt. Das Telefon ist zum unentbehrlichen Begleiter geworden und kein sperriger Kasten mehr, der einen beim Plaudern daheim auf die Wohnzimmercouch fesselt. Heute spielt das Handy Musik und Filme ab, sendet SMS, ist Fotoapparat, und wer es nicht dabei hat, vermisst etwas. Wir hören Buena Vista Social Club auf Rügen und in Rom, sehen in allen Hotels CNN, trinken grünen Tee und sorgen uns, wenn in China die Vogelgrippe ausbricht, weil auch Viren heutzutage global reisen. [...] Die Welt ist zusammengerückt, dank Technik, gesunkener Transportkosten, geöffneter Grenzen und Unternehmern, die im Ausland investieren. [...]

Für die Globalisierung gilt ein Standardspruch der Ökonomen: „There are no free lunches." Für alles muss der Mensch zahlen. Wir können leichter nach Osteuropa und Asien reisen, aber wir haben auch neue Konkurrenten im Kampf um internationale Märkte bekommen. Die Kommunikation ist einfacher, doch das Leben unübersichtlicher geworden. Es gibt mehr Freiraum im Beruf – und mehr Unsicherheit. Wer nicht flexibel und gut ausgebildet ist, findet in der neuen Arbeitswelt kaum einen Platz.

Das soziale Netz aber kann die Nachzügler kaum aufnehmen, es dehnt sich immer stärker unter der Last von Arbeitslosen, Kranken und Alten. Es geht um Gewinner und Verlierer. Die Globalisierung produziert sie überall. In Indien und China leben viele Gewinner. Millionen Menschen können sich dort größere Wohnungen leisten, sie hungern seltener, weil sie bessere Jobs haben. Für sie heißt Globalisierung: Du hast eine Chance, auch wenn Du nicht in den USA oder Europa geboren bist.

Die Verlierer der Globalisierung leben bevorzugt in Schwarzafrika, denn um diese Region machen Konzerne und Kapital einen Bogen. Die Menschen kämpfen gegen Krieg, Korruption und Krankheiten, viele verlieren diesen Kampf. Sie haben keine Chance, die sie nutzen können.

Andreas Hoffmann, Der Januskopf der Globalisierung, Das Parlament Nr. 47, 21.11.2005

Mitglieder des globalisierungskritischen Netzwerks Attac kippten am 3.1.2013 einen Misthaufen vor den Reichstag in Berlin, um gegen die europaweite Verarmungspolitik zu demonstrieren. Attac fordert eine dauerhafte Vermögenssteuer, eine Vermögensabgabe sowie wirksame Maßnahmen gegen Steuerflucht.

Buena Vista Social Club
Kubanische Musikrichtung, die unter diesem Namen durch ein Musikprojekt (Ry Cooder) und den gleichnamigen Film (Wim Wenders) weltweit bekannt wurde.

Aufgaben

1. Formulieren Sie einen eigenen sachlichen Blogbeitrag (M 1), um den Begriff „Globalisierung" einfach zu erklären.
2. Erschließen Sie aus M 2, was mit dem Begriff „Kulturelle Globalisierung" gemeint ist. Finden Sie weitere Beispiele aus Ihrem Erfahrungsbereich.
3. Klamauk oder Ernst? – Diskutieren Sie den Kausalzusammenhang Erwin Pelzigs (M 3). Beziehen Sie dazu auch M 4 mit ein.
4. Gestalten Sie ein informatives Schaubild über die Voraussetzungen sowie die Licht- und Schattenseiten der Globalisierung (M 4).

Wissen kompakt

Globalisierung

Mit dem Begriff der Globalisierung wird das Phänomen der weltweiten Arbeitsteilung, der wirtschaftlichen Verflechtung und der Entstehung globaler Märkte bezeichnet, die in Ansätzen bereits in der Antike und im Mittelalter zu beobachten sind. Diese Verflechtung wird aufgrund technischer Fortschritte (v. a. im Bereich der Kommunikation), der Liberalisierung des Welthandels (verstärkt nach dem Wegfall der ideologischen Barrieren des Kalten Krieges) und durch Erleichterungen und Vereinheitlichung im Transportwesen (z. B. Wegfall von Zollschranken, Transport in Containern) vorangetrieben. Die Globalisierung von heute ist neben dem wirtschaftlichen Strukturwandel aber auch ein politisches, gesellschaftliches, ökologisches und kulturelles Phänomen, weshalb verschiedene Dimensionen von Globalisierung unterschieden werden.

Kulturelle Globalisierung

Weltweit ist eine Ausbreitung westlicher Produkte zu beobachten, die zu einer Annäherung der Konsumgewohnheiten und der Lebensstile führt. Die kulturelle Vielfalt, z. B. der Esskulturen, wird von vielen als Bereicherung gesehen. Kritiker beklagen die Dominanz westlich-amerikanischer Lebenskultur und den Verlust kultureller Traditionen. Mit ihren Produkten bereichern die Konzerne nicht nur das Warenangebot in der jeweiligen Zielregion, teilweise werden regionale Produkte und Konsumgewohnheiten schlicht verdrängt.

Das Internet, ein wichtiger Träger der kulturellen Globalisierung, revolutioniert die Kommunikation hinsichtlich ihrer Raum- und Zeitdimensionen. Es ermöglicht in Sekundenschnelle die Verbreitung von Ideen, Werten und Meinungen und sorgt für die weltweite Diffusion von Wissen und Informationen und trägt damit auch zur kulturellen Konvergenz bei.

Dimensionen der Globalisierung

Die politische Globalisierung

- internationale Verflechtung der Märkte erfordert internationale Rechtsnormen und Institutionen
- Bedeutungsverlust nationalstaatlicher Entscheidungen (Erosion des Nationalstaates)
- Begrenztheit einzelstaatlicher Lösungsversuche angesichts globaler Herausforderungen
- Global Governance zur Lösung globaler Probleme

Die ökologische Globalisierung

- Umwelt als globales Ressourcenlager und als Mülldeponie
- Staaten- und kontinentenübergreifende Zusammenhänge zwischen Entstehungs- und Auswirkungsort ökologischer Probleme

Die gesellschaftliche Globalisierung

- Tourismus und (Arbeits-)Migration intensivieren transnationale Austauschbeziehungen
- Export sozialer, ethnischer und religiöser Probleme durch Migration und internationalen Terrorismus

Die ökonomische Globalisierung

- weltweiter Handel und Güterverkehr
- weltweite Arbeitsteilung und Produktionsketten
- globale Arbeits- und Finanzmärkte

Wissen im Kontext

Die Globalisierung hat zwar durch die weltweite Arbeitsteilung eine enorme Wohlstandssteigerung sowohl in den Industriestaaten als auch in vielen ehemaligen Entwicklungsländern ermöglicht, in den letzten Jahren wurden jedoch auch die negativen Folgen einer globalisierten Welt deutlich. Arbeitsplätze werden in kostengünstigere Staaten verlagert, wo ohne Einhaltung von ökologischen und sozialen Mindeststandards zu Dumpinglöhnen produziert wird. Die Kluft zwischen Arm und Reich wird größer. Diese Schere wiederum löst Migrationsbewegungen aus. Menschen wandern auf der Suche nach Arbeit und besseren Lebensbedingungen in andere Staaten aus und verursachen dort neue Probleme. Die internationale Verflechtung und Abhängigkeit der Staaten voneinander engt den Handlungsspielraum der Einzelstaaten ein. Internationale Organisationen, die z. B. den Handel, den Finanzmarkt und das internationale Recht regulieren, gewinnen an Bedeutung.

Welche Folgen hat die Globalisierung?
M 1, M 4

Globalisierungskritiker setzen sich kritisch mit den Folgen der Globalisierung, v. a. den sozialen und ökologischen, auseinander. Ihre Kritik richtet sich gegen die ungerechte Verteilung von Wohlstand in der Welt, die wachsende Kluft zwischen Arm und Reich, Umweltzerstörung und Klimawandel und gegen eine als neoliberal bezeichnete Wirtschaftsordnung, die Profit und Freiheit der Märkte über soziale und ökologische Verantwortung stellt.
Organisiert sind die Globalisierungskritiker in NGOs (z. B. Attac) und Netzwerken, denen auch andere Interessengruppen (z. B. Gewerkschaften) nahe stehen. Sie treffen sich in Foren (z. B. Weltsozialforum). Da sich die Forderungen der meisten Gruppen nach einer gerechten Verteilung von Wohlstand und Verbreitung der Menschenrechte nicht gegen die Globalisierung an sich richten, ist der Begriff Globalisierungskritiker besser geeignet als die Bezeichnung Globalisierungsgegner.

Was wollen die Globalisierungsgegner bzw. Globalisierungskritiker?
M 4

Youtube, Twitter und Co. bringen Transparenz. Kein Staatschef kann heute noch auf Demonstranten einprügeln lassen oder Oppositionelle inhaftieren, ohne dass die Internetgemeinde in Windeseile davon erfährt. Ja sogar Telefonmitschnitte, die korruptes Verhalten offenbaren, werden – wie im Falle des türkischen Regierungschefs Erdogan – im World Wide Web veröffentlicht. Undemokratisches Verhalten und Regieren wird in der globalisierten Welt schneller publik – und durch eine wirtschaftlich und politisch verflochtene Staatengemeinschaft schneller geahndet. Zudem nutzen Freiheits- und Demokratiebewegungen in unfreien Staaten die Freiheiten des Netzes, um sich zu organisieren und Anhänger zu mobilisieren.

Kann Globalisierung eine Chance für Freiheit und Demokratie sein?

8.4 Die Folgen der Globalisierung – wer kann die Probleme der Welt lösen?

M1 Globales Problem Migration – die Flüchtlingsinsel Lampedusa

Lampedusa – zwischen Afrika und Europa

Von der Luft aus gesehen ist Lampedusa ein langgestreckter Flecken aus Sand und Felsen, ziemlich genau in der Mitte des Mittelmeers, nur neun Kilometer lang, höchstens drei Kilometer breit, flach, karg bewachsen, mehr Afrika als Europa. Vom Meer aus gesehen ist dieser Zipfel Sand und Felsen für viele das gelobte Land. Sie versuchen es in hölzernen Schaluppen zu erreichen, die oft so mit Menschen überfüllt sind, dass sie sich kaum über Wasser halten. Sie zahlen ihr letztes Geld an Schlepperbanden, riskieren in den Fluten des Mittelmeers ihr Leben, obwohl die meisten nicht einmal schwimmen können. Lampedusa, der Zipfel Sand zweihundert Kilometer südlich von Sizilien, aber nur einhundert Kilometer von der tunesischen Küste entfernt, ist die Brücke nach Europa. Allein in den ersten sechs Monaten dieses Jahres sind schon fast 4000 Menschen auf der kleinen Insel gestrandet – Nigerianer, Senegalesen, Somalier, Iraker, Libyer, Tunesier, Ägypter, Bangladescher –, die vor Hunger, Armut, Perspektivlosigkeit oder vor politischer Verfolgung fliehen. Viele andere schaffen es nicht bis Lampedusa und ertrinken bei der meist nächtlichen Überfahrt. Mehr als 1500 sollen es sein, die pro Jahr in der Straße von Sizilien sterben. Ab und an werden auf Lampedusa ihre Habseligkeiten angespült – Plastiklatschen, T-Shirts, Hosen. Manchmal werden auch die Leichen geborgen. [...]

„Wie groß muss der Friedhof meiner Insel sein?", fragte die Bürgermeisterin Giusi Nicolini im vergangenen November in einem dramatischen Appell, den sie an ganz Europa richtete. Innerhalb des halben Jahres seit ihrem Amtsantritt hatte sie da schon 21 tote Flüchtlinge begraben lassen müssen. [...] Jetzt hat die Bürgermeisterin Hoffnung. An diesem Montag (Anm.: 8. Juli 2013) wird sie Papst Franziskus auf Lampedusa begrüßen. [...] Franziskus wird, von Fischerbooten begleitet, an der Mole von Favarolo anlegen – dort, wo die vielen Flüchtlingskähne ankommen, deren Insassen dann in das Auffanglager der Insel transportiert werden. Möglichst unauffällig werden sie weggebracht, so, dass die Urlauber, die im Sommer die Insel wegen ihrer schönen Sandstrände besuchen, kaum etwas davon mitbekommen.

Regina Kerner, Lampedusa, die Insel der Scham, www.fr-online.de, 7.7.2013

M2 Die Globalisierung der Gleichgültigkeit – Papst Franziskus besucht Lampedusa

«Immigranten auf dem Meer umgekommen, auf den Booten, die statt eines Weges der Hoffnung ein Weg des Todes wurden.»

So die Überschriften der Zeitungen. Als ich vor einigen Wochen diese Nachricht hörte, die sich leider sehr oft wiederholte, drangen die Gedanken immer wieder wie ein Leid bringender Stich ins Herz.

Und da habe ich gespürt, dass ich heute hierherkommen musste, um zu beten, um eine Geste der Nähe zu setzen, aber auch um unsere Gewissen wachzurütteln, damit sich das Vorgefallene nicht wiederhole. [...]

Viele von uns – ich schließe auch mich ein – sind ohne Orientierung; wir achten nicht mehr auf die Welt, in der wir leben; wir wahren und hüten nicht, was Gott für alle geschaffen hat – und wir sind nicht einmal mehr in der Lage, einander zu hüten. Und wenn diese Orientierungslosigkeit Weltdimensionen annimmt, kommt es zu Tragödien wie jener, die wir erfahren haben. Diese Brüder und Schwestern von uns suchten, schwierigen Situationen zu entkommen, um ein wenig Sicherheit und Frieden zu finden; sie suchten einen besseren Ort für sich und ihre Familien, doch sie fanden den Tod. [...]

Vielleicht denken wir «Der Arme» und gehen auf unserem Weg weiter; es ist nicht unsere Aufgabe; und damit beruhigen wir uns selbst und fühlen uns in Ordnung. Die Wohlstandskultur, die uns dazu bringt, an uns selbst zu denken, macht uns unempfindlich gegen die Schreie der anderen; sie lässt uns in Seifenblasen leben, die schön, aber nichts sind, die eine Illusion des Nichtigen, des Flüchtigen sind, die zur Gleichgültigkeit gegenüber den anderen führen, ja zur Globalisierung der Gleichgültigkeit. In dieser Welt der Globalisierung sind wir in die Globalisierung der Gleichgültigkeit geraten. Wir haben uns an das Leiden des anderen gewöhnt, es betrifft uns nicht, es interessiert uns nicht, es geht uns nichts an! Es kehrt Manzonis* Gestalt des Ungenannten zurück. Die Globalisierung der Gleichgültigkeit macht uns alle zu «Ungenannten», zu Verantwortlichen ohne Namen und ohne Gesicht.

«Adam, wo bist du?», «Wo ist dein Bruder?» sind die zwei Fragen, die Gott am Anfang der Geschichte der Menschheit stellt und die er ebenso an alle Menschen unserer Zeit, auch an uns richtet.

Ich möchte aber, dass wir eine dritte Frage anfügen: «Wer von uns hat darüber und über Geschehen wie diese geweint?» Wer hat geweint über den Tod dieser Brüder und Schwestern? Wer hat geweint um diese Menschen, die im Boot waren? Um die jungen Mütter, die ihre Kinder mit sich trugen? Um diese Männer, die sich nach etwas sehnten, um ihre Familien unterhalten zu können? Wir sind eine Gesellschaft, die die Erfahrung des Weinens, des «Mit-Leidens» vergessen hat: Die Globalisierung der Gleichgültigkeit hat uns die Fähigkeit zu weinen genommen!

Papst Franzikus auf Lampedusa

Frankfurter Rundschau, Franziskus' Predigt im Wortlaut – Wie ein Stich ins Herz, www.fr-online.de, 8.7.2013

* Alessandro Francesco Tommaso Manzoni (*1785 in Mailand; † 1873) war ein italienischer Schriftsteller.

M3 Wie die EU auf das Problem der illegalen Migration reagiert

Flüchtlingsdrama vor Lampedusa
Am 3. Oktober 2013 kenterte kurz vor der Mittelmeerinsel Lampedusa ein Flüchtlingsschiff mit über 500 Flüchtlingen an Bord. Nur 155 Menschen werden gerettet.

Kaum hatte sich die Nachricht über das Unglück vor der Küste Lampedusas verbreitet, gab es schon Reaktionen aus Brüssel: EU-Politiker zeigten sich bestürzt und entsetzt. Noch schneller waren sie nur noch mit Forderungen und Vorschlägen. EU-Innenkommissarin Cecilia Malmström forderte, den Kampf gegen Schlepper zu intensivieren und Migranten-Rechte besser zu schützen. Der europäische Regionalkommissar Johannes Hahn meinte eher vage: „Wir sollten sehen, wie wir die Lage verbessern." Das klingt scheinheilig: Seit Jahren steigt die Zahl der Flüchtlinge aus Afrika, den arabischen Ländern sowie Nordafrika nach Europa stetig an. Die Zahl der Opfer, die auf ihrem Weg gen Europa im Meer ertrinken, in der Wüste verdursten oder irgendwo unterwegs aus Erschöpfung sterben, kann nicht mal annähernd geschätzt werden. Die Europäische Union und ihre Mitglieder bemühen sich schon seit Jahrzehnten um eine einheitliche Flüchtlings- und Asylpolitik – allerdings fixieren sie sich dabei vor allem auf die Abschottung und Abwehr von Einwanderern. Übereinkommen sind in der Regel rechtlich nicht bindend und die betroffenen Staaten ergriffen selbst Maßnahmen, um die Flüchtlingsströme abzuwehren. So erschwerte Spanien den Zugang zu den Kanaren, was die Flüchtlingsströme umlenkte – gen Lampedusa. Die italienische Regierung entschied daraufhin, Flüchtlinge in den Auffanglagern festzuhalten und sie nicht mehr im Land zu verteilen. Als 2010 dann das Bündnis Italiens mit Libyens Gaddafi zu einem starken Rückgang der Flüchtlinge aus Afrika führte – sie wurden in Libyen gestoppt

und durch die Wüste zurückgejagt –, avancierte die Ägäis zum Schwerpunkt der irregulären Migration. Daraufhin ergriff Griechenland eigene Abwehrmaßnahmen – und Frontex startete vor der griechischen Küste eine der größten Operationen ihrer Geschichte. Frontex, die „Europäische Agentur für die operative Zusammenarbeit an den Außengrenzen der Mitgliedsstaaten der EU" war 2005 gegründet worden. Das Agieren dieser bewaffneten Truppe, die die Südgrenzen grenzpolizeilich und paramilitärisch gegen illegale Einwanderung abriegeln soll, wird vor allem von Menschenrechtsgruppen heftig kritisiert: Bei Seepatrouillen bringt sie Boote auf, hindert sie an der Weiterfahrt und schafft die Insassen in ihre Heimatländer zurück. Ihr Budget wird Jahr für Jahr erhöht. Aber mit Abwehrmaßnahmen und auch den Aktionen von Frontex werden nicht die Ursachen der illegalen Zuwanderung bekämpft. Und zu diesen Ursachen trägt zum Beispiel die Wirtschafts- und Agrarpolitik mit Subventionen und Einfuhrbeschränkungen nicht unerheblich bei, in deren Folge Bauern in afrikanischen Ländern ihre Existenzgrundlage verlieren und sich dann eben auf den Weg gen Europa machen, um Arbeit zu suchen. Und infolge der Umwälzungen in der arabischen Welt sind nun nicht nur Abkommen hinfällig geworden, mit denen die EU die einst dort herrschenden Diktatoren zur Migrantenabwehr verpflichtete, mittlerweile steigt auch die Schar von Flüchtlingen an, die aus diesen Ländern vor Chaos, Bürgerkrieg und Instabilität fliehen.

Martina Doering, Totale Abwehr, www.fr-online.de, 4.10.2013

Die Meinung der Deutschen – aus dem ARD-Deutschlandtrend

Deutschlandtrend 10.10.2013

Soll Deutschland mehr Flüchtlinge aufnehmen?

Ja	43
Nein	51

Soll die EU mehr Flüchtlinge aufnehmen?

Ja	52
Nein	41

Quelle: www.tagesschau.de, 29.11.2013

8.4 Die Folgen der Globalisierung – wer kann die Probleme der Welt lösen?

M4 Herkunft und Routen der Flüchtlinge

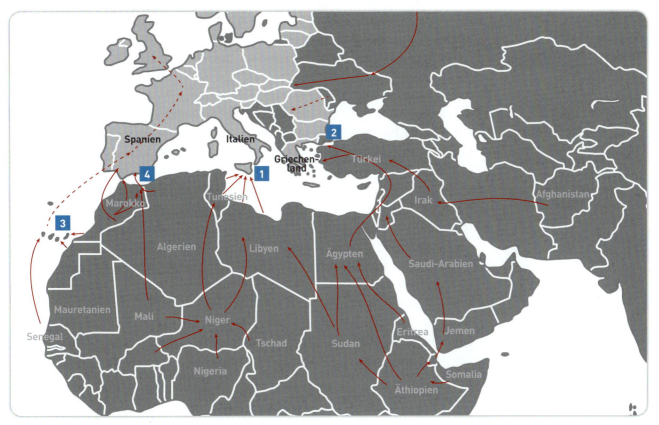

Nach: 20 Minuten AG (Hg.), Festung Europa, www.20min.ch, 4.8.2011

1. **Lampedusa:** Italienische Insel, ca. 130 km von der tunesischen Küste entfernt; Standort eines sog. „Informations- und Abschiebezentrums".
2. **Evros:** Grenzregion/-fluss zwischen Griechenland und der Türkei; seit 2010 neben vorderasiatischen Flüchtlingen (Afghanistan, Irak) auch von Afrikanern als Einreiseweg genutzt; die griechische Regierung plant die Errichtung eines Grenzzauns ähnlich derer um Ceuta und Melilla; Teilabschnitte vermint.
3. **Kanarische Inseln:** völkerrechtlich zu Spanien gehörende Inselgruppe, etwa 100 km vor der marokkanischen Westküste; bis 2008 Anlaufpunkt für viele Flüchtlinge, die über den Senegal oder Mauretanien flohen.
4. **Ceuta und Melilla:** spanische Exklaven an der marokkanischen Mittelmeerküste; beide sind zum „Schutz" vor Flüchtlingen eingezäunt und werden schwer bewacht.

Aufgaben

1. Versetzen Sie sich in die Situation der Bürgermeisterin von Lampedusa und verfassen Sie einen offenen Brief, um auf die Situation der Mittelmeerinsel aufmerksam zu machen (M 1).
2. Nehmen Sie Stellung zur Verwendung des Begriffs Globalisierung durch Papst Franziskus (M 2).
3. Diskutieren Sie in der Klasse die Forderungen und Vorschläge der EU, das Problem Migration zu lösen (M 3, M 4).
4. Soll Deutschland mehr Flüchtlinge aufnehmen? Nehmen Sie Stellung zu den Ergebnissen des Deutschlandtrends (M 1 – M 4).

F Aufgaben 1 – 4
Gestalten Sie als Hausaufgabe eine qualitative Umfrage im Bekanntenkreis, mit der Sie erfragen, wie die Problemlösungskompetenz der Bundesregierung angesichts globaler Probleme eingeschätzt wird. Lassen Sie sich die Einschätzungen begründen. Präsentieren Sie Ihre Ergebnisse im Kurs.

M5 Die Antwort auf den Bedeutungsverlust des Nationalstaates? – Global Governance

Weltprobleme und ihre Lösung

Wer derzeit nach den dringendsten politischen Problemen unserer Zeit fragt, wird eine Liste erhalten, auf welcher Klimawandel, Finanzkrise, Verbreitung von Massenvernichtungswaffen oder Bekämpfung des Terrorismus weit oben stehen. Ihre Lösung wird allerdings nicht von Nationalstaaten, sondern von internationalen Organisationen erwartet: 54,9 Prozent der deutschen Bevölkerung äußerten im Jahr 2005 die Ansicht, dass Probleme infolge der Globalisierung am besten auf der internationalen Ebene bewältigt werden könnten. Die Mehrheit der Bevölkerung schreibt internationalen Organisationen wie der Weltbank, dem Internationalen Währungsfonds (IWF), der Welthandelsorganisation (WTO), der G8 bzw. G20 oder den Vereinten Nationen (VN) sogar realpolitisch bereits einen größeren Einfluss in der Weltpolitik als der Bundesregierung zu.

Michael Zürn, Internationale Institutionen und nichtstaatliche Akteure, in: APuZ 34-35/2010, S. 14 ff.

Global Governance – ein unscharfer Begriff, der im Deutschen meist als „weltweites Regieren" oder globale Struktur- und Ordnungspolitik bezeichnet wird – stellt den Versuch dar, globale Probleme mit einem neuen politischen Ordnungsmodell zu bewältigen. Dabei sollen weltweit operierende Netzwerke verschiedener staatlicher und nichtstaatlicher Akteure zusammenwirken. [...] Das Konzept beruht [...] auf einer schlichten Erkenntnis: Wenn sich die Probleme globalisieren, muss sich auch die Politik globalisieren. Das Konzept meint nicht die Idee einer zentralen Weltregierung und auch nicht das Ende des Nationalstaats. Vielmehr will Global Governance eine multilaterale Kooperationskultur schaffen. Damit sollen den Nationalstaaten in einer Mehr-Ebenen-Architektur dort Handlungskompetenzen zurückgegeben werden, wo sie diese durch die Globalisierungstendenzen zu verlieren drohen. Allerdings müssen sich die Nationalstaaten zunehmend mit geteilten Souveränitäten und weltweiten Kooperations- und Integrationsräumen abfinden. Global Governance geht über das Mehr an staatlich organisiertem Multilateralismus noch hinaus. Das Konzept bedeutet ein Zusammenwirken von staatlichen und nichtstaatlichen Akteuren von der globalen bis zur lokalen Ebene, das in einer „public-private partnership" die Wirtschaft und die Zivilgesellschaft in vernetzten Strukturen und Dialogforen einbezieht. Global Governance bezeichnet also mehr als die internationalen Organisationen. Das Konzept umfasst auch Vertragswerke und Konsenspapiere etwa der großen Weltkonferenzen der 1990er-Jahre (z. B. Umweltgipfel 1992 in Rio de Janeiro, Sozialgipfel 1995 in Kopenhagen oder Weltfrauenkonferenz 1996 in Peking).

LpB Baden-Württemberg (Hg.), Politik und Unterricht 2003, Heft 4: Globalisierung, S. 10

M6 Probleme der Mehrebenen-Governance

Eine [...] Mehrebenen-Governance erhöht zwar die Effektivität von Regelungen im Falle denationalisierter Probleme, erzeugt jedoch gleichzeitig besondere Legitimationsprobleme. In dem Maße wie internationale Institutionen eine eigenständige politische Autorität erlangen, steigt der Bedarf ihrer direkten Legitimierung. Der zweistufige Legitimationsprozess, bei dem Staatenvertreter als legitime Vertreter ihrer Bevölkerung ohne gesellschaftliche Beteiligung und öffentlichkeitsfern bindende Regeln aushandeln, genügt dann nicht mehr.

Da die Entstehung von Autorität ausübenden Institutionen mit supranationalen Komponenten im Allgemeinen dem wachsenden Regelungsbedarf auf der internationalen Ebene geschuldet ist, sind diese Legitimationsprobleme in letzter Instanz Resultat der gesellschaftlichen Denationalisierung. Die Supranationalisierung und Transnationalisierung internationaler Institutionen ist insofern als Trend strukturell bedingt; sie ist nötig und kann nicht einfach [...] zurückgedreht werden, ohne signifikante Regelungsdefizite auf der internationalen Ebene zu erzeugen, die selbst wiederum Akzeptanzprobleme hervorrufen. Um einen Umgang mit den konstitutionellen Problemen der globalen Mehrebenen-Governance zu finden, kann daher auf der gesellschaftlichen Ebene angesetzt werden. Das prozessuale Zustandekommen, der Inhalt der Ergebnisse internationaler Politikprozesse und vor allem die damit verbundenen subsystemischen Kompetenzzuweisungen bedürfen zunehmend der Rechtfertigung, die durch nationale Öffentlichkeiten, Parlamente und die transnationale Zivilgesellschaft eingefordert werden. Dafür stehen zahlreiche sogenannte globalisierungskritische Gruppen wie Attac ebenso wie der national organisierte Widerstand gegen die Unterhöhlung demokratischer Souveränität etwa bei Referenden über die Europäische Integration. Die Thematisierung internationaler Institutionen und Verträge vollzieht sich aber nicht allein durch Protest. Gleichzeitig fordern nämlich viele transnationale NRO und soziale Bewegungen stärkere internationale und transnationale Organisationen und zielen damit auf den ungedeckten Regelungsbedarf. So treten beispielsweise viele Umweltgruppen für eine zentrale Weltumweltorganisation und eine drastische Verschärfung klimapolitischer Maßnahmen auf der internationalen Ebene

ein. Zuletzt wurde die Forderung nach stärkeren internationalen Institutionen im Kontext der jüngsten Finanzkrise deutlich. Es ist diese Doppelbewegung bestehend aus wachsenden Protesten gegen, bei gleichzeitig intensivierter Nutzung von internationalen Institutionen, die auf eine zunehmende Politisierung der Weltpolitik verweist - also die öffentliche Thematisierung von internationalen Angelegenheiten und Bedeutungszuweisung an internationale Institutionen. Im Zuge dieser Politisierung kann eine direkte, einstufige Verbindung zwischen den internationalen Institutionen und ihren gesellschaftlichen Adressaten erwachsen. NRO helfen somit, die Entscheidungen internationaler und transnationaler Institutionen mit den gesellschaftlichen Adressaten zu verbinden, indem sie die Interessen lokaler Gruppen auf internationaler Ebene einbringen und gleichzeitig an der Umsetzung und Vermittlung der international getroffenen Entscheidungen auf lokaler und nationaler Ebene beteiligt sind. Gleichzeitig verschärfen sich freilich dadurch auch Asymmetrien in der Einflussnahme. Denn die gesellschaftlichen Akteure, die auf der internationalen Ebene erfolgreich Einfluss ausüben können, verstärken die westliche Dominanz in den internationalen Institutionen.

Michael Zürn, Internationale Institutionen und nichtstaatliche Akteure, APuZ 34-35/2010, S. 14 ff.

Referendum
Abstimmung von Bürgerinnen und Bürgern eines Landes über (Gesetzes-) Vorlagen, z. B. über den Beitritt zur Europäischen Union, die Einführung des Euro oder die Anerkennung des Vertrags von Lissabon. In Deutschland gibt es Volksabstimmungen nur auf Ebene der Bundesländer. Damit sind Abstimmungen über EU-Themen nicht möglich.

Aufgaben

1. Definieren Sie den Begriff „Global Governance" (M 5). Stellen Sie dar, inwiefern Global Governance ein Ansatz ist, um globale Probleme zu lösen.

2. Erschließen Sie aus M 6 die Schwächen einer „Mehrebenen-Governance". Entwickeln Sie Vorschläge um diese Schwächen zu überwinden.

3. Verfassen Sie mithilfe von M 5 und M 6 ein Plädoyer für oder gegen das Regieren im „Mehrebenensystem". Bleiben Sie dabei beim Beispiel Migration.

H Aufgaben 1 – 2
Klären Sie für die Texterschließung zunächst die Begriffe „Denationalisierung", „Supranationalisierung" und „Transnationalisierung".

Methode

Eine komplexe Infografik auswerten und ihre Funktionalität diskutieren

Was sind Infografiken?

Eine Infografik ist die visuelle Darstellung von Sachinformationen (z. B. Zahlen, Fakten, Ereignisse) in ihrem Zusammenhang, die über die einfache
5 Darstellung in Form von z. B. Säulen- und Kurvendiagrammen hinausgeht und weitaus stärker mit Bildimpulsen (Fotos, Piktogramme, Icons etc.) arbeitet. Infografiken werden verstärkt
10 im journalistischen Bereich (Zeitung, Zeitschriften, Fernsehen, Websites) anstelle von Texten eingesetzt. Ihr Ziel ist es, Informationen schnell, einfach, klar und anschaulich zur Verfügung
15 zu stellen. Darin liegt auch ihr Vorteil gegenüber einem Fließtext, der erst gelesen, verstanden und ausgewertet werden muss. D. h. der Textleser muss die Sachinformationen nach der
20 Lektüre selbst exzerpieren (herausarbeiten). Die Infografik liefert diese, muss aber im Gegenzug auf Kommentare, Meinungen und Bewertungen der Fakten verzichten. Etliche Tages- und
25 Wochenzeitungen bringen mittlerweile sehr kreative, ein- oder doppelseitige Infografiken, deren Auswertung durchaus aufwändig und zeitintensiv sein kann.

Arbeitsschritte

Auswertung einer Infografik

Gehen Sie bei der Auswertung einer Infografik ähnlich vor, wie Sie es aus der Sekundarstufe I kennen:
1. Beschreiben (Datenquelle, Sachverhalt/Thema/Zeitraum/Darstellungsform) 5
2. Auswerten (Entwicklung der Daten)
3. Erklären (Erklärung der Aussagen, Schlussfolgerungen ziehen)
4. Bewerten (sinnvolle Umsetzung des 10 Datenmaterials, Aktualität)

Funktionalität diskutieren

Um die Funktionalität einer Darstellungsform zu diskutieren ist es sinnvoll, zunächst mögliche Alternativen zu erwägen und dann zu diskutieren, weshalb die dargestellte Form gewählt 5 wurde.
1. Welche anderen grafischen bzw. nichtgrafischen Möglichkeiten gibt es, den Sachverhalt zu vermitteln?
2. Welche Vorteile und welche Nach- 10 teile bietet die angewandte Form der Darstellung?
3. Weshalb hat der Verfasser diese Form der Darstellung im Vergleich zu anderen Möglichkeiten gewählt? 15
4. Erfüllt die Darstellung den gewünschten Zweck von Infografiken (Anschaulichkeit, Klarheit, schnelle Erfassbarkeit)?

Aufgaben

1. Werten Sie die Infografik der Bundeszentrale für politische Bildung (→ S. 259) über die Herausbildung von Global Governance-Strukturen im Gesundheitsbereich nach dem beschriebenen Verfahren aus und diskutieren Sie ihre Funktionalität.
2. Übertragen Sie den Sachverhalt in eine Ihnen geeignete erscheinende Darstellungsform. Diskutieren Sie Ihren Vorschlag und begründen Sie Ihre Wahl.

8.4 Die Folgen der Globalisierung – wer kann die Probleme der Welt lösen?

Global Governance bei der AIDS-Bekämpfung

Global Health Governance (GHG)

Herausbildung von GHG-Institutionen bei der globalen Bekämpfung von HIV/AIDS, zeitlicher Verlauf

Bis heute hat AIDS deutlich mehr als 25 Millionen Opfer gefordert — 2010

Noch immer infizieren sich jede Minute etwa 5 Menschen neu mit dem HI-Virus

2008 — "High Level Meeting on AIDS" einberufen von der UN-Generalversammlung

Die Gesamtzahl der HIV-Positiven liegt bei mehr als 33 Millionen

"High Level Meeting on AIDS" einberufen von der UN-Generalversammlung — 2006

2003 — Große Gewerkschaftsverbände beschließen das "Global Unions Programme on HIV/AIDS"

"Global Health Initiative (GHI)" des World Economic Forum — 2002

2001 — Sondersitzung der UN-Generalversammlung zu HIV/AIDS "Declaration of Commitment"

Gründung des "Global Fund to fight AIDS, Tuberculosis and Malaria (GFATM)"

Doha-Erklärung der WTO: Teilsieg von Public Health über ökonomische Interessen

Der UN-Sicherheitsrat behandelt zum ersten Mal ein Gesundheitsthema: "The impact of AIDS on peace and security in Africa". — 2000

UN-Hauptversammlung berücksichtigt AIDS in der Millenniumserklärung

ILO veröffentlicht das "Programme on HIV/AIDS and the World of Work"

"Multi-Country HIV/AIDS Programme for Africa (MAP)" der Weltbank

1998 — "Global Business Coalition on HIV/AIDS (GBC)" von Wirtschaftsverbänden und Unternehmen

Entstehung des "Joint UN Programme on HIV/AIDS (UNAIDS)" — 1996

1995 — Die Gesamtzahl der HIV-Positiven steigt auf 20 Millionen

"Global Programme on AIDS (GPA)" der World Health Organization (WHO) — 1987

1985 — 1. Internationale AIDS-Konferenz in Atlanta (USA)

ca. 2,5 Millionen Menschen sind HIV-Positiv

1981 — Entdeckung von HIV/AIDS

Quelle: Bundeszentrale für politische Bildung, Global Health Governance (GHG), 30.6.2010

Wissen kompakt

Migration

Migration (Wanderung) bezeichnet den dauerhaften Wohnortwechsel von Menschen. Man unterscheidet hierbei die Binnenmigration innerhalb eines Staates sowie die Migration über Staatsgrenzen hinweg (Ein- bzw. Auswanderung). Zur globalen Herausforderung des 21. Jahrhunderts zählt die Massenmigration von Menschen aus bestimmten Regionen aufgrund der dort herrschenden politischen und ökonomischen Verhältnisse. Diese Form der Migration ist oft mit Gefahren für Leib und Leben verbunden und stellt die Ziel- und Aufnahmeländer allein schon durch ihren Umfang vor große Probleme.

Ursachen für Migration – Pushfaktoren

Push Faktoren	
demografisch	Landknappheit, Überbevölkerung
gesellschaftlich	Armut und ungerechte Besitzverteilung, Einschränkung der Meinungs- und Pressefreiheit Religiöse Verfolgung und Diskriminierung
ökonomisch	Arbeitslosigkeit, geringes Einkommen, hohe Steuern und Abgaben
politisch	systematische Verfolgung und Unterdrückung, Krieg, politische Unruhen, Korruption der Verwaltung
ökologisch	Naturkatastrophen wie Überschwemmungen, Erdrutsche, Erdbeben, Vulkanausbrüche, Abnahme der Bodenfruchtbarkeit etwa durch Erosion, Versalzung, Dürre, Überweidung

Ursachen für Migration – Pullfaktoren

Pullfaktoren	
demografisch	ausreichendes Flächenangebot Arbeitskräftemangel
gesellschaftlich	Sicherheit Toleranz gutes Bildungs- und Gesundheitssystem
ökonomisch	gute Verdienstmöglichkeiten und Arbeitsplätze Förderprogramme der Wirtschaft
politisch	günstige Einwanderungsgesetze Möglichkeit illegaler Einwanderung Rechtssicherheit und Frieden
ökologisch	ausgeglichenes Klima

Frontex

Die Grenzschutzagentur der Europäischen Union koordiniert die gemeinsamen Maßnahmen der EU-Staaten zum Schutz ihrer Außengrenzen. Dazu gehört u. a. die Abwehr illegaler Grenzübertritte durch eigene Grenzschutztruppen sowie die Koordination von Sammelabschiebungen illegaler Flüchtlinge aus Europa. Derzeit sind Frontex-Einheiten v. a. im Mittelmeer und im griechisch-türkischen Grenzgebiet im Einsatz.

Global Governance

Der Begriff Global Governance (dt.: globales Regieren) bezeichnet das Konzept gemeinsamen globalen Handelns zur Lösung globaler Herausforderungen und Probleme durch verschiedene staatliche und nichtstaatliche (zivilgesellschaftliche) Akteure. Da das Konzept ein Zusammenwirken vieler Akteure auf verschiedenen politischen Ebenen (international, national, subnational, lokal) beinhaltet, spricht man auch von einer Mehrebenen-Politik.

Wissen im Kontext

Der UNHCR, das Flüchtlingshilfswerk der Vereinten Nationen, hatte bereits vom vergangenen 20. Jahrhundert als dem Jahrhundert der Flucht gesprochen. 1999 waren 20 Mio. Menschen auf der Flucht. Diese Zahl hat sich in 10 Jahren mehr als verdoppelt. 2009 waren 43,3 Mio. Menschen auf der Flucht, 3,5 % der Weltbevölkerung (etwa 220.000 Mio. Menschen) lebte 2009 weit von ihrer Heimat entfernt. Migration wird das globale Problem des 21. Jahrhunderts sein, ermöglicht und vorangetrieben dadurch, dass nach Ende des Kalten Krieges in vielen Regionen der Welt lokale Konflikte aufbrechen und die Fluchtursachen verschärfen. Die Globalisierung hat einerseits die Schere zwischen Arm und Reich vergrößert, andererseits ermöglicht sie durch den Wegfall von Grenzkontrollen grenzüberschreitende Wanderungsbewegungen. Die moderne Kommunikationstechnik (v. a. Internet) sendet Bilder vom westlichen Lebensstil und Wohlstand in alle Gebiete der Welt und bestärkt dort Menschen, sich auf den Weg zu machen, um Armut und Perspektivlosigkeit hinter sich zu lassen.

Warum ist Migration ein globales Problem?
M 1, M 2

Die weltweite Verflechtung von Volkswirtschaften, der weltweite Austausch von Waren und Dienstleistungen, die weltweite Kommunikation erfordern ein Mindestmaß an Vereinheitlichung in rechtlicher Hinsicht. Internationale Organisationen übernehmen hier Steuerungsfunktionen, denen sich Nationalstaaten unterwerfen müssen, wollen sie nicht international in die Außenseiterposition gedrängt werden. Ein Verlust an nationalstaatlicher Souveränität ist die Folge. Aber auch die Ohnmacht des einzelnen Staates angesichts globaler Herausforderungen und Probleme, wie internationaler Terrorismus, Migration, Klimawandel oder Finanzkrise, macht deutlich, dass es globaler Anstrengungen bedarf, um Lösungen zu finden. Einzelstaatliche Ansätze, z. B. die Reduzierung des CO_2-Ausstoßes, laufen ins Leere, wenn im Nachbarstaat die Treibhausgasemission explodiert. Folglich kommt gemeinsamen Initiativen von Staaten und Gesellschaften eine wachsende Bedeutung zu.

Warum verlieren Nationalstaaten im Globalisierungsprozess an Bedeutung?
M 5

Zentrale Schwächen einer auf Selbstkoordination der Staaten beruhenden Global-Governance-Architektur sind der Mangel an Entscheidungsfähigkeit und die Umsetzung von Entscheidungen. Einstimmig zu treffende Entscheidungen sind in großen multilateralen Verhandlungssystemen nur schwer herbeizuführen – und die Umsetzung einmal getroffener Entscheidungen hängt ganz vom Willen der Nationalstaaten ab. Da es aber kein internationales Gewaltmonopol gibt, können vor allem mächtige Staaten nicht gezwungen werden, internationale Vereinbarungen einzuhalten.
Ein Legitimationsproblem ergibt sich in der Mehrebenenpolitik dadurch, dass in der Regel nicht mehr die direkten Volksvertreter an Verhandlungen in internationalen Gremien beteiligt sind, sondern Entscheidungen „von oben" gefällt werden, die folglich aufgrund mangelnder Transparenz wenig Akzeptanz in der Bevölkerung finden. Gleichzeitig fordert die Gesellschaft jedoch internationale Regelungen (z. B. beim Klimaschutz) durch supranationale Gremien, um globale Probleme zu lösen.

Welche Schwächen hat Global Governance?
M 5, M 6,
Methode S. 259

Kompetenzen anwenden

Der Internationale Strafgerichtshof in Den Haag

Das Gebäude des Internationalen Strafgerichtshofs in Den Haag

Korea, Georgien, Irak, Kosovo, Afghanistan, Libanon – wann ist ein Krieg, ein Bombardement, eine Invasion strafbar? Und wer entscheidet, ob und gegen wen Anklage erhoben wird?
Der Internationale Strafgerichtshof (IStGh), der Welt einziges ständiges Gericht zur Ahndung von Völkermord, Kriegsverbrechen, Verbrechen gegen die Menschlichkeit und Angriffskrieg. So jedenfalls beschlossen es 1998 über hundert Staaten bei der Gründungskonferenz. Der Haken: Anders als bei den drei ersten Delikten konnten sich die Delegierten beim letztgenannten weder auf eine Definition noch auf Verfahrensabläufe einigen. Also legten sie die Strafverfolgung zunächst auf Eis – sehr zum Bedauern vieler, die bald darauf gern westliche Regierungsvertreter wegen der NATO-Luftangriffe im Kosovokrieg auf der Anklagebank gesehen hätten.
Nun soll diese Lücke auf der ersten Überprüfungskonferenz des IStGh geschlossen werden, die noch bis Freitag in der ugandischen Hauptstadt Kampala tagt. Nach heftigen Debatten zwischen Regierungsdelegationen, Völkerrechtlern und Aktivisten zeichnete sich Anfang der Woche ein Kompromiss ab. Demnach soll der Gerichtshof das Verbrechen der Aggression in Zukunft ahnden können. Bis auf Weiteres allerdings nur, wenn der UN-Sicherheitsrat grünes Licht für ein solches Verfahren gibt. [...] Hinter dem Streit um den Straftatbestand des Angriffskrieges steckt aber immer auch die Debatte um die »Gleichheit vor dem Völkerrecht« und um die Frage, ob politisch einflussreiche Nationen sich dem Gerichtshof auf Dauer entziehen können.
111 Staaten sind dem Statut des Gerichts

inzwischen beigetreten, haben sich also seiner Jurisdiktion unterworfen. Weiterhin fehlen die Namen der mächtigsten: USA, China, Russland. Seine Staatsbürger der potenziellen Strafverfolgung durch ein unabhängiges internationales Gericht auszusetzen verträgt sich schlecht mit dem Selbstverständnis einer Groß- oder Supermacht. Schon gar nicht, wenn es um Einsätze der eigenen Armee geht. Zwar sind die Zeiten längst vorbei, da die USA per Gesetz androhten, etwaige amerikanische Häftlinge mit militärischer Gewalt aus den Zellen des Gerichtshofs in Den Haag zu befreien. Die Obama-Administration hat anders als die Bush-Regierung ein freundliches Verhältnis zum IStGh entwickelt. Doch die Washingtoner Delegation, die als mächtiger Zaungast in Kampala auftrat, hatte vor allem ein Ziel: zu verhindern, dass die Anklagebehörde auf eigene Faust ermitteln kann, wenn sie ein Aggressionsverbrechen zu erkennen meint – also militärische Gewalt gegen einen Staat, die offensichtlich gegen die UN-Charta verstößt.

Dass nun voraussichtlich der UN-Sicherheitsrat als »außergerichtlicher Filter« vorgeschaltet werden soll, dagegen protestieren mit Verve und guten Einwänden viele kleine Länder, aber auch die großen Menschenrechtsorganisationen. Mit dieser Kompetenz könnten sich die fünf Vetomitglieder des Sicherheitsrats erstens einen Blankoscheck ausstellen und zweitens den Strafgerichtshof instrumentalisieren. Die Integrität und Unabhängigkeit des Gerichts, so Amnesty International, »wäre damit in ernsthafter Gefahr«.

Der vermeintliche »Durchbruch« könnte sich, so fürchtet auch Human Rights Watch, als Bärendienst am Strafgerichtshof erweisen, der ohnehin ständig im Spannungsfeld zwischen Machtpolitik und Justiz manövrieren muss. Und sich zudem dem ständigen Vorwurf ausgesetzt sieht, zu langsam und zu zahnlos zu agieren. [...]

Überhöhte Erwartungen bleiben das größte Problem des Gerichtshofs. Auch deswegen könnte sich die neue Zuständigkeit für die Ahndung von Angriffskriegen als Bumerang erweisen. Denn die potenzielle Frustration über selektive Ermittlungen und »politisch motivierte Verfahren« richtet sich im Zweifelsfall nicht gegen den UN-Sicherheitsrat, sondern gegen den IStGh.

Andrea Böhm, Haager Strafgerichtshof – Macht schützt nicht – oder doch?, www.zeit.de, 15.6.2010

Aufgaben

1. Die Vielfalt der internationalen Verflechtungen erzeugt gerade in Zeiten der Globalisierung einen erhöhten Bedarf an Konfliktlösungsregelungen u. a. auch im juristischen Bereich.

    a) Erschließen Sie aus dem Text Probleme des Internationalen Strafgerichtshofs in Den Haag!

    b) Legen Sie ausgehend von einer Erklärung des Begriffs „Völkerrecht" Gründe für die Notwendigkeit eines gemeinsamen Handelns der nationalen Regierungen zur Durchsetzung des Völkerrechts dar.

Nach: Kultusministerium Bayern, Abiturprüfung 2011, Sozialkunde, Bayern 2011

Hinweis
Hilfen zur Bearbeitung der Aufgaben finden Sie ab S. 264.

Fehler vermeiden – Aufgaben clever lösen

So schöpfen Sie Ihr Potenzial in der Klausur / im Abitur voll aus

Die Klausur- und Abituraufgaben enthalten in der Regel keine besonderen Fallstricke. Sie verlangen aber von Ihnen, dass Sie ein fachwissenschaftliches Thema kompetent analysieren und bewerten können.

Dazu müssen Sie

- Sachwissen parat haben (gute Dienste können dabei die Themeneinführungen zu Beginn jedes Kapitels, die „Wissen kompakt"- und „Wissen im Kontext"-Seiten in diesem Buch, leisten),
- zeigen, wie Sie mit diesem Wissen umgehen können,
- selbstständig Zusammenhänge herstellen,
- Materialien (Texte, Statistiken, Fotos usw.) angemessen auswerten können,
- auf der Grundlage von Sachkenntnissen und Materialien gut begründete Positionen beziehen und
- bei der sprachlichen Darstellung auf Verständlichkeit, Fachsprache, Klarheit und sprachliche Richtigkeit achten.

Die Anforderungen sind also – wie in anderen Fächern auch – sehr komplex. Nicht immer setzen Schülerinnen und Schüler die in ein Fach investierte Zeit und Kraft optimal um. Die Ursachen liegen oft in unüberlegten Verhaltens- und Vorgehensweisen. Dieses Kapitel gibt Ihnen Tipps, wie Sie solche „Stolpersteine" umgehen können.

Fehler vermeiden – Aufgaben clever lösen

Stolperstein 1 –
die Aufgabenstellung

„Erläutern Sie …, entwickeln Sie …, ermitteln Sie …, setzen Sie sich mit … auseinander, diskutieren Sie …, erarbeiten Sie aus dem Text …, erarbeiten Sie vom Text ausgehend …
Das ist doch alles recht ähnlich, ich schreibe jetzt hin, was mir dazu einfällt."

Das wäre Unsinn!
Das schnelle Überfliegen der Aufgaben und Fragen und der hastige Griff zum Stift sind gefährliche Verhaltensweisen zu Prüfungsbeginn. Die Aufgaben werden mit viel Überlegung und Bedacht formuliert. Sie zielen auf unterschiedliche Anforderungsbereiche und Kompetenzen. Der Qualität Ihrer Antwort kommt es zugute, wenn Sie an die Aufgabe systematisch und mit Ruhe herangehen.

Die Aufgabe zuerst entschlüsseln!

Sie werden zunächst die Aufgabe sorgfältig lesen und dabei „entschlüsseln". Markieren Sie die **Schlüsselwörter** in der Aufgabe. Worauf zielt sie präzise ab? Geht es „nur" um Basiswissen? Soll ich zeigen, dass ich mit Materialien umgehen kann? Oder dass ich Vorschläge zur Lösung eines Problems liefern kann? Oder soll ich etwas begründet und vielleicht werteorientiert beurteilen? Was will die Aufgabe genau von mir?

Bis zum Abitur wird von Ihnen gefordert, mit Operatoren formulierte Aufgaben zu bearbeiten. Im Folgenden werden neun häufig verwendete Operatoren näher erklärt, um Ihnen die Bearbeitung der Aufgaben zu erleichtern.

> **Tipp**
>
> **Operatoren**
> Die vollständige Übersicht über die Operatoren finden Sie am Ende des Buches.

darlegen

„Darlegen" heißt, dass Sie die wesentlichen Aspekte eines Sachverhaltes im logischen Zusammenhang unter Verwendung der Fachsprache wiedergeben.

Hier empfiehlt sich eine kleine Stoffsammlung vorweg:
Legen Sie z. B. eine MindMap über das darzulegende Thema an, um Pro- und Kontra-Argumente bzw. Fachbegriffe zu sammeln. Denken Sie dabei über das Thema hinaus auch an andere Sachverhalte. Sie stoßen dabei sicher auf weitere Argumente bzw. Fachbegriffe.
Überlegen Sie sich im Anschluss eine strukturierte Darstellung für die Niederschrift.

265

Fehler vermeiden – Aufgaben clever lösen

vergleichen

Vergegenwärtigen Sie sich die mögliche Zielsetzung des Vergleichs (Darlegen der Spezifika eines Sachverhalts durch Analogie und Abgrenzung), um eine problemorientierte Einleitung formulieren und tragfähige Vergleichskriterien entwickeln zu können. Nicht immer müssen miteinander verglichene Gegenstände Gemeinsamkeiten, Ähnlichkeiten und Unterschiede aufweisen. Denkbar ist z. B. auch, dass sich nahezu ausschließlich Unterschiede finden.

Erfahrungsgemäß bereitet die **Kriterienorientierung** des Vergleichs die meisten Schwierigkeiten. Empfehlenswert ist daher in einem ersten Schritt, eine Matrix mit (min.) drei Spalten anzulegen: In der linken Spalte werden Vergleichskriterien festgehalten (die Sie in der Regel selbst finden müssen), zu denen dann die Spalten gefüllt werden.

Beispiel	Politisches System der USA	Politisches System der BRD
Regierungstypus		
Wahlmodus des Parlaments		
Wahlmodus des Staats-/ Regierungschefs		
Befugnisse des Staatschefs		

Gemeinsamkeiten bzw. Ähnlichkeiten sowie Unterschiede könnten in einem zweiten Schritt farbig markiert werden. Im dritten Schritt kann der eigene Text anhand der Kriterien strukturiert werden, wobei die stärksten Übereinstimmungen/Unterschiede zuerst bzw. zuletzt genannt werden sollten.

analysieren

Der Operator „analysieren" verlangt, Materialien oder Sachverhalte kriteriengeleitet zu erschließen. Die Materialien oder Sachverhalte sollen dabei in systematische Zusammenhänge eingeordnet und Hintergründe und Beziehungen herausgearbeitet werden.

Hier sollen Sie einen Text oder einen Sachverhalt anhand gegebener oder selbstbestimmter Kriterien untersuchen. Achten Sie dabei auf die oftmals in der Aufgabenstellung genannten Aspekte und Kriterien und strukturieren Sie den entsprechenden Sachverhalt.

erklären

Hier gilt es, Sachverhalte durch Wissen und Einsichten in einen Zusammenhang (Theorie, Modell, Regel, Gesetz, Funktionszusammenhang) einzuordnen und zu deuten.

Beim Operator „erklären" sollen Sie das vorliegende Material mithilfe Ihres Fachwissens z. B. einer Theorie zuordnen bzw. die Aussageabsicht des Materials in einen höheren Sinnzusammenhang bringen. Darüber hinaus sollen Sie das Material derart deuten, dass die oft nicht gleich sichtbaren Sinnzusammenhänge deutlich werden.

ermitteln

Sie sollen aus Materialien bestimmte Sachverhalte herausfinden, vor allem dann, wenn sie nicht explizit genannt sind. Ferner verlangt der Operator „ermitteln", dass Sie einen Zusammenhang zwischen den gefundenen Sachverhalten herstellen.

Aus dem Ihnen vorliegenden Material arbeiten Sie die gegebenen Aspekte heraus. Achtung: Nicht alle wesentlichen Punkte sind sofort erkennbar, sondern oftmals durch Andeutungen „zwischen" den Zeilen versteckt. Sind alle Sachverhalte herausgearbeitet, stellen Sie die Verknüpfungen und Zusammenhänge zwischen den einzelnen Punkten her.

begründen

„Begründen" meint, dass Sie zu einem Sachverhalt komplexe Grundgedanken unter dem Aspekt der Kausalität mithilfe von Argumenten entwicklen.

Der Operator „begründen" steht in der Regel in Verbindung zu einer im Material aufgestellten Meinung oder These. Diese müssen nun auf der Basis Ihres Fachwissens – und mithilfe der Ihnen bekannten Fachbegriffe – belegt oder widerlegt werden. Achten Sie darauf, dass Sie schlüssig argumentieren, weshalb Sie die Meinung bzw. These als belegt oder widerlegt ansehen.

beurteilen

Der Operator „beurteilen" bedeutet problembezogenes Denken und Urteilen. Ihr Ziel wird es also sein, „kriterienorientiert zu einem Sachurteil" zu gelangen. Dass Sie dazu Argumente und Belege brauchen, kennen Sie längst aus dem Deutschunterricht.

Sie sollen am Ende zu einem Ergebnis, einem „Urteil" kommen. Gut ist, wenn Sie es erst am Ende Ihrer Überlegungen formulieren. Ihr „Plädoyer" vorher sollte jedoch so strukturiert sein, dass sich die Antwort schlüssig ergibt. Grundsätzlich sind drei „Ergebnisse" möglich:

Erste Möglichkeit:
Ja, die These des Autors stimmt. Ich konnte sie anhand der genannten Belege nachvollziehen.

Zweite Möglichkeit:
Nein, die These stimmt nicht. Ich konnte sie mit einer Reihe von Überlegungen widerlegen.

Dritte Möglichkeit:
Ja, der Autor liegt grundsätzlich richtig, aber er misst manchen Tendenzen zu wenig Bedeutung bei.

Formulierungshilfen: Er vergisst, dass...; lässt völlig außer Acht, dass...; überbetont, dass...; räumt der Tatsache zu große Bedeutung ein, dass...; argumentiert nur als Wissenschaftler...; hat eine zu idealistische Vorstellung von der Gewaltenteilung; führt nur Belege an, die ...

Bearbeitungstipp zur Beurteilung

Natürlich ist auch eine „Nein-aber-Position" möglich.
Themen und Aufgaben in Sozialkunde-Abituraufgaben sind oft so angelegt, dass der Schüler mit der dritten Möglichkeit die „Problemorientiertheit" seines Denkens am besten zeigen kann. Der Operator „beurteilen" erlaubt fast immer eine differenzierte und multiperspektivische Sichtweise. Und darin zeigt sich der Anspruch.

Fehler vermeiden – Aufgaben clever lösen

Stolperstein 2 – das (meist sehr ergiebige) Material ...

„Bei Diagrammen oder Karikaturen kann man doch sofort sehen, worauf es ankommt. Und einen Text oder eine Tabelle überfliege ich mal schnell."

Ziemlich gewagt! Sie gehen ein hohes Risiko ein!
Was Sie bestimmt oft geübt haben, sollte jetzt zuverlässig funktionieren. Auch das Material für Prüfungsaufgaben wird nämlich mit viel Überlegung ausgewählt. Es ist in der Regel besonders aussagekräftig und liefert viele Informationen. Der „schnelle Blick" führt aber nur zu einer oberflächlichen „Erschließung". Wer nicht methodisch vorgeht, zeigt auch, dass er die fachspezifischen Methoden oder allgemeine Arbeitstechniken nicht einsetzen kann.

Tipp

Das Material mit System erschließen!

Zur Erschließung von Materialien haben Sie sich im Unterricht angemessene und sorgfältige Vorgehensweisen angeeignet. Meistens geht man dabei in mehreren Schritten und systematisch vor, immer mit Blick auf die Aufgabenstellung. (Die Methodenseiten in den Bänden „Politik aktuell" liefern solche Vorschläge.) Es kommt jetzt darauf an, dieses Instrumentarium materialorientiert umzusetzen. Zeigen Sie, dass Sie das können!

Achten Sie bei der Analyse einer Statistik, eines Schaubilds oder einer Grafik auf ein schrittweises Vorgehen. Es führt in der Regel zu einer sorgfältigen Analyse. Die Aufgabenstellung lautet z. B. „Verbalisieren Sie ...", „Werten Sie aus ...", „Ermitteln Sie ...", „Interpretieren Sie ..."

	Hinweise für das Vorgehen bei der Auswertung einer Statistik oder eines Schaubildes
1.	Geben Sie Thema, Titel, Erhebungsart und Quelle der Tabelle oder Grafik an! Achten Sie auf Präzisierungen in Fußnoten, Erläuterungen, Jahreszahlen, ggf. Lesehilfen!
2.	Beschreiben Sie die Struktur der Tabelle oder des Schaubilds! Achten Sie dabei auf die Einheiten (absolute Zahlen, Prozentangaben, Bezugsgrößen) und auf die Bezeichnung der Zeilen und Spalten! Welche Symbole werden ggf. eingesetzt?
3.	Beschreiben Sie Entwicklungen und Besonderheiten bei Zahlenreihen oder Graphen! Welche Differenzierungen werden vorgenommen?
4.	Soweit die Daten es erlauben: Fassen Sie die Einzelergebnisse zu einer Gesamtaussage zusammen!
5.	Mitunter ist ein kritischer Blick auf die Art der Darstellung oder auf eine verdeckte Tendenz sinnvoll. Achten Sie also auch auf den begrenzten Aussagewert von Daten! Zeigen Sie ggf., dass Sie mit Materialien auch kritisch umgehen können!

Stolperstein 3 – die Eigendynamik der Antwort ...

„Das kenn ich, das kann ich, das habe ich gelernt – also los ...“

Gefährlich! Solche Mechanismen können gerade in Prüfungssituationen eine problematische Eigendynamik entwickeln, die Antwort „verselbständigt" sich und löst sich von der Aufgabenstellung. Ein „Schlüsselwort" in der Formulierung „verführt" dann zu einer (Teil-)Antwort, die der Frage nicht gerecht wird.

Tipp

Nicht einfach drauf los schreiben.
Suchen Sie für Ihre Antwort nach einer Systematik.

- Oft hilft es, sich zu einer **Aufzählung** zu zwingen, also Erstens ..., zweitens ... usw. So müssen Sie beim Denken immer wieder neu ansetzen.
- Erstellen Sie eine kleine **MindMap**: Über das Brainstorming stellen sich Erkenntnisse über Zusammenhänge, Über- und Unterordnungen oder Verknüpfungen her.

- Gehen Sie bei der Suche nach **verschiedenen Aspekten** unterschiedliche Kategorien durch, so z. B. Ursachen, Folgen, Kurzzeit-, Langzeitwirkungen; Politik, Kultur, Wirtschaft, Soziales, Geschichte
- Vergewissern Sie sich immer wieder, ob Sie im Kern der Aufgabe bleiben.

Stolperstein 4 – die schnelle und unüberlegte Formulierung ...

„Ich schreibe das jetzt so hin, wie es mir einfällt. Unter Zeitdruck kann ich doch nicht noch lange überlegen, wie ich etwas formulieren soll."

Riskant! Der Schreiber selbst versteht tatsächlich meistens, was er schreibt. Es kommt aber darauf an, Antworten so zu formulieren, dass sie vom Leser verstanden werden, in diesem Fall von der bewertenden Lehrkraft.

Tipp

Verständlich und überlegt formulieren!

Bevor Sie einen Satz anfangen, sollten Ihnen seine Struktur und sein Ende klar sein. Das zwingt Sie auch zu inhaltlicher Präzision. Zeigen Sie z. B. über Konjunktionen, dass Sie um Ursachen, Folgen, Bedingungen oder Wechselwirkungen wissen und sie darstellen können.

Zeigen Sie auch, dass Ihnen die Fachsprache zur Verfügung steht, indem Sie entsprechende Fachtermini richtig platzieren.

Musterklausur

M1 Detlev Esslinger: Demokratie der Besserverdienenden

Nur 71,5 Prozent der Wahlberechtigten haben sich an der Bundestagswahl im September [2013] beteiligt [...]. In der Frage aber, wer die Wahlverweigerer eigentlich sind, stocherte die öffentliche Debatte bisher herum: Mittelstandsbürger mit einem Hang zum Nölen? Prominente Intellektuelle [wie der Soziologe Harald Welzer oder der Philosoph Richard David Precht], die sich aufplustern? Oder Menschen, die sich abgehängt fühlen? Die Autoren der Studie [über soziale Faktoren der Wahlbeteiligung] – Jérémie Felix Gagné und Robert Vehrkamp von der Bertelsmann-Stiftung in Gütersloh sowie Armin Schäfer vom Max-Planck-Institut für Gesellschaftsforschung in Köln – sind nun zu dem Schluss gekommen, dass die beiden erstgenannten Gruppen bedeutungslos sind.

Sie haben das Wahlverhalten in 28 Großstädten (20 im Westen, acht im Osten) sowie in 640 Stimmbezirken untersucht, die repräsentativ für Deutschland sind und auch für die Prognosen am Wahltag genutzt wurden. Ihr Ergebnis: Je prekärer die Lebensverhältnisse, desto eher geht jemand nicht zur Wahl. [...] Wahlbeteiligung von 71,5 Prozent – das ist ja nur ein Durchschnittswert, mit allen Mängeln, die Durchschnittswerte nun mal haben. Dahinter aber verbirgt sich, dass zum Beispiel im reichen Kölner Stadtteil Hahnwald die Beteiligung bei 89 Prozent, im armen Stadtteil Chorweiler jedoch bei nur 42 Prozent lag. In Chorweiler beträgt die Arbeitslosenquote 19 Prozent, in Hahnwald ein Prozent. Dahinter verbirgt sich zudem, dass die Prozent-Abstände zwischen den Bezirken mit der niedrigsten und denen mit der höchsten Beteiligung über die Jahre immer größer werden. [...] Die drei Forscher unterteilten die Gesellschaft in zehn Milieus; je nach Einkommen, Bildung, Beruf und Lebenseinstellungen. Bei der Wahl im September zeigte sich: In den Stadtteilen mit der niedrigsten Wahlbeteiligung gehören fast zehnmal so viele Menschen prekären Milieus an wie in den Stadtteilen mit der höchsten Beteiligung. Fünfmal so viele Menschen sind arbeitslos, mehr als doppelt so viele haben keinen Schulabschluss, und ihre Kaufkraft liegt um ein Drittel niedriger. „Deutschland ist längst zu einer sozial gespaltenen Demokratie der oberen zwei Drittel unserer Gesellschaft geworden", schreiben die Forscher. „Die Demokratie wird zu einer immer exklusiveren Veranstaltung für Menschen aus den mittleren und oberen Sozialmilieus der Gesellschaft." Ist das ein Trend, der sich auch wieder umkehren kann? Oder wird er sich eher verfestigen? Gagné, Schäfer und Vehrkamp äußern sich eher pessimistisch. Sozialdaten bestätigen ja, was in jedem Stadtviertel jeweils schon der Augenschein vermuten lässt: In München-Schwabing und in Hamburg-Eppendorf wohnen eher die „Liberal-Intellektuellen" und die „Expeditiven", wie die Forscher zwei ihrer zehn Milieus nennen. Im Hasenbergl (München) und in Wilhelmsburg (Hamburg) hingegen sind eher das „traditionelle" und das „hedonistische Milieu" daheim; letzteres in der Studie definiert als die „spaß- und erlebnisorientierte Unterschicht". [...] Soziologisch formuliert: „Unterschiedliche Bildungsgruppen wohnen nicht in denselben Vierteln." […] Was nicht ohne Konsequenzen bleiben wird. Jeder Mensch orientiert sich an den Menschen in seinem Umfeld: Nachbarn, Freunde, Familien, Kollegen – sie alle bestimmen schon durch ihr Dasein, was jemandem wichtig ist, was man denkt, wie man sich verhält. Und so ist eine Erkenntnis der Politikwissenschaft, dass zwar der Kontakt mit anderen Wählern die eigene Wahlbereitschaft erhöht – der Kontakt mit Nichtwählern jedoch das Gegenteil bewirkt, wie die Forscher schreiben. „Getrennte Lebenswelten können dazu führen, dass bereits vorhandene Unterschiede in der Bereitschaft, sich politisch zu betätigen, weiter zunehmen." Selbst zwischen Stadtteilen mit hoher und sehr hoher Kaufkraft gibt es Unterschiede, was die Wahlbeteiligung betrifft. Die Demokratie der Besserverdienenden eben.

Detlev Esslinger, Süddeutsche Zeitung, 12.12.2013

M2 Arbeitslosenquote und Wahlbeteiligung

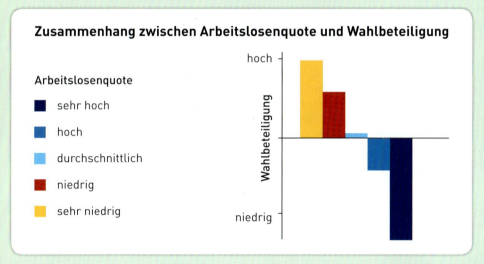

Nach: Armin Schäfer, Robert Vehrkamp, Jérémie Gagné, Prekäre Wahlen. Milieus und soziale Selektivität bei der Bundestagswahl 2013, Gütersloh 2013, S. 22

Aufgaben

1. a) Geben Sie die zentralen Erkenntnisse der Studie über den Zusammenhang von sozialer Lage bzw. Milieuzugehörigkeit und Wahlverhalten wieder (M 1).
   b) Analysieren Sie die Statistik und beurteilen Sie den Aussagewert (M 2).
2. Erklären Sie die Befunde zum Zusammenhang von Arbeitslosigkeit und Wahlverhalten auch mittels Ihrer Kenntnisse zu (Langzeit-)Arbeitslosigkeit (Psychologie von Betroffenen, Risikofaktoren).
3. In Deutschland sollte eine Wahlpflicht eingeführt werden, um alle Wählergruppen gleichermaßen zur Stimmabgabe zu bewegen. Wiederholte Nichtwahl sollte mit Geldbußen bzw. zeitweisen Kürzungen des Arbeitslosengeldes sanktioniert werden. Nehmen Sie Stellung zu diesem Vorschlag.

Erwartungshorizont für die Musterklausur

Lösungsskizze	Formulierungshilfen
Aufgabe 1a • Der Einleitungssatz sollte neben den Formalia (Autor, Erscheinungsmedium und -datum, Textsorte) die Kernaussage/n des Textes enthalten: die Wahrscheinlichkeit der Wahlenthaltung steigt mit der Zugehörigkeit zu sozioökonomisch unsicheren bzw. verunsicherten Schichten bzw. tendenziell hedonistischeren Sozialmilieus, die etwa ein Drittel der Gesellschaft ausmachen. • Zu referierende Hauptaussagen sind: statistisch signifikante (aber keine proportionale!) Abnahme der Wahlbeteiligung bei Zugehörigkeit zu sozial schwächeren Milieus (Indikatoren: Arbeitslosigkeit, Schulabschluss, Kaufkraft, Lebenseinstellung); Verfestigung der Tendenz dadurch, dass Menschen mit ähnlichen soziostrukturellen Merkmalen und aus ähnlichen Milieus eher räumlich beieinander leben, etwa in Stadtvierteln; die Orientierung am Lebensumfeld im eigenen Denken und Verhalten sei sozialpsychologisch nachgewiesen; Erhebung der Daten bei einer für Deutschland repräsentativen Gruppe von Wahlberechtigten	• Einleitung mit Nennung der Kernaussage: *In seinem Text referiert Detlev Esslinger in der Süddeutschen Zeitung vom 12.12.2013 eine Studie zum Wählerverhalten bei der Bundestagswahl 2013, in der behauptet/belegt wird, dass ...* • Mögliche Textsorten: meinungsbetonte (Kommentar, Leitartikel, Leserbrief ...), nicht meinungsbetonte (Bericht, Reportage ...) • Wiedergabe der Kernaussagen/-thesen/-argumente: *Der Verfasser legt dar/führt aus/begründet/erklärt dies mit/erläutert/betont/beweist/belegt/untermauert/stützt dies mit/ zieht dazu heran/zeigt auf/führt zusammen ...*
Aufgabe 1b • Die Statistikanalyse schließt die Beschreibung des Diagramms ein: Säulendiagramm der Bertelsmann Stiftung zum „Zusammenhang zwischen Arbeitslosenquote und Wahlbeteiligung" bestehend aus fünf Säulen, die – von einer nicht weiter bezeichneten x-Achse abgehend – an der mit „Wahlbeteiligung" gekennzeichneten y-Achse steigen bzw. fallen; Menschengruppen mit sehr hoher Arbeitslosenquote weisen eine sehr niedrige Wahlbeteiligung auf, Gruppen mit einer niedrigen Arbeitslosenquote eine hohe. Der Zusammenhang zwischen den beiden angegebenen Größen ist eindeutig, wenn auch mathematisch nicht klar zu bezeichnen, jedenfalls ist weder ein proportionaler noch ein eindeutig exponenzieller Zusammenhang zu erkennen. • Deutung: Stärker von Arbeitslosigkeit Betroffene könnten – gerade wenn dieser Zustand bereits lange andauert – das Vertrauen in das politische System verloren haben, etwas an ihrem Zustand ändern zu können oder zu wollen und daher der Wahl fernbleiben; möglich, aber weniger wahrscheinlich sind die beiden folgenden Annahmen: Unter den (Langzeit-)Arbeitslosen sind erstens Menschen mit niedrigem oder ohne Bildungsabschluss überrepräsentiert, die sich ohnehin (ob arbeitslos oder nicht) nicht für das politische Geschehen und damit auch Wahlen interessieren; zweitens gibt es keine politische Partei, die für die Belange von Arbeitslosen glaubwürdig eintritt; im Zusammenhang mit den vorher erarbeiteten Textinformationen sollte auf die Orientierung am eigenen sozialen Milieu und sozioökonomischen Umfeld hingewiesen werden. • Beurteilung des Aussagewerts: Das Diagramm ist zwar schnell zu erfassen, aber plakativ; weder wird aufgezeigt, was unter einer hohen/mittleren/niedrigen Wahlbeteiligung zu verstehen ist, noch wonach sich die „Höhe von Arbeitslosigkeit bemisst". Daher ist ein gewisser Aussagewert gegeben, die Darstellung bleibt aber unpräzise.	• *In dem von der Bertelsmann Stiftung 2013 im Rahmen der Studie „Prekäre Wahlen" erstellten Säulendiagramm ist der offensichtlich signifikante „Zusammenhang zwischen Arbeitslosenquote und Wahlbeteiligung" abgebildet/dargestellt.* • *Die im Diagramm abgebildeten Sachverhalte können erklärt werden durch .../Es können mehrere plausible Deutungshypothesen aufgestellt werden: erstens ..., zweitens .., drittens .../*

Lösungsskizze	Formulierungshilfen
Aufgabe 2 • Einleitungssatz: Hier sollten Sie die folgende Bearbeitung der Aufgabe für den Leser vorstrukturieren, z. B. indem Sie die Aspekte/Dimensionen/Kategorien nennen, an denen Ihre Erläuterung aufgebaut ist. Auch kann das zentrale Ergebnis bereits angedeutet werden. Insofern bietet es sich an, den Einleitungssatz nach der Anfertigung eines Schreibplans vorzuformulieren und nach Fertigstellung des Antworttextes noch einmal zu überarbeiten. • Der eigentliche Hauptteil der Erläuterung ist in Absätze gegliedert, von denen jeder einen Aspekt/eine Dimension/eine Kategorie aufweist, anhand dessen/deren erläutert wird. Bei sehr komplexen Zusammenhängen kann auch ein gedanklicher Abschnitt für den Leser durch Absätze binnenstrukturiert werden. • Beispiel für Aspekte einer Erläuterung: statistischer Zusammenhang zwischen hoher Arbeitslosigkeit und niedriger Wahlbeteiligung bedingt durch hohes Arbeitslosigkeitsrisiko geringer gebildeter Sozialmilieus.	• *Der statistisch signifikante Zusammenhang zwischen Arbeitslosenquote und Wahlbeteiligung kann einerseits durch die ohnehin größere Politikferne von Risikogruppen am Arbeitsmarkt, andererseits bzw. ergänzend durch sozialpsychologische Befunde zur Langzeitarbeitslosigkeit erklärt werden.* • *Zum einen... zum anderen/Erstens ist ... dadurch erklärbar, dass.../Zweitens ist... schlüssig nachzuvollziehen, da.../Der dritte Erklärungsansatz plausibilisiert/erhärtet/verdeutlicht den Zusammenhang noch weiter...*

Lösungsskizze	Formulierungshilfen
Aufgabe 3 • Der Einleitungssatz sollte die zu diskutierende Frage/These/Forderung und deren Urheber (soweit bekannt) sowie optional einen ersten Hinweis auf die eigene Position aufweisen. Sinnvoll kann es auch sein, einen kurzen Überblick über den gewählten Aufbau der Argumente zu geben. • Es wird eine eindeutige und wohlbegründete Positionierung (hier zu einer These) von Ihnen gefordert. Zudem sollte die Argumentation kategorien-/kriteriengeleitet erfolgen. • Mögliches Pro-Argument: Gerade weniger wohlhabende oder sogar ökonomisch arme Wählerschichten werden zur Wahl bewegt, da bei ihnen die mögliche Geldbuße relativ gesehen stärker wirkt als bei Wohlhabenden. Damit zielt die Maßnahme auf die am meisten betroffenen Bürgergruppen. • In diesem Fall liegt es allerdings nahe, aus folgenden Gründen sehr kritisch mit der Forderung umzugehen (Kontra-Argumente): a) Die Ursachenanalyse der Wahlenthaltung wird vernachlässigt. Es fehlt den sozial unterprivilegierten Nichtwählern laut Studie weniger an Antrieb, sondern (a) an politischen Perspektiven, durch die Wahlteilnahme ihre ökonomische Situation zu verbessern und (b) haben sich vergleichsweise homogene Milieus herausgebildet und räumlich voneinander getrennt, wodurch es zu einem (Nicht-)Wahl-Ansteckungseffekt kommt. Dies würde durch eine Wahlpflicht nicht aufgehoben. (Urteilskategorie „Effizienz", Kriterien „Genauigkeit"/„Wirksamkeit"). b) Das Grundgesetz weist die allgemeine Handlungsfreiheit als eines der wichtigsten Grundrechte aus (Art. 2). Die Handlungsfreiheit gilt positiv („Etwas zu tun") wie negativ („Etwas zu unterlassen"). Wahlenthaltung ist also grundgesetzlich geschützt (negative Handlungsfreiheit). Urteilskategorien: „Grundwerte"/„Legitimität", Kriterien „Freiheit"/„Legalität". c) Der Schlussteil enthält noch einmal Ihr mögliches Urteil (Achtung: Widersprüche zur Einleitung und zum Hauptteil vermeiden!) und referiert Ihr zentrales Argument in knappen Worten.	• *Im Folgenden setze ich mich mit der Forderung... auseinander und komme nach Entkräftung der wenigen Pro-Argumente zu einem eindeutig ablehnenden Urteil. Befürworter/Gegner einer Wahlpflicht führen an/führen ins Feld/argumentieren/legen dar/begründen ihre Position mit/weisen nach/untermauern ihre Haltung mit...* • *Zwischen Argumenten/Argumentblöcken für die eine bzw. die andere Seite bieten sich folgende sprachliche Überleitungen an:* *Die Kritiker/Befürworter hingegen argumentieren damit.../Auf der einen Seite... auf der anderen Seite.../Entkräftet wird diese Aussage schlüssig durch die Überlegung.../ Dem setzt die andere Seite das sehr starke Argument entgegen, wonach...* *Mögliches Fazit:* *Insbesondere wegen der Bedeutung der allgemeinen Handlungsfreiheit in der Verfassung der Bundesrepublik Deutschland lehne ich die Einführung einer Wahlpflicht, die überdies noch mit ökonomischen Sanktionen bewehrt ist, ab.*

Zur Benutzung des Registers:

- **Blau Gedrucktes:** Register der Begriffe, die auf den **„Wissen-kompakt"**-Seiten glossarartig erläutert werden.
- *Kursiv Gedrucktes:* Personenregister

A

Abitur 40
Afghanistan 144f., 237
Agenda für den Frieden 206
Agents of Change 150
Aids 220
Alternde Gesellschaft 83
Altersarmut 81, 83
Altersaufbau 12
Anpassungsfähigkeit 65
Arbeitgeber 74
Arbeitnehmer 74
Arbeitnehmerüberlassung 79
Arbeitslohn 78
Arbeitslosengeld 82
Arbeitslosenversicherung 76
Arbeitslosigkeit 83
Arbeitsmarktstrukturen 61
Armut 80
Arten von Werten 66
Asylrecht 228
Attac 249
Atypische Beschäftigung 82
Aufgaben der Familie – Haushalts-
funktion 46
Ausland 236
Außenpolitik 232, 234, 235
Auswärtiges Amt 234
Auswertung von Bildern 182
Autoritäre Diktatur 122

B

Barroso, José Manuel 165
Basisarbeit 94
Beck, Ulrich 183
Bedingungsloses Grundeinkommen 80
Begriffsabgrenzung: Hartz IV 82
Bertelsmann Transformationsindex
(BTI) 124
Beruf 40, 61, 69

Berufswelt 61
Betreuungsgeld 68
Bevölkerung 11f., 21, 110, 119
Bevölkerungswachstum 17
Bildung 31, 220
Bildungsexpansion 27
Bipolar – Multipolar 196
Bundesgesetze 109
Bundeskanzler 108f., 113
Bundesminister 108
Bundespräsident 108f.
Bundesrat 108, 113
Bundesregierung 108f., 113
Bundesrepublik Deutschland 108
Bundesrepublik 128
Bundesstaat 185
Bundestag 108, 113
Bundesverfassungsgericht 108f., 113
Bundesversammlung 108
Bundeswehr 145, 236f., 244, 245
Bundeswehreinsätze 236
Bündnisfall in Afghanistan 216
Bürger 128, 132f., 140, 203
Bürgerbegehren 133
Bürgerhaushalt 142
Bürgerliche Mitte 38
Bürgerliches Gesetzbuch (BGB) 45

C

Chancengleichheit 26
Checks and Balances 113
Convenience 65
Cyberwar 198

D

Dahrendorf, Ralf 32
Defekte Demokratie 116, 118, 122
Demografie 12, 16
Demografische Entwicklung 84
Demografischer Wandel 13, 16, 19, 25

Demokratie 94, 96, **98**, 99, 108, 124, 127f., 137f., 144, 148, 227
Demokratie-Dilemma 146
Demokratieförderung 147
Demokratischer Rechtsstaat 105
Demokratisierungsprozesse 150, 151
Deutsche Außenpolitik 230, 236, 245
Deutsche Rüstungsexporte 243
Deutsche Staatsbürgerschaft, Art. 116 24
Deutsche 254
Deutscher Sozialstaat 73
Deutschland 13, 17, 21, 38, 99, 113, 171, 231
DGAP 239
Differenzierte Integration 186
Digitale Medien 52
Diktatorische Herrschaft 116
Diktatur 122, 238
Dimensionen der Globalisierung 250
Diplomatie 234
Direkte ↔ strukturelle Gewalt 202
Discorsia 86
Diskont 131
Diskontierung der Zukunft 131
Drohnen und Roboter im Kriegseinsatz 202
Dschihad 192
Dschihadismus 192
Duma 100
Durchschnittseinkommen 28

E

E-Demokratie 142
Eigenvorsorge 75
Einflussfaktoren auf die deutsche Außenpolitik 234
Einkommen 63
Elterngeld 20
Elternzeit 20
Emanzipation 14
Energieversorger 133
Energiewende 132f.
Enkulturation 47
Entpolitisierung 136
Entwicklung des Sozialhaushaltes 82

Entwicklungspolitik 234
Erholungsfunktion 42, **46**
Erweiterter Sicherheitsbegriff 202
Erwerb der deutschen Staatsbürgerschaft 24
Erwerbstätige 54
Erziehungs- und Sozialisationsfunktion 46
Erziehungsfunktion 42
Essay 106
Ethische Grundprinzipien 77
EU-Beitritt 176
Eubionia 86
EU-Erweiterung 180
EU-Gesetzgebung 166, 171
EU-Institutionen 167
EU-Kommission 165, 188
EU-Mitgliedsstaaten 243
EU-Organe 162
EU-Parlament 164
EU-Parlamentswahlen 184
EU-Recht 170, 175
Euro-Einführung 157
Eurokrise 178
Euromünzen 159
Europa der Regionen 186
Europa 157f., 177f., 183, 187
Europäische Atomgemeinschaft (Euratom) 157
Europäische Außenpolitik 179
Europäische Einigung 155
Europäische Gemeinschaft für Kohle und Stahl (EGKS) 160
Europäische Gemeinschaft 157, **160**
Europäische Identität 159
Europäische Kommission 168
Europäische Union (EU) 154, 156f., 161, 166, 169, 171f., 176, 181, 185, 187f., 228, 254
Europäische Wirtschaftsgemeinschaft (EWG) 157
Europäische Zentralbank (EZB) 180
Europäischer Binnenmarkt 157, **160**
Europäischer Bundesstaat 186
Europäischer Fiskalpakt 173
Europäischer Gerichtshof 172

Europäischer Kommissionspräsident 163

Europäischer Rat 164, 167, **168**

Europäischer Wirtschaftsraum 157

Europäisches Parlament 157, **168**

Europaparlament 163

Europarecht 175

Eurozone 159

Exekutive 109f.

Expertenbefragung 121

F

Facebook 146

Fachreferat 22

Failed aid 145

Failed State 145

Failing States 122

Familiale Lebensformen 52

Familiale und nicht-familiale Lebensformen 52

Familie 14, 40, 42, 47ff., **52**

Familienformen 48

Familienplanung 14

Familienpolitik 13, 20, 68

Familienpolitische Maßnahme 24

Familienwahlrecht 138, **142**

Femen-Attacke 230

Festung Europa 186

Film- und Videobeiträge 224

Fiskalpakt 172

Flexibilität – Hauptmerkmal der modernen Arbeitswelt 60

Flexibilität 54

Flüchtlinge 193, **196**

Föderationsrat 119

Folgen des demografischen Wandels 24

Folgen von Arbeitslosigkeit 82

Forderung an die Arbeitswelt 30

Formen demokratischer Herrschaft 98

Fraenkel, Ernst 96

Fragile Staaten 150

Frauenquote 28f., **30**

Freizeit 40

Frieden 191, 198f., 203, 218, 223, 227

Friedenseinsätze 226

Friedensnobelpreis 156

Frontex 254, **260**

Funktion von Werten 66

Funktionalistische Theorie der Ungleichheit 30

G

Geburtendefizit 13

Geburtenentwicklung 12

Geburtenrückgang 13f.

Geißler, Rainer 32

Gemeinderat 133

Gemeinsame Außen- und Sicherheitspolitik GASP 180

Gemeinschaftsrecht der Europäischen Union 174

Gemeinwohl 93

Generation 75

Generationenvertrag 15, 16

Generative Funktion 42

Gerechtigkeit 227

Geringfügige Beschäftigungsformen 83

Geschichte der Menschenrechte 104

Gesellschaft 11, **16**, 25 ,37, 41, 65, 83, 153

Gesellschaftskammer 119

Gesetze der EU 166

Gesetzgebung 166

Gesetzliche Sozialversicherung 74

Gewaltenteilung 91, **92**, 108, 112, 115

Gewaltenverschränkung 108, 112f., 115

Global Compact 233

Global Corporate Citizenship 232

Global Governance 256, 259, **260**, 261

Globalisierte Welt 229, 247

Globalisierung 246, 248, **250**, 251f.

Glück 63

Guantánamo 102

H

Handy 62

Handysucht 62

Hauptorgane der Vereinten Nationen (VN) 208

Haushaltsfunktion 42
Heimarbeit 55, **60**
Herrschaft 88, **92**
Herrschaftsformen 87
Herrschaftskontrolle 108
Herrschaftssystem 123
HIV 220
Hobbes, Thomas 88
Hobby 69
Homophobie 100

I

Immigranten 253
Informationskriege / Cyberwar 202
Innerstaatliche Konflikte 196
Integration 21
Integrationskonzepte 185
Internationale Beziehungen 234
Internationale Konflikte 197
Internationale Politik 191
Internationale Regierungsorganisationen 197
Internationale Sicherheit 196
Internationaler Strafgerichtshof (IStGH) 227, 262
Internationaler Terrorismus 192, **196**
Internationaler Währungsfonds (IWF) 177

J

Judikative 109ff.
Jugend 158, 187
Jugendarbeitslosigkeit 178, 181
Juncker, Jean-Claude 163

K

Kammern 111
Karimow, Islam 145
Kinder 48, 83
Kinderbetreuungsplätze 14
Klasse 37
Klassengesellschaft 32
Klassen-Herkunft 35
Klassische Kriege ↔ neue Kriege 202
Klimawandel 194
Koalition 129

Kohorte 50
Kohortenzugehörigkeit 34
Kommissare 165
Kommission 166
Komplexe Infografik 258
Kongress 110f.
Konsumdenken 14
Konvergenzkriterien 180
Kostenmodell 56
KPCh 117
Krankenversicherung 76
Krieg 195, 198, 203
Kulturelle Globalisierung 250

L

Lage 32
Lampedusa 252ff.
Landesparlamente 108
Landesregierungen 108
Lau, Jörg 239
Leben 80
Lebenserwartung 15
Lebensformen 49, 51
Legislative 108, 110f.
Legitimation und Legitimationsverlust 136
Legitimität 148
Leiharbeit 78, **82**
Lesben 100
Libyen 120, 204
Lieblingsmoderator 38
Lissabon-Vertrag 163
Lobbyismus 130
Lobbyisten 130
Locke, John 89
Lohn 80
Lüders, Christine 28

M

Macht 88, 91
Machtgleichgewicht 115
Mali 236
Mao Zedong 117
Medien als „vierte Gewalt" 114
Medienlandschaft 119
Mehrebenen-Governance 256

Mehrheitsdemokratie 97

Menschen mit Migrationshintergrund 24

Menschenrechte 100, 102, **104**, 105

Merkel, Angela 228, 230

Messen von Demokratisierungs-prozessen 150

Migration – Pullfaktoren 260

Migration – Push Faktoren 260

Migration 20, 25, 254, **260**, 261

Migrationshintergrund 21

Milieukonzept 37

Milieu-Landschaft 38

Milieus 32

Millenniums-Entwicklungsziele – Allgemeines 222

Millenniums-Entwicklungsziele Bericht 2013 – Erreichtes und Unerreichtes 222

Millenniums-Entwicklungsziele Finanzierung 222

Millenniumsentwicklungsziele 218

Minderheit 100

Minijob 81

Ministerpräsident 119

Mitgliedstaaten der NATO 211

Mittel zur Wahrung und Wieder-herstellung des Friedens 208

Mittelschulabschluss 40

Mittlere Reife 40

Mitwirkungsmöglichkeit 137

Mobilität 54

Mollath 103

Montanunion (EGKS) 157

Mubarak, Muhammad Husni 145, 238

Musharraf, Pervez 145

Mutbürger 136

Mutter 48

N

Nationale Politik 229

Nationales Recht 170

Nationalstaat 172, 256, 261

Nationalstaatliche Souveränität 147

NATO und Warschauer Pakt 216

NATO 210, 212f., 217, 227

NATO-Basiswissen 216

NATO-Strategie 2010 216

Negativer ↔ positiver Frieden 202

Negativer Frieden 199

NGOs 232, 235

Nichtregierungsorganisationen (NGOs) 230, **234**

Niebel, Dirk 228

O

Oberste Gerichte 119

Oberster Gerichtshof 110

Out-of-area 244

P

Papst Franziskus 253

Parlament 111, 166

Parlamentarisches Regierungssystem 87, 108, 112

Parlamentarismus 114, 152

Partei 116f.

Parteiensympathie 39

Partizipation 94f.

Patchwork 65

Pelzig, Erwin 248

Personalisation 47

Pflegeversicherung 76

Piraterie 210

Pistolen 240

Platzierungsfunktion 42, 46

Pluralisierung der Lebensformen 53

Pluralismus 96, **98**

Pluralistische Gesellschaft 94

Pluralistische Gesellschaftstheorie 96

Pluralistische Lebensformen 48

Pluralistisches Gesellschaftsmodell 99

Politik 25, 129f., 137, 139

Politische Bildung 142

Politische Debatte 149

Politische Ethik 104

Politische Partizipation 98

Politische Rede 134

Positiver Frieden 199

Präsenzpflicht 55

Präsident 110, 119

Präsidentialismus 114

Präsidentielles Regierungssystem 87, 110, 112

Präsidentschaft 118

Präsidialverwaltung 119

Prekariat 80

Primärrecht 174

Pubertät 42

Pussy Riot 118

Putin, Wladimir 230

Q

Qualitatives Interview 214

R

Rat (der Europäischen Union) / Ministerrat 168

Rat 166

Rechtliche Zuständigkeiten der Mitgliedstaaten 174

Rechtsakte 166

Rechtsstaat 102f.

Rechtsstaatlichkeit 100, 104

Referendum 257

Reformen 187

Regierung 119

Rentenversicherung 76

Repräsentantenhaus 110f.

Reproduktionsfunktion 46

Responsibility to Protect ↔ Nicht-einmischung 208

Responsibility to Protect 205

Riester, Walter 75

Riester-Rente 75

Römische Verträge 160

Rousseau, Jean-Jacques 90

Rürup, Bernd 75

Rürup-Rente 75

Russland 100, 118, 123, 230f.

Rüstungsexporte 240, 244, 245

S

Sandschneider, Eberhard 238

Scharia 144

Schengener Abkommen 157f.

Schengener Übereinkommen 170

Schicht 37

Schichtengesellschaft 32, 36

Schichtenmodell 37

Schrumpfung 25

Schulabschluss 40

Schuldenkrise 177, 181

Schulz, Martin 163, 183

Schwule 100

Sekundärrecht 174

Semipräsidentialismus 114

Senat 110

Sicherheit 191, 223

Sicherheitsbedürfnis 65

Sicherheitspolitik 235

Sicherheitsrat 119, 207

Sinus-Milieus 37

Smart Defence 216

Solaranlage 133

Soldaten 226

Solidarität 75

Soziale Differenzierung 36

Soziale Lage 34

Soziale Milieus 32, 36

Soziale Mobilität 35, **36**

Soziale Position 30

Soziale Schicht 30, 32

Soziale Selektion 26

Soziale Sicherung 71, 77

Soziale Ungleichheit 26, 29, **30**, 31f., 34

Sozialer Wandel 16

Soziales Kapital 138

Sozialisation 46, 47

Sozialisationsfunktion 42

Sozialisationsinstanzen 46

Sozialleistungen 72

Sozialpolitik 78

Sozialstaat im Grundgesetz 76

Sozialstaat 71ff., **76**

Sozialstruktur 16

Staat 77, 88, 91, **92**, 93, 99, 193, 203

Staatenbund 185, 186

Staatenverbund 185

Staatsduma 119

Staatsoberhaupt 110

Staatsrat 119

Stabilität 148

Stadien eines möglichen EU-Beitritts 180

Ständegesellschaft 32, **36**

Stellenangebote 54

Straßenkinder 220

Strukturelle Gewalt 200

Strukturmodell 162

Studium 26

Subsidiarität 174

Supranationale Organisationen 197

Supreme Court 111

Syrien 228

T

Talkshow 242

Tauscher, Manfred 65

Terrorismus 192

Tertiarisierung 54

Textanalyse 59

Tocqueville, Alexis de 97

Toleranz 101, 106

Totalitäre Diktatur 122

Transformationsprozess 123

Transnationale nichtstaatliche Organisationen 197

Twitter 146

Typologie fragiler Staatlichkeit 150

Tyranna 86

Tyrannei der Mehrheit 97

U

Ukraine 220

Umweltflüchtlinge 196

UN 207, 220, 226

Unfallversicherung 76

UNICEF 220

UNO 217

UNRIC-Kampagne 221

Unternehmen 232, 235

USA 110

Utopia 86

V

Vater 48, 68

Vaterschaft 68

Veränderungen auf dem Arbeitsmarkt 60

Vereinte Nationen 85, 204ff., 209, 223

Verfassung 119

Verfassungsprinzip 73

Vermittlungsausschuss 108, 166

Vertrag von Lissabon 157, **160**, 161, 169

Vertrag von Maastricht 160

Verträge von Rom 157

Völkerrecht 244

Volk (Bürgerinnen und Bürger) 108

Volksrepublik China 116, 123

Volkssouveränität 92

W

Waffen 243

Wahl 137, 163

Wahlalter 138

Wahlkampfrede 134

Wehrpflicht 244

Weizsäcker, Beatrice von 139

Werte 62, 64, **66**, 67, 157

Wertesystem 67

Wertgebundene Außenpolitik 244

Windräder 132

Wirtschaftsministerium 231

Wohlstand 67

Wutbürger 136

Z

Zeitarbeit 79

Zerfall 120

Ziele und Grundsätze der Vereinten Nationen 208

Zielvorstellungen und Integrationsmethoden der EU 186

Zivilgesellschaft 94

Zukunft 178, 183, 187

Zuwanderungsgesetz 21

Bildnachweis

Baaske Cartoons / Thomas Plaßmann, Müllheim – S. 20, 68, 70, 78, 132; Bergmoser + Höller Verlag, Aachen – S. 20, 54, 75, 110, 116, 119, 166, 170, 172, 211; Bildagentur Mauritius / Tom Reich, Mittenwald – S. 10; Bundesministerium für politische Arbeit und Soziales, Berlin – S. 72; Bundeszentrale für politische Bildung, Bonn – S. 15, 100, 171, 259;

Corbis / Circlestock, Düsseldorf – S. 10;

Der SPIEGEL, Hamburg / 1/2002 – S. 182; / 48/2011 – S. 182; Deutscher Gewerkschaftsbund Bayern, München – S. 94, 198; dieKLEINERT.de / Jutta Kleinert, München – S. 48; dpa Picture-Alliance, Frankfurt – S. 144, 147; / AFP – S. 159, 247; / AP Photo / Lili Strauss– S. 138; / AP Photo / Palash Khan – S. 248; Fabian Bimmer – S. 237; / BREUEL-BILD / Juri Reetz – S. 230; / Jens Büttner – S. 10; / dpaweb / epa efe Orlando Barria – S. 190; / Mary Evans Picture Library – S. 88; / Heirler – S. 96; / maxppp – S. 190; / maxppp / Osservatore Romano Eidon – S. 254; / nurphoto / Esteban Mora – S. 178; / R4200 – S. 249; / Roland Weihrauch – S. 264; dpa-Infografik, Frankfurt – S. 12 (3), 21, 154, 158, 194, 207, 240;

Sarah Johanna Eick, Berlin – S. 118;

Getty Images / AFP / Henny Ray Abrams, München – S. 192; / Images Source – S. 38; Prof. Dr. Reiner Geißler, Kreuztal-Eichen – S. 14; Glücklicher Montag / Schwarwel, Leipzig – S. 156;

Heidelberger Institut für Internationale Konfliktforschung, Heidelberg – S. 195; Horst Haitzinger, München – S. 13, 18;

Laif - Agentur für Photos & Reportagen GmbH / Hollandse Hoogte, Köln – S. 118; Le monde diplomatique, Atlas der Globalisierung. Die Welt von morgen, Berlin 2012, S. 51 – S. 255;

Trine Sejthen Graphic designer & Photographer, Kopenhagen – S. 221; SINUS Markt- und Sozialforschung GmbH, Heidelberg – S. 65;

Thinkstock / iStockphoto – S. 178; / Pixland – S. 55; / Pureland – S. 55; / Stockbyte / altrendo images – S. 42; Thomson Reuters, Berlin / Amar Awad – S. 190; Hans Traxler, Frankfurt – S. 26;

Ullstein Bild / Roger-Viollet, Berlin – S. 97;

Götz Wiedenroth / www.wiedenroth-karikatur.de, Flensburg – S. 75; Friedrich Wölfl, Pechbrunn – S. 126;

www.-e.uni-magdeburg.de – S. 44; www.atlas.bti-project.de – S. 125; www.bi-boehmfeld.de – S. 134; www.ergebnisse-wahlen2014.eu – S. 184; www.ffp.stateindex.org – S. 194; www.handelsblatt.com – S. 236; www.pelzig.de – S. 248; www.werbrauchtfeminismus.de/ christine-lueders – S. 28; www.wikimedia.org – S. 88, 90, 117, 159, 163 (2), 183 (2), 220, 238, 252, 262; / FranksValli – S. 89; / Jens Schulze – S. 139.

Operatoren – Hinweise zur Bearbeitung der Aufgaben im Fach Sozialkunde

Operatoren, die Leistungen im Anforderungsbereich I (Reproduktion) verlangen:	
aufzählen nennen wiedergeben zusammenfassen	Kenntnisse (Fachbegriffe, Daten, Fakten, Modelle) und Aussagen in komprimierter Form unkommentiert darstellen
benennen bezeichnen	Sachverhalte, Strukturen und Prozesse begrifflich präzise aufführen
beschreiben darlegen darstellen	Wesentliche Aspekte eines Sachverhaltes im logischen Zusammenhang unter Verwendung der Fachsprache wiedergeben

Operatoren, die Leistungen im Anforderungsbereich II (Reorganisation und Transfer) verlangen:	
analysieren	Materialien oder Sachverhalte kriterienorientiert oder aspektgeleitet erschließen, in systematische Zusammenhänge einordnen und Hintergründe und Beziehungen herausarbeiten
auswerten	Daten oder Einzelergebnisse zu einer abschließenden Gesamtaussage zusammenführen
charakterisieren	Sachverhalte in ihren Eigenarten beschreiben und diese dann unter einem bestimmten Gesichtspunkt zusammenführen
einordnen	Eine Position zuordnen oder einen Sachverhalt in einen Zusammenhang stellen
erklären	Sachverhalte durch Wissen und Einsichten in einen Zusammenhang (Theorie, Modell, Regel, Gesetz, Funktionszusammenhang) einordnen und deuten
erläutern	Wie erklären, aber durch zusätzliche Informationen und Beispiele verdeutlichen
herausarbeiten ermitteln erschließen	Aus Materialien bestimmte Sachverhalte herausfinden, auch wenn sie nicht explizit genannt werden, und Zusammenhänge zwischen ihnen herstellen
interpretieren	Sinnzusammenhänge aus Materialien erschließen
vergleichen	Sachverhalte gegenüberstellen, um Gemeinsamkeiten, Ähnlichkeiten und Unterschiede herauszufinden
widerlegen	Argumente anführen, dass Daten, eine Behauptung, ein Konzept oder eine Position nicht haltbar sind